Chez les Français

Chez les Français

Alice Langellier

Sylvia Narins Levy
and
HOLT EDITORIAL STAFF

HOLT, RINEHART and WINSTON
New York   Toronto   London

PHOTOGRAPH CREDITS

Photographs within the text by **Peter Buckley**, except for the following: French National Tourist Office, N.Y.—pp. 41, 81; Helena Kolda—pp. 15, 24, 52; Photo Viollet, Paris—p. 58; Photo Yvon, SPADEM © 1969, French Reproduction Rights, Inc.—pp. 1, 27.

"Images de France" color section (pp. ix–xxiv): Peter Buckley—ix, x (top), xii (top left), xiii–xv, xxiv; Helena Kolda—x (bottom), xi, xii, xvi–xxiii; François Vikar—xxiii (top left).

Cover photographs by Helena Kolda.

PERMISSIONS

Jacques Prévert, "Le message," "Le cancre," "Déjeuner du matin"—Éditions Gallimard, Paris (J); Georges Simenon, "Le pavillon de la Croix-Rousse"—by permission of the author (J).

Copyright © 1969 by Holt, Rinehart and Winston, Inc.
All Rights Reserved

Library of Congress Catalog Card Number: 71-86104
Printed in the United States of America

ISBN: 0-03-080350-0

1234567890   071   987654

To the Student

Last year we practiced listening and speaking in preparation for reading. This year, we will reverse the process and use reading in preparation for speaking.

From now on we will be reading and talking about many ideas and activities which will be new. One of our primary objectives this year will be to read and talk about these new ideas and activities with ease and speed.

Chez les Français provides ample opportunity for the kinds of reading, listening, speaking, and writing that we need to develop spontaneity, fluency and on-the-spot comprehension. Of course, one needs some equipment to be able to do this. One needs to be able to recognize the grammatical clues in the sentence (we will be working on these all through this course) and one needs to know some words in the sentence in order to be able to guess sensibly at the meaning of less familiar ones.

The large number of drawings and photographs in the book will provide additional clues for the comprehension of the conversations, scenes, and reports. Except for two chapters where we are concerned with the American scene, all the photographs were taken in France for use in this course. The idea of "reading" a photograph may be new, but it is an interesting and profitable way to derive meaning and gain a better understanding and greater appreciation of many aspects of French life and language.

Table des Matières

Grammaire

Chapitre Un

RÉVISION—Première partie

2	•1 La famille Dubreuil	
	Infinitif, Présent de l'indicatif (1ère conjugaison)	4
6	•2 Un jour de congé	
	Futur, Article défini, Adjectifs	8
10	•3 Christian est malade	
	Passé composé, Adjectifs possessifs	12

Chapitre Deux

RÉVISION—Deuxième partie

16	•1 Un week-end formidable	
	Imparfait, Adjectifs démonstratifs	18
22	•2 Mademoiselle «Il faut»	
	Imparfait—Passé composé, Interrogation	25
28	•3 Quelque chose d'incroyable	
	Conditionnel, Négation	31

Chapitre Trois

LA VIE JOURNALIÈRE

34	•1 A l'entrée d'un parc	
	Pronoms personnels—complément direct	36
38	•2 Sur la Tour Eiffel	
	Compléments indirects—noms et pronoms, pronoms **y** et **en**	42
44	•3 A la maison de Rabelais à Chinon	
	Pronom **en** comme complément direct, Deux pronoms compléments	48
50	•4 Rendez-vous à Paris	
	Impératif	54

Grammaire

Chapitre Quatre

LA VIE JOURNALIÈRE

58	•1 Le premier mai	
	Pronoms accentués	61
62	•2 A la gare	
	Présent de l'indicatif des verbes réguliers (**-er, -ir, -re**), et des verbes pronominaux	64
66	•3 A la terrasse d'un café	
	Présent de l'indicatif des verbes qui ont des changements orthographiques	69
70	•4 Au Marché aux puces	
	Interrogation	73

Chapitre Cinq

LA VIE JOURNALIÈRE

76	•1 A l'arrêt de l'autobus à Grenoble	
	Adverbes, Adjectifs et pronoms démonstratifs	79
81	•2 En haut de l'Arc de triomphe	
	Passé composé des verbes conjugués avec **avoir** et avec **être**, Passé composé des verbes pronominaux, Accord du participe passé	83
85	SCÈNES: Raoul Gérard à Montpelier	
	Présent et Passé composé des verbes irréguliers (**aller, dire, faire**)	97

Chapitre Six

LA VIE JOURNALIÈRE

100	•1 Sur un court de tennis	
	Présent du subjonctif des verbes réguliers, Emploi du subjonctif (dans les propositions substantives)	103
105	•2 Dans un hôtel	
	Présent du subjonctif des verbes irréguliers (**avoir, être, faire, pouvoir, savoir**), Emploi du subjonctif (après certaines conjonctions)	109
111	SCÈNES: Charles Bennett à Grenoble	
	Passé du subjonctif	129

Chapitre Sept

LA VIE JOURNALIÈRE

132	•1 Louis et Jean-Pierre à Paris	
	Adjectifs et pronoms interrogatifs	135
137	•2 Dans un magasin de disques	
	Révision de l'imparfait, Plus-que-parfait	141
143	SCÈNES: Auguste Garnier à Saint-Louis	
	Partitif (article et pronom), Article partitif et défini	155

TABLE DES MATIÈRES   vii

Chapitre Huit

LA VIE JOURNALIÈRE

159	•1 A Chamonix	
	Futur—Futur antérieur, avec **quand**	162
165	•2 Dans un magasin de vêtements d'hommes	
	Conditionnel—présent et passé	168
170	SCÈNES: Sandra Carpenter à Lyon	
	Phrases conditionnelles, Propositions avec **si** et **quand**	183

Chapitre Neuf

LA VIE JOURNALIÈRE

187	•1 Une promenade en taxi	
	Pronom relatif	190
193	•2 Chez un bouquiniste	
	Prépositions avec des divisions géographiques, **A** ou **de** devant l'infinitif, **En** et le participe présent	197
199	SCÈNES: Robert Tanner en Normandie	
	Après et l'infinitif passé, Adjectif possessif, Pronom possessif	215

Chapitre Dix

LA VIE JOURNALIÈRE

220	•1 A Orly	
	Pronom et adjectif indéfini, Verbes impersonnels	223
226	•2 Des Parisiennes à la campagne	
	Comparaison des adjectifs, Comparaison des adverbes	230
233	SCÈNES: Pierre Dumesnil à Paris	
	Passé simple	249

252	Glossaire des notes culturelles
254	Appendice grammatical et exercices supplémentaires
355	Lectures supplémentaires
i	Vocabulaire
	Cartes et plans

Images
de la
FRANCE

LA TOUR EIFFEL

AU JARDIN DU LUXEMBOURG

LA SEINE ET LA CATHÉDRALE DE NOTRE-DAME

L'OPÉRA

L'ARC DE TRIOMPHE

*Paris est non seulement
la capitale de la France
mais le centre
intellectuel et artistique
du pays.
Nous y trouvons des monuments
de toutes les époques
de sa longue histoire.*

DÉTAIL D'UNE MAISON NORMANDE

SAINT-BRIEUC

À TRÉGASTEL

DES AMATEURS DE VOILE

UNE BRETONNE

LE MONT-SAINT-MICHEL

La Bretagne est une presqu'île sur l'Atlantique
aux côtes très découpées,
ce qui a permis l'établissement de beaucoup de petits ports de pêche.
C'est un pays où on conserve les vieilles traditions
et les femmes âgées portent encore le costume régional
et la coiffe de dentelle qui indique à quel village
elles appartiennent.
L'Abbaye du Mont-Saint-Michel, entre la Bretagne et la Normandie,
est bâtie sur un énorme rocher entouré d'eau à marée haute.
Les moutons, dits de pré salé, fournissent une viande très appréciée.

CHINON

La vallée de la Loire a été appelée le Jardin de la France.
C'est un pays riche, au climat tempéré.
Chinon se trouve sur la rive gauche de la Loire.
À l'époque de la Renaissance, les rois de France aimaient cette région et y ont fait bâtir de nombreux châteaux.
Le château d'Ussé est un exemple d'un château renaissance.

LE CHÂTEAU D'USSÉ

À LYON

Lyon est bâti au confluent
de la Saône et du Rhône.
C'est un centre intellectuel.
C'est aussi une ville industrielle
et commerciale.
Sur les rives du fleuve il y a
souvent des marchés en plein air,
par exemple des marchés aux fleurs.

PAYSAGE DE BOURGOGNE

La culture de la vigne
est la grande richesse de la
Bourgogne.
Les vins de Bourgogne
sont célèbres dans le monde entier.
Vous pouvez voir
combien les vignobles sont soignés.
Le Beaujolais est un des vins
les plus célèbres de la Bourgogne.

UN ÉCRITEAU UNE BOULANGERIE

Les villes et les restaurants ont souvent des spécialités. Ces plats, préparés avec les meilleurs produits du pays, font la réputation et la fortune d'un restaurant. Des écriteaux sur les routes indiquent où on peut trouver tel ou tel produit. Le pain français est excellent et on en consomme beaucoup.

UN RESTAURANT EN PLEIN AIR

UNE CUISINE PROVENÇALE

La Provence se trouve
dans le sud de la France.
Le climat est chaud et ensoleillé.
On y trouve beaucoup de vestiges
de l'occupation romaine
comme le Pont du Gard près de Nîm
bâti il y a près de vingt siècles.

LE PONT DU GARD

LE PONT D'AVIGNON

UN MARIAGE PROVENÇAL TRADITIONNEL

Avignon est une vieille ville provençale
dont le pont est célébré
dans la chanson «Sur le Pont d'Avignon . . .».
Ordinairement, les jeunes filles
d'Avignon suivent la mode de Paris.
Mais pour certaines fêtes,
certaines cérémonies,
elles portent le costume régional.

MARSEILLE: LE PORT MODERNE

Marseille est le plus grand port français
sur la Méditerranée et aussi
un centre industriel très actif.
Le port de Marseille a des bassins
réservés aux bateaux de plaisance.
C'est à partir de Marseille que commence la Côte d'Azur
fréquentée par les touristes
aussi bien en hiver qu'en été car toute la région
a un climat très doux.

À LA PLAGE

MARSEILLE: DES BATEAUX DE PLAISANCE

UN PÊCHEUR MARSEILLAIS

DANS LES ALPES EN HIVER

GRENOBLE

Les Alpes françaises
vont du Mont-Blanc
à la mer Méditerranée.
Grenoble est la grande ville
des Alpes françaises.
C'est un centre universitaire,
industriel et sportif.
C'est à Grenoble qu'ont eu lieu
les Jeux Olympiques en 1968.

Chapitre Un

Révision

PREMIÈRE PARTIE

Cette photo représente les allées de Tourny à Bordeaux. A droite, vous pouvez voir les statues qui surmontent le Grand Théâtre, un des plus beaux de France. Cet ensemble architectural date du XIIIe siècle.

1 La famille Dubreuil

THÈMES ORAUX

Employez les phrases suivantes pour faire un petit exposé. Quand il y a un choix d'expressions entre parenthèses, choisissez-en une.

1. Anniversaires

1 Mon anniversaire tombe le (premier/ deux/ trois/ . . .) (janvier/ février/ mars/ . . .).
2 Je vais avoir (quinze/ seize/ dix-sept/ . . .) ans.
3 Comme cadeau je voudrais (un disque/ un livre/ une montre/ une voiture/ . . .).
4 (Mon frère/ Ma sœur/ Mon ami Pierre/ Mon amie Anne/ . . .) a aussi son anniversaire ce mois-ci.
5 (Il/ Elle/ . . .) est (plus âgé/ plus âgée/ plus jeune/ . . .) de (deux/ trois/ cinq/ . . .) ans que moi.

2. Une soirée

1 (Louise/ Paul/ . . .) va donner une soirée (vendredi/ samedi/ . . .) soir.
2 Elle va commencer à (sept/ huit/ neuf/ . . .) heures.
3 Je vais y aller avec (Thérèse/ Jean/ . . .).
4 Nous allons apporter (de nouveaux disques/ de la pâtisserie/ des gâteaux/ . . .).
5 Je crois que nous nous amuserons bien.

JOURNAL

Le journal de Christian Dubreuil

Bordeaux, lundi 5 octobre, huit heures du soir.

Je désire téléphoner à mon camarade Pierre Santeuil pour lui demander s'il compte jouer au tennis jeudi après-midi. C'est impossible parce que ma petite sœur est au téléphone; et quand Pauline est au téléphone elle parle, parle. Moi, j'attends et je n'aime pas ça. 5

Pour une fille de treize ans, Pauline est assez gentille; mais elle parle trop. Et pas seulement au téléphone. Quand nous déjeunons le matin, et que papa n'est pas là, elle ne s'arrête pas de parler. Maman lui dit:

— Pauline, tu me fatigues. Ne parle pas tout le temps, je t'en prie. 10
On n'entend plus Pauline . . . pendant deux minutes.

Jeannette ne parle pas trop. Mais parce qu'elle a dix-sept ans, deux ans de plus que moi, elle pense que je suis un petit garçon. Ça m'énerve.

Une drôle de fille, Jeannette. Elle est très bonne élève. Elle veut devenir médecin, comme papa. Pas moi. Les médecins n'ont pas de vacances. Ils travaillent trop. Mais Jeannette adore le travail. Vous pensez que Jeannette est une fille sérieuse. Pas du tout. Elle aime danser, s'amuser. Et elle adore les compliments. Quand elle a une nouvelle robe, elle désire que tout le monde l'admire. Quand je n'admire pas sa nouvelle robe, elle est furieuse. Nous nous disputons souvent. Mais elle me prête ses disques et elle m'aide à faire mes devoirs.

Quand je pense à ma famille, je trouve que j'ai de la chance. Nos parents nous laissent très libres. Tous les jeudis et les dimanches, nous finissons nos devoirs le matin et nous sortons l'après-midi et le soir avec des camarades.

J'entends Pauline qui dit:

— Alors, Nicole et toi, vous invitez Madeleine et Suzanne pour jeudi soir. Au revoir et à bientôt.

Vite, au téléphone.

ÉTUDE DE MOTS

Synonymes

1 camarade: copain, ami
2 Ça m'énerve.: Ça m'agace.
3 compter: avoir l'intention de, penser
4 désirer: vouloir
5 Elle ne s'arrête pas de parler.: Elle parle sans cesse.
6 furieux, furieuse: en colère
7 Je n'aime pas ça.: Ça ne me plaît pas.
8 je t'en prie: s'il te plaît
9 parce que: car, comme
10 une drôle de fille: une fille bizarre

Antonymes

1 furieux, furieuse *content, contente*
2 garçon *jeune fille*
3 impossible *possible*
4 parler *se taire*
5 prêter *emprunter*
6 sérieux, sérieuse *gai, gaie*
7 sœur *frère*
8 soir *matin*
9 sortir *entrer*
10 travailler *se reposer*

QUESTIONS

Répondez brièvement (par des réponses courtes) à ces questions:

EXEMPLE: —Qui parle au téléphone?— Pauline.

1 A qui Christian voudrait-il téléphoner?
2 Qui parle beaucoup?
3 Quel âge a Pauline?
4 Quel âge a Jeannette?
5 Quel âge a Christian?
6 Qui est l'aîné?
7 Qui est la plus jeune?
8 Qui veut devenir médecin?
9 Quand Jeannette a une nouvelle robe, qu'est-ce qu'elle désire?
10 Quand Christian et ses sœurs sortent-ils le jeudi et le dimanche?

GRAMMAIRE

1. Infinitif

A. *Lisez les phrases suivantes et répétez le verbe à l'infinitif.*

EXEMPLE :

Il désire étudier sa leçon.
Étudier.

1 Je désire téléphoner à Georgette.
2 Elle vient d'avoir cinq ans.
3 Nous regrettons d'être en retard.
4 Tu vas choisir un cadeau?
5 Voulez-vous attendre l'autobus?

B. *Lisez les phrases suivantes et faites attention aux formes de l'infinitif.*

Georges aime jouer au tennis.
Le concert doit finir à quatre heures.
Ma sœur adore entendre de la musique classique.

Remarquez que les verbes à l'infinitif se terminent par -er, -ir, -re.

2. Présent

(La 1ère conjugaison)

A. *Lisez les phrases suivantes. Indiquez le verbe et son sujet selon l'exemple.*

EXEMPLE :

Nous déjeunons de bonne heure.
Nous déjeunons.

1 Toi, tu déjeunes à l'école?
2 Moi, je ne déjeune pas au restaurant.
3 Mes parents déjeunent à la maison.
4 Est-ce que vous déjeunez au restaurant?
5 Robert déjeune-t-il avec des camarades?

B. *Écrivez chaque phrase en employant le sujet indiqué.*

EXEMPLE :

J'aime le tennis.   (Tu)
Tu aimes le tennis.

1 Tu désires danser?   (Ils)
2 Il préfère regarder la télévision.   (Vous)
3 Nous pensons aux vacances.   (On)
4 Elle regarde le match de tennis?   (Tu)
5 Elles habitent en ville.   (Je)

CONVERSATION

(*Les parents sont encore dans leur chambre. Jeannette, Christian et Pauline prennent le petit déjeuner.*)

PAULINE. — Nicole, elle, est très gentille. Elle me prête ses notes de littérature. Et puis, c'est amusant de jouer au tennis avec elle parce que nous sommes de bonnes joueuses toutes les deux. Nous nous amusons toujours . . .

CHRISTIAN. — Passe-moi le beurre et ne parle pas tant. Tu n'es pas une fille, tu es une pie.

PAULINE. — Et toi, tu n'es pas un garçon. Tu es un ours, un gros ours, très bête.

JEANNETTE. — Voyons, ne vous disputez pas. Regardez plutôt ma nouvelle robe. Comment la trouvez-vous?
PAULINE. — Ravissante. Edmond va l'admirer.
CHRISTIAN. — Elle est peut-être ravissante, cette robe, mais le rouge ne va pas aux blondes.
JEANNETTE. — Tu as des idées idiotes. Edmond trouve que le rouge me va très bien.
CHRISTIAN. — Oh vous, les filles, vous êtes toutes les mêmes. A-t-il bon goût, ce garçon? Oui, s'il vous fait des compliments. Non, s'il ne vous en fait pas.
JEANNETTE. — Oh toi, tu es... On sonne. C'est Edmond.
CHRISTIAN. — Ce charmant, cet intelligent, cet amusant jeune homme. Dis-lui bien des choses...
JEANNETTE. — Zut!

ÉTUDE DE MOTS

Synonymes

1 **disputer:** ne pas être d'accord
2 **idiot, idiote:** stupide, bête

Antonymes

1 **amuser, s'amuser** *ennuyer, s'ennuyer*
2 **compliment** *insulte*

Explications

goût préférence; un des cinq sens; le sens qui fait apprécier le beau et le bon
—Cette jeune fille a bon goût.
ours un animal sauvage au corps lourd
pie celui (celle) qui bavarde, qui parle beaucoup

QUESTIONS

Répondez brièvement aux questions suivantes:

1 Que font Jeannette, Christian et Pauline?
2 De qui parle Pauline?
3 Qu'est-ce que Christian demande à Pauline de lui passer?
4 Comment Christian appelle-t-il Pauline?
5 Comment Pauline appelle-t-elle Christian?
6 Qu'est-ce que Jeannette demande à Christian et à Pauline de regarder?
7 Comment Pauline trouve-t-elle la robe de sa sœur?
8 Pourquoi Christian n'aime-t-il pas la robe de sa sœur?
9 Qui sonne?
10 Comment Christian appelle-t-il Edmond?
11 Que répond Jeannette?

2 Un jour de congé

THÈMES ORAUX

1. Les achats

1 (Ce matin/ Cet après-midi/ Demain/ Samedi/ . . .) je vais faire des achats.
2 (Robert/ Mon amie Alice/ . . .) dit qu'(il/ elle/ . . .) voudrait m'accompagner.
3 J'ai besoin d'(un complet gris/ une nouvelle robe/ un tricot/ une blouse/ . . .).
4 (Il/ Elle/ . . .) veut acheter (des disques/ des chaussures/ un chapeau/ une chemise/ . . .).
5 Si nous avons le temps, nous irons peut-être (au cinéma/ au snackbar/ au café/ . . .).

2. En ville

1 Je vais (souvent/ quelquefois/ peu souvent/ . . .) en ville.
2 C'est assez (loin/ près/ . . .) de ma maison.
3 Il faut (cinq/ vingt/ quarante-cinq/ . . .) minutes pour y arriver.
4 Le samedi, il y a toujours beaucoup de monde en ville.
5 (J'aime/ Je n'aime pas/ . . .) faire (des achats/ des courses/ . . .).

JOURNAL

Le journal de Christian Dubreuil (suite)

Jeudi 8 octobre, huit heures du matin.

Pas de cours aujourd'hui! Mais beaucoup de devoirs! Mon père dit que c'est une bonne idée de décider le matin tout ce qu'on va faire pendant la journée. Alors. . . .

Comme je ne veux pas étudier cet après-midi et ce soir, je travaillerai toute la matinée. Je ne perdrai pas une minute. D'abord, j'étudierai ma leçon d'anglais. Je chercherai les mots que je ne connais pas dans le dictionnaire. J'écouterai un de mes disques en anglais. Ça prendra une heure. A neuf heures, je commencerai ma composition française. Le français et l'anglais m'amuseront. Ensuite, les mathématiques. Je déteste ça. Si la leçon est trop difficile, je téléphonerai à Georges. Il m'aidera. Une demi-heure pour les mathématiques. Non, ce n'est pas assez. Trois quarts d'heure. Après, je lirai ma leçon d'histoire de France. Ça ne me prendra pas longtemps. Il me restera une demi-heure de libre. J'écrirai à mon oncle Albert. Il a de la chance, mon oncle. Voilà trois semaines qu'il est à New York.

J'entends maman qui dit à notre bonne :

— Mélanie, vous achèterez un poulet, des épinards et un gâteau pour le déjeuner.

— Bien, Madame. Je prendrai un gâteau au chocolat. Ça va?

— Mais oui. Les enfants aimeront beaucoup ce déjeuner.

Je ne suis plus un enfant, mais j'aimerai beaucoup ce déjeuner.

Cet après-midi nous jouerons au tennis, Georges et moi. Quelque chose me dit que tu perdras, mon vieux Georges.

Après le dîner, je ne sais pas. Pierre me téléphonera ce matin. S'il ne dîne pas chez ses grands-parents, nous aurons la soirée à nous. S'il n'est pas libre, je . . .

Vraiment, je ne suis pas sérieux. Ça m'amuse d'écrire mon journal et je perds du temps. Au travail, mon petit vieux, au travail !

ÉTUDE DE MOTS

Synonymes

1 **ensuite**: puis
2 **journée**: jour
3 **mon vieux**: mon ami
4 **perdre**: égarer
5 **suite**: continuation
6 **vraiment**: à vrai dire

Antonymes

1 **abord, d'abord** *enfin*
2 **acheter** *vendre*
3 **après** *avant*
4 **difficile** *facile*
5 **matinée** *soirée*
6 **perdre** *gagner*

Explications

bonne la personne qui aide la maîtresse de maison

dictionnaire livre où l'on trouve l'explication des mots

QUESTIONS

Répondez brièvement aux questions suivantes:

1 Quand travaillera Christian?
2 Qu'est-ce qu'il étudiera d'abord?
3 Où cherchera-t-il les mots qu'il ne connaît pas?
4 Qui l'aidera à étudier les mathématiques?
5 Combien de temps prendra sa leçon d'histoire?
6 Combien de temps lui restera-t-il?
7 Depuis combien de semaines est-ce que son oncle est à New York?
8 A qui la mère de Christian parle-t-elle?
9 Quand Pierre téléphonera-t-il à Christian?
10 Qu'est-ce qui amuse Christian?

GRAMMAIRE

1. Futur

A. *Lisez les phrases suivantes et indiquez le verbe (et son sujet) qui est au futur.*
EXEMPLE :
Il aidera son ami.
Il aidera.

1 Demain vous choisirez un cadeau.
2 Je travaillerai toute la matinée.
3 Elles n'attendront pas.
4 T'amuseras-tu à l'exposition?
5 Nous écrirons les devoirs.

B. *Ajoutez le mot «demain» à la fin de chaque phrase et faites les changements nécessaires.* EXEMPLE :
Les élèves travaillent à l'école.
Les élèves travailleront à l'école demain.

1 Je cherche les mots dans le dictionnaire.
2 Tu me prêtes tes skis?
3 Ça prend une demi-heure.
4 Nous écoutons des disques.
5 Vous m'aidez?

2. Article défini

Lisez chaque phrase avec la forme convenable de l'article défini (le, la, l', les).

EXEMPLE :
____ grand garçon est mon frère.
Le grand garçon est mon frère.

1 ____ avenue est belle.
2 ____ décoration est réussie.
3 ____ homme est grand.
4 ____ médecin est sérieux.
5 ____ cours sont difficiles.

3. Adjectif

Complétez chaque phrase avec la forme convenable de l'adjectif entre parenthèses :

EXEMPLE :
La ____ route passe par ici. (nouveau)
La **nouvelle** route passe par ici.

1 C'est une jeune fille ____. (sérieux)
2 Cette glace est très ____. (bon)
3 Que les garçons sont ____! (gentil)
4 Comment trouves-tu ma ____ robe? (nouveau)
5 ____ les dames sont là. (tout)

CONVERSATION
Pierre téléphone à Christian

(On entend la sonnerie du téléphone.)

CHRISTIAN. — Allô. Qui est à l'appareil?
PIERRE. — Ah, c'est toi, Christian. Ça va?
CHRISTIAN. — Pas mal. Et toi?
PIERRE. — Très bien. Je dînerai chez mes grands-parents aujourd'hui.
CHRISTIAN. — Ça veut dire que tu ne seras pas libre ce soir?
PIERRE. — Si, parce qu'ils auront des invités et, comme ils joueront au bridge après le dîner, je n'aurai pas besoin de rester avec eux.
CHRISTIAN. — Chic alors! On peut aller au cinéma.
PIERRE. — Bien sûr! Le cinéma à côté de chez moi donne «Les Aventures d'Arsène».

CHRISTIAN. — Ah, non. Pas de film d'aventures. J'en suis fatigué. Il y a un film anglais . . .
PIERRE. — En anglais! Ah, non. Je ne travaille jamais le jeudi soir.
CHRISTIAN. — Alors, pas de cinéma. Tu as une autre idée?
PIERRE. — Attends . . . oui. Je sais que mes cousines, Madeleine et Odette, seront libres ce soir. Si ça te plaît de passer la soirée avec elles, je les inviterai à venir chez nous ce soir.
CHRISTIAN. — Ça me plaît beaucoup. Je serai content de les revoir.
PIERRE. — Alors, c'est entendu. J'achèterai de nouveaux disques cet après-midi.
CHRISTIAN. — J'espère que tu auras la nouvelle chanson «En Ville».
PIERRE. — Mais oui, je l'aurai. J'ai bien l'intention de l'acheter.
CHRISTIAN. — Alors, nous passerons la soirée à parler et à écouter des disques.
PIERRE. — Et à danser. Madeleine et Odette adorent danser.
CHRISTIAN. — Moi aussi.
PIERRE. — Naturellement, il y aura des rafraîchissements.
CHRISTIAN. — Ça aussi, ce sera bien agréable.
PIERRE. — Alors, tu seras chez nous vers huit heures.
CHRISTIAN. — Entendu. Nous aurons une bonne soirée.

ÉTUDE DE MOTS

Synonymes
1 **bien sûr**: entendu
2 **Chic alors!**: Bravo!
3 **vouloir dire**: signifier

Antonymes
1 **agréable** *désagréable*
2 **jamais (ne)** *toujours*
3 **libre** *occupé, occupée*

Explications
invités ceux qu'on invite
sonnerie du téléphone appel du téléphone

QUESTIONS

Répondez brièvement aux questions suivantes:

1 Qu'est-ce qu'on entend?
2 Où Pierre dînera-t-il aujourd'hui?
3 A quoi joueront les grands-parents après le dîner?
4 Que donne le cinéma?
5 De quoi Christian est-il fatigué?
6 Avec qui les garçons espèrent-ils aller?
7 Qu'est-ce que Pierre achètera?
8 Comment s'appelle la nouvelle chanson?
9 Qui adore danser?
10 Selon Christian, comment sera la soirée?

UN JOUR DE CONGÉ

3 Christian est malade

THÈMES ORAUX

1. Rafraîchissements

1 Pas loin d'ici il y a (un bon snackbar/ un bon café/ . . .) où on peut prendre des rafraîchissements.
2 On y sert (de la glace/ des sandwichs/ du café/ des boissons glacées/ . . .).
3 (Mes copains/ mes amis/ mes camarades/ . . .) y vont souvent.
4 Je les vois là (chaque fois que j'y vais/ tous les samedis/ toutes les semaines/ . . . .).
5 Surtout vers (quatre/ cinq/ . . .) heures il y a beaucoup de monde.

2. Sports

1 Hier (Thomas/ Patrice/ . . .) et moi, nous avons joué (au tennis/ à la balle/ au baseball/ au basket-ball/ . . .).
2 (Il/ Elle/ . . .) joue mieux que moi.
3 Moi, je préfère (le tennis/ le basket-ball/ . . .).
4 (Vendredi/ Samedi/ Dimanche/ . . .) il y aura (un match/ une partie/ . . .) formidable.
5 Nous jouons presque toutes les semaines.

JOURNAL

Le journal de Christian (suite)

Jeudi 15 octobre, 21 heures.

J'attendais ce jeudi avec impatience. Je devais aller passer la soirée chez Madeleine. Tous mes copains étaient invités. Mais, catastrophe! Ce matin, j'avais mal à la tête, mal à la gorge. J'étais très fatigué. Au déjeuner, je n'avais pas faim. Naturellement, ma mère l'a remarqué 5 et m'a demandé:

— Qu'est-ce que tu as, Christian? Tu n'as rien mangé.

Mon père m'a regardé un instant:

— Montons dans ta chambre. Je vais voir ce que tu as.

Il m'a examiné, m'a demandé si j'avais mal à la tête, à la gorge. 10 Puis:

— Un peu de grippe. Rien de grave, mais tu resteras à la maison aujourd'hui.

Il m'a donné de l'aspirine et il est parti.

Après son départ, j'ai téléphoné à Madeleine. Elle était désolée. 15 Moi aussi.

J'étais si fatigué que j'ai dormi toute la matinée.

Vers midi, ma mère m'a apporté mon déjeuner: blanc de poulet, compote de fruits. Je l'ai trouvé très bon. Ma mère m'a dit que j'allais mieux, que je pouvais me lever mais je n'en avais pas envie. J'ai décidé de rester au lit et de lire un livre que mon oncle Albert m'a donné pour mon anniversaire. C'est un roman américain. *Tom Sawyer*, en anglais, naturellement.

Mon oncle Albert parle très bien cette langue. Il s'intéresse à mes études en anglais. Il est encore à New York mais il sera de retour la semaine prochaine. Il sera content d'apprendre que j'ai lu ce livre.

D'abord, j'ai eu beaucoup de difficulté à comprendre l'anglais. Puis c'est devenu facile et très intéressant.

Mes sœurs m'ont apporté des bonbons, des magazines. Nous avons parlé de choses et d'autres. Marcel Guérin, un type formidable, genre Tom Sawyer, a téléphoné vers sept heures. Il m'a invité à passer le prochain week-end à sa maison de campagne. Chic alors!

Eh bien, ce n'était pas si mal, cette journée passée dans ma chambre. Dans ma chambre? Non. La plus grande partie de cet après-midi, je me trouvais en Amérique en compagnie d'un copain formidable qui s'appelait Tom Sawyer.

ÉTUDE DE MOTS

Synonymes

1 **magazine**: revue
2 **naturellement**: bien sûr
3 **partir**: s'en aller
4 **remarquer**: observer
5 **type**: homme, garçon

Antonymes

1 **départ** *arrivée*
2 **mieux** *pis*
3 **tête** *pied*

Explications

compote fruits pochés dans l'eau sucrée
21 heures neuf heures du soir
langue ce qu'on parle
    Exemple: Nous étudions la langue française.
lit meuble sur lequel on se couche pour se reposer
    ou pour dormir

QUESTIONS

1 A quelle heure Christian écrit-il son journal?
2 Comment attendait-il ce jeudi?
3 Où devait-il passer la soirée?
4 Pourquoi a-t-il dit: «catastrophe»?
5 Qui a remarqué qu'il n'avait pas faim?
6 Qu'est-ce que Christian avait selon son père?
7 Qu'est-ce que sa mère lui a apporté pour le déjeuner?
8 De quoi l'oncle sera-t-il content?
9 Au commencement, le roman était-il facile ou difficile à comprendre?
10 Comment Christian a-t-il trouvé cette journée passée dans sa chambre?

GRAMMAIRE

1. Passé composé

A. *Lisez ces phrases et indiquez le verbe au passé composé et son sujet.*

EXEMPLE :
  Il m'a donné de l'aspirine.
  Il a donné.

1 Le médecin m'a examiné.
2 Il a trouvé que j'ai la grippe.
3 Je désire accepter l'invitation de Marcel.
4 Il m'a invité à passer le week-end chez lui.
5 Le médecin est déjà parti.
6 Il arrivera chez vous dans quinze minutes.
7 Christian désire se coucher.
8 Il a trop mangé.

B. *Dans les phrases suivantes mettez les verbes au passé composé.*

EXEMPLE :
  Ça devient facile.
  C'est devenu facile.

1 Ma mère me donne une compote de fruits.
2 Je le trouve très bon.
3 Mon frère part tôt le matin.
4 Tu ne manges rien?
5 Elle restera à la maison toute la journée.

C. *Complétez les phrases suivantes avec la forme convenable du passé composé de l'infinitif entre parenthèses.*

EXEMPLE :
  Hier quand je ———, j'avais très mal aux dents. (se lever)
  Hier quand je me suis levé(e), j'avais très mal aux dents.

1 Hier matin, Paul ——— ses amis au cinéma. (retrouver)
2 Hier, Anne ——— en ville? (aller)
3 La semaine passée ils ——— un voyage. (faire)
4 Je ——— une montre pour Georges. (choisir)
5 Hier soir nous ——— chez eux. (s'amuser)

2. Adjectifs possessifs

Faites deux nouvelles phrases pour chacune des phrases suivantes en remplaçant le mot souligné par les mots indiqués par a et b.

EXEMPLE :
  C'est ton nouveau veston?
  a) skis   **Ce sont tes nouveaux skis?**

1 Ce sont mes nouvelles lunettes.
    a) voiture   b) livres
2 C'est son joli chapeau?
    a) nouvelles robes   b) robe bleue
3 Ce sont nos nouveaux patins.
    a) voiture   b) disque
4 C'est leur tante préférée.
    a) oncle   b) cousins
5 C'est votre nouvelle montre?
    a) robes   b) livre

CONVERSATION

Le coup de téléphone de Marcel

(*On entend la sonnerie du téléphone.*)

PAULINE. — Christian, c'est pour toi.
CHRISTIAN. — J'arrive... Allô, qui est à l'appareil?
MARCEL. — Moi, Marcel. Alors, mon pauvre vieux, tu es malade?
CHRISTIAN. — J'avais la grippe, un peu de grippe. Maintenant, ça va bien. Qui t'a dit que j'étais malade?
MARCEL. — Madeleine. Je l'ai rencontrée dans l'autobus. Alors, tu n'es pas sorti pendant la journée.
CHRISTIAN. — Non, et je n'avais même pas envie de sortir.
MARCEL. — Cette journée que tu as passée au lit, pas drôle, hein?
CHRISTIAN. — Eh bien, je n'ai pas trouvé le temps long. J'ai lu un roman américain: *Tom Sawyer*. Ça m'a bien amusé.
MARCEL. — Eh bien, mon vieux, tu avais une drôle de façon de t'amuser.
CHRISTIAN. — Et toi, qu'est-ce que tu as fait aujourd'hui?
MARCEL. — La matinée, je l'ai passée au laboratoire de chimie. Pierre et le prof préparaient des expériences; je les ai aidés.
CHRISTIAN. — Drôle de façon de passer un jeudi matin.
MARCEL. — Mais non, c'était très intéressant. Et, tu sais les bonnes notes que j'ai eues ce mois-ci, c'est comme ça que je les ai obtenues.
CHRISTIAN. — Tu aimes les sciences, tant mieux pour toi. As-tu joué au football cet après-midi?
MARCEL. — Bien sûr. Mon équipe a gagné. Nous avions de très bons joueurs. Tu nous manqueras ce soir chez Madeleine.
CHRISTIAN. — Je l'espère bien. Alors, au revoir, mon vieux.
MARCEL. — Eh, attends. Je ne t'ai pas dit le plus important. Je t'invite à passer le prochain week-end à notre maison de campagne.
CHRISTIAN. — Ravi, mon vieux. On s'amuse toujours à la campagne.
MARCEL. — Alors, entendu pour le prochain week-end et à demain.
CHRISTIAN. — A demain.

ÉTUDE DE MOTS

Synonymes

1 **entendu:** d'accord
2 **façon:** manière
3 **rencontrer:** trouver
4 **drôle:** amusant, bizarre

Antonymes

1 **amuser** *ennuyer*
2 **long** *court*
3 **sortie** *entrée*

Explications

chimie une des sciences
expérience ce qu'on fait pour démontrer ou vérifier un problème, d'ordinaire au laboratoire: faire une expérience de chimie
hein exclamation de surprise, de doute, etc.
note évaluation, appréciation du travail
prof forme du mot «professeur» employée par les élèves

QUESTIONS

Répondez brièvement à ces questions.

1 Qui téléphone à Christian?
2 Qu'est-ce que Christian avait?
3 Où Marcel a-t-il rencontré Madeleine?
4 Où Christian a-t-il passé la journée?
5 Pourquoi n'a-t-il pas trouvé le temps long?
6 Où Marcel a-t-il passé la matinée?
7 Qu'est-ce que Marcel et le professeur ont préparé?
8 Quelles notes Marcel a-t-il reçues?
9 Qui a gagné le match de football?
10 Où Marcel a-t-il invité Christian à passer le prochain week-end?

Chapitre Deux

Révision

DEUXIÈME PARTIE

Un paysage de la région bordelaise. Vous remarquez les vignes, très bien soignées et qui donneront le vin de Bordeaux, célèbre dans le monde entier.

1 Un week-end formidable

THÈMES ORAUX

1. Quel ami! (Quelle amie!)

1 J'ai (un ami/ une amie/ un copain/ une copine/ . . .) qui oublie toujours quelque chose.
2 (Il/ Elle/ . . .) ne se rappelle jamais (les dates/ les numéros de téléphone/ les adresses/ les noms de personnes/ . . .).
3 Hier, en ville, (il/ elle/ . . .) a perdu (un livre/ son chapeau/ sa montre/ des photos/ de l'argent/ . . .).
4 (Vous devez/ Tu dois/ . . .) déjà savoir qui c'est.
5 (Vous avez/ Tu as/ . . .) raison; ce doit être (mon ami Gilbert/ mon amie Dorothée/ . . .).

2. Photos

1 L'autre jour j'ai apporté mon appareil photographique (au match/ au piquenique/ à la soirée/ au lac/ au défilé/ . . .).
2 Et j'ai pris pas mal de photos (de l'équipe/ des ami(e)s/ de l'orchestre/ de la salle/ de la fanfare/ . . .).
3 La semaine prochaine, je verrai comment j'ai réussi ces photos.
4 La dernière fois mes photos étaient (très nettes/ loin d'être nettes/ . . .).
5 J'espère que cette fois elles seront toutes bien réussies.

JOURNAL

Le journal de Christian (suite)

Dimanche 18 octobre, minuit.

Les Guérin viennent de me ramener à la maison. Il est tard mais je n'ai pas envie de dormir. Je préfère revivre mon week-end, un week-end formidable.

A six heures du soir, Marcel et ses parents sont venus me chercher dans leur grosse voiture. Nous sommes sortis de Bordeaux sans rencontrer d'embouteillage. Monsieur Guérin conduisait. Sa femme était à côté de lui. Nous suivions une route de campagne qui passait par ces vignobles qui font la richesse de Bordeaux.

Madame Guérin est une femme charmante, toujours de bonne humeur. Mais, en voiture, c'est une autre histoire. Elle a peur et parce qu'elle a peur, elle critique le chauffeur. Son mari allait trop vite, il était trop à droite ou trop à gauche de la route, il avait tort de vouloir doubler une autre voiture, etc., etc.

Monsieur Guérin ne faisait pas attention à ces remarques. Il écoutait les histoires drôles de Marcel.

Nous avons dîné à l'auberge du village où se trouve la maison de campagne des Guérin. Là, nous avons rencontré des amis des Guérin, les Lanier. Les deux filles, Josette et Hélène, toutes les deux assez jolies, très gaies, m'ont plu tout de suite. Après le dîner, les Lanier nous ont emmenés chez eux. Nous avons joué au ping-pong. Les filles jouaient contre les garçons et, comme ce sont de très bonnes joueuses, c'était une partie très disputée.

Le lendemain matin, nous nous sommes levés de bonne heure, Marcel et moi, et nous sommes descendus à la cuisine. Pendant que Marcel faisait du café, je faisais des toasts. Le café était noir, noir et très mauvais mais cela n'avait pas d'importance. Nous étions de trop bonne humeur.

Ensuite, nous sommes allés à bicyclette à la propriété des Lanier. Il faisait très beau, assez frais. C'était un plaisir de pédaler. Quand nous sommes arrivés chez les Lanier, une surprise nous attendait. Josette et Hélène avaient invité tous leurs amis.

Quelle journée ! Les uns jouaient au tennis ; les autres nageaient dans le petit lac près de la propriété, ou se promenaient en bateau sur la rivière. Finalement, nous avons eu un pique-nique monstre. Puis, Marcel a joué de la guitare. Nous avons chanté toutes sortes de chansons, des vieilles et des nouvelles. Pour finir la soirée, comme il y avait fête au village, nous y sommes tous allés et nous avons dansé.

Si je devais dire ce qui m'a le plus amusé . . .

Oh, je ne sais plus . . . j'ai trop sommeil.

ÉTUDE DE MOTS

Synonymes

1 **à la propriété des Guérin:** chez les Guérin
2 **finalement:** enfin
3 **nager:** se baigner
4 **pendant que:** quand
5 **se promener:** faire une promenade
6 **une grosse voiture:** une grande voiture

Antonymes

1 **avoir tort** *avoir raison*
2 **descendre** *monter*
3 **rarement** *souvent*
4 **tard** *tôt*
5 **vieille, vieux** *nouvelle, nouveau*
6 **vite** *lentement*

Explications

auberge un petit hôtel à la campagne
avoir sommeil avoir envie de dormir
doubler dépasser un autre véhicule
plu participe passé du verbe *plaire*
suivre aller (venir) après
vignobles où on cultive le raisin

UN WEEK-END FORMIDABLE

QUESTIONS

1. Comment était le week-end de Christian?
2. A quelle heure les Guérin et lui sont-ils sortis de Bordeaux?
3. Qui conduisait?
4. Où madame Guérin était-elle?
5. Quelle sorte de route suivaient-ils?
6. Pourquoi madame Guérin critiquait-elle le chauffeur?
7. Qu'est-ce que son mari avait tort de vouloir faire?
8. Où ont-ils dîné?
9. Comment Christian a-t-il trouvé les filles des Lanier?
10. A quoi ont-ils joué après le dîner?
11. Où Christian et Marcel sont-ils allés à bicyclette le lendemain matin?
12. Comment ont-ils passé la journée?
13. Qu'est-ce qu'ils ont eu finalement?
14. Qu'est-ce qu'ils ont fait après le pique-nique?
15. Qu'ont-ils fait à la fête du village?

GRAMMAIRE

1. Imparfait

A. *Lisez les phrases suivantes et indiquez les verbes à l'imparfait avec leurs sujets.*

EXEMPLE:
Les enfants mangeaient quand nous sommes arrivés.
Les enfants mangeaient.

1. D'habitude nous nous levions tôt.
2. Quand tu étais enfant, je t'amenais au Jardin des Plantes.
3. Habitiez-vous en ville quand votre fils s'est cassé la jambe?
4. Il pleuvait quand je suis sorti.

Remarquez que l'imparfait est aussi un temps passé, *mais au contraire du passé composé, l'imparfait indique:* action répétée *au passé, ou* action continuée *au passé, ou* description *au passé, ou* condition *au passé.*

B. *Complétez les phrases suivantes avec la forme convenable du verbe.*

EXEMPLE:
Hier soir, je ____ mal à la tête. (avoir)
Hier soir, j'avais mal à la tête.

1. Anne ____ une voiture. (avoir)
2. Quand je l'ai vu, il ____ l'autobus. (attendre)
3. L'été passé ils ____ au tennis tous les jours. (jouer)
4. Il ____ froid hier soir. (faire)
5. Nous ____ en Europe quand nous l'avons rencontré. (être)
6. Le petit garçon ____ les bateaux. (regarder)
7. Son frère ____ regarder les nageurs. (préférer)

C. *Récrivez les phrases suivantes en mettant les verbes à l'imparfait.*

EXEMPLE:
Nous arrivons à l'école à huit heures.
Nous arrivions à l'école à huit heures.

1. Nous regardons la télévision.
2. Ils ont apporté de nouveaux disques.
3. Vous vous amusez bien au bal, n'est-ce pas?
4. Je m'occupe des rafraîchissements.
5. As-tu mal à la gorge?

2. Adjectifs démonstratifs

A. *Lisez les phrases suivantes, puis indiquez l'adjectif démonstratif et le nom qui suit.*

EXEMPLES :

Ce garçon et cette jeune fille sont gentils.
ce garçon, cette jeune fille
Est-ce que cet homme a pris ces photos?
cet homme, ces photos

1 Je vais chez les Guérin cet après-midi.
2 Allons-nous suivre cette route?
3 Ces tournants sont dangereux.
4 Ce soir il y aura fête au village.
5 Ces joueuses sont très bonnes.

B. *Complétez les phrases suivantes par la forme convenable de l'adjectif démonstratif.*

EXEMPLE :

____ montre ne marche pas bien.
Cette montre ne marche pas bien.
Entrons dans ____ hôtel.
Entrons dans cet hôtel.

1 Nous suivions une route de campagne entre ____ vignobles.
2 La fête a eu lieu dans ____ petit village.
3 Que faites-vous ____ après-midi?
4 ____ partie était très disputée.
5 Allez-vous vous arrêter à ____ auberge?

UN WEEK-END FORMIDABLE

CONVERSATION

(*Pendant le voyage en voiture*)

M<small>ME</small> G<small>UÉRIN</small>. — Pas si vite, Maurice.

M<small>ARCEL</small>. — Oh, maman! Papa conduit si lentement que j'ai eu le temps de compter les arbres de la route. Trois cent soixante-six, trois . . .

M<small>ME</small> G<small>UÉRIN</small>. — Tu n'as pas compté les arbres; tu as raconté des histoires drôles.

M<small>ARCEL</small>. — C'est vrai. Mais c'est vrai aussi que papa conduit trop lentement.

M<small>ME</small> G<small>UÉRIN</small>. — Trop lentement! Tu oublies que c'est parce qu'il allait trop vite qu'il a eu son accident.

C<small>HRISTIAN</small>. — Vous avez eu un accident? Vous? Ça m'étonne. Quand, comment est-ce arrivé?

M. G<small>UÉRIN</small>. — C'est arrivé il y a seize ans, mais ma femme ne l'a pas oublié. J'avais une vieille voiture qui ne marchait pas très bien. J'étais seul dans la voiture. Je m'amusais à aller le plus vite possible. Et . . . la voiture est entrée dans un arbre.

C<small>HRISTIAN</small>. — Avez-vous eu peur?

M. G<small>UÉRIN</small>. — Je n'ai pas eu le temps. Je me suis retrouvé dans un hôpital et j'ai été obligé d'y passer deux semaines.

M<small>ME</small> G<small>UÉRIN</small>. — Tu as eu de la chance. La voiture . . . oh, c'était affreux. Pour combien l'as-tu vendue ensuite?

M. G<small>UÉRIN</small>. — J'ai oublié . . . Non, je me rappelle . . . cinquante francs et c'était bien payé.

C<small>HRISTIAN</small>. — Où l'accident a-t-il eu lieu?

M. G<small>UÉRIN</small>. — Sur cette route-ci, un peu plus loin. Je vous montrerai.

M<small>ME</small> G<small>UÉRIN</small>. — Attention! Maurice, cette voiture . . . Oh, que je suis bête!

M<small>ARCEL</small>. — Seulement en voiture, maman.

M<small>ME</small> G<small>UÉRIN</small>. — Je ne suis pas comme votre mère, Christian. Elle adore conduire, elle.

C<small>HRISTIAN</small>. — Et cela cause des drames à la maison. Hier, mon père avait besoin de la voiture et elle a été obligée de prendre l'autobus. Elle était furieuse.

M. G<small>UÉRIN</small>. — Un feu rouge. Nous entrons dans le village.

ÉTUDE DE MOTS

(*Abréviations: n = nom, v = verbe*)

Synonymes

1 **affreux, affreuse:** terrible, horrible
2 **arriver** *v:* se passer *v*, avoir lieu *v*
3 **Ça m'étonne.:** Ça me surprend.
4 **drame** *n:* scène *n*
5 **J'ai été obligé(e) de prendre l'autobus.:** Il m'a fallu prendre l'autobus.
6 **laisser** *v:* permettre *v*

Antonymes

1 **affreux, affreuse** *merveilleux, merveilleuse*
2 **oublier** *v se rappeler v*

Explications

arbre *n* Un arbre se compose du tronc, des branches, des feuilles. Quelquefois, il donne des fleurs et des fruits.
raconter *v* dire en forme narrative
il y a seize ans seize ans avant
seul qui est sans compagnie, isolé, unique

QUESTIONS

1 Comment madame Guérin trouve-t-elle que son mari conduit?
2 Comment Marcel trouve-t-il que son père conduit?
3 Pourquoi monsieur Guérin a-t-il eu un accident?
4 Quand cet accident est-il arrivé?
5 Quelle sorte de voiture avait monsieur Guérin?
6 A quoi s'amusait-il?
7 Dans quoi la voiture est-elle entrée?
8 Où monsieur Guérin s'est-il retrouvé?
9 Combien de temps y est-il resté?
10 Combien a-t-on payé la voiture?
11 Où l'accident a-t-il eu lieu?
12 Qui adore conduire?
13 Et qu'est-ce que cela cause?
14 Que voit monsieur Guérin?
15 Où entrent-ils?

2 Mademoiselle «Il faut»

THÈMES ORAUX

1. Un bon ami
(Une bonne amie)

1 (Jean/ Lucie/ . . .) et moi, nous sommes de (bons amis/ bonnes amies/ . . .).
2 C'est (un garçon/ une jeune fille/ . . .) très (sympathique/ gentil/ gentille/ . . .).
3 Et (il/ elle/ . . .) est aussi très (intelligent/ intelligente/ . . .).
4 (Il/ Elle/ . . .) habite (près de/ loin de/ à côté de/ . . .) chez moi.
5 Nous essayons de nous rejoindre (à l'école/ au stade/ au bowling/ . . .).

2. Un week-end

1 Cette fin de semaine nous comptons tous aller (à la campagne/ à la plage/ à la montagne/ . . .).
2 Nous irons (en voiture/ en autobus/ par le train/ . . .).
3 Nous partirons d'ici vendredi vers (trois/ quatre/ cinq/ . . .) heures de l'après-midi.
4 Il nous faut (deux/ trois/ quatre/ . . .) heures pour y arriver.
5 Nous y resterons jusqu'à dimanche (matin/ après-midi/ soir/ . . .).

JOURNAL

Le journal de Christian (suite)

Jeudi 22 octobre, dix heures du soir.

Je suis furieux. Trois journées horribles; je suis en retard dans mon travail, pas de tennis hier . . . Tout ça parce que Jeannette . . .

Tout a commencé mardi matin. Pendant que nous déjeunions, un coup de téléphone de grand-père nous a appris que grand-mère était malade. Maman, toute pâle, nous a dit:

—Je pars tout de suite. Jeannette, tu diras à Mélanie ce qu'elle doit faire. N'oublie pas que, pendant mon absence, tu es la maîtresse de maison.

Maman venait de sortir de la maison quand il y a eu un nouveau coup de téléphone. Jeannette a répondu. Nous l'avons entendue qui disait:

— Une mauvaise grippe! Ma pauvre Mélanie! Nous sommes désolés. Ne revenez chez nous que lorsque vous serez tout à fait bien.

Puis, Jeannette s'est tournée vers nous et a dit:

— Vous m'avez entendue, vous deux? Il faudra revenir du lycée le plus vite possible pour m'aider. Oh, il faut que je téléphone à Edmond.

Quand elle téléphone à Edmond, Jeannette est très, très gentille. Ce matin-là, elle n'était pas du tout aimable.

— Je ne sors pas avec toi ce soir. Ma mère est partie voir sa mère qui est malade. Je n'aurai pas une minute de libre. Tu n'es pas content? C'est dommage.

Pan! Fin du coup de téléphone.

Quand nous sommes rentrés du lycée, Jeannette travaillait dans la cuisine:

— Ah, vous voilà. Bon. D'abord, il faut faire les courses. Voici la liste. Pauline, tu choisiras les fruits. Christian, tu porteras les gros paquets.

Nous ne savions pas encore que Jeannette était devenue mademoiselle «Il faut». Tous les «il faut» que nous avons entendus pendant ces trois jours! Des milliers!

D'abord, nous acceptions la situation, Pauline et moi. Nous obéissions comme des anges. Ce matin, un coup de téléphone de maman nous a appris que grand-mère allait mieux et que maman rentrait ce soir. J'ai passé une bonne partie de la matinée à faire des courses. Pauline a aidé Jeannette à préparer le déjeuner. Vers trois heures, je me préparais à aller jouer au tennis et Pauline se préparait à aller au cinéma quand Jeannette nous a arrêtés:

— Comment vous voulez sortir quand il y a tant à faire dans la maison! Est-ce que je sors avec Edmond, moi? Vous devez comprendre...

Et patati et patata...

Nous sommes restés à la maison. Nous avons aidé Jeannette mais nous étions furieux.

Maman est très contente de nous trois. Elle nous a dit pendant le dîner:

— Il n'y a pas dans tout Bordeaux d'enfants aussi gentils que vous.

Jeannette, gentille? Non, non et non.

ÉTUDE DE MOTS

(*Abréviations: m = masculin, f = féminin*)

Synonymes

1 **aimable:** agréable, gentille
2 **et patati et patata:** etc.
3 **lorsque:** quand
4 **lycée** *nm*: école secondaire *nf*
5 **(ne) pas du tout:** (ne) point
6 **tout à fait:** complètement

Antonymes

1 **absence** *nf* présence *nf*
2 **aîné(e)** *cadet(te)*
3 **commencer** *v* terminer *v*
4 **fin** *nf* commencement *nm*

Explications

ange *nm*   un être purement spirituel: personne qui a de grandes qualités
mademoiselle «Il faut»   nom pour indiquer une jeune fille qui aime donner des ordres
milliers *nm*   un très grand nombre
porter *v*   transporter des choses d'un lieu dans un autre

QUESTIONS

1 Comment étaient les trois journées que Christian vient de passer?
2 Qui n'était pas à la maison?
3 Qui était la maîtresse de maison pendant ces trois jours?
4 Pourquoi Pauline et Christian devaient-ils vite revenir du lycée?
5 Qu'est-ce que Jeannette leur a demandé de faire?
6 Qu'est-ce que Jeannette était devenue?
7 Quelle expression Pauline et Christian ont-ils entendue des milliers de fois pendant ces trois jours?
8 D'abord, comment Pauline et Christian obéissaient-ils?
9 Qu'est-ce qu'ils se préparaient à faire le jeudi après-midi?
10 Mais, qui les a arrêtés?
11 Et qu'ont-ils fait finalement?
12 Qu'est-ce que leur mère a dit quand elle est rentrée?
13 Mais que pense Christian?

GRAMMAIRE

1. Imparfait—Passé composé

A. *Lisez le paragraphe suivant et indiquez quels verbes sont à l'imparfait et quels verbes sont au passé composé.*

EXEMPLES :
 Hier matin quand je me suis levée, je n'allais pas bien.
 je n'allais pas—imparfait
 je me suis levée—passé composé

Hier matin quand je me suis levée, je n'allais pas bien. Je n'avais pas faim et je n'ai pas pris de petit déjeuner. Ma mère a téléphoné au médecin parce qu'elle voulait savoir exactement ce que j'avais. Quand le médecin est arrivé, il m'a examinée. Il a dit que ce n'était pas grave et que c'était simplement un peu de grippe.

B. *Choisissez la forme convenable des verbes entre parenthèses.*

EXEMPLE :
 Puis elle nous ____ de mettre le couvert. (a dit, disait)
 Puis elle nous a dit de mettre le couvert.

1 Tout ____ mercredi matin. (a commencé, commençait)
2 Pendant que nous ____, coup de téléphone. (avons dîné, dînions)
3 J'ai entendu la fanfare qui ____. (est arrivée, arrivait)
4 Pendant l'absence de notre mère Jeannette ____ désagréable. (a été, était)
5 Tout de suite Pauline ____ vers nous. (s'est tournée, se tournait)

---

2. Interrogation

A. *Lisez ces phrases.*

1 Est-ce qu'il faut rentrer tout de suite?
  Faut-il rentrer tout de suite?
2 Est-ce qu'ils vont aider leur sœur?
  Vont-ils aider leur sœur?
3 Est-ce qu'elle était gentille ce jour-là?
  Était-elle gentille ce jour-là?
4 Est-ce que vous l'avez acheté à New York?
  L'avez-vous acheté à New York?

*Remarquez que toutes ces phrases sont à l'interrogatif. Ici on montre deux façons de former une question en français :
(1) Est-ce que(qu') + la phrase
(2) L'ordre inverti (verbe + pronom sujet)* EXEMPLE : *il faut → faut-il?*

B. *Changez ces phrases en questions en employant (1) Est-ce que(qu') et (2) l'ordre inverti.*

EXEMPLE :
 Elle travaillait dans la cuisine.
 (1) Est-ce qu'elle travaillait dans la cuisine?
 (2) Travaillait-elle dans la cuisine?

1 Ils porteront les gros paquets.
2 Elles obéissaient commes des anges.
3 Elle est sortie avec Edmond.
4 Nous serions très contents d'y aller.
5 Tu aideras à préparer le déjeuner.

CONVERSATION

(*Dans la chambre de Christian*)

JEANNETTE. — Je ne te dérange pas?
CHRISTIAN. — Mais si, tu me déranges. Tu ne vois pas que je travaille?
JEANNETTE. — Ça ne prendra qu'un instant; mais il faut que je te parle.
CHRISTIAN. — Toujours mademoiselle «Il faut». Ah, il faut avoir de la patience quand on est le petit frère. Bon, je t'écoute.
JEANNETTE. — Eh bien, voilà. Je sais très bien que, Pauline et toi, vous êtes furieux contre moi.
CHRISTIAN. — Pour ça, oui. Tu as été horrible, abominable pendant ces trois jours.
JEANNETTE. — J'étais bien forcée de vous demander de m'aider. Je ne pouvais pas faire seule le travail de la maison, les courses, la cuisine.
CHRISTIAN. — D'accord. Mais, tu ne nous laissais pas une minute de libre. Était-ce vraiment nécessaire?
JEANNETTE. — Hum . . . Peut-être . . .
CHRISTIAN. — Maintenant, la vérité s'il te plaît. Tu n'étais pas contente d'être maîtresse de maison, d'être importante?
JEANNETTE. — Eh bien . . . quand j'y pense . . . oui. Ça me plaisait d'avoir des responsabilités, d'être importante.
CHRISTIAN. — Ta réponse me fait plaisir.
JEANNETTE. — Et puis, tu sais, depuis le retour de maman, j'ai beaucoup pensé à Pauline et à toi. Vous avez été très chics tous les deux, surtout les deux premiers jours. Je regrette de vous avoir fait tant travailler.
CHRISTIAN. — Ah, mademoiselle «Il faut» est devenue mademoiselle «Je regrette». Alors, tout est bien.
JEANNETTE. — Nous sommes copains maintenant?
CHRISTIAN. — Oui, ma petite vieille. Nous sommes copains.

26 CHAPITRE DEUX

ÉTUDE DE MOTS

(*Abréviations: adj = adjectif, adv = adverbe*)

Synonymes

1 **déranger** *v:* **troubler** *v,* **gêner** *v*
2 **forcé de** *adj:* **obligé de** *adj*
3 **peut-être** *adv:* **ça se peut**
4 **vraiment** *adv:* **absolument** *adv*

Antonymes

1 **contre** *pour*
2 **retour** *nm* **départ** *nm*
3 **travail** *nm* **distraction** *nf*
   divertissement *nm*

Explications

faire la cuisine *v*   préparer les repas
ma petite vieille *nf*   terme d'affection, comme l'expression «mon vieux»
vérité *nf*   ce qui est vrai

QUESTIONS

1 Que faisait Christian quand Jeannette est entrée dans sa chambre?
2 Pourquoi Jeannette veut-elle le voir?
3 Comment Christian appelle-t-il sa sœur?
4 Qu'est-ce que Jeannette sait très bien?
5 Comment Jeannette a-t-elle été avec son frère et sa sœur pendant ces trois jours?
6 Pourquoi Jeannette était-elle forcée de demander à Pauline et à Christian de l'aider?
7 Mais, qu'est-ce qu'elle ne leur laissait pas faire?
8 Qu'est-ce qui plaisait à Jeannette?
9 A qui a-t-elle beaucoup pensé depuis le retour de leur mère?
10 Comment trouve-t-elle que Pauline et Christian ont été pendant ces trois jours?
11 Qu'est-ce que mademoiselle «Il faut» est devenue?
12 Christian et Jeannette sont-ils ennemis ou copains maintenant?

BORDEAUX:
CATHÉDRALE ST.-ANDRÉ

3 Quelque chose d'incroyable

THÈMES ORAUX

1. Un match

1 (Hier/ La semaine dernière/ Samedi passé/ Dimanche/ . . .) a eu lieu un match de (football/ basket-ball/ tennis/ base-ball/ . . .).
2 Bien sûr (Paul/ Yvonne/ . . .) et moi, nous y avons assisté.
3 Nous sommes (arrivés/ arrivées) (au stade/ au court municipal/ au parc/ à l'école/ . . .) de bonne heure pour trouver de bonnes places.
4 Le match a commencé à deux heures (juste/ moins le quart/ et quart/ et demie/ . . .).
5 C'était un match (très disputé/ très intéressant/ peu intéressant/ bien joué/ . . .).
6 Naturellement notre équipe a (gagné/ perdu).

2. L'été passé

1 L'été passé j'ai travaillé dans (un magasin/ un restaurant/ un hôtel/ à la piscine/ à la campagne/ . . .).
2 Je travaillais (trois/ cinq/ huit/ . . .) heures par jour.
3 J'étais libre (le matin/ l'après-midi/ le samedi/ la fin de semaine/ . . .).
4 J'ai gagné (beaucoup d'argent/ peu d'argent/ pas mal d'argent/ trois cents francs/ . . .).
5 (Je m'y suis/ Je ne m'y suis pas) bien (amusé/ amusée).
6 (Je voudrais/ Je ne voudrais pas) y travailler l'été prochain.

JOURNAL

Le journal de Christian (suite et fin)

Mardi 3 novembre, 11 heures du soir.

Je ne me doutais pas, ce matin, que la journée se terminerait par quelque chose d'aussi merveilleux, d'aussi incroyable . . . Pas si vite, mon petit Christian, tu n'es pas sûr qu'il soit possible de . . .

Commençons par le commencement, comme dirait mon prof de français. 5

Oncle Albert, avant son départ pour New York, nous avait dit qu'il y passerait une semaine. Puis, il nous a écrit que la ville lui plaisait beaucoup et qu'il y resterait un mois.

Ce matin, maman nous a dit qu'oncle Albert dînerait avec nous. 10 Grande joie pour nous trois. D'abord, parce que nous aimons beaucoup notre oncle; ensuite parce que nous savions qu'il nous apporterait de beaux cadeaux de New York.

Il est arrivé portant quatre gros paquets: des robes pour maman et mes sœurs, une merveilleuse raquette de tennis pour moi. Pauline 15 dansait de joie.   Jeannette a dit que chaque fois qu'elle porterait cette robe ravissante, elle aurait beaucoup de succès.   J'étais ravi d'avoir une aussi bonne raquette.

Le dîner était très, très bon.   Hors-d'œuvres, poulet à la crème, salade, glace au chocolat.   Pauline et moi, nous adorons la glace au chocolat.   Si c'était possible, nous en mangerions tous les jours.

Pendant le dîner, nous avons naturellement parlé de New York.   Je me disais : « Comme j'aimerais la voir, cette ville extraordinaire ! »

C'est après le dîner que la chose merveilleuse, incroyable, sensationnelle est arrivée.   Mes sœurs lavaient la vaisselle dans la cuisine.   Mes parents, oncle Albert et moi prenions le café dans la salle de séjour.   Mon oncle a fini son café ; puis il m'a demandé :

— Alors, tes études en anglais, ça marche?

— Très bien.   Et, tu sais, j'ai lu *Tom Sawyer*.   Je croyais que ça ne m'amuserait pas, mais ça m'a bien amusé.

Mon oncle était intéressé :

— Tiens, tiens !   Tu aimerais me parler de Tom, en anglais naturellement?

Mon anglais n'était pas correct mais mon enthousiasme était grand. J'aurais continué à parler pendant des heures si mon oncle ne m'avait pas arrêté.

— Va donc demander à Jeannette qu'elle nous prépare un peu plus de café.   Nous en prendrions bien encore une tasse, tes parents et moi.

Je suis parti, pas content du tout.   Moi qui attendais des compliments !

Quand j'ai apporté le café dans la salle de séjour, mes parents et mon oncle m'ont regardé en souriant.   Mon oncle a dit :

— Ça te plairait de passer une année aux États-Unis?

J'étais si surpris que j'ai presque laissé tomber le café.   J'ai dit :

— Oh, oui, bien sûr !

Mon père a dit :

— Tu comprends que je ne suis pas assez riche pour te payer une année d'études en Amérique.   Mais si tu arrivais à avoir une bourse, ta mère et moi, nous te laisserions partir.

J'ai demandé :

— C'est difficile d'avoir une bourse?

Mon oncle a répondu :

— Non, je sais ce qu'il faut faire.   Ça m'étonnerait que tu n'en aies pas une.   Un garçon qui aime tant *Tom Sawyer* !

Et voilà.   Est-ce que je vais l'avoir, cette bourse?   Quelque chose me dit que je l'aurai.

Je termine ici mon journal.   Oh, je vais le continuer mais en anglais.

ÉTUDE DE MOTS

(Abréviations: sing = singulier, pl = pluriel)

Synonymes

1 **avoir beaucoup de succès** *v:* **être très admiré** *v*
2 **naturellement** *adv:* **bien entendu** *adv*
3 **se douter** *v:* **croire** *v*
4 **surpris(e)** *adj:* **étonné(e)** *adj*
5 **tous les jours** *pl:* **chaque jour** *sing*

Antonymes

1 **départ** *nm* **arrivée** *nf*
2 **écrire** *v* **lire** *v*
3 **enthousiasme** *nm* **ennui** *nm*
4 **joie** *nf* **tristesse** *nf*

Explications

aies forme du verbe *avoir*
Ça marche? On fait des progrès?
en souriant une expression des yeux ou de la bouche pour montrer la joie, le contentement
hors-d'œuvre *nm* ce qu'on peut servir au commencement d'un repas: salade de tomates, saucisson, olives, etc.
vaisselle *nf* ustensiles qu'on emploie pour boire et manger, comme assiettes, verres, etc.
bourse *nf* pension ou argent donnés à certains élèves pour les aider à continuer leurs études
salle de séjour *nf* pièce où la famille se réunit et où on reçoit les amis

QUESTIONS

1 A la grande surprise de Christian, comment cette journée s'est-elle terminée?
2 Que dirait son professeur de français?
3 Combien de temps est-ce que son oncle a passé à New York?
4 Pourquoi?
5 Qui a dîné chez les Dubreuil ce soir-là?
6 Qu'est-ce qu'il a apporté pour la famille?
7 Qu'est-ce que Christian a reçu?
8 Qu'y avait-il pour le dîner?
9 Qui mangerait de la glace au chocolat tous les jours si c'était possible?
10 De quoi a-t-on parlé pendant le dîner?
11 Après le dîner, que faisaient les sœurs?
12 Qui était dans la salle de séjour?
13 Sur quelles études oncle Albert a-t-il questionné Christian?
14 De quoi Christian parlait-il avec son oncle?
15 Comment était l'anglais de Christian?
16 Qu'est-ce que l'oncle Albert veut que Jeannette prépare?
17 Comment les parents et l'oncle regardaient-ils Christian quand il est rentré avec le café?
18 Quand Christian a apporté le café, qu'est-ce que son oncle a proposé?
19 Pour pouvoir y aller, qu'est-ce qu'il faut que Christian obtienne?
20 Qui va aider Christian à l'avoir?

GRAMMAIRE
1. Conditionnel

A. *Lisez les phrases suivantes et indiquez le verbe et son sujet.* EXEMPLE :
Oncle Albert dînerait chez nous ce soir.
Oncle Albert dînerait.

1 Mon professeur de français dirait ça.
2 Selon lui, ces journées ne se termineraient jamais.
3 J'apporterais de beaux cadeaux.
4 Nous aimerions manger de la glace tous les jours.
5 Voudriez-vous passer une année en France?

B. *Lisez les phrases. Puis indiquez les verbes au conditionnel.* EXEMPLE :
S'il arrivait, entrerait-il par cette porte-là?
entrerait-il

1 Tu aimerais me parler de ce roman?
2 Ça lui plaira.
3 Mon oncle apportait des cadeaux.
4 Son oncle lui apporterait des cadeaux.
5 Comme il entrait, il a laissé tomber son assiette.

C. *Complétez les phrases suivantes par la forme convenable du conditionnel des verbes entre parenthèses.* EXEMPLE :
Il a dit qu'il ___ à six heures. (arriver)
Il a dit qu'il arriverait à six heures.

1 Il ne se doutait pas que la journée ___ par quelque chose d'aussi merveilleux. (se terminer)
2 Il avait dit qu'il y ___ une semaine. (passer)
3 Si c'était possible, nous en ___ tous les jours. (manger)
4 Jeannette a dit qu'elle ___ beaucoup de succès quand elle porterait cette robe ravissante. (avoir)
5 ___ vous encore une tasse de café? (prendre)

Remarquez qu'en français dans un passage au passé on emploie le conditionnel au lieu du futur.

D. *Dans les phrases suivantes changez le premier verbe à l'imparfait et le second au conditionnel.* EXEMPLE :
Il pense qu'elle arrivera à l'heure.
Il pensait qu'elle arriverait à l'heure.

1 Nous savons qu'il nous apportera des cadeaux.
2 Je crois que ces romans les amuseront.
3 Si c'est possible, nous en mangerons tous les jours.
4 Il espère que vous prendrez encore une tasse de café.
5 Je sais que tu en seras ravi.

E. *Complétez les phrases suivantes avec la forme convenable des verbes entre parenthèses.*

1 Il a dit qu'il ___ avant minuit. (partira, partirait)
2 Je croyais qu'elle ___ tomber la tasse. (laissera, laisserait)
3 Je sais qu'ils ___ à l'heure. (arriveront, arriveraient)
4 Si c'est possible, j'y ___. (serai, serais)
5 Il espérait que ça me ___ de passer une année aux États-Unis. (plaira, plairait)

2. Négation

A. *Lisez les phrases suivantes et indiquez les mots qui rendent chaque phrase négative.*

EXEMPLE :

Je n'en doutais pas.
ne ... pas.

Il ne m'a demandé qu'une fois.
ne ... qu'

1 Christian n'est pas sûr qu'il soit possible.
2 Je regrette mais il n'y a plus de poulet.
3 Elle n'a jamais visité cette ville.
4 Nous n'avons rien acheté.
5 Il ne s'est tourné ni à droite ni à gauche.
6 Je n'ai qu'un frère.

B. *Changez les phrases suivantes au négatif en employant l'expression entre parenthèses.*

EXEMPLE :

Paul travaille à la bibliothèque. (ne ... plus)
Paul ne travaille plus à la bibliothèque.

1 Christian a lu ce roman. (ne ... pas)
2 Georges vous dira la réponse. (ne ... jamais)
3 J'en veux. (ne ... plus)
4 J'ai son adresse et la tienne. (ne ... ni ... ni)
5 Elle vous payera. (ne ... rien)
6 Vous avez deux minutes. (ne ... que)

CONVERSATION

(*Pendant le dîner*)

ONCLE ALBERT. — Je reprendrais bien un peu de poulet. Il est délicieux.
JEANNETTE. — Permets-moi de te servir. Voilà.
ONCLE ALBERT. — Tu serais gentille de me donner un peu plus de sauce.
JEANNETTE. — On dirait que tu n'as jamais eu de poulet à la crème à New York.
ONCLE ALBERT. — Si, une fois, chez des amis.
CHRISTIAN. — A quel étage habitaient-ils, tes amis?
ONCLE ALBERT. — Au troisième.
PAULINE. — Au troisième! Moi, si j'habitais New York, j'aurais un appartement au ... au centième étage.
ONCLE ALBERT. — Tu ne trouverais pas d'appartement au centième étage. Je crois que le plus haut gratte-ciel n'en a que quatre-vingts.
CHRISTIAN. — Comme j'aimerais les voir, ces hauts gratte-ciel!
JEANNETTE. — Moi, je préférerais voir les magasins de la Cinquième Avenue. Tu nous as dit qu'ils sont merveilleux.
ONCLE ALBERT. — Ma nièce à New York! Elle n'aurait pas envie de visiter les musées, les vieux quartiers pittoresques. Elle serait dans les grands magasins du matin au soir.
CHRISTIAN. — Moi, je visiterais toute la ville. Je prendrais l'autobus, le métro. Je me promènerais dans le parc. Je parlerais aux gens. J'irais au cinéma, au théâtre. Je connaîtrais les musées.
ONCLE ALBERT. — Tiens, tiens! Mon neveu ne détesterait pas voir New York.

ÉTUDE DE MOTS

(*Abréviations: prep = préposition, conj = conjonction*)

Synonymes

1 **Comme ... !: Que ... !**
2 **délicieux, délicieuse** *adj:* **de bon goût**
3 **habiter** *v:* **demeurer** *v*
4 **préférer** *v:* **aimer mieux** *v*
5 **plus de sauce: encore de la sauce**
6 **se promener** *v:* **faire une promenade** *v*

Antonymes

1 **détester** *v aimer v*
2 **haut, haute** *adj bas, basse, adj*
3 **nièce** *nf neveu nm*

Explications

gens *npl*   personnes en nombre indéterminé
gratte-ciel *nm*   bâtiment à très grand nombre d'étages
musée *nm*   bâtiment où se trouve une grande collection d'objets d'art ou de sciences
reprendre *v*   prendre encore une fois
sauce *nf*   liquide qui accompagne la viande, les légumes, les salades

QUESTIONS

1 Qu'est-ce que l'oncle Albert reprendrait?
2 Comment trouve-t-il le poulet?
3 Où avait-il eu du poulet à la crème quand il était à New York?
4 A quel étage ses amis habitaient-ils?
5 Selon oncle Albert, combien d'étages a le plus haut gratte-ciel à New York?
6 Qui aimerait voir les gratte-ciel?
7 Qu'est-ce que Jeannette préférerait?
8 Qu'est-ce que Christian préférerait faire?

Chapitre Trois

La Vie Journalière

I Pierre et René sont assis sur un banc à l'entrée d'un parc. Pierre porte un costume de couleur sombre. Il va prendre des photos du défilé. Il prépare son appareil photographique. René sort une bobine de pellicule de son enveloppe. Il va donner la pellicule à Pierre qui la mettra dans son appareil.

Les deux garçons attendent Marianne et Véronique. Tous les quatre vont aller voir le défilé.

QUESTIONS SUR LA PHOTO

1. Où Pierre et René se trouvent-ils?
2. Sur quoi sont-ils assis?
3. Comment est le costume de Pierre?
4. De quoi va-t-il prendre des photos?
5. Qu'est-ce qu'il prépare?
6. Qu'est-ce que René sort de son enveloppe?
7. A qui va-t-il donner la pellicule?
8. Où Pierre va-t-il mettre la pellicule?
9. Qui les deux garçons attendent-ils?
10. Qu'est-ce que les quatre amis vont aller voir?

Pierre et René attendent Marianne et Véronique à l'entrée d'un parc.

Pour vous aider à comprendre:
chaussée *nf*   partie de la rue où passent les voitures
jeter un coup d'œil *v*   regarder rapidement
vitrine *nf*   partie du magasin où est exposée la marchandise

PIERRE. — Eh bien, cette pellicule? Tu prends beaucoup de temps pour la sortir de l'enveloppe! Voilà cinq minutes que je l'attends.

RENÉ. — Cinq minutes! Tu exagères. Tu l'attends depuis une minute, pas plus. Tiens, la voilà, ta pellicule.

PIERRE. — Merci. J'espère prendre de très bonnes photos du défilé. Mais que font Marianne et Véronique?

RENÉ. — Elles ont promis de nous rejoindre ici à deux heures.

PIERRE. — Oui, mais tu les connais. Elles se promènent sur l'avenue. Elles jettent un coup d'œil aux vitrines des magasins.

RENÉ. — Jeter un coup d'œil? Oh non! Elles les regardent longuement. Elles décident ce qu'elles achèteraient si elles avaient de l'argent.

PIERRE. — Et elles nous font attendre, comme d'habitude.

RENÉ. — Écoute. Tu entends la musique? C'est le défilé qui commence à descendre l'avenue.

PIERRE. — On ne peut pas prendre de photos d'ici. Il faut aller tout près de la chaussée.

RENÉ. — Impossible, voyons. Si nous changeons de place, Marianne et Véronique ne pourront pas nous retrouver.

PIERRE. — Je suis furieux. Oh, ces filles qui sont toujours en retard.

RENÉ. — Enfin, les voilà. Comme elles marchent vite!

VÉRONIQUE. — Nous nous excusons. Nous regardions les vitrines et...

PIERRE. — Nous vous attendions. Bon, bon, ça va. Commençons à prendre les photos. D'abord, celle de deux jeunes filles qui arrivent en retard à un rendez-vous.

NARRATION ORALE

(Pierre et René vont prendre des photos)

1 Où se trouvent Pierre et René?
2 Qu'est-ce que René donne à Pierre?
3 De quoi René espère-t-il prendre de belles photos?
4 Qui les deux garçons attendent-ils?
5 Qu'est-ce que René entend?
6 Pourquoi Pierre est-il furieux?

NARRATION ÉCRITE

(Marianne et Véronique vont à un rendez-vous)

1 Avec qui Marianne et Véronique ont-elles rendez-vous?
2 Où doivent-elles retrouver Pierre et René?
3 Qu'ont-elles promis?
4 Mais est-ce que les garçons pensent qu'elles marchent vite ou qu'elles se promènent sur l'avenue?
5 Est-ce qu'elles jettent un coup d'œil aux vitrines ou est-ce qu'elles les regardent longuement?
6 Qu'est-ce qu'elles décident?
7 Qu'est-ce qui commence à descendre l'avenue?
8 Qui voit arriver les jeunes filles?
9 Comment marchent-elles?
10 Quelle excuse donne Véronique pour expliquer leur retard?

GRAMMAIRE
Pronoms personnels—complément direct

A. *Lisez les questions et réponses qui suivent. Indiquez dans les questions les mots qui sont remplacés par les mots soulignés dans les réponses.*

EXEMPLE:
René donne-t-il la pellicule à Pierre?
Oui, il <u>la</u> donne à Pierre. **(la pellicule)**

1 Est-ce que Pierre et René attendent Marianne et Véronique?
Oui, ils <u>les</u> attendent.

2 René prépare-t-il son appareil photographique?
Oui, il <u>le</u> prépare.

3 Il va donner les films à Pierre?
Oui, il va <u>les</u> donner à Pierre.

4 Avez-vous vu la photo?
Oui, je <u>l'</u>ai vue.

Remarquez que ces pronoms s'accordent en genre et nombre avec les substantifs (les noms) qu'ils remplacent.

B. *Lisez les questions et réponses qui suivent. Indiquez dans les questions les mots qui sont remplacés par les mots soulignés dans les réponses.*

EXEMPLE:
M'attendez-vous depuis longtemps?
Oui, je vous attends depuis une demi-heure. (m')

1. Est-ce que Pierre vous attend à l'entrée du parc?
   Oui, il m'attend à l'entrée du parc.
2. René te rejoindra au cinéma?
   Oui, il me rejoindra à sept heures.
3. Ils vont vous accompagner au bal?
   Oui, ils vont m'accompagner au bal.
4. Est-ce qu'ils nous attendront?
   Oui, ils nous attendront.
5. Est-ce qu'ils vous attendront?
   Oui, ils nous attendront.
6. M'invites-tu aussi?
   Oui, je t'invite aussi.

C. *Répondez affirmativement aux questions suivantes en remplaçant les mots soulignés par le mot entre parenthèses.*

EXEMPLE:
Allez-vous m'accompagner? (vous)
Oui, je vais vous accompagner.

1. Regardez-vous votre frère? (le)
2. Est-ce que vous m'attendrez à la bibliothèque? (vous)
3. Anne porte-t-elle sa robe grise? (la)
4. Est-ce que Paul aide ses parents? (les m)
5. Allez-vous voir le défilé? (le)
6. Te verra-t-il? (me)
7. Me vois-tu sur la photo? (te)
8. Avez-vous les photos? (les f)
9. Vous attend-il au coin? (nous)
10. Vous aideront-ils? (m')

D. *Récrivez les phrases suivantes en remplaçant les mots soulignés par la forme convenable du pronom: le, la, l', les.*

EXEMPLE:
Mais tu ne connais pas Marianne et Véronique!
Mais tu ne les connais pas!

1. Elles regardent les magasins.
2. Elles oublient l'heure du rendez-vous.
3. Je vais prendre la photo.
4. Les garçons n'attendent pas les jeunes filles.
5. Est-ce que tu as vu Robert?
6. Voilà les photos.

E. *Répondez aux questions suivantes en remplaçant les mots soulignés par la forme convenable du pronom—complément direct.*

EXEMPLE:
M'emmènerez-vous au pique-nique?
Oui, je vous emmènerai au pique-nique.

1. Avez-vous votre appareil?
2. T'oubliera-t-il?
3. Achèterez-vous les disques?
4. Me regardent-ils?
5. Ils vous rejoindront à l'école?

2 Georges et Estelle descendent à pied l'escalier de la Tour Eiffel. Ils se sont arrêtés sur une marche pour regarder le panorama. C'est un jour gris et froid. Georges a relevé le col de son pardessus. Il a mis ses mains dans ses poches. Il a froid. Il a l'air malheureux. Estelle, au contraire, a l'air très heureuse. Elle sourit. Elle porte un tailleur 5 d'hiver. Elle n'a pas froid.

QUESTIONS SUR LA PHOTO

1. Comment Georges et Estelle descendent-ils l'escalier de la Tour Eiffel?
2. Où se sont-ils arrêtés?
3. Pourquoi?
4. Quelle sorte de jour est-ce?
5. Qu'est-ce que Georges a relevé?
6. Où a-t-il mis ses mains?
7. Quel air Georges a-t-il? Et Estelle?
8. Qu'est-ce qu'elle fait?
9. Qu'est-ce qu'elle porte?
10. Qui a froid?
11. Qui n'a pas froid?

Georges et Estelle sur la Tour Eiffel.

Pour vous aider à comprendre:
gâter *v* ruiner, détruire
goutte *nf* petite quantité de liquide; ici, eau
pluie *nf* nom du verbe *pleuvoir*
se lasser *v* se fatiguer
trottoir *nm* partie de la rue ordinairement réservée aux gens qui marchent

ESTELLE. — Oh, ce Paris, je l'adore. Que c'est beau! Cet immense panorama! Je pourrais le regarder pendant des heures.

GEORGES. — Je te donne deux minutes pour le regarder. Il fait froid. Il va pleuvoir. Et nos amis nous attendent pour aller au cinéma.

ESTELLE. — Je leur ai dit que nous serions chez eux vers quatre heures. Nous avons beaucoup de temps. Oh, l'Arc de triomphe, là-bas. On le voit très bien. Il est magnifique.

GEORGES. — Tu le trouves magnifique parce que tu le vois pour la première fois. Moi, je refuse d'y jeter un coup d'œil.

ESTELLE. — Monsieur mon cousin, Paris ne vous impressionne pas parce que vous y habitez. Moi, je ne me lasse pas de les regarder tous ces monuments.

GEORGES. — Mademoiselle ma cousine, regardez l'avenue des Champs-Élysées.

ESTELLE. — Je la regarde. Elle est très belle.

GEORGES. — Très belle! Moi, j'y vois un trafic abominable et des voitures stationnées sur les trottoirs! On l'a dit et je le pense: Paris est le plus beau garage du monde.

ESTELLE. — Ne me dis pas de choses comme ça. Tu me gâtes mon plaisir.

GEORGES. — Ce n'est pas moi qui vais le gâter, ton plaisir, c'est la pluie. Je viens de recevoir une goutte sur le nez. Descendons vite.

ESTELLE. — Attends un peu. Ce grand bâtiment, qu'est-ce que c'est?

GEORGES. — Le Palais de Chaillot. On y trouve plusieurs musées, un théâtre. Un de mes amis travaille dans un des musées.

ESTELLE. — Allons lui rendre visite.
GEORGES. — Pas maintenant, voyons. Nous n'avons pas le temps.
ESTELLE. — Ce dôme doré, je le reconnais. C'est le dôme de l'Hôtel des Invalides. C'est là qu'il y a la tombe de Napoléon. Tu m'emmèneras la voir?
GEORGES. — Oui, oui. Mais je viens de recevoir une autre goutte de pluie. Partons vite, je t'en prie.
ESTELLE. — Bon, bon, ça va. Oh, ne descends pas si vite. Tu ne me donnes pas le temps de regarder le panorama. Oh ces Parisiens qui n'apprécient pas leur ville.

NARRATION ORALE

(*Georges sur la Tour Eiffel*)

1 Combien de temps Georges donne-t-il à Estelle pour regarder le panorama?
2 Pourquoi ne lui donne-t-il que deux minutes?
3 A quoi refuse-t-il de jeter un coup d'œil?
4 Qu'est-ce qu'il voit sur l'avenue des Champs-Élysées?
5 Qu'est-ce qu'il pense de Paris?
6 Qu'est-ce qu'il vient de recevoir sur le nez?
7 Comment descend-il les marches de la Tour Eiffel?

NARRATION ÉCRITE

(*Estelle sur la Tour Eiffel*)

1 Où se trouve Estelle?
2 Pendant combien de temps voudrait-elle regarder le panorama?
3 Qu'est-ce qu'elle voit très bien?
4 Comment le trouve-t-elle?
5 Est-ce qu'elle est déjà venue à Paris ou est-ce qu'elle le voit pour la première fois?
6 De quoi ne se lasse-t-elle pas?
7 Comment trouve-t-elle l'avenue des Champs-Élysées?
8 Que pense Georges de Paris?
9 Quel grand bâtiment voit Estelle?
10 Qu'est-ce qu'on y trouve?
11 A qui veut-elle aller rendre visite?
12 Qu'est-ce qu'elle reconnaît?
13 Qu'est-ce qu'elle veut aller voir à l'Hôtel des Invalides?
14 Qui l'emmènera la voir?
15 Qu'est-ce que Georges ne lui donne pas le temps de faire?

HÔTEL DES INVALIDES

GRAMMAIRE
1. Compléments indirects: noms et pronoms

A. *Répétez ces phrases en remplaçant le pronom—complément indirect—souligné par les pronoms qui suivent:*

1 Georges me prête son appareil photographique. (te, lui, nous, vous, leur)
2 Tout te semble beau. (me, vous, nous, lui, leur)

B. *Lisez ces questions et réponses en indiquant les formes employées comme complément indirect.*

EXEMPLE:
Vas-tu me montrer les photos? **(me)**
Bien sûr, je vais te montrer les photos. **(te)**

1 Est-ce que je vous dois de l'argent?
  Oui, vous me devez dix francs.
2 Vous ont-ils indiqué la route?
  Oui, ils nous ont indiqué la route.
3 Est-ce que ça fait plaisir à Pierre de visiter le Louvre?
  Oui, ça lui fait grand plaisir.
4 Tu vas dire ça à Marie?
  Non, je ne vais pas lui dire ça.
5 N'allez-vous pas montrer cette vue à vos amis?
  Mais si, je vais leur montrer cette vue.

Remarquez qu'il y a quelquefois un changement de personne dans la forme du pronom employée dans la réponse.

EXEMPLE:
Est-ce que je vous dois de l'argent?
Oui, vous me devez dix francs.

C. *Lisez les phrases suivantes en indiquant les compléments indirects.*

EXEMPLES:
Avez-vous donné le livre à Robert?
(à Robert)
Il lui a passé la pellicule. **(lui)**

1 Ça fait grand plaisir à son grand-père.
2 Ne lui dis pas de choses comme ça.
3 Tout te semble beau.
4 Je voudrais montrer les photos aux jeunes filles.
5 Georges nous a montré une belle photo de la Tour Eiffel.
6 Je vous ai déjà donné de l'argent.

D. *Répondez affirmativement aux questions suivantes en remplaçant les mots soulignés par le pronom entre parenthèses.*

EXEMPLE:
Vous a-t-il donné de l'argent? (m')
Oui, il m'a donné de l'argent.

1 Me donnerez-vous les papiers? (vous)
2 Parlez-vous à vos amies? (leur)
3 Vous a-t-il dit bonjour? (me)
4 Vous donne-t-il le journal à Paul et à vous? (nous)
5 Obéit-elle à ses professeurs? (leur)
6 Est-ce que Pierre montre la photo à Hélène? (lui)
7 Allez-vous nous répondre? (vous)
8 Est-ce que tu me donneras des rafraîchissements? (te)
9 Poserez-vous la question à Jean-Luc? (lui)
10 Vous a-t-elle demandé la réponse? (me)

E. *Récrivez les phrases en remplaçant les mots soulignés par la forme convenable du pronom.*

EXEMPLES:
J'ai répondu au professeur.
Je lui ai répondu.
J'ai dit à mes cousins de venir me voir.
Je leur ai dit de venir me voir.

1 Je parle à mes copains.
2 J'ai donné une adresse à Marie.
3 Elle dit au revoir à Paul.
4 Nous demanderons à l'agent de police.
5 Vous apportez la carte aux dames?

---

2. L'emploi de «lui, leur» opposé à «y»

A. *Lisez ces questions et réponses. Indiquez dans chaque question les mots qui sont remplacés par le mot souligné dans la réponse.*

EXEMPLES:
Êtes-vous restés à cette auberge?
Oui, nous y sommes restés.
(à cette auberge)
Avez-vous parlé à Georges hier soir?
Oui, je lui ai parlé hier soir.
(à Georges)

1 Est-ce que Pierre a montré le panorama à Estelle?
  Oui, Pierre lui a montré le panorama.
2 Aimes-tu jouer aux cartes?
  Oui, j'aime y jouer.
3 Le match a eu lieu au stade?
  Oui, il y a eu lieu.
4 Est-ce que vous avez montré les photos à Jeanne et à Marie?
  Oui, je leur ai montré les photos.
5 Ont-ils parlé de l'accident à tes parents?
  Oui, ils leur ont parlé de l'accident.

Remarquez l'emploi de lui *et* leur *pour indiquer des personnes et* y *pour indiquer une idée abstraite, un lieu, ou une chose.*

B. *Récrivez les phrases suivantes en remplaçant les mots soulignés par* lui *ou* leur *ou* y.

EXEMPLES:
J'ai donné le rouleau à Pierre.
Je lui ai donné le rouleau.
Avez-vous pensé à cela?
Y avez-vous pensé?

1 Georges n'a pas parlé de ça aux jeunes filles.
2 A-t-il passé les gâteaux à madame Gauthier?
3 J'ai vu tes frères à l'école.
4 Les petits jouaient aux dominos.
5 N'allez-vous pas répondre à Georges?
6 Tu ne vas pas répondre à la question?

3   Cette maison s'appelle La Devinière. C'est là que François Rabelais est né. Cette maison date donc du XVe siècle. Elle est bâtie en pierres. Les fenêtres et les portes sont toutes petites. L'escalier est placé en dehors de la maison. Il est protégé par le toit. C'est un toit gris en ardoises comme dans la plupart des maisons en Touraine. La cheminée est en pierres.

    Grégoire, son grand-père et sa grand-mère sortent de la maison. Grégoire parle avec sa grand-mère.

fenêtre *window*   **pierres** *stones*   **toit en ardoises** *slate roof*

QUESTIONS SUR LA PHOTO

1. Comment s'appelle cette maison?
2. Qui est né là?
3. De quand date cette maison?
4. En quoi est-elle bâtie?
5. Comment sont les portes et les fenêtres?
6. Où est placé l'escalier?
7. Par quoi est-il protégé?
8. En quoi est le toit?
9. La cheminée est-elle en pierres ou en ardoises?
10. D'où Grégoire, son grand-père et sa grand-mère sortent-ils?
11. Avec qui Grégoire parle-t-il?

Avec ses grands-parents, Grégoire vient de visiter la maison où est né Rabelais.

Pour vous aider à comprendre:
affamer *v*   ne rien donner à manger
autant *adv*   en quantité égale
avenir *nm*   le temps qui va venir (ANT **passé** *nm*)
courir *v*   aller rapidement, se dépêcher
défendre *v*   ne pas permettre
grossir *v*   devenir de plus en plus gros
guérir *v*   délivrer d'une maladie
jamais de la vie   expression familière de **jamais**
maigrir *v*   ANT **grossir** *v*
naître (il est né) *v*   ANT **mourir (il est mort)**
se sentir (bien) *v*   aller (bien)
valoir mieux *v*   être préférable

GRÉGOIRE. — Grand-mère, j'ai mal à la tête.

GRAND-MÈRE. — Tu veux de l'aspirine? J'en ai dans mon sac.

GRÉGOIRE. — Non, merci, grand-mère. Je n'aime pas l'aspirine. Quand allons-nous déjeuner?

GRAND-PÈRE. — J'ai expliqué à ce garçon qui était Rabelais. Je lui ai parlé de 5
la maison où il est né. Je l'y amène. Il ne pense qu'à manger.

GRÉGOIRE. — Mais grand-père, tu nous as parlé des repas formidables que faisait Gargantua. Alors, moi, ça me donne faim.

GRAND-MÈRE. — Voyons, Henri, les garçons de son âge ont toujours faim. J'ai des bonbons dans mon sac. Tu en veux, Grégoire? 10

GRÉGOIRE. — Oh oui, bonne-maman. Donne-m'en un, s'il te plaît.

GRAND-PÈRE. — Non, non. Jamais de la vie. Les bonbons donnent de mauvaises dents.

GRÉGOIRE. — Mais, grand-père, je n'ai jamais mal aux dents. Le dentiste dit que j'ai des dents parfaites. 15

GRAND-PÈRE. — Pour le moment. Mais, il faut penser à ton avenir. Moi, j'y pense toujours. Pas de bonbons. Je te défends d'en manger.

GRÉGOIRE. — Mais bonne-maman . . .

GRAND-PÈRE. — Ta grand-mère te gâte. Moi, comme Rabelais, j'ai des principes sur l'éducation des enfants.

GRAND-MÈRE. — Ce n'est pas une raison pour affamer cet enfant. Rentrons tout de suite. Je vous ferai de bons petits sandwichs au jambon.

GRÉGOIRE. — Grand-père dit toujours qu'il faut que je maigrisse. Ça fait grossir, les sandwichs.

GRAND-PÈRE. — Seulement quand on en mange cinq ou six au déjeuner et autant l'après-midi. Si tu te contentais d'un seul sandwich, tu ne grossirais pas.

GRAND-MÈRE. — Le pauvre petit. Écoute, Henri. Tu aimes bien le restaurant *Le Gargantua*. Alors, tu es gentil et tu nous y emmènes déjeuner.

GRAND-PÈRE. — Comme Grégoire a mal à la tête, il vaut mieux rentrer tout de suite.

GRÉGOIRE. — Non, non, grand-père. Je n'ai plus mal à la tête, plus du tout. Je me sens très, très bien.

GRAND-PÈRE. — Je vois que les bons déjeuners au *Gargantua* guérissent le mal de tête. *Le Gargantua* est tout près. Allons-y. Eh, Grégoire, ne cours pas comme ça, voyons!

CHINON

NARRATION ORALE

(*Grégoire et ses grands-parents*)

1 Qui gâte Grégoire, son grand-père ou sa grand-mère?
2 Qui veut donner des bonbons à Grégoire?
3 Qui lui défend de manger des bonbons?
4 Pourquoi grand-père défend-il à Grégoire de manger des bonbons?
5 Pourquoi grand-mère propose-t-elle de déjeuner au restaurant?

NARRATION ÉCRITE

(*Grégoire a mal à la tête*)

1 Où Grégoire a-t-il mal?
2 Pourquoi ne veut-il pas d'aspirine?
3 Quelle question pose-t-il?
4 Qu'est-ce qui lui a donné faim?
5 Qu'est-ce que grand-mère voudrait faire pour le déjeuner?
6 Quelle raison Grégoire donne-t-il pour ne pas manger de sandwich?
7 Combien de sandwichs mange-t-il à son déjeuner?
8 Qu'est-ce que grand-mère propose?
9 Pourquoi grand-père dit-il qu'il vaut mieux rentrer à la maison?
10 Mais comment Grégoire se sent-il maintenant?
11 Que font les bons déjeuners au *Gargantua*?

GRAMMAIRE

1. Le pronom **en** comme complément direct

A. *Lisez les phrases suivantes et indiquez dans chaque phrase les mots qui sont remplacés par le mot souligné.*

EXEMPLE:

Le poisson?   Oui, je veux le prendre.
(le poisson)
Du poisson?   Oui, je veux en prendre.
(du poisson)

1 La glace?   Oui, je veux la prendre.
2 De la glace?   Oui, je veux en prendre.
3 L'eau?   Oui, je veux la prendre.
4 De l'eau?   Oui, je veux en prendre.
5 Les éclairs?   Oui, je veux les prendre.
6 Des éclairs?   Oui, je veux en prendre.

Remarquez que le complément direct s'accorde avec le nom qu'il remplace. Mais remarquez aussi que le partitif pronom en ne s'accorde pas avec le nom et qu'il remplace l'article partitif (du, de, la, de l', des) et le nom.

B. *Récrivez les phrases suivantes en remplaçant les mots soulignés par le pronom convenable.*

EXEMPLES:

Achète-t-elle la viande?
L'achète-t-elle?
Est-ce qu'ils vendent du pain?
Est-ce qu'ils en vendent?

1 Je peux vous prêter de l'argent.
2 Voilà la fourchette.
3 Avez-vous de l'eau minérale?
4 Est-ce qu'il passe beaucoup de temps là-bas?
5 Elle n'a pas de frère.
6 Voyez-vous les garçons?
7 Y a-t-il des éclairs?
8 Ils estiment la liberté.

2. Deux pronoms compléments

A. *Lisez ces questions et réponses en remarquant la position et l'ordre des pronoms compléments dans les réponses.*

1 Avez-vous vu Pierre au match?
   Oui, je l'y ai vu.   (le + y → l'y)
2 M'as-tu rendu le journal?
   Oui, je te l'ai rendu ce matin.
3 As-tu parlé à Marie du pique-nique?
   Oui, je lui en ai parlé.
4 Peut-on trouver les réponses dans le livre?
   Oui, on peut les y trouver.
5 Y a-t-il des photos à la maison?
   Oui, il y en a.
6 Qui passe les gâteaux aux enfants?
   Je les leur passe.
7 Est-ce que je t'emmène chez Simone?
   Oui, tu m'y emmènes.   (me + y → m'y)
8 Donneras-tu ta raquette à Paul?
   Oui, je la lui donnerai.

Remarquez l'ordre ordinaire quand il y a plus d'un pronom complément:

me (nous) > le (les) > lui (leur) > y > en > le verbe
te (vous)   la (les)

B. *Dans les phrases suivantes remplacez les noms soulignés par les formes convenables des pronoms. (Faites attention à la forme et à l'ordre des pronoms.)*

EXEMPLES:
Pierre attendait Marie.
Pierre l'attendait.
J'ai vu Georges sur le pont des Arts.
Je l'y ai vu.

1 J'achèterai les disques chez Duval.
2 Il va offrir des gâteaux aux enfants.
3 On peut rencontrer Paul au café.
4 Les gens donnent de l'argent aux artistes pauvres.
5 Je t'ai attendu au coin.
6 Comment allons-nous passer l'après-midi?
7 Il y a beaucoup de disques de Piaf.
8 Ils me verront au cinéma ce soir.
9 Nous voilà à Paris.
10 Qui va passer les sandwichs aux invités?

C. *Récrivez les phrases suivantes en remplaçant tous les noms par la forme convenable du pronom complément. Faites attention à la position et à l'ordre des pronoms.*

EXEMPLES:
J'ai rendu l'argent à mon père.
Je le lui ai rendu.
Il voit ses amis au match.
Il les y voit.
Tu vas me passer du sel?
Tu vas m'en passer?

1 Elle achète les disques dans ce magasin.
2 Je veux donner de la glace aux enfants.
3 Il a trouvé l'argent dans la rue.
4 Vous me payiez le journal.
5 Nous regardons des programmes à la télévision.
6 Ils voudraient vous parler du roman.
7 Peut-on nous montrer le film?
8 Vas-tu écrire la réponse à Pierre?

4   Pierre et Marianne se rencontrent sur le pont des Arts. Ils se serrent la main. Tous les deux sourient. Nous pouvons voir que Marianne vient d'arriver et que Pierre l'attendait.

Marianne est habillée d'une veste de couleur claire et d'une jupe noire. Elle porte un énorme sac noir. Pierre porte un complet de 5 couleur sombre.

Le pont des Arts est un des ponts sur la Seine à Paris. Il est réservé aux piétons. Derrière les jeunes gens on voit la balustrade du pont. A droite de la photo, on voit les arbres des quais. A gauche se dresse un réverbère. 10

Au premier plan, on voit un dessin. Les artistes pauvres font des dessins avec des craies de couleur sur le trottoir. Les gens leur donnent parfois un peu d'argent.

se **dresse** *stands*   **premier plan** *foreground*

QUESTIONS SUR LA PHOTO

1. Où Pierre et Marianne se rencontrent-ils?
2. Que font-ils?
3. Est-ce qu'ils rient ou est-ce qu'ils sourient?
4. Comment Marianne est-elle habillée?
5. Qu'est-ce qu'elle porte au bras?
6. Qu'est-ce que Pierre porte?
7. Où se trouve le pont des Arts?
8. A qui est-il réservé?
9. Qu'est-ce qu'on voit derrière les jeunes gens?
10. Qu'est-ce qu'on voit à droite de la photo?
11. Qu'est-ce qui se dresse à gauche de la photo?
12. Qu'est-ce qu'on voit au premier plan?
13. Avec quoi les artistes pauvres font-ils ces dessins?
14. Qu'est-ce que les gens leur donnent parfois?

Marianne a rendez-vous avec Pierre. Ils ont tout un après-midi de libre.

Pour vous aider à comprendre:
admettre *v* reconnaître comme vrai
aucun pas un
se dépêcher *v* aller très vite
plaise forme du verbe *plaire* (*s'il vous plaît*)
y tenir *v* insister

PIERRE. — Bonjour. Marianne. Ça va?

MARIANNE. — Très bien. Et toi?

PIERRE. — Très bien. Et je ne t'ai attendue que deux minutes. C'est un record.

MARIANNE. — Tu m'avais dit d'être à l'heure. Je me suis dépêchée.

PIERRE. — A quelle heure dois-tu être chez tes grands-parents?

MARIANNE. — Je leur ai téléphoné que je serai chez eux à sept heures. Alors, ce long après-midi, comment allons-nous le passer?

PIERRE. — D'une façon aussi agréable que possible. Je ferai ce que tu voudras.

MARIANNE. — Eh bien, allons chez Simone. Elle a beaucoup de nouveaux disques. On les écoutera.

PIERRE. — Si tu y tiens. Mais, je me suis disputé avec Simone. Je lui ai dit que je ne voulais plus la revoir. Elle m'a répondu qu'elle en était ravie.

MARIANNE. — Évidemment, ce n'est pas le moment d'aller la voir. Si nous allions au drugstore du boulevard Saint-Germain?

PIERRE. — On m'a dit que leurs glaces au chocolat sont très bonnes.

MARIANNE. — J'en ai entendu parler de ces fameuses glaces. Ça me fera plaisir d'y goûter.

PIERRE. — Attends. Tu veux aller au cinéma après?

LA VIE JOURNALIÈRE

Marianne. — Mais oui. Ça me fera plaisir de voir un bon film.
Pierre. — On en donne de bons dans le quartier mais je les ai tous vus.
Marianne. — Alors, pas de drugstore. Allons sur les boulevards. Nous trouverons bien un film qui nous plaise à tous les deux.

* * *

Pierre. — Nous voilà devant la maison de tes grands-parents.
Marianne. — Il était temps. Mes pieds, mes pauvres pieds! Nous en avons fait des kilomètres! Au moins cinquante.
Pierre. — Tu exagères. Nous n'en avons pas fait plus de quatorze ou quinze.
Marianne. — Cette longue marche m'a bien fatiguée.
Pierre. — J'en suis désolé. Mais aucun des films que je voulais voir ne te plaisait.
Marianne. — Et ceux que je voulais voir, tu les trouvais idiots.
Pierre. — J'admets que nous avons passé un drôle d'après-midi. Je te vois dimanche prochain?
Marianne. — Non, je sortirai avec Bernard. Il ne me dit pas qu'il fera ce que je veux, lui. Il fera ce qu'il veut. C'est plus simple. Et comme ça on ne marche pas pendant des kilomètres et des kilomètres.

SUR LE BOULEVARD
SAINT-GERMAIN

NARRATION ORALE

(Pierre veut bien faire tout ce que veut Marianne mais . . .)

1 De quelle façon Pierre veut-il passer cet après-midi?
2 Qu'est-ce qu'il fera?
3 Pourquoi ne veut-il pas aller chez Simone?
4 Qu'est-ce qu'il a dit à Simone?
5 Pourquoi ne veut-il pas voir de film dans le quartier?
6 Combien de kilomètres Pierre et Marianne ont-ils faits?

NARRATION ÉCRITE

(Marianne passe un drôle d'après-midi)

1 Qui Marianne rencontre-t-elle sur le pont des Arts?
2 Combien de temps l'a-t-il attendue?
3 A quelle heure Marianne doit-elle être chez ses grands-parents?
4 Chez qui Marianne désire-t-elle aller?
5 Pourquoi n'est-ce pas le moment d'aller chez Simone?
6 Où Marianne propose-t-elle d'aller?
7 Comment sont les glaces au chocolat du drugstore?
8 Que feront Pierre et Marianne après avoir mangé des glaces au drugstore?
9 Pourquoi ne peuvent-ils pas aller voir un film qu'on donne dans le quartier?
10 Que propose Marianne?
11 Qu'est-ce qu'ils trouveront sur les boulevards?
12 Pourquoi Marianne ne voulait-elle pas voir les films qui plaisaient à Pierre?
13 Et pourquoi Pierre ne voulait-il pas voir les films qui plaisaient à Marianne?
14 Avec qui Marianne sortira-t-elle dimanche prochain?

GRAMMAIRE
Impératif

A. *Lisez les phrases suivantes et indiquez les verbes à l'impératif (ceux qui donnent des ordres).*

1 Regarde, Marie. Voilà M. Dubois. Demande-lui d'attendre un instant.
2 As-tu faim? Il y a un bon restaurant tout près. Entrons-y! (toi et moi)
3 Le bureau de poste, Monsieur? Tournez à gauche au coin et vous le verrez.
4 Paul et Pierre, passez-moi vos devoirs tout de suite, s'il vous plaît.
5 Pierre, réponds-moi quand je te parle.
6 Madame, c'est aujourd'hui l'anniversaire de Lisette. Vous et moi, choisissons-lui un cadeau.
7 Envoyez-le-moi demain, si c'est possible.
8 Lève-toi quand tu parles.

Regardez ce tableau de l'impératif des verbes réguliers des trois conjugaisons:

L'IMPÉRATIF		
1ère	*2ème*	*3ème*
demander	**finir**	**attendre**
demande	finis	attends
demandons	finissons	attendons
demandez	finissez	attendez

Remarquez que ces formes sont les mêmes que celles du présent de l'indicatif mais que les sujets tu, nous, *et* vous *ont été omis.*

Remarquez aussi que d'ordinaire dans les verbes de la première conjugaison, on omet la lettre «s» dans la forme familière.

B. *Changez ces phrases à l'impératif.*

EXEMPLE:
Tu vas chez Céline.
Va chez Céline.

1 Nous finissons les devoirs.
2 Tu m'attends à la sortie.
3 Vous regardez tous ces enfants.
4 Tu m'écoutes?
5 Marie et Thomas, vous ne parlez pas trop haut.

C. *Changez les phrases suivantes pour suggérer à quelqu'un de faire quelque chose avec vous.*

EXEMPLE:
Rentrez et je vous ferai des sandwichs.
Rentrons et je vous ferai des sandwichs.

1 Descendez attendre Raoul à la sortie.
2 Parlez français s'il vous plaît.
3 Entrez dans la pharmacie.
4 Achetez ces cadeaux-là.
5 Tournez à gauche et continuez tout droit.

D. *Lisez les phrases suivantes en faisant attention à la position et à l'ordre des pronoms.*

1 Lève-toi.
  Ne te lève pas.
2 Donne-la-moi.
  Ne me la donne pas.
3 Donnons-les-lui.
  Ne les lui donnons pas.
4 Passez-les-lui.
  Ne les lui passez pas.
5 Passez-m'en beaucoup.
  Ne m'en passez pas beaucoup.

Remarquez les deux positions de pronoms objets dans ces phrases: à l'impératif affirmatif on suit cet ordre:

verbe ⟩ complément direct ⟩ complément indirect ⟩ y ⟩ en

A l'impératif négatif les pronoms objets suivent la formule ordinaire (voir page 48). Observez que dans cet ordre moi *et* toi *remplacent* me *et* te *excepté avant* y *et* en.

E. *Changez les phrases suivantes au négatif.*

EXEMPLE :
Passez-le-moi.
Ne me le passez pas.

1 Montrez-les-leur.
2 Lève-toi.
3 Vas-y!
4 Achetez-la-moi.
5 Donnons-leur-en.

F. *Changez les phrases suivantes à l'affirmatif.*

EXEMPLE :
Ne me le dites pas.
Dites-le-moi.

1 Ne les y placez pas.
2 Ne te couche pas tôt.
3 Ne leur en passons pas.
4 Ne la leur payez pas.
5 Ne lui en achète pas.

G. *Complétez les phrases suivantes en mettant en ordre convenable les deux pronoms entre parenthèses.*

EXEMPLES :
Pourriez-vous ____ livrer? (la, me)
Pourriez-vous me la livrer?
Donne ____. (le, moi)
Donne-le-moi.

1 Je voudrais des disques. Tu ____ donnes? (en, me)
2 Elle était chez Bernard. Tu ____ as vue? (la, y)
3 Il ne le sait pas? Je voudrais ____ parler. (en, lui)
4 Où sont ces photos? Montrez-____. (moi, les)
5 Ne ____ montrez pas. (les, leur)
6 J'ai trop de beurre. Puis-je ____ donner? (te, en)
7 Je ne peux pas trouver mes papiers sur la table. Je sais que je ____ ai mis hier soir. (y, les)

LA VIE JOURNALIÈRE

PETIT DICTIONNAIRE

admettre *v* reconnaître comme vrai.
— J'admets que vous avez raison.
affamer *v* ne rien donner à manger à une personne qui a faim; priver de nourriture.
— Tu as déjà faim? A dix heures du matin? Je ne veux pas t'affamer. Je vais te donner un sandwich.
aucun *adj* ou *pr* pas un.
— Aucun élève n'est en retard aujourd'hui; c'est bien.
— J'étais seul hier. Aucun de mes amis n'est venu me voir.
au-dessous de *prep* sous; à un point inférieur. ANT **au-dessus de.**
— En avion, nous avons la terre au-dessous de nous.

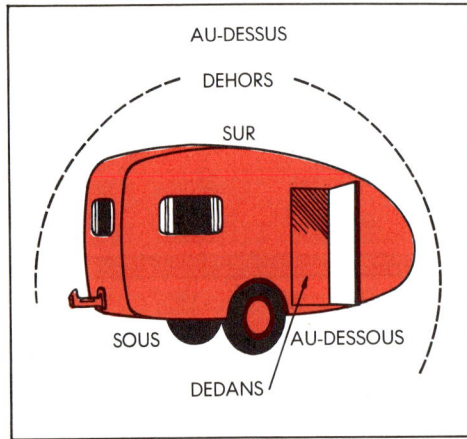

autant *adv* marque l'égalité.
— Étienne a cinquante francs; Julien a aussi cinquante francs. Julien a autant d'argent qu'Étienne.
avenir *nm* temps futur.
— Je travaille pour préparer mon avenir.
bobine *mf* ici, petit cylindre autour duquel un film est enroulé.
— Il ne peut pas prendre de photos; il a oublié de mettre une bobine de film dans son appareil.
chaussée *nf* partie d'une rue, d'une avenue, d'un boulevard où passent les voitures.
— Quel trafic! Impossible de traverser la chaussée.

col *nm* partie du vêtement qui entoure le cou.
— Il a relevé le col de son pardessus parce qu'il avait froid.
coup d'œil *nm* regard rapide.
— Elle n'a pas étudié sa leçon; elle y a seulement jeté un coup d'œil.
défendre *v* interdire; ne pas permettre.
— Il est malade. Le médecin lui défend de sortir de sa chambre.
(se) dépêcher *v* se hâter.
— Nous partons en retard. Il faut que nous nous dépêchions si nous voulons voir le commencement du film.
dessin *nm* représentation d'un objet, d'une personne etc. faite à la plume, à la craie etc. **dessiner** *v*.
— Cet artiste fait des dessins sur le trottoir avec des craies de couleur.
(s')ennuyer *v* ANT **s'amuser.**
— Tu t'ennuies parce tu ne t'intéresses à rien.
escalier *nm* série de marches pour monter ou descendre d'un étage à un autre.
— Je suis trop fatigué pour monter cet escalier. Je vais prendre l'ascenseur.
foncé *adj* sombre (couleur). ANT **clair.**
— Son pardessus est gris très foncé, presque noir.
gâter *v* donner à une personne tout ce qu'elle désire.
— La grand-mère donne à son petit-fils tout ce qu'il demande; elle le gâte.
goutte *nf* petite quantité de liquide; goutte de pluie; goutte d'eau.
— Une goutte de pluie sur ma main. Il va pleuvoir. Rentrons vite.
grossir *v* devenir de plus en plus gros. ANT **maigrir.**
— Elle ne prend jamais de dessert parce qu'elle a peur de grossir.
habitude: comme d'habitude ordinairement.
— Je le retrouverai à ce restaurant comme d'habitude. C'est toujours là que nous allons déjeuner.
jamais de la vie une façon d'insister pour dire jamais.
— Aller chez Madeleine? Jamais de la vie. Nous nous sommes disputées hier. Je ne veux plus lui parler.
se lasser *v* se fatiguer.
— Elle se lasse de tout même de danser.

maison *nf* construction destinée à l'habitation humaine.

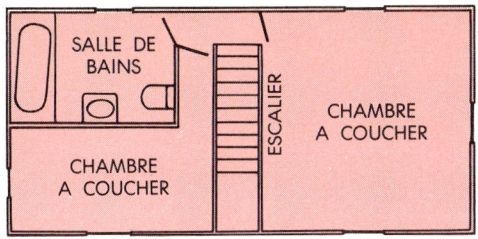

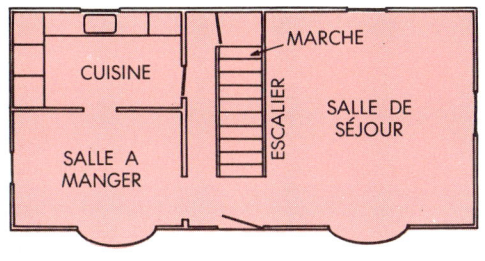

marche *nf* chacun des degrés qui forment un escalier.
– Cet escalier a vingt marches.

marcher *v* aller à pied.
– J'ai marché pour venir à l'école. C'était plus amusant que prendre l'autobus.

parfois *adv* quelquefois.
– Jeanne va parfois au cinéma le jeudi après-midi mais le plus souvent, elle va jouer au tennis avec ses amies.

pellicule *nf* la bobine qu'on met dans un appareil photographique.
– Tu vas prendre des photos du lac?
– Impossible. J'ai oublié de mettre une pellicule dans mon appareil.

piéton *nm* une personne qui va à pied, qui marche, qui se promène.
– Il y a beaucoup de piétons sur le trottoir. Certains marchent vite; d'autres se promènent et s'arrêtent souvent pour regarder les vitrines.

plan *nm* dessin représentant les différentes parties d'une ville.
– Dans ce livre, nous avons un plan de Paris.

pluie *nf* eau qui tombe par suite de condensation atmosphérique.
– Il s'est promené sous la pluie et maintenant il a un rhume.

(se) promener *v* marcher pour son plaisir.
– Le dimanche, quand il fait beau, nous nous promenons dans ce parc.

LA VIE JOURNALIÈRE

quai *nm* dans les gares, trottoir devant lequel les trains s'arrêtent.
– En attendant le train, je me suis promené sur le quai.

réverbère *nm* appareil pour éclairer les rues, les endroits publics.
– Cette rue est mal éclairée. Il n'y a qu'un réverbère et ce n'est pas assez.

(se) sentir *v* être dans une disposition physique ou morale.
– Je ne me sens pas bien. Je crois que j'ai la grippe.
– Hier, il pleuvait et je me sentais triste. Aujourd'hui, il fait beau et je me sens gai.

serrer *v* presser; se serrer la main; se donner la main quand on se rencontre ou quand on se quitte.
– Edmond et Jacques se sont rencontrés sur le pont des Arts. Ils se sont serré la main. Ils ont parlé un instant, puis ils se sont de nouveau serré la main avant de se quitter.

tailleur *nm* vêtement de femme qui se compose d'une veste et d'une jupe.
– Un tailleur est un vêtement très pratique surtout en automne quand il fait trop chaud pour porter un manteau et pas assez chaud pour ne porter qu'une robe.

trottoir *nm* partie d'une rue où marchent les piétons.
– Dans les vieilles rues de Paris, les trottoirs sont très étroits.

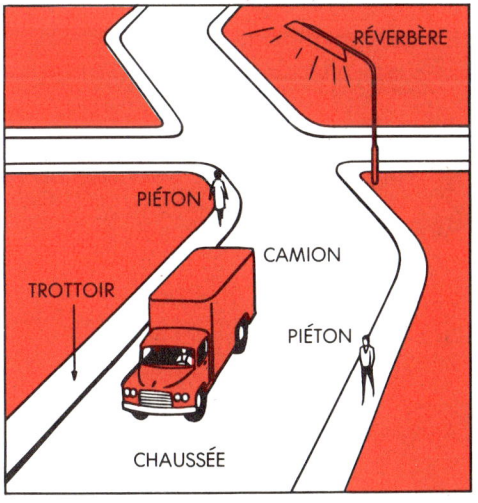

Chapitre Quatre

La Vie Journalière

I En France, le premier mai est le jour du muguet. Ce jour-là, le muguet est une fleur porte-bonheur. Dans les rues, sur les boulevards, on voit partout des marchandes de muguet.

Notre photo a été prise un premier mai. C'est une belle journée de printemps. La jeune marchande a disposé le muguet sur une table pliante. Elle est en train de choisir des brins de muguet pour une cliente, madame Dumont. Madame Dumont est habillée très simplement d'un gros manteau. Un foulard cache ses cheveux. L'autre cliente, madame Poirier, porte une veste rayée, une jupe noire, des boucles d'oreille. De la main gauche, elle tient un filet à provision qui contient une bouteille enveloppée de papier. Elle regarde le petit bouquet de madame Dumont. Elle a l'air un peu ironique.

La marchande est jeune. Les deux clientes sont âgées.

muguet *lily of the valley*   **rayée** *striped*

QUESTIONS SUR LA PHOTO

1 Quel est le jour du muguet en France?
2 Quelle sorte de fleur est le muguet ce jour-là?
3 Qu'est-ce qu'on voit partout ce jour-là?
4 Quel jour notre photo a-t-elle été prise?
5 Sur quoi la marchande a-t-elle disposé ses fleurs?
6 Qu'est-ce qu'elle est en train de choisir?
7 Comment madame Dumont est-elle habillée?
8 Qu'est-ce qui cache ses cheveux?
9 Que porte madame Poirier?
10 Que tient-elle de la main?
11 Que contient le filet à provision?
12 Qu'est-ce qu'elle regarde?
13 Quel air a-t-elle?
14 La marchande est-elle jeune ou âgée?
15 Et les clientes, sont-elles jeunes ou âgées?

Croire que le premier mai, le muguet porte bonheur, est-ce ridicule?

Pour vous aider à comprendre:
bijou *nm* (au figuré) une personne adorable (mignonne)
bonheur *nm* état de satisfaction parfaite
coutume *nf* habitude
grogner *v* protester en murmurant
jeunesse *nf* état d'une personne jeune
muguet *nm* fleur blanche du printemps
ma foi, non mais non
nier *v* dire qu'une chose n'existe pas, qu'elle n'est pas vraie
vœux *nm* désir ardent: souhait

MADAME POIRIER. — Alors, tu crois vraiment que ces fleurs vont porter bonheur à tes filles?
MADAME DUMONT. — J'en suis persuadée. Donnez-moi encore quatre brins, Mademoiselle. Merci. Combien vous dois-je?
LA MARCHANDE. — Un franc. 5
MADAME DUMONT. — Voilà. Toi aussi, Marguerite, achète un petit bouquet.
MADAME POIRIER. — Ma foi, non. Je trouve cette coutume ridicule. Et puis, le bonheur! Est-ce que ça existe, le bonheur!
LA MARCHANDE. — Mais oui, ça existe. Moi, je suis très heureuse.
MADAME POIRIER. — Parce que vous, vous êtes jeune et que vous n'êtes pas 10 mariée.
LA MARCHANDE. — Oh, je le serai bientôt. Je me marie dans deux semaines.
MADAME DUMONT. — Meilleurs vœux de bonheur, mon enfant.
MADAME POIRIER. — Moi, je vous dis, jouissez bien de ces deux semaines. Après, travail toute la journée et, le soir, un mari qui grogne. 15

LA VIE JOURNALIÈRE

Madame Dumont. — Ne l'écoutez pas, ma jolie. Je suis sûre que votre fiancé est très gentil.

La Marchande. — Oh oui, Madame. Il est gentil, gentil, gentil.

Madame Poirier. — Hum . . . Un fiancé est toujours gentil; un mari, jamais. Tenez le mien. Tous les jours, il faut que je lui achète sa bouteille d'eau de Vichy. Vous croyez qu'il ne pourrait pas l'acheter lui-même?

Madame Dumont. — Nous avons notre travail. Nos maris, eux, ont le leur.

Madame Poirier. — Et puis, monsieur a l'estomac délicat. A table, il n'aime pas ceci, il n'aime pas cela. Je lui dis: "Va au restaurant si le dîner ne te plaît pas".

Madame Dumont. — Chez nous il n'y a jamais que des plats que mon mari et les enfants aiment bien. Comme ça, pas de problèmes pour moi.

Madame Poirier. — Ah les enfants! Quand ils sont petits, il y en a toujours un qui a un rhume, ou la grippe, ou les oreillons. Quand ils sont grands, ils oublient tout ce qu'on a fait pour eux.

Madame Dumont. — Mais non, voyons. Ils ont leur famille, leurs responsabilités. Et puis, ne le nie pas, tu adores ta petite-fille.

Madame Poirier. — Ah, cette petite Marie-Hélène! Elle, c'est un amour, un bijou. Et jolie et intelligente, tout à fait moi à son âge.

Madame Dumont. — Eh bien, achète-lui un petit bouquet de muguet.

Madame Poirier. — Tiens, pourquoi pas? Ça lui fera plaisir . . . Celui-ci, mademoiselle. Un franc, n'est-ce pas?

La Marchande. — Merci, Madame. Bonne journée.

Madame Dumont. — Au revoir, mon enfant, et encore une fois, meilleurs vœux de bonheur, à vous et à votre fiancé.

La Marchande. — Oh, je sais que je vais être heureuse, heureuse.

Madame Dumont. — Ah, c'est beau, la jeunesse.

Madame Poirier. — Pauvre petite!

NARRATION ORALE
(*La marchande de muguet*)

1 La marchande est-elle jeune ou âgée?
2 Quand va-t-elle se marier?
3 Que lui souhaite madame Dumont?
4 Mais que lui conseille madame Poirier?
5 Qu'est-ce que la marchande pense de son fiancé?

NARRATION ÉCRITE
(*Madame Dumont et madame Poirier achètent du muguet*)

1 Pourquoi madame Dumont achète-t-elle du muguet?
2 Pourquoi madame Poirier n'achète-t-elle pas de muguet?

3 D'après madame Poirier, en quoi consiste la vie d'une femme mariée?
4 Qu'est-ce qu'elle doit rapporter à son mari tous les jours?
5 A table, que dit son mari?
6 Et qu'est-ce qu'elle lui répond?
7 Pourquoi madame Dumont n'a-t-elle pas de problèmes à table?
8 Quelles maladies ont eues les enfants de madame Poirier quand ils étaient petits?
9 Et maintenant qu'ils sont grands, qu'est-ce qu'ils font?
10 Cependant, qui madame Poirier adore-t-elle?
11 Pourquoi adore-t-elle sa petite fille?
12 Pourquoi achète-t-elle du muguet?

GRAMMAIRE

Pronoms accentués

A. *Lisez les phrases suivantes en faisant attention à la forme et à l'emploi des pronoms soulignés.*

1 a) Moi, je m'appelle Paul.
  b) Et toi, tu t'appelles Marie?
2 a) Tu diras bien des choses chez toi.
  b) Pour eux (elles), c'est tout un événement.
3 a) Je viendrai vous chercher, vous et elle.
  b) Jacques et moi, nous sommes invités.
4 a) Elle aussi.
  b) Qui n'a pas de café? Lui.
5 a) Dites-moi ce que vous voulez faire.
  b) Lève-toi tôt demain matin.

Remarquez qu'on emploie les pronoms accentués de plusieurs façons: (1) pour rendre le sujet plus important, (2) comme objet d'une préposition, (3) quand le sujet ou l'objet est composé et comprend au moins un pronom, (4) quand le pronom personnel s'emploie seul ou quand une réponse n'a pas de verbe, (5) les formes moi *et* toi *remplacent* me *et* te *à l'impératif affirmatif.*

B. *Complétez les phrases suivantes par la forme convenable du pronom accentué.*

EXEMPLE:

Iras-tu avec Jeanne? Oui, j'irai avec ———.

Iras-tu avec Jeanne? Oui, j'irai avec elle.

1 ———, j'envoie un livre à Étienne.
2 C'est ——— qui l'as, ce n'est pas ——— qui l'ai.
3 Vous allez chez Bernard? Oui, je vais chez ———.
4 Nous allons au lac. Veux-tu venir avec ———?
5 Vous allez au cinéma, Pierre et ———?
6 Tu veux me téléphoner dimanche? Téléphone-——— à dix heures.
7 Mais ils n'y vont pas seuls. Qui va avec ———?
8 Mais c'est mon livre. Donne-le-———.
9 Tout le monde va chez Véronique et sa sœur. Seras-tu chez ——— aussi?
10 Ni elle ni ——— ne savons le faire.
11 Que pensez-vous de ce dessin? La petite Marie l'a fait ———-même.
12 Quant à ———, je crois que c'est une bonne idée.

2

La photo représente l'intérieur de la gare de Saint-Malo. Le train pour Rennes va partir. Des voyageurs se préparent à monter dans le train. Gérard est déjà monté dans un wagon de deuxième classe. Il se tient debout sur la marche du wagon. Olivier est resté sur le quai. Les deux garçons parlent.

A gauche de la photo, nous voyons deux grands écriteaux. Ils indiquent le numéro des voies. Au-dessous de l'écriteau qui indique la voie 1, nous voyons un écriteau plus petit. Cet écriteau nous dit que le train va à Rennes et que c'est un train omnibus. Un train omnibus est un train qui s'arrête à toutes les gares.

L'horloge de la gare nous dit qu'il est 16 heures 37.

écriteau *sign* **gare** *station* **quai** *platform* **voie** *track*

QUESTIONS SUR LA PHOTO

1. Que représente la photo?
2. Quel train va partir?
3. Qu'est-ce que les voyageurs se préparent à faire?
4. Où Gérard est-il monté?
5. Où se tient-il?
6. Où Olivier est-il resté?
7. Que font les deux garçons?
8. Que voyons-nous à gauche de la photo?
9. Qu'est-ce que les grands écriteaux indiquent?
10. Que voyons-nous au-dessous de l'écriteau qui indique la voie 1?
11. Qu'est-ce que cet écriteau nous dit?
12. Qu'est-ce que c'est qu'un train omnibus?
13. Quelle heure est-il à l'horloge de la gare?

Olivier a accompagné Gérard à la gare.

Pour vous aider à comprendre:
distraire *v* amuser
En voiture! ordre pour dire aux passagers de monter dans le train
gare *nf* bâtiment dans lequel les trains arrivent et d'où ils partent
marin *nm* celui qui est dans la marine
revivre *v* vivre encore une fois
souhaiter *v* désirer quelque chose pour quelqu'un
ville où je suis né ma ville natale

OLIVIER. — Ton train va partir dans trois minutes.
GÉRARD. — Trois minutes? Mais non. Le train part à 16 h. 40 et ma montre dit 16 h. 34.
OLIVIER. — Ta montre retarde. Regarde l'horloge de la gare. Il est 16 h. 37.
GÉRARD. — C'est vrai. Je vais mettre ma montre à l'heure. Je déteste une montre qui retarde ou qui avance.
OLIVIER. — Alors, mon vieux, je te souhaite un bon voyage.
GÉRARD. — Un petit voyage de Saint-Malo à Rennes dans un train omnibus qui s'arrête à toutes les gares, ce n'est pas bien amusant.
OLIVIER. — Non. Tu n'as pas emporté un livre pour te distraire?
GÉRARD. — Si, j'ai emporté *La Peste* de Camus.
OLIVIER. — Alors, tu ne vas pas t'ennuyer. C'est un roman passionnant.
GÉRARD. — Vraiment, ces quinze jours passés chez toi ont été bien agréables.
OLIVIER. — Nous en avons fait des promenades sur les remparts!
GÉRARD. — Et c'était toujours amusant: la mer, les bateaux. Et j'aimais bien marcher dans les vieilles rues pittoresques.
OLIVIER. — Cela m'amusait de te faire connaître la ville où je suis né, où j'ai passé toute ma vie.

LA VIE JOURNALIÈRE

GÉRARD. — Quand nous sommes allés visiter la tombe de Chateaubriand sur l'île du Grand Bé, j'étais vraiment impressionné.

OLIVIER. — Et quand nous avons visité les musées tu n'avais pas l'air de t'ennuyer.

GÉRARD. — Oh non. C'était tout le passé de cette ville de marins qui revivait.

UN EMPLOYÉ. — Messieurs les voyageurs, en voiture! Attention au départ!

GÉRARD. — Merci de m'avoir accompagné à la gare. Au revoir.

OLIVIER. — Amuse-toi bien à Rennes. Écris-moi. Au revoir.

NARRATION ORALE

(La montre de Gérard)

1 A quelle heure le train doit-il partir?
2 Combien de temps Gérard pense-t-il attendre le départ du train?
3 Mais quelle heure dit l'horloge de la gare?
4 Par conséquent, dans combien de temps le train va-t-il partir?
5 Qu'est-ce que Gérard va faire?

NARRATION ÉCRITE

(Gérard va à Rennes)

1 Dans quelle ville se trouve cette gare?
2 Où Gérard va-t-il?
3 Qu'est-ce qu'Olivier lui souhaite?
4 Dans quelle sorte de train Gérard va-t-il voyager?
5 Qu'a-t-il emporté pour se distraire?
6 Quelle sorte de livre est *La Peste* de Camus?
7 Que dit l'employé?
8 De quoi Gérard remercie-t-il Olivier?

GRAMMAIRE

1. Présent de l'indicatif des verbes réguliers

1ère conjugaison **parler**	je parle tu parles il (elle) parle	nous parlons vous parlez ils (elles) parlent
2ème conjugaison **finir**	je finis tu finis il (elle) finit	nous finissons vous finissez ils (elles) finissent
3ème conjugaison **attendre**	j'attends tu attends il (elle) attend	nous attendons vous attendez ils (elles) attendent

A. *En employant ce tableau changez les phrases suivantes du singulier au pluriel.*

EXEMPLES :

Il attend au coin.
Ils attendent au coin.
Je finis à midi.
Nous finissons à midi.
Je parle français.
Nous parlons français.

1 Il bâtit une maison.
2 Elle parle très bien.
3 Que choisis-tu?
4 Je vends ma bicyclette.
5 Pourquoi ne réponds-tu pas?

B. *Récrivez les phrases suivantes en remplaçant les mots soulignés par le sujet entre parenthèses.* EXEMPLE :

Où bâtissez-vous? (il)
Où bâtit-il?

1 Que choisit-elle? (vous)
2 Cette marchande vend du muguet. (Je)
3 Je finis mes devoirs. (Ils)
4 Où les attendons-nous? (tu)
5 Ça porte bonheur. (Ces fleurs)

C. *Complétez les phrases suivantes par la forme convenable du verbe entre parenthèses au présent.*

EXEMPLE :

Mon frère et moi, nous l' ____. (attendre)
Mon frère et moi, nous l'attendons.

1 Mon oncle ____ un garage. (bâtir)
2 Tu me ____ de l'argent? (prêter)
3 Ta sœur et toi, vous ____ toujours en retard. (arriver)
4 Georges et Pierre ne ____ jamais leurs devoirs. (finir)
5 Pourquoi est-ce que vous ____ cette voiture? (choisir)

2. Présent des verbes réfléchis (pronominaux)

A. *Lisez les phrases suivantes et indiquez le pronom objet dans chaque phrase.*

1 Je me demande s'il est dangereux de patiner.
2 Tu te rappelles maintenant?
3 Où se trouve le bureau de poste?
4 Nous ne nous levons pas tard le samedi.
5 On s'amusera bien au bal.
6 Pourquoi vous dépêchez-vous?
7 Georges et sa sœur se disputent comme toujours.
8 Les Français se serrent la main en arrivant et en sortant.

Remarquez que le pronom pronominal s'emploie comme objet du verbe (direct ou indirect) et est toujours à la même personne et au même nombre que le sujet.

B. *Complétez les phrases suivantes par la forme convenable du pronom pronominal (réfléchi).*

EXEMPLE :

Nous ____ amusons chez Simone.
Nous nous amusons chez Simone.

1 A quelle heure ____ lèvent-ils?
2 Nous ____ demandons s'il va pleuvoir.
3 Pourquoi ____ dépêches-tu?
4 Je ____ lève à sept heures.
5 Georges et Henri ____ rejoignent à l'arrêt de l'autobus.
6 Marie et moi, nous ____ arrêtons chez Duval.
7 Elle ne ____ rappelle pas la date.
8 Je ne sais pas où ____ trouvent ces bureaux.

3

Sur cette photo, on voit deux garçons. Ils sont assis devant une table. La table se trouve sur une terrasse. De la terrasse, on voit des montagnes.

Le garçon aux cheveux bruns s'appelle Maurice. Il porte des lunettes. Son tricot est rayé avec des manches courtes. Il tient une bouteille à la main. Il regarde l'étiquette de la bouteille. A côté de lui se trouve un verre à moitié plein avec une paille.

L'autre garçon s'appelle Robert. Il est blond. Il porte une chemise de sport avec des poches. Il tient un verre à la main. Il regarde l'étiquette de la bouteille de Maurice. Devant lui il y a une bouteille de «cacolac» et un verre avec six pailles.

à moitié plein *half full*   **étiquette** *label*   **paille** *straw*   **poche** *pocket*

QUESTIONS SUR LA PHOTO

1. Que voit-on sur cette photo?
2. Devant quoi sont assis les deux garçons?
3. Où se trouve la table?
4. Qu'est-ce qu'on voit de la terrasse?
5. Comment s'appelle le garçon aux cheveux bruns?
6. Qu'est-ce qu'il porte?
7. Comment est son tricot?
8. Qu'est-ce qu'il tient à la main?
9. Qu'est-ce qu'il regarde?
10. Qu'est-ce qui se trouve à côté de lui?
11. Comment s'appelle l'autre garçon?
12. Est-il blond ou brun?
13. Qu'est-ce qu'il porte?
14. Qu'est-ce qu'il tient à la main?
15. Qu'est-ce qu'il regarde?
16. Qu'est-ce qu'il a devant lui?

Après une promenade en montagne, Maurice et Robert boivent des boissons glacées.

Pour vous aider à comprendre:
balade *nf*   promenade
char *nm*   voiture (à deux roues)
étiquette *nf*   ce qu'on met sur un objet pour indiquer le prix, le contenu, etc.
framboise *nf*   un fruit
grimper *v*   monter à pied (sur un point élevé)
nocturne *adj*   ce qui arrive pendant la nuit
pétanque *nf*   jeu de boules (dans le sud de la France)
plongeoir *nm*   plate-forme, tremplin d'où l'on plonge
tromper, se tromper *v*   faire une erreur

MAURICE.   — L'étiquette dit: Évian fruité à la framboise.
ROBERT.   — Tu avais demandé de l'évian fruité à l'orange. Le garçon s'est trompé.
MAURICE.   — Ça ne fait rien. L'évian fruité est tout aussi bon à la framboise. Tu veux y goûter?
ROBERT.   — Non, merci. Moi, je préfère le cacolac.
MAURICE.   — Tes parents sont gentils de m'avoir invité à passer quinze jours ici. Quelle belle balade nous avons faite! C'était merveilleux de grimper tout en haut de la montagne. Comment s'appelle-t-elle?
ROBERT.   — La montagne! Tu exagères. Dans le pays nous appelons ça une montagnette. Et elle est trop petite pour avoir un nom.

Maurice. — Pour toi c'est une montagnette! Pour moi, qui habite Chartres, la haute Provence est un pays de montagnes. Qu'allons-nous faire maintenant?
Robert. — D'abord, nous nagerons dans la piscine de l'hôtel.
Maurice. — Comment? L'hôtel a une piscine?
Robert. — Mais oui. Elle est toute petite mais elle a un plongeoir.
Maurice. — J'aime beaucoup plonger. On va bien s'amuser.
Robert. — Pour ça, oui. Tu vas faire la connaissance d'une bande de garçons et de filles très sympathiques.
Maurice. — Et après le dîner, nous jouerons à la pétanque?
Robert. — Non, ce soir, mon frère nous emmène à Nice. Nous allons assister à la fête de la Nuit rose.
Maurice. — J'ai entendu parler de ces fêtes de Nice. En quoi consistent-elles?
Robert. — D'abord, un défilé de chars fleuris! Ensuite on achète des confettis et on les jette sur les gens. Eux, naturellement, répondent en vous en jetant aussi. Une bataille très amusante. Il y a des orchestres sur les places et on danse. Tu verras. C'est merveilleux.
Maurice. — Quelle journée! Balade dans la montagne, nage et pour finir fête nocturne. Je comprends pourquoi tu aimes tant Saint-Paul.

NARRATION ORALE

(*Deux amis en vacances*)

1 Qu'est-ce que Maurice est en train de boire?
2 Que boit Robert?
3 Qui a invité Maurice à venir à Saint-Paul?
4 Combien de temps va-t-il passer là?
5 Où habite Maurice?
6 Pour lui, quelle sorte de pays est la haute Provence?

NARRATION ÉCRITE

(*Maurice et Robert sont en vacances*)

1 Qu'est-ce que les deux amis viennent de faire?
2 Que font-ils maintenant?
3 Que vont-ils faire après? Où?
4 Comment est la piscine?
5 De qui Maurice va-t-il faire la connaissance?
6 Pourquoi les deux amis ne joueront-ils pas à la pétanque après le dîner?
7 A quoi vont-ils assister? Avec qui?
8 En quoi consiste la fête de la Nuit rose?
9 Qu'y a-t-il sur les places?
10 Que peut-on y faire plus tard?

GRAMMAIRE
Verbes qui ont des changements orthographiques

s'appeler	acheter	espérer	employer
je m'appelle	j'achète	j'espère	j'emploie
tu t'appelles	tu achètes	tu espères	tu emploies
il s'appelle	il achète	il espère	il emploie
nous nous appelons	nous achetons	nous espérons	nous employons
vous vous appelez	vous achetez	vous espérez	vous employez
ils s'appellent	ils achètent	ils espèrent	ils emploient

Étudiez le tableau ci-dessus. Remarquez qu'il y a dans certaines formes de ces verbes des changements intérieurs (dans le radical). Ces changements sont nécessaires parce que la prochaine syllabe ne se prononce pas. Pour la liste de tous les verbes de ces quatre groupes qui sont employés dans ce cours voir les pages 263 – 265.

A. *Changez les phrases suivantes du singulier au pluriel.*

EXEMPLE :
Je me rappelle cette fête.
Nous nous rappelons cette fête.

1 J'achète cette montre.
2 Tu espères y aller?
3 Il s'appelle Dubois.
4 Elle emploie le passé composé.
5 Le car nous amène à Saint-Pierre.

B. *Complétez les phrases suivantes par la forme convenable du verbe entre parenthèses.*

EXEMPLE :
Nous ____ des cadeaux. (acheter)
Nous achetons des cadeaux.

1 Cette petite ____ toujours. (exagérer)
2 Ces montagnes vertes me ____ les Vosges. (rappeler)
3 La bonne ____ le salon. (nettoyer)
4 Je ____ que tu as raison. (considérer)
5 Qu'____-vous pour son anniversaire? (acheter)

manger	commencer
je mange	je commence
tu manges	tu commences
il mange	il commence
nous mangeons	nous commençons
vous mangez	vous commencez
ils mangent	ils commencent

Regardez le tableau ci-dessus. Ces deux genres de verbes ont aussi des changements dans le radical. Remarquez que ces changements sont nécessaires devant la lettre o (et aussi a et u) pour garder la même prononciation dans toutes les formes du présent.

C. *Changez les verbes du singulier au pluriel dans cet exercice.* EXEMPLE :

Je prononce mal l'anglais.
Nous prononçons mal l'anglais.

1 Je commence à l'heure.
2 Il prononce bien le français.
3 Je n'en mange jamais.
4 Tu manges très peu.
5 Elle commence tard.

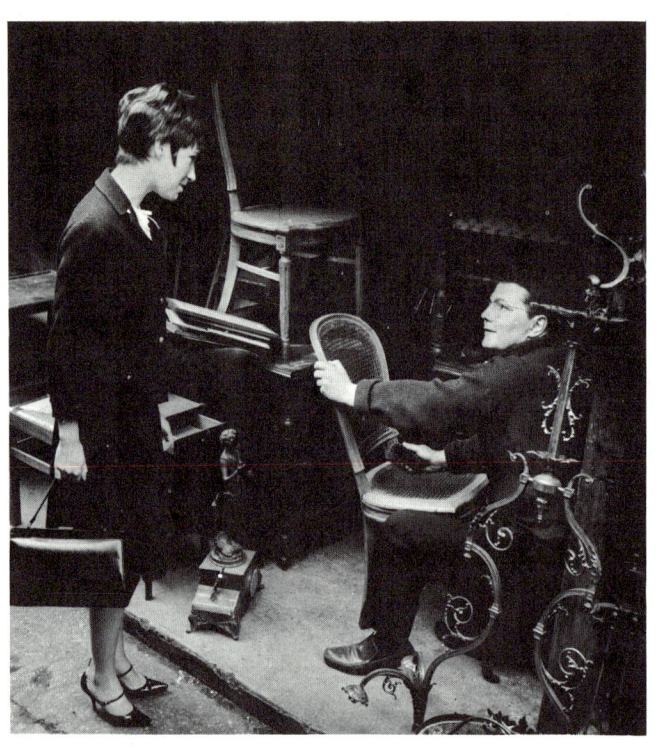

4

A Paris, si vous voulez acheter un meuble ou un objet d'occasion, vous allez au Marché aux puces. Notre photo représente un de ces magasins. Sur un fauteuil, vous voyez une chaise, un porte-documents, une petite table. Devant le fauteuil, on peut voir une statuette, un moulin à café.

Le marchand, monsieur Forbin, est assis sur un tabouret. Il est en train de nettoyer une chaise. Mathilde regarde la chaise. Elle parle au marchand.

QUESTIONS SUR LA PHOTO

1. Où allez-vous, à Paris, si vous voulez acheter un meuble ou un objet d'occasion?
2. Que représente notre photo?
3. Que voyez-vous sur un fauteuil?
4. Que voyez-vous devant le fauteuil?
5. Sur quoi le marchand est-il assis?
6. Qu'est-ce qu'il est en train de faire?
7. Qu'est-ce que Mathilde regarde?
8. A qui parle-t-elle?

Mathilde travaille dans un bureau à Paris. Elle a un petit appartement. Elle a besoin d'une chaise et a décidé d'en acheter une au Marché aux puces. Elle veut acheter la chaise avant d'aller à son bureau.

Pour vous aider à comprendre:
asseoir (s'asseoir) (assieds-toi, etc.) ANT **se lever**
camion *nm* grosse automobile pour le transport des marchandises
chaise *nf* meuble sans bras sur lequel on s'assied
commerçant *nm* celui qui fait le commerce, marchand
dépenser *v* employer de l'argent pour un achat
fauteuil *nm* chaise à bras
livrer *v* transporter quelque chose pour quelqu'un
neuf, neuve *adj* nouveau, nouvelle
occasion *nf* une bonne affaire (emplette); un bon achat
remettre en état *v* réparer
Vous vous êtes assise dessus? Vous l'avez essayée?

MATHILDE. — Je voudrais une chaise, jolie, confortable, et pas chère.
M. FORBIN. — Regardez celle qui se trouve sur le fauteuil. Elle vous plaît?
MATHILDE. — Elle me plaît beaucoup mais combien coûte-t-elle?
M. FORBIN. — Cinquante francs et c'est donné.
MATHILDE. — Une de mes amies en a acheté une toute pareille. Elle ne l'a payée que quarante francs.
M. FORBIN. — Quarante francs! Où l'a-t-elle trouvée, cette chaise?
MATHILDE. — Je sais qu'elle est allée au Marché aux puces mais je ne sais pas dans quel magasin elle l'a achetée.
M. FORBIN. — Vous l'avez examinée, cette chaise? Vous vous êtes assise dessus?
MATHILDE. — Mais oui. Elle avait l'air neuve et elle était très confortable.
M. FORBIN. — C'est probablement une de ces chaises qui se cassent au bout de quelques semaines. Celle-ci est solide.
MATHILDE. — Elle m'a plu tout de suite. Mais cinquante francs, c'est trop cher pour moi.
M. FORBIN. — Attendez que je me lève . . . Je mets cette chaise par terre. Maintenant, asseyez-vous. Comment vous trouvez-vous?
MATHILDE. — Très bien. Mais je ne peux pas la payer plus de quarante francs.

M. Forbin. — Je vous la donne pour quarante-cinq francs.

Mathilde. — Vous vous imaginez que je marchande pour le plaisir. Mais je n'ai vraiment que quarante francs à dépenser.

M. Forbin. — On me l'a vendue trente-cinq francs. J'ai travaillé quatre heures pour la remettre en état. Où est mon bénéfice?

Mathilde. — Et moi, je me suis levée à six heures, j'ai pris le métro, tout ça parce qu'on m'a dit que chez vous on trouvait des occasions exceptionnelles.

M. Forbin. — On vous a dit ça?

Mathilde. — Mais oui. Alors vous me la donnez pour quarante francs?

M. Forbin. — Bon, va pour quarante francs.

Mathilde. — Et vous pouvez me la livrer?

M. Forbin. — Ça c'est impossible. Vous croyez que j'ai un camion pour livrer ma marchandise? Si vous ne pouvez pas l'emporter elle restera ici.

Mathilde. — J'ai une camarade qui a une voiture. Nous viendrons chercher la chaise, ce soir, vers sept heures.

M. Forbin. — Entendu mais je suis un mauvais commerçant. Et vous, Mademoiselle, vous êtes une acheteuse très habile.

NARRATION ORALE

(*Mathilde achète une chaise*)

1 Où Mathilde va-t-elle acheter une chaise?
2 Quelle sorte de chaise voudrait-elle?
3 Combien d'argent a-t-elle à dépenser?
4 Combien coûte la chaise qui lui plaît?
5 A quel prix monsieur Forbin la lui laisserait-il?
6 Finalement combien Mathilde paie-t-elle la chaise?

NARRATION ÉCRITE

(*Qui est habile, Mathilde ou monsieur Forbin?*)

1 Combien coûte la chaise que Mathilde voudrait acheter?
2 Mais, combien une amie de Mathilde a-t-elle payé une chaise toute pareille?
3 D'après Mathilde, comment était cette chaise? Et d'après monsieur Forbin?
4 Combien Mathilde peut-elle payer la chaise qui lui plaît?
5 Pour combien monsieur Forbin la lui donnerait-il?
6 Pourquoi Mathilde marchande-t-elle?
7 Combien monsieur Forbin a-t-il payé la chaise?
8 Combien de temps a-t-il travaillé pour la remettre en état?
9 Pourquoi Mathilde est-elle venue chez lui?
10 A quel prix lui laisse-t-il la chaise?
11 Pourquoi monsieur Forbin ne peut-il pas livrer la chaise?
12 A quelle heure Mathilde et sa camarade viendront-elles chercher la chaise?

GRAMMAIRE
Interrogation

A. *Lisez ces questions en remarquant les différentes façons de former une question.*

1. a) N'êtes-vous pas allé au Marché aux puces?
   b) Marie y est-elle allée aussi?
2. Est-ce que vous y avez trouvé quelque chose?
3. a) Qu'avez-vous acheté?
   b) Combien a-t-il coûté?
4. Ça vous plaisait?

Remarquez qu'on peut former une question par (1) l'ordre inverti, (2) employer l'expression est-ce que, *(3) commencer par un mot interrogatif (pronom, adjectif, adverbe), (4) mettre un point d'interrogation à la fin de la phrase.*

B. *Changez ces phrases à la forme interrogative en employant l'ordre inverti.*

EXEMPLES:
Mathilde cherchait une chaise.
Mathilde cherchait-elle une chaise?
Les garçons n'ont rien trouvé.
Les garçons n'ont-ils rien trouvé?

1. Mathilde regardait la chaise qui se trouvait sur le fauteuil.
2. Les Dubois y ont trouvé une jolie table.
3. M. Forbin la lui a vendue trente-cinq francs.
4. Mme Dubois n'était pas satisfaite de l'achat.
5. Vos cousins trouvaient des occasions exceptionnelles chez M. Forbin.

C. *Complétez les questions suivantes par l'adverbe interrogatif convenable indiqué par le mot entre parenthèses. Voir la liste des adverbes interrogatifs qui se trouvent au dessous.*

EXEMPLES:
____ avez-vous trouvé cette chaise? (au Marché aux puces)
Où avez-vous trouvé cette chaise?
____ vous trouvez-vous sur cette chaise? (très bien)
Comment vous trouvez-vous sur cette chaise?

1. ____ l'as-tu payé? (47 francs)
2. ____ ont-ils visité le Marché aux puces? (vendredi passé)
3. ____ ne l'a-t-il pas acheté? (C'était trop cher.)
4. ____ trouvez-vous ce fauteuil? (très joli)
5. ____ se trouve le Marché aux puces? (à la porte de Clignancourt)

Adverbes Interrogatifs
Combien? Pourquoi?
Comment? Quand?
Où?

D. *Écrivez les questions pour les réponses suivantes, indiquées par les mots soulignés.*

EXEMPLE:
Elle est arrivée <u>à onze heures</u>.
Quand est-elle arrivée?

1. J'ai vu Georges <u>au cinéma</u> hier soir.
2. Il conduisait <u>trop vite</u>.
3. Ils l'ont payé <u>trente-neuf francs</u>.
4. Mathilde s'est levée <u>à six heures</u>.
5. Elle ne nous a pas accompagnés <u>parce qu'elle était fatiguée</u>.

PETIT DICTIONNAIRE

balade *nf* promenade (familier); **se balader** *v* faire une balade.
— Manuel habite un très joli pays. On peut y faire des balades à pied, en bicyclette, en auto. Manuel préfère se balader en auto. Il n'est pas sportif.

bénéfice *nm* l'argent qu'on gagne quand on vend un objet.
— Le garagiste a acheté cette petite voiture pour trois mille francs. Il l'a vendue trois mille cinq cents francs. Il a fait un bénéfice de cinq cents francs.

bijou *nm* (1) objet porté comme ornement.
— Marie-Claude adore les bijoux. Elle porte toujours des boucles d'oreille et deux bracelets: un au bras gauche et l'autre au bras droit.
(2) Un bijou désigne aussi une personne petite et mignonne.

bout *nm* extrémité, fin.
— J'habite au bout de la rue, la dernière maison à droite.

brin *nm* petite partie d'une plante.
— Achetez donc un brin de muguet; ça porte bonheur.
— Ce sera bientôt le printemps. Partout on voit des brins d'herbe qui sortent de terre.

cacher *v* dissimuler, empêcher de voir; mettre dans un lieu secret.
— Le gros manteau de madame Dumont cache sa robe.
— Jean-Paul a caché sa boîte de bonbons sous son lit. Il veut tous les bonbons pour lui seul.

casser *v* mettre en morceaux.
— Quand Juliette lave la vaisselle, elle laisse toujours tomber un verre ou une assiette. Aujourd'hui, elle a cassé deux verres.

commerçant *nm* homme qui achète et vend en faisant un bénéfice. SYN **marchand**.
— Monsieur Paulin est un bon commerçant. Il sait où trouver une marchandise bon marché et il ne la vend pas trop cher. Chez lui, on ne dépense pas trop d'argent et on est content.

devoir *nm* travail, ordinairement écrit, demandé par un professeur à ses élèves.
— Christian écrit facilement en anglais. Les devoirs d'anglais l'amusent toujours.

distraire *v* amuser.
— J'aime regarder la télévision. Cela me distrait.

église *nf* bâtiment où se réunissent les fidèles.

foi *nf:* **ma foi** formule pour insister sur une affirmation.
— Vous irez au cinéma cet après-midi?
— Ma foi, oui. Cela me distraira.
— Ma foi, non. Tous les films que l'on donne en ce moment sont idiots.
— Ma foi, vous avez raison.

habile *adj* se dit d'une personne qui agit avec adresse, habileté ou ruse.
— Monsieur Paulin est un commerçant très habile. C'est pourquoi il gagne beaucoup d'argent.

horloge *nf* appareil qui marque l'heure.
— Il y a toujours des horloges dans les gares et elles donnent toujours l'heure exacte.

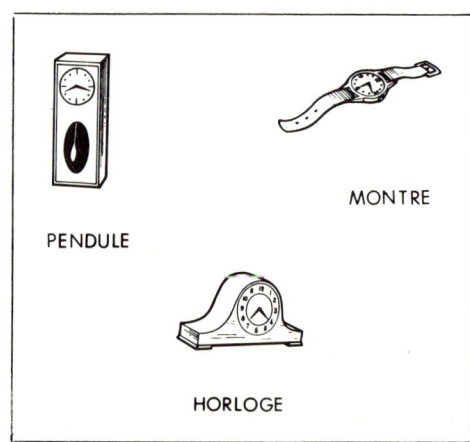

jouir *v* tirer du plaisir d'une chose.
— Nadine adore le soleil, le beau temps. Elle jouit de ce bel été.

laid *adj* qui est désagréable à regarder. ANT **joli**.
— Cette maison est laide: les fenêtres sont trop petites.
— Ne dites pas que ce petit garçon est laid. C'est vrai qu'il a le nez trop gros, les yeux trop petits mais il est si intelligent, si gai, si gentil que personne ne le trouve laid.

marchander *v* essayer d'obtenir un prix plus bas.
— On ne peut pas marchander dans un grand magasin. Tous les prix sont fixés à l'avance.

moitié *nf* une des deux parties égales ou à peu près égales d'un tout.
— Neuf est la moitié de dix-huit.

à moitié *adv* en partie.
— Marthe n'est qu'à moitié contente de ses cadeaux de Noël. Elle aurait aimé recevoir des disques et elle n'a reçu que des cadeaux utiles.

moulin à café *nm* appareil pour réduire les grains de café en poudre.
— Comment! Vous vous servez d'un moulin à café! Moi, j'achète mon café en poudre. C'est plus vite fait.

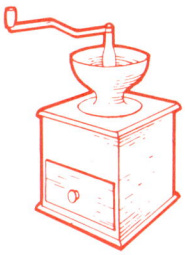

nettoyer *v* rendre propre.
— Octavie a nettoyé sa cuisine ce matin. C'était un gros travail. Mais, maintenant, la cuisine est propre et Octavie est contente.

pétanque *nf* jeu de boules pratiqué surtout dans le Midi de la France.
— La pétanque est un jeu très amusant. Il consiste à jeter les boules le plus près possible d'une petite boule qu'on appelle le cochonnet.

pliant *adj* se dit d'un objet qui peut être replié sur soi.
— Pour jouer au bridge on se sert ordinairement d'une table pliante.

porte-document *nm* sorte de petite valise plate où on peut mettre des papiers importants.
— Le professeur met les devoirs de ses élèves dans son porte-document.

quinze jours deux semaines.
— Pour la Noël, nous aurons quinze jours de vacances.

souhait *nm*; **souhaiter** *v* vouloir quelque chose pour quelqu'un.
— Je vous souhaite un joyeux Noël et une bonne année.
— Meilleurs souhaits pour la Noël et le Nouvel an.

tabouret *nm* petit siège sans bras ni dossier.
— Vous êtes fatiguée? Eh bien, asseyez-vous dans ce fauteuil et mettez vos pieds sur ce tabouret. Là, vous êtes bien?

tenir *v* avoir, garder à la main; **tenir à** insister pour.
— Vous tenez à acheter du muguet? Il y a une marchande près d'ici. Allons-y.

terrasse *nf* partie d'un café ou d'un restaurant qui se trouve sur le trottoir.
— Il fait beau et chaud aujourd'hui. Déjeunons à la terrasse de ce restaurant.

Chapitre Cinq

La Vie Journalière

I   Cette photo représente une rue de Grenoble. Les maisons ont cinq étages. Au rez-de-chaussée, se trouvent des magasins. Sur le trottoir, on voit quelques passants: des femmes en manteau clair, un homme qui fume une cigarette.

Un autobus est arrêté près du trottoir. Deux garçons, Georges et François, se préparent à y monter. Tous les deux portent des blousons de cuir. François a les mains dans les poches. Il regarde Georges en fronçant les sourcils. Il a l'air furieux. Georges sourit. Il a l'air heureux.

Pourquoi François a-t-il l'air furieux? Pourquoi Georges a-t-il l'air heureux? Nous allons voir.

en fronçant les sourcils *frowning*

QUESTIONS SUR LA PHOTO

1. Que représente la photo?
2. Combien d'étages ont les maisons?
3. Qu'est-ce qui se trouve au rez-de-chaussée des maisons?
4. Qu'est-ce qu'on voit sur le trottoir?
5. Qu'est-ce qui est arrêté près du trottoir?
6. Qu'est-ce que Georges et François se préparent à faire?
7. Que portent les deux garçons?
8. Où François a-t-il les deux mains?
9. Comment regarde-t-il Georges?
10. Quel air a-t-il?
11. Que fait Georges?
12. Quel air a-t-il?

Il y a longtemps que François attend son frère Georges à l'autobus.

Pour vous aider à comprendre:
durer *v*   continuer d'être
lèvre *nf*   partie extérieure de la bouche

FRANÇOIS. — Enfin, te voilà!
GEORGES. — Je suis en retard?
FRANÇOIS. — Tu as l'audace de demander si tu es en retard! Voilà une demi-heure que je t'attends.
GEORGES. — Une demi-heure! Pas possible.
FRANÇOIS. — Notre rendez-vous était pour onze heures juste. Il est onze heures et demie. Et tu arrives bien tranquille, le sourire aux lèvres, l'air content de toi.
GEORGES. — Je regrette de t'avoir fait attendre. Mille et une excuses.
FRANÇOIS. — Tes excuses n'arrangent rien. Nous serons en retard pour déjeuner. Et, tu connais papa: le plus juste et le plus sévère des pères. On se met à table à midi. Tant pis pour les retardataires.
GEORGES. — Eh bien, la famille aura commencé à déjeuner. Papa dira: «Pas de hors-d'œuvre pour les retardataires.» La belle affaire!
FRANÇOIS. — Comment la belle affaire! J'ai faim, moi! Et toi, tu continues à sourire comme un idiot! Qu'est-ce que tu as?
GEORGES. — Moi? Rien.
FRANÇOIS. — Mais enfin, pourquoi es-tu en retard?
GEORGES. — Nous avons eu une réunion après la classe de ski.
FRANÇOIS. — La réunion ne dure jamais plus d'une demi-heure. Tu avais le temps... Oh, Lucienne était là?
GEORGES. — Bien sûr.

LA VIE JOURNALIÈRE

François. — Et tu es resté après la réunion pour un adieu sentimental puisqu'elle va passer les vacances chez sa tante à Pau.
Georges. — Tout est changé. Elle ne part pas. Elle reste ici.
François. — Tout s'explique: ton retard parce que tu oublies le temps quand tu es avec ta bien-aimée Lucienne et le sourire parce que tu es heureux qu'elle reste ici.
Georges. — Tu ne peux pas me blâmer. Lucienne est la plus jolie fille du groupe.
François. — Ah non! Elle n'est pas aussi jolie que Marie-Rose. J'admets que Marie-Rose est moins sympathique que Lucienne.
Georges. — Pour moi, Lucienne est beaucoup plus jolie que Marie-Rose. Elle a de plus beaux yeux, elle . . .
François. — Bon, bon. Ça va. L'autobus va partir. Montons vite.

NARRATION ORALE

(François est furieux)

1 Pourquoi François est-il furieux?
2 A quelle heure était leur rendez-vous?
3 Et quelle heure est-il?
4 Que dit le père quand on est en retard pour le déjeuner?
5 Pourquoi François est-il furieux de ne pas avoir de hors-d'œuvre à son déjeuner?

NARRATION ÉCRITE

(Georges arrive le sourire aux lèvres)

1 De combien de temps Georges est-il en retard?
2 Et quand il arrive, quel air a-t-il?
3 Pourquoi François n'accepte-t-il pas ses excuses?
4 Pour François, est-ce que ne pas avoir de hors-d'œuvre au déjeuner est important?
5 Qu'est-ce que Georges continue à faire?
6 Qu'est-ce qu'il y a eu après la classe de ski?
7 Combien de temps dure la réunion?
8 Mais qui était à la réunion?
9 Et pourquoi Georges est-il resté après la réunion?
10 Où Lucienne devait-elle passer les vacances?
11 Mais où va-t-elle les passer?
12 Comment s'explique le retard de Georges?
13 Et comment s'explique son sourire?

GRAMMAIRE

1. Adverbe

A. *Lisez les phrases suivantes et remarquez les adverbes soulignés.*

— Malheureusement, elles sont loin d'être nettes.
— Il y a une chose que tu ne vas certainement pas faire.
— Voulez-vous danser ou simplement écouter ces disques?
— Je rentre immédiatement.
— Je l'avais complètement oublié.

Remarquez que tous ces adverbes sont formés des adjectifs et se terminent par -ment. On ajoute le -ment à la forme féminine de l'adjectif si la forme masculine ne se termine pas par une voyelle.

B. *Complétez les phrases suivantes avec l'adverbe dérivé de l'adjectif entre parenthèses.* EXEMPLE:
____ il fait très mauvais aujourd'hui. (malheureux)
Malheureusement il fait très mauvais aujourd'hui.

1 On le voit ____ comme dans un film. (exact)
2 ____ notre jeune professeur de ski était là. (naturel)
3 Tu peux ____ le faire. (facile)
4 Nous avons ____ deux chaînes de télévision. (seul)
5 Envoyez-le-moi ____. (immédiat)

C. *Lisez les phrases suivantes et faites bien attention aux adverbes soulignés.*

— Tu as déjà fini?
— Je vais bien, merci.
— Ah oui, je me rappelle maintenant.
— Il est très gentil, n'est-ce pas?
— Oui, je la connais très bien.

Remarquez que tous les adverbes ne dérivent pas des adjectifs et ne se terminent pas en -ment. Vous trouverez une liste de quelques-uns de ces adverbes à la page 342.

---

2. Adjectif démonstratif

A. *Lisez les phrases suivantes et remarquez les adjectifs démonstratifs soulignés.*

— Ce garçon s'appelle Marcel, n'est-ce pas?
— Y a-t-il de bons programmes cet après-midi?
— Regarde comme elle tombe, cette belle neige!
— C'est une de ces nouvelles voitures.
— Ces fruits sont bons.

Remarquez que les adjectifs démonstratifs s'accordent avec le nom. On emploie la forme masculine singulière «cet» quand le nom commence par une voyelle ou un «h» muet.

B. *Complétez les phrases suivantes par la forme convenable de l'adjectif démonstratif.*

EXEMPLE:

—— photo représente une fête. (ce, cette)

Cette photo représente une fête.

1 Je vais prendre —— gâteau. (ce, cette)
2 Connais-tu —— homme? (ce, cet)
3 —— gens ont l'air tristes. (Ces, Ce)
4 Il va le voir —— après-midi. (cet, ces)
5 Tu vas acheter —— gants? (ces, ce)

C. *Récrivez les phrases suivantes en donnant la forme convenable de l'adjectif démonstratif.*

EXEMPLE:

—— montre ne marche pas bien.

Cette montre ne marche pas bien.

1 Pas —— après-midi!
2 Regarde —— grands camions.
3 Oh, —— belle robe!
4 J'aime —— belles journées de printemps.
5 —— garçons sont toujours ensemble.

3. Pronoms démonstratifs

A. *Lisez les phrases suivantes et faites bien attention aux pronoms démonstratifs soulignés.*

— Le bâtiment? Tu veux dire celui qui est au bout de la rue?
— Alors, mes amis! Ceux qui ne dansent pas, resteront ici.
— Voici deux voitures. Celle-ci est plus grande, mais je préfère celle-là.
— Voyez-vous ces jeunes filles? Ce sont celles qui vont nous accompagner.

Remarquez que le pronom démonstratif s'accorde avec le nom qu'il remplace. Maintenant, lisez les phrases suivantes.

— Ceci me rappelle mon enfance.
— Cela (Ça) me rappelle mon enfance.

Remarquez que ces pronoms démonstratifs ne s'accordent pas parce que ces deux formes expriment une idée.

B. *Récrivez les phrases suivantes en remplaçant les mots soulignés par la forme convenable du pronom démonstratif.*

EXEMPLES:

Tu veux dire le bâtiment qui est au bout de la rue?
Tu veux dire celui qui est au bout de la rue?

Cette chambre-ci est plus grande.
Celle-ci est plus grande.

1 Les assiettes qui sont sur le buffet sont très jolies.
2 A qui est cette maison à gauche? — Cette maison-là?
3 Prenez ce livre-ci.
4 Je n'oublierai jamais ce professeur-là.
5 Les garçons qui ne veulent pas aller au lac peuvent venir au cinéma avec moi.
6 Il joue au tennis. Est-ce que jouer au tennis lui plaît?

CHAPITRE CINQ

2

D'abord, il faut regarder le plan de Paris (Appendice). A l'est se trouve la place de l'Étoile. Neuf grandes avenues aboutissent à cette place. La plus célèbre est l'avenue des Champs-Elysées. Au centre de la place, nous voyons un petit rectangle rouge. C'est l'Arc de triomphe.

Maintenant, regardons la photo. Elle représente une partie du trafic sur la place de l'Étoile. Régis et Justine sont en haut de l'Arc de triomphe. D'abord, ils ont regardé la vue. Maintenant, ils regardent le trafic.

QUESTIONS SUR LA PHOTO

1. Qu'est-ce qu'il faut d'abord regarder?
2. Qu'est-ce qui se trouve à l'est?
3. Combien de grandes avenues aboutissent à la place de l'Étoile?
4. Quelle est la plus célèbre?
5. Que voyons-nous au centre de la place?
6. Que représente le petit rectangle rouge?
7. Que représente la photo?
8. Où sont Régis et Justine?
9. Qu'est-ce qu'ils ont d'abord regardé?
10. Qu'est-ce qu'ils regardent maintenant?

Justine et Régis sont en haut de l'Arc de triomphe. Ils regardent les voitures autour de l'Étoile.

Pour vous aider à comprendre:
aboutir à *v*   arriver à
avoir du mal à   avoir de la difficulté à
forcément *adv*   beaucoup
jumelles *nf*   sorte de lunettes pour le théâtre ou pour observer au loin
4CV (quatre chevaux)   sorte de voiture très populaire en France
renoncer à   ne plus essayer, abandonner

JUSTINE. — Que de voitures! Presque un embouteillage.
RÉGIS. — Avec neuf grandes avenues qui aboutissent à la place, il y a forcément des voitures qui vont dans différentes directions.
JUSTINE. — Passe-moi les jumelles. Je voudrais mieux voir tout ça. Oh, ce pauvre motocycliste au milieu des voitures.
RÉGIS. — Pourquoi «pauvre»? C'est très amusant de faire de la motocyclette.
JUSTINE. — Tiens, tu peux voir cette petite 4CV (quatre chevaux) verte derrière le motocycliste?
RÉGIS. — Oui, je la vois. Qu'est-ce qu'elle a d'extraordinaire?
JUSTINE. — Yvonne en a reçu une exactement pareille pour son anniversaire. C'est une bonne voiture mais moi, je préférerais quelque chose de plus grand.
RÉGIS. — Yvonne, une voiture! J'ai essayé de lui apprendre à conduire, l'été dernier. J'y ai renoncé. Elle n'arrivait pas à prendre les tournants correctement.
JUSTINE. — Eh bien, elle a obtenu son permis de conduire la semaine dernière. Oh, elle a eu du mal à l'obtenir. Elle a échoué trois fois à l'examen.
RÉGIS. — Donne-moi vite les jumelles. Il se passe quelque chose ... Un agent a arrêté la 4CV verte.

JUSTINE. — Tiens, pourquoi?
RÉGIS. — Elle allait dans le sens interdit.
JUSTINE. — Alors, c'est certainement la voiture de Yvonne.
RÉGIS. — Et c'est Yvonne qui la conduit.

NARRATION ORALE

(*Le trafic, place de l'Étoile*)

1. Est-ce qu'il y a beaucoup de voitures, place de l'Étoile?
2. Combien d'avenues aboutissent à cette place?
3. Dans quelles directions vont forcément les voitures?
4. Qu'est-ce qu'il y a au milieu des voitures?
5. Quelle sorte de voiture se trouve derrière le motocycliste?

NARRATION ÉCRITE

(*Yvonne et sa nouvelle voiture*)

1. Quelle voiture Justine remarque-t-elle dans le trafic?
2. Qu'est-ce qu'Yvonne a reçu pour son anniversaire?
3. Qui a essayé de lui apprendre à conduire?
4. Pourquoi y a-t-il renoncé?
5. Quand a-t-elle obtenu son permis de conduire?
6. Combien de fois avait-elle échoué à l'examen?
7. Que remarque Régis?
8. Pourquoi l'agent a-t-il arrêté la 4CV verte?
9. Alors, d'après Justine et Régis, à qui, certainement, est la 4CV verte et qui la conduit?

GRAMMAIRE

Passé composé—accord du participe passé

A. *Lisez les phrases suivantes en faisant attention à l'auxiliaire et à l'accord du participe passé. Indiquez dans quelles phrases il y a l'accord du participe passé.*

1. Où a-t-elle acheté cette écharpe?
2. Quelle maison a-t-il achetée?
3. L'autre jour Élise et Paul sont venus patiner avec moi.
4. Je voudrais voir les skis que vous avez achetés.
5. Je ne sais pas où je les ai laissés.
6. Combien de fois est-elle tombée?
7. Elle s'est levée à six heures.
8. Nous nous sommes couchés tard.
9. Elle s'est cassé la jambe.
10. Ils se sont parlé.

Remarquez que (1) le participe passé des verbes conjugués avec avoir *s'accorde avec le complément direct seulement quand ce complément précède le verbe (2) dans les verbes conjugués avec* être *le participe passé s'accorde avec le sujet (3) les verbes pronominaux se conjuguent avec* être *mais le participe passé s'accorde avec le complément direct quand il précède le verbe.*

B. *Complétez les phrases par la forme convenable du verbe pronominal entre parenthèses selon le tableau qui suit:*

VERBES PRONOMINAUX	
se lever	**se demander**
je me suis levé(e)	je me suis demandé
tu t'es levé(e)	tu t'es demandé
il (elle) s'est levé(e)	il (elle) s'est demandé
nous nous sommes levés(es)	nous nous sommes demandé
vous vous êtes levé (e)(s)(es)	vous vous êtes demandé
ils (elles) se sont levés(es)	ils (elles) se sont demandé

EXEMPLES:

Mes parents ——— à cette auberge. (s'arrêter)

Mes parents se sont arrêtés à cette auberge.

La petite Marie ——— la jambe. (se casser)

La petite Marie s'est cassé la jambe.

1 Marie, tu ——— tôt ce matin, n'est-ce pas? (se lever)
2 Nous ——— au bal jeudi passé. (s'amuser)
3 Je ——— les cheveux hier soir. (se laver)
4 Robert, vous ——— tard dimanche passé, non? (se coucher)
5 Les enfants ——— dans le miroir. (se regarder)

TABLEAU DU PASSÉ COMPOSÉ		
Genre du verbe	Auxiliaire	Accord du participe passé
1 verbes transitifs	avoir	avec le complément direct s'il précède le verbe
2 verbes intransitifs (qui expriment mouvement— voir p 280)	être	avec le sujet
3 verbes pronominaux	être	avec le complément direct s'il précède le verbe

Raoul Gérard à Montpelier

1. A l'aérodrome de Boston.

PAUL. — Le voilà.

ANNE. — Lequel est-ce? Le gros?

PAUL. — Mais non. C'est le garçon qui tient un numéro de *Match* sous le bras. Je le reconnais d'après sa photo. Raoul! Hé, Raoul!

MRS. ROBERTS. — Inutile de crier, Paul. Il ne peut pas t'entendre. Il est trop loin.

ANNE. — Regarde toutes ces valises. Elles ont toutes la même étiquette bleu, blanc, rouge. Elles appartiennent toutes à ton ami?

PAUL. — Ce que tu peux être bête! Elles appartiennent au groupe des boursiers français dont Raoul fait partie.

ANNE. — Ils vont tous à Montpelier, ces étudiants? Chic, alors!

PAUL. — Oh toi, alors. Chaque fois que tu ouvres la bouche, c'est pour dire une sottise. Descendons attendre Raoul à la sortie. Il n'en a que pour quelques minutes à la douane.

● **douane** *customs* ● **étiquette** *label* ● **il n'en a que pour quelques minutes** *he'll be only a few minutes* ● **inutile de crier** *(there's) no point in shouting* ● **lequel?** *which one?*

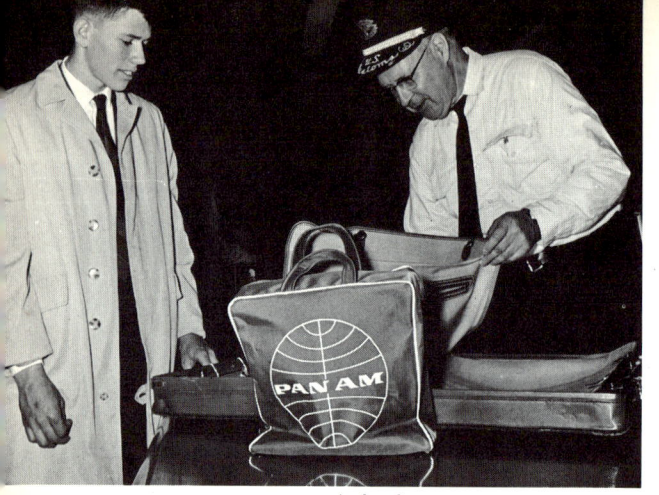

A la douane

ANNE. — Ra-oul . . . J'aime bien ce nom. Je suis contente que nous nous soyons exercés à parler français. Il va être étonné de nous entendre dire son nom sans accent.
MR. ROBERTS. — Sans accent! Je n'en suis pas sûr. Autrefois, je parlais couramment mais j'ai beaucoup oublié et Raoul est un nom difficile à prononcer.
ANNE. — Dis donc, Paul, tu crois que Raoul connaît Charles Boyer?
PAUL. — Oh, toi . . .

2. Les Roberts attendent à la sortie de la douane. De l'autre côté de la salle, une autre famille américaine parle.

ANNE. — Écoutez ces Américains. Eux aussi s'exercent à parler français. Tout le monde parle français.
MR. ROBERTS. — Probablement qu'eux aussi attendent un boursier français.
ANNE. — Je me demande si c'est le gros type qu'ils attendent.
PAUL. — Mais tais-toi donc. Les voilà qui sortent. Voilà Raoul! Raoul!

* * *

RAOUL. — Paul?
PAUL. — En personne. Et voilà ma mère, mon père, et ma petite sœur Anne.
ANNE. — Bonjour, Raoul. Toutes ces valises! Laquelle est à vous?
MRS. ROBERTS. — Anne! Voyons! (A Raoul.) Nous sommes très heureux de vous avoir chez nous.
RAOUL. — C'est très gentil à vous de m'avoir invité.
ANNE. — Regardez. Le gros garçon va avec la famille qui parlait français. Raoul, ils emportent votre valise.
PAUL. — Mais non, Anne. Tu vois bien que Raoul porte sa valise. Venez, partons.
RAOUL. — Nous allons à Montpellier? Il me tarde de voir la ville.
ANNE. — Montpellier? Nous disons «Montpelier». Mais, nous n'allons pas à Montpelier. Nous allons à l'hôtel.
RAOUL. — Parfait. Si vous permettez, je vais dire au revoir à Trudaine.
MRS. ROBERTS. — Certainement.

* * *

ANNE. — Alors, il s'appelle Trudaine, le gros type. Il doit peser au moins 100 kilos. Je préfère Raoul.
PAUL. — Ah, pour ça! Après tout, nous avons besoin d'un type dans le genre de Trudaine dans l'équipe de football du lycée. Quel obstacle insurmontable!
MRS. ROBERTS. — Voyons, mes enfants . . .
MR. ROBERTS. — Voici Raoul. Paul, tu veux prendre sa valise?

• **couramment** *fluently*   • **peser** *weigh*   • **tais**-toi *be quiet*

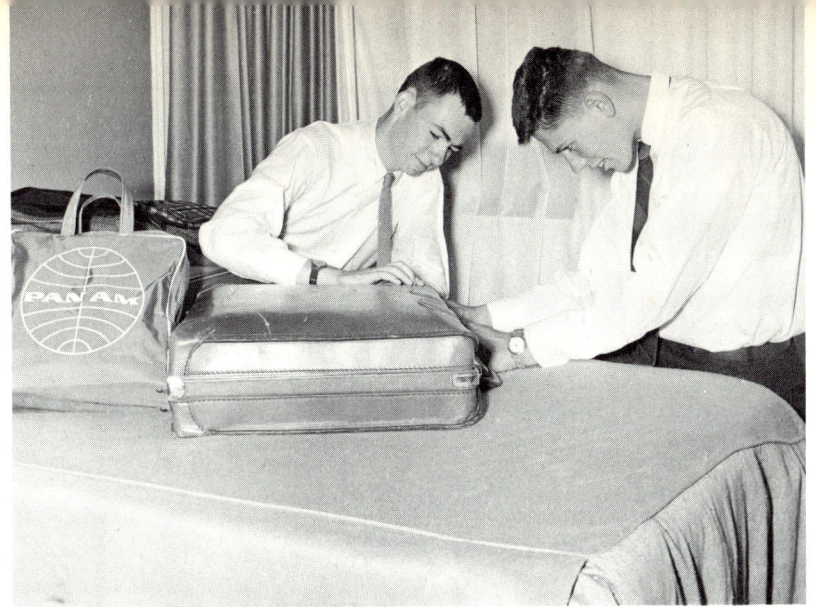

3. Une chambre dans un hôtel de Boston.

RAOUL. — Ah ça, alors!

PAUL. — Qu'est-ce qu'il y a?

RAOUL. — J'ai fait une sottise. Je me suis trompé de valise. J'ai pris celle de Trudaine.

PAUL. — Hein? Mais oui. Voilà son nom. Il faut vite téléphoner à Trudaine.

RAOUL. — Impossible. Il est maintenant en route pour Bangor, Maine, en compagnie de sa famille américaine.

PAUL. — Et ta malle n'arrivera que dans une semaine. Pourquoi ris-tu?

RAOUL. — Parce que je pense qu'on pourrait forcer la serrure de la valise et je porterais les vêtements de Trudaine. Tu ne crois pas que j'aurais du succès à Montpelier?

PAUL. — Pas le genre de succès qui te plairait. Et je ne peux pas te prêter mes vêtements. Ils seraient trop petits.

RAOUL. — J'ai eu une minute de distraction et voilà. Je n'ai même pas une brosse à dents.

PAUL. — Allons en acheter une.

RAOUL. — J'ai aussi besoin d'un pyjama.

PAUL. — Chemise? Sous-vêtements?

RAOUL. — Non. Ils sont en nylon. Je les laverai moi-même. J'ai fait ça ces dernières semaines. Ma mère m'a dit que c'était une bonne habitude à prendre... Tu ne m'écoutes pas. A quoi penses-tu?

PAUL. — A deux camarades très gentilles. Mais, je ne t'en dirai pas plus pour le moment. Allons acheter tout ce qu'il te faut en attendant ta malle.

• **Je** me suis trompé de valise. *I picked up the wrong suitcase.* • **malle** *trunk* • **laver** *wash*

4. Raoul et ses amis dans un drugstore.

ANNE. — Eh bien, Raoul, vous en avez eu du mal à acheter un pyjama.

RAOUL. — Je comprenais mal le vendeur. Il ne parlait pas comme mon professeur d'anglais à Bordeaux.

PAUL. — Il avait l'accent de Boston. Entrons dans ce drugstore. Tu pourras y acheter une brosse à dents, de la pâte **dentifrice** . . .

RAOUL. — Ça va m'amuser de voir un drugstore. Nous avons quelques drugstores à l'américaine en France . . . Mais, je n'en ai jamais visité un.

* * *

ANNE. — Qu'est-ce que vous dites de celui-ci?

RAOUL. — Formidable. Et je n'ai pas besoin de parler au vendeur. Je n'ai qu'à prendre ça et ça . . .

* * *

PAUL. — Et maintenant, allons prendre des glaces.

RAOUL. — Mais, nous allons dîner dans moins d'une heure.

ANNE. — Une glace, c'est toujours bon à n'importe quelle heure. Asseyons-nous au comptoir.

PAUL. — Une glace ce n'est pas la nourriture, c'est un bon moment. A quoi la veux-tu ta glace?

RAOUL. — Eh bien . . . à la vanille.

PAUL. — Et toi, Anne?

ANNE. — Au chocolat avec de la crème fouettée.

PAUL. — Moi, au café. Et Raoul, où vas-tu?

RAOUL. — Je vois des bobines de pellicules en solde. Je vais en acheter. Il est merveilleux, ce drugstore.

• **avait mal** à acheter *had trouble buying* • **comptoir** *counter* • **crème fouettée** *whipped cream* • **en solde** *on sale* • **pâte** dentifrice *toothpaste*

CHAPITRE CINQ

5. On arrive à Montpelier.

RAOUL. — C'est un voyage sensationnel. Ces montagnes vertes me rappellent les Vosges.
ANNE. — Les Vosges? Qu'est-ce que c'est que ça, les Vosges?
PAUL. — Des montagnes, petite sotte... des montagnes en France.
RAOUL. — Dans l'est de la France. Vraiment, ce pays-ci est très beau.
MRS. ROBERTS. — Vous allez le voir en automne. C'est à ce moment-là qu'il est le plus beau.
PAUL. — Et notre rivière, la Winooskie, que tu vois là-bas, comment la trouves-tu?
RAOUL. — Quel nom bizarre! Vous n'allez pas me dire que c'est un nom français.
MR. ROBERTS. — Non. Je suppose que c'est un nom indien.
RAOUL. — Pourquoi la ville a-t-elle un nom français? Est-ce qu'elle a été fondée par des Français?
ANNE. — Montpelier a été fondé en 1780. Le colonel Jacob Davis l'a nommé Montpelier comme la ville française.
PAUL. — Oh là là. Quelle savante!

ANNE. — C'est la vérité. C'est Miss Appleton qui l'a dit.
MRS. ROBERTS. — Tu as raison, Anne. Ton frère te taquine.
RAOUL. — Et ce grand bâtiment de granit, qu'est-ce que c'est?
PAUL. — Le "Capitol".
RAOUL. — Mais vous m'avez déjà montré le "Capitol" à Boston.
ANNE. — Boston a un "capitol" parce que c'est la capitale du Massachusetts. Montpelier a un "Capitol" parce que c'est la capitale du Vermont. Tout le monde sait ça.
RAOUL. — Je vois. Aux États-Unis, chaque état a sa capitale comme, en France, chaque département a sa préfecture. Le Vermont est donc un état. Je m'excuse: Vermont. Je ne peux pas m'habituer à la façon dont vous prononcez les noms français.

• te **taquine** < taquiner *to tease*
• **préfecture** *administrative building*

RAOUL GÉRARD A MONTPELIER

MRS. ROBERTS. — Et voici notre maison au bout de la rue.

RAOUL. — Mais, elle est en bois!

PAUL. — Naturellement. Tu n'as pas remarqué que toutes les maisons sont en bois?

RAOUL. — Si, mais comme j'ai toujours habité une maison en pierres, il ne m'est pas venu à l'idée que j'allais habiter une maison en bois.

MRS. ROBERTS. — Je suppose que votre maison est très vieille.

RAOUL. — Elle date de 1750, et ma mère n'aime que les meubles anciens. Rien de moderne dans la maison excepté la salle de bains. Bordeaux même est une grande ville très vieille et un peu triste.

PAUL. — Montpelier aussi est vieux, mais pas du tout triste. En été, nous allons nager dans l'immense piscine et dans le lac. En hiver, on peut faire du ski.

MRS. ROBERTS. — Oh, la neige... ça, je pourrais m'en passer.

PAUL. — Eh bien, nous voici arrivés. Entrons.

MR. ROBERTS. — Paul, tu veux sortir la valise de Raoul?

PAUL. — La valise de Raoul!

RAOUL. — Je voudrais bien que ce soit la mienne!

• m'en **passer** *get along without*   • **piscine** *swimming pool*

90   CHAPITRE CINQ

6. On fait visiter la maison à Raoul.

Mrs. Roberts. — Voici la salle de séjour.

Raoul. — Elle est très jolie. Oh, vous avez la télévision. Combien de chaînes avez-vous ici? On m'a dit qu'à New York il y en a treize.

Paul. — Nous avons seulement celles de Burlington et de Plattsburgh dans l'état de New York, et quelquefois celle de Greenfield dans le Massachusetts.

Anne. — On va avoir "Le Monde des animaux" dans quelques minutes.

Paul. — Un des rares bons programmes même s'il est pour les gosses.

Anne. — Pour les gosses? Par exemple! Tu le regardes tout le temps.

Mrs. Roberts. — Voyons, voyons, mes enfants.... Voici la salle à manger, la cuisine....

Raoul. — Oh, comme tout est moderne dans votre cuisine!

Mrs. Roberts. — Là-bas, c'est la chambre du grand-père Roberts. Il est parti pêcher la truite.

Paul. — Mon grand-père est un original. Il te plaira beaucoup. Mais montons. Je vais te montrer ta chambre.

* * *

Paul. — Voici la chambre de mon père et de ma mère.

Raoul. — Elle est très bien.

Paul. — Et voici la chambre de Susie.

Anne. — La mienne tant que Raoul est avec nous.

Raoul. — Oh, je vous ai chassée de votre chambre, Anne?

Anne. — Ça ne fait rien. Au contraire, celle-ci est plus grande et j'adore les affaires de Susie.

Paul. — Susie ne sera pas trop contente quand elle reviendra de l'Université et qu'elle découvrira que tu as fouillé dans ses affaires.... Et voici ma chambre.

Anne. — Quel désordre, hein, Raoul?

Paul. — Oh toi, va donc en bas.... Et voici ta chambre à toi, Raoul.

Raoul. — Elle est très bien.

Paul. — Comme il est inutile que tu défasses ta valise, faisons un brin de toilette ... la salle de bains est là-bas ... ensuite nous descendrons.

Anne. — Vous ne voulez pas les affaires de Trudaine? Vous ne pouvez pas emprunter ses vêtements?

Paul. — Mais laisse-nous donc tranquilles.

7. Tard l'après-midi.

Paul. — Tiens, voilà Harriet. Est-ce que je vais lui dire que tu acceptes l'invitation?

Raoul. — Non, bien entendu.... Hé, dis donc, elle est jolie, Harriet.

Anne. — Elle a des genoux pointus.

Paul. — Elle est gentille mais ce n'est pas mon genre. Elle meurt d'envie de te connaître et de parler français avec toi.

Anne. — Vous m'empêchez d'entendre ... (sonnette) ... Zut! ... La voilà!

• faisons un **brin** de toilette *let's clean up a bit* • **chaînes** (TV) *chains! channels* • je vous ai **chassée** de *I chased you out of* • tu **défasses** *you unpack* • tu as **fouillé** dans *you have poked around in* • des **genoux** pointus *knock knees* • **gosses** *kids* • elle **meurt** d'envie de *she's dying to* • un **original** *a character* • **sonnette** *doorbell* • **tant que** *as long as* • **zut!** *darn!*

PAUL. — Bonjour, Harriet. Entre donc. Je te présente Raoul.

RAOUL. — Enchanté, Mademoiselle.

HARRIET. — Je suis très contente de faire votre connaissance, Raoul. Paul, je voulais te dire que nous viendrons vous chercher à 19 heures 55.

PAUL. — Ça va, mais Raoul n'a pas encore sa valise. Il dit qu'il ne peut pas aller danser. Pas de vêtements convenables.

HARRIET. — C'est la sorte de bal que nous appelons Sadie Hawkins. On peut porter n'importe quels vieux vêtements.

ANNE. — Par exemple, ceux de Trudaine.

PAUL. — Oh, on trouvera bien quelque chose à te mettre sur le dos.

RAOUL. — Mais, qu'est-ce que c'est qu'un bal Sadie Hawkins?

HARRIET. — Les filles invitent les garçons et tout le monde porte des vêtements absurdes.

RAOUL. — Mais . . .

HARRIET. — Désolée. Il faut que je parte. On vous verra à 19 heures 55. Au revoir.

PAUL. — Au revoir.

RAOUL. — Au revoir.

ANNE. — Au revoir.

RAOUL. — Eh bien, les bals sont différents, les pharmacies ont des snack-bars, mais les filles sont les mêmes partout.

PAUL. — D'accord.

8. Le petit déjeuner.

MRS. ROBERTS. — Vous vous êtes couchés à minuit. C'est trop tard pour des garçons de votre âge.

PAUL. — Oh, maman, je t'en prie. . . . Huit heures, c'est de trop bonne heure pour se lever un samedi matin. (*Il bâille*)

ANNE. — Ne bâille pas. C'est impoli de bâiller à table.

PAUL. — Vraiment?

MRS. ROBERTS. — Voyons, vous avez dit que vous vouliez envoyer la valise de Trudaine à son propriétaire le plus tôt possible. Mange tes céréales, Anne.

RAOUL. — Comment? Des céréales? . . . Oh, que c'est bon. Est-ce que Trudaine a dit qu'il envoyait ma valise aujourd'hui?

PAUL. — La crème, s'il vous plaît, chère Mademoiselle.

ANNE. — Oh, ça va. Un instant, gros gourmand.

MRS. ROBERTS. — C'est mon mari qui a répondu au téléphone. La sonnerie l'a réveillé. Il ne comprenait rien. J'étais allée chercher des oreillers au grenier. Je suis vite descendue mais, moi aussi, j'entendais mal. Je ne comprenais pas tout ce que Trudaine disait. . . . Paul, laisse de la crème pour ton père.

PAUL. — Entendu, maman, mais il en reste des quantités.

RAOUL. — Est-ce que Trudaine était très ennuyé?

MRS. ROBERTS. — Pour ça, oui. Il parlait de vestons trop petits, de gens petits, et comme quoi il était obligé de porter un bleu pendant que ses vête-

•il **bâille** *he yawns* •un **bleu** *a pair of overalls* •**convenable** *suitable* •**dos** *back* •**oreillers** *pillows* •et comme **quoi** *and about how* •l'a **réveillé** *woke him up*

ments étaient nettoyés. Et il parlait toujours de «livraison rapide» et «Special Delivery» en anglais et en français.

PAUL. — Maman, où sont les œufs au bacon?

RAOUL. — Des œufs au bacon, maintenant? Mais alors, qu'est-ce que vous mangez au déjeuner?

ANNE. — Il mange trois sandwichs; il boit du lait. Et, s'il a de l'argent, il prend une glace.

PAUL. — Je ne mange jamais plus de deux sandwichs.

RAOUL. — De toute façon, ce petit déjeuner est formidable.

PAUL. — Eh bien, aussitôt que nous aurons fini, nous irons tout de suite au bureau de poste. Nous allons passer devant l'école pour que Raoul puisse y jeter un regard et ensuite nous allons assister à un match de football. Tu vas te plaire ici, Raoul.

Raoul écrit à sa sœur

Montpelier, le 4 octobre

Ma chère Jeannette,

Ton frère t'écrit au chant des oiseaux, en regardant des arbres qui commencent à jaunir. Tu crois que je suis à la campagne? Pas du tout. Je suis en pleine ville, dans le jardin des Roberts. Tu imagines des murs qui entourent des planches de choux, de carottes et de salades. Non, ma petite vieille. Il n'y a pas de murs et le jardin est plutôt un parc en miniature. La maison est en bois et il y a une pelouse avec des fleurs par-devant. Et toutes les maisons de Montpelier sont semblables.

Je me trouve très bien dans cette maison. Je t'envoie un plan que j'ai soigneusement dessiné. Au premier étage, je veux dire au rez-de-chaussée (c'est incroyable comme on prend vite les façons de parler du pays), au rez-de-chaussée, donc, se trouvent la cuisine, la salle à manger, la salle de séjour et la chambre du grand-père. Au deuxième étage, je veux dire au premier, se trouvent les chambres à coucher. J'occupe la chambre d'Anne, la petite sœur de Paul, une petite peste, bavarde comme une pie mais qui a très bon caractère. Elle ne répond jamais aux observations peu aimables de son frère. Ça ne se passe pas comme ça chez nous, hein, ma vieille? Maintenant, Montpelier.

Montpelier est une petite ville, 9.000 habitants. Nous sommes loin des 257.000 de Bordeaux. Naturellement, pas de vieilles églises, pas de grands théâtres, pas cet air d'avoir longtemps vécu qui distingue Bordeaux. Mais, comme nous sommes la capitale du Vermont, nous avons un «Capitol» qui a grande allure.

Tu te demandes quelle vie je mène. Eh bien, c'est une vie fort agréable. Paul est un vrai copain. Nous nous entendons très bien. Mr. Roberts travaille dans une

•grande **allure** *fine appearance* •**caractère** *disposition* •**choux** *cabbages* •**jaunir** *to turn (yellow)* •**jeter** un regard *to take a look* •je **mène** *I lead* •**murs** *walls* •**nettoyés** *cleaned* •**œufs** au bacon *eggs and bacon* •**pie** *magpie* •**planches** *patches* •en **pleine** ville *in the middle of town* •**puisse** (pouvoir) *may be able to* •**salades** *greens* •**soigneusement** *carefully* •**vécu** (vivre) *lived*

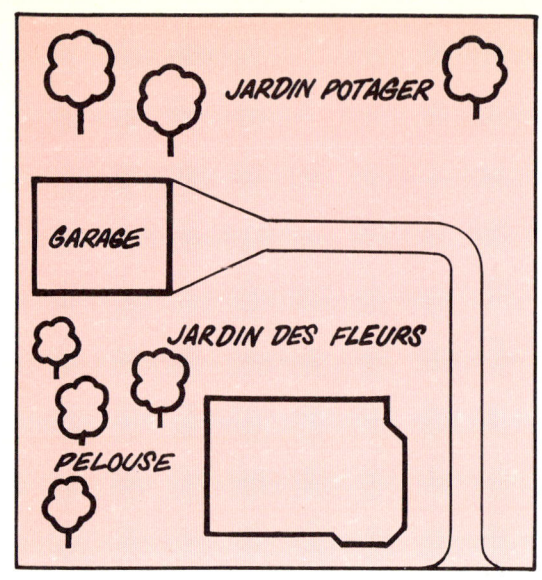
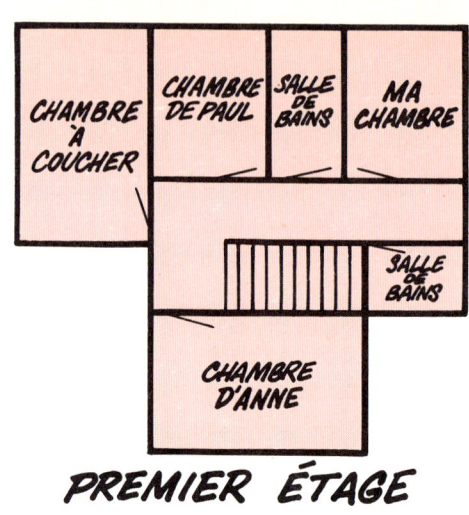

LA MAISON DES ROBERTS

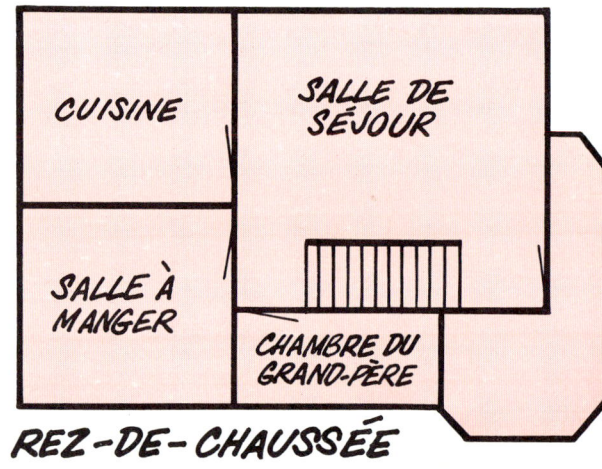

RAOUL GÉRARD

compagnie d'assurance. Sa grande passion est le jardinage. Il passe une grande partie de son temps libre à soigner ses pelouses et ses fleurs. Nous avons la plus belle pelouse d'une rue où toutes les pelouses sont belles.

Mrs. Roberts connaît tout le monde et fait partie d'un tas de comités. Comme il n'y a pas de domestiques, je l'aide souvent à faire la vaisselle. Ça ne m'ennuie pas du tout parce que sa conversation me fait connaître toute la ville. Sa conversation est si intéressante que, parfois, je ne pense pas à ce que je fais. C'est ainsi que, il y a trois jours, j'ai mis une pile d'assiettes dans le frigidaire. On en parle encore.

Si tu étais ici, toi qui parles toujours de maigrir, tu serais bien malheureuse. Figure-toi qu'au lieu de fruits et de fromage, nous avons du dessert à tous les repas. Et quels desserts! Mrs. Roberts fait divinement bien la pâtisserie. Des tartes aux fruits merveilleuses, des gâteaux somptueux. De plus, l'après-midi, on va souvent prendre une glace. Hein, ma petite vieille, si tu étais ici, quel supplice!

Ce que tu aimerais ici, ce sont les balades en voiture. Les environs sont superbes: lacs, montagnes, forêts. Il n'y manque que la mer que nous avons pour ainsi dire à notre porte à Bordeaux. Mrs. Roberts a sa propre voiture. Maman va être jalouse.

Un détail qui va t'étonner. Susie, la sœur de Paul, fait ses études à l'Université, alors qu'il y a un très bon «college» de filles à Montpelier. La raison? J'ai presque laissé tomber le verre que j'essuyais quand Mrs. Roberts m'a dit: «Cela fait du bien aux jeunes filles d'être séparées de leur famille». Toi qui veux aller faire ta médecine à Paris, je vois la tête de nos parents si tu leur donnais cette raison. Remarque que je sais très bien que tu vas aller à Paris. Un certain nombre de «mon petit papa chéri», de promenades où papa et sa fille font des projets d'avenir, et l'affaire est dans le sac.

Susie est venue passer un week-end à la maison. Elle est très jolie et très gentille. Elle aussi obtient de son père tout ce qu'elle veut. Sa technique est différente de la tienne mais le résultat est le même.

Tout est prétexte à des réunions de famille chez les Roberts. Pour l'anniversaire de Mr. Roberts, les grands-parents, les oncles, les tantes, les cousins, les neveux et les nièces, toute la famille au grand complet était réunie. On a fait un énorme repas en plein air. Ensuite, un des oncles avait une guitare, et on a chanté de vieux airs américains.

Je fais des progrès en anglais mais ma distraction me fait employer un mot pour un autre avec des drôles de résultats. L'autre jour, il y avait au dîner un chou qui me paraissait particulièrement savoureux. J'ai dit à Mrs. Roberts: «Your garbage is wonderful». Depuis, on ne parle plus que de ces «merveilleuses ordures» dans la famille.

Alors, ma chère petite sœur, tu vois comme tout ceci est sympathique.

Baisers affectueux à toute la famille y compris toi, naturellement.

Ton vieux,
Raoul

•**avenir** *the future*   •**baisers** affectueux *"love and kisses"*   •**au grand complet** *at full strength*   •**y compris toi** *including you*   •**distraction** *absent-mindedness*   •**j'essuyais** *I was drying*   •**ordures** *garbage*   •**parfois** *sometimes*   •**presque** *almost*   •**sa propre** *her own*   •**soigner** *to care for*   •**somptueux** *"gorgeous"*   •**supplice** *punishment*   •la **tête** de nos parents *our parents' faces*

Compte rendu

RAOUL GÉRARD A MONTPELIER

Lisez toutes les questions sans essayer d'y répondre. Relisez les questions et répondez-y brièvement. Puis écrivez votre rédaction, en donnant des réponses convenables.

1 Qui est Raoul Gérard, et d'où vient-il?
2 Où va-t-il passer une année et avec qui?
3 Avec quel groupe arrive-t-il à l'aérodrome de Boston?
4 Qui l'attend?
5 Dans leur chambre, qu'est-ce que Raoul découvre tout de suite?
6 A qui est la valise que Raoul a prise?
7 Qui est Trudaine, et où est-il déjà parti avec sa famille américaine?
8 Pourquoi Raoul ne peut-il pas mettre les vêtements de Trudaine?
9 Pourquoi Paul ne peut-il pas prêter ses vêtements à Raoul?
10 Pourquoi Raoul et Paul sortent-ils?
11 Raoul a-t-il eu mal à acheter un pyjama? Pourquoi?
12 Comment a-t-il trouvé le drugstore qu'ils ont visité?
13 Arrivés à Montpelier, qui montre la maison à Raoul?
14 Quelle chambre a-t-il et qui a la chambre de Susie, la sœur aînée?
15 Où est Susie?
16 Qui vient voir les deux garçons?
17 Qu'est-ce qu'elle les a invités à faire ce même soir?
18 Pourquoi Raoul veut-il refuser?
19 Mais quel genre de bal est-ce?
20 Quels vêtements est-ce que Raoul peut donc porter?
21 Qui est plus inquiet que Raoul au sujet de la valise?
22 Quand Trudaine téléphone de Bangor le lendemain, qui parle avec lui?
23 Quelques jours plus tard, où est Raoul quand il écrit à sa sœur?
24 Comment Raoul se trouve-t-il dans cette maison?
25 Comment est la vie qu'il mène dans cette famille?
26 Va-t-il se plaire à Montpelier?

GRAMMAIRE
Présent et Passé composé de quelques verbes irréguliers

A. *Le verbe* dire. *Changez les phrases suivantes du présent de l'indicatif au passé composé.*

EXEMPLE :
Aujourd'hui je lui dis d'y aller.
Hier, je lui ai dit d'y aller.

1 Tu dis toujours la même chose.
2 Elle me dit qu'elle a deux frères.
3 Nous disons des choses importantes.
4 Vous dites la vérité.
5 Ils disent au revoir après la réunion.

B. *Le verbe* aller. *Changez les phrases suivantes du présent de l'indicatif au passé composé. Faites les changements nécessaires. Faites l'accord entre le participe passé et le sujet s'il est nécessaire.*

EXEMPLE :
Aujourd'hui je vais chez moi.
Hier, je suis allé(e) chez moi.

1 Comment vas-tu au bureau, Marie?
2 Elle va au magasin avec sa mère.
3 Nous allons voir mes amis.
4 Vous allez au château?
5 Où vont-ils faire du ski?

C. *Le verbe* faire. *Changez les phrases suivantes du présent de l'indicatif au passé composé. Faites les changements nécessaires et faites l'accord entre le participe passé et le complément direct s'il est nécessaire.*

EXEMPLE :
La promenade? Aujourd'hui je la fais à bicyclette.
La promenade? Hier je l'ai faite à bicyclette.

1 Est-ce que tu fais du ski?
2 Qu'est-ce qu'il fait ensuite?
3 Nous faisons des progrès en anglais.
4 Où sont les robes que vous faites?
5 Ils font de leur mieux.

PETIT DICTIONNAIRE

aboutir à *v* y toucher par une extrémité.
— Cette rue aboutit à la petite place devant la gare.

affaire *nf* (1) transaction ou entreprise.
— Il dirige une affaire très importante.
— Il est dans les affaires; c'est un homme d'affaires.
(2) affaires; choses, objets, vêtements.
— Un béret, une chemise et des souliers. A qui sont ces affaires? Elles ne t'appartiennent pas?

air *nm* atmosphère; **avoir l'air** avoir l'apparence.
— Vous ne trouvez pas qu'il a l'air intelligent?

appartenir *v* être à quelqu'un; faire partie d'un groupe.
— Il a fini de payer sa maison; maintenant, elle lui appartient.
— Ces garçons appartiennent à mon équipe de football.

autrefois *adv* il y a quelque temps; il y a longtemps.
— Autrefois, je parlais très bien français; maintenant, j'ai beaucoup oublié et je parle très mal.

bavarder *v* parler de beaucoup de choses sans importance.
— Vous vous rappelez Pauline, cette jeune fille qui bavardait tout le temps?

blouson *nm* veste de sport.
— Voyons, tu ne peux pas mettre un blouson pour aller à cette danse!

bois *nm* substance compacte de l'intérieur des arbres; lieu planté d'arbres.
— Aux États-Unis, les maisons sont généralement en bois.
— Il y a de très beaux arbres dans ce bois.

boursier, boursière *n* élève à qui on a donné de l'argent pour continuer ses études.
— Christian était bien content quand il a appris qu'il avait une bourse d'études aux États-Unis.

collège *nm* un collège est une école secondaire pour les élèves de six à dix-huit ans.
— Il a fait ses études dans un collège français.

cuir *nm* peau d'animal préparée pour un usage industriel.
— Ton blouson est en cuir?
— Non, le vrai cuir coûte trop cher; c'est une imitation.

découvrir *v* trouver ce qui était inconnu.
— Colomb a découvert le nouveau monde en 1492 (quatorze cent quatre-vingt-douze).

durer *v* continuer d'être.
— Les vacances ont duré deux semaines.

effet: en effet vraiment; c'est vrai.
— Il est bon élève; en effet c'est le meilleur.

empêcher *v* mettre obstacle à une chose pour qu'elle ne se passe pas.
— Sa mère l'a empêché de sortir; il est resté à la maison toute la journée.

emprunter *v* obtenir quelque chose de quelqu'un avec l'intention de le rendre. ANT **prêter**.
— Je t'emprunte ta raquette de tennis?
— Je peux te la prêter cet après-midi mais rends-la-moi ce soir.

ennuyer *v* causer de la contrariété; **s'ennuyer** *v* éprouver de la fatigue par manque d'intérêt. ANT **se distraire, s'amuser.**
— Cette jeune fille bavarde trop; elle m'ennuie.
— Tu t'ennuies à la campagne parce que les animaux et les plantes ne t'intéressent pas. Moi, je m'y amuse parce que j'aime les animaux.

entendre: s'entendre *v* se comprendre, être d'accord.
— Nous nous entendons très bien.

entourer *v* disposer autour.
— Le petit lac est entouré d'arbres.

étranger, étrangère *adj & n* qui est d'une autre nation; à l'étranger, dans une autre nation.
— Les bourses d'échange permettent aux jeunes gens d'étudier à l'étranger.

façon *nf* manière.
— Elle a une façon de parler qui me plaît beaucoup.

figurer: se figurer *v* s'imaginer.
— Quand il fait du ski il se figure que tout le monde l'admire mais d'autres skieurs sont bien meilleurs que lui.

gourmand *adj* qui aime manger et qui mange trop.
— Grégoire est trop gros; c'est parce qu'il est gourmand.

grenier *nm* pièce tout en haut d'une maison.
— Chez moi, nous mettons tous les objets qui ne servent plus dans le grenier.

gros, grosse *adj* volumineux; qui pèse lourd. **grossir** *v*. ANT **petit, mince, maigre.**
— Elle mange du matin au soir. Par conséquent, elle est très grosse; elle pèse cent deux kilos.
— Qu'est-ce que vous avez dans ce gros sac?

immeuble *nm* grand bâtiment où on trouve des appartements ou des bureaux.
– Mathilde a un petit appartement dans un nouvel immeuble.

jumelles *nfpl* instrument qui permet de voir de loin.
– J'emporte mes jumelles au théâtre pour mieux voir les acteurs.

kilo *nm* kilogramme (*2.2 lbs.*).
– Il n'est pas trop gros; il pèse seulement soixante-quinze kilos.

laver *v* enlever ce qui est sale avec de l'eau et généralement du savon.
– Ses sous-vêtements sont en nylon; il les lave lui-même.

maigrir *v* ANT **grossir** (voir **gros**).

manquer: manquer de *v* ne pas avoir.
– Tu te fâches toujours; tu manques de patience.

meuble *nm* objet mobile dans les habitations (chaise, table, lit).
– Cette table est en bois précieux; c'est un très beau meuble.

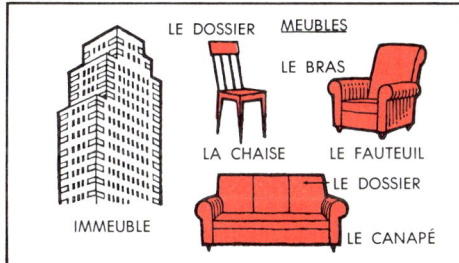

oiseau *nm* animal couvert de plumes, généralement capable de voler.
– Quand on se promène dans les bois, on entend le chant des oiseaux.

partout *adv* en tous lieux.
– Je connais très bien la ville. Je me suis promené partout.

pêcher *v* attraper, ou essayer d'attraper des poissons.
– Mon grand-père aime beaucoup pêcher et il attrape toujours beaucoup de poissons.

pelouse *nf* terrain couvert d'une herbe courte.
– Quelle belle pelouse! L'herbe est très verte, très épaisse.

pierre *nf* corps dur et solide qui sert à bâtir.
– Ces maisons sont en pierres.

pire *adj* plus mauvais. ANT **meilleur**.
– Ma situation est très mauvaise. La tienne est pire.
– Et la mienne? Voilà, c'est la pire de toutes.

pis *adv* plus mal. ANT **mieux**.
– Tant pis pour les retardaires.

pont *nm* construction qui fait communiquer les deux rives d'un cours d'eau.
– Le pont George Washington à New-York est célèbre dans le monde entier.

savant *nm* ou *adj* une personne qui sait beaucoup de choses.
– Pasteur était un grand savant.

serrure *nf* appareil qui sert à fermer et à ouvrir avec une clef.

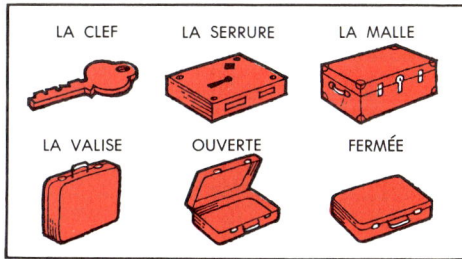

soigner *v* s'occuper de quelqu'un ou de quelque chose.
– Le médecin soigne les malades; le jardinier soigne les plantes.

soin *nm* attention à faire une chose.
– Elle avait bien soin de choisir pour elle-même le fauteuil le plus confortable.

sottise *nf* chose stupide.
– On peut très bien parler français sans savoir la grammaire.
– Tu dis une sottise, une sottise énorme.

taire: se taire *v* être silencieux.
– Tais-toi. Tu dis des sottises et tu m'ennuies.

tarder *v* être lent à venir; **tarder de** attendre avec impatience.
– Ne tardez pas à donner votre réponse; il nous tarde de savoir ce que vous avez décidé.

tas de *nm* beaucoup de.
– Pas de cinéma aujourd'hui; j'ai des tas de devoirs à faire.

triste *adj* qui a du chagrin. ANT **gai**.
– Il est triste parce qu'il a reçu une mauvaise nouvelle.

LA VIE JOURNALIÈRE

Chapitre Six

La Vie Journalière

I Cette photo a été prise dans un parc. A l'arrière-plan, on voit un immeuble moderne, des arbres et des courts de tennis. A droite de la photo, deux petits garçons se promènent. Au milieu de la photo un jeune garçon en regarde un autre qui a une drôle de position: il est à quatre pattes. Que fait-il? C'est un mystère. A gauche de la photo, deux joueurs de tennis, habillés de blanc, se dirigent vers les courts.

Au premier plan, se trouvent Clément et Gabrielle. Gabrielle met les balles de tennis dans leur boîte. Elle tient sa raquette de la main gauche. Elle est habillée d'un pull blanc à manches courtes et d'une jupe écossaise. Elle porte un bracelet au bras droit.

Clément est habillé d'une chemise blanche, d'un tricot et d'un pantalon de couleur sombre. Il tient sa raquette de la main droite. Il sourit. Gabrielle ne sourit pas. Elle n'a pas l'air contente.

à l'arrière-plan *in the background*   au premier plan *in the foreground*
boîte *box*   écossais(e) *Scotch plaid*   se dirigent *head for*

QUESTIONS SUR LA PHOTO

1. Où cette photo a-t-elle été prise?
2. Qu'est-ce qu'on voit à l'arrière-plan?
3. Que font les deux petits garçons à droite de la photo?
4. Que fait le garçon qui se trouve au milieu de la photo?
5. Quelle drôle de position a cet autre garçon?
6. Savez-vous ce qu'il fait?
7. Vers quoi se dirigent les joueurs habillés de blanc?
8. Comment s'appelle le jeune homme au premier plan?
9. Comment s'appelle la jeune fille?
10. Où Gabrielle remet-elle les balles?
11. Qu'est-ce qu'elle tient de la main gauche?
12. Comment est-elle habillée?
13. Qu'est-ce qu'elle porte au bras droit?
14. Comment Clément est-il habillé?
15. Qu'est-ce qu'il tient de la main droite?
16. Lequel des deux joueurs n'a pas l'air content?

Clément essaie d'être aimable mais il dit les choses comme elles sont.

Pour vous aider à comprendre:
défaut *nm* absence de ce qui est nécessaire, faiblesse
fâcher (se fâcher) *v* mettre en colère (se mettre en colère); rendre furieux
filet *nm* ce qui sépare les deux parties d'un court de tennis
mou, molle *adj* ANT dur
poêle à frire *nf* ustensile de cuisine pour frire, pour fricasser
puisque *conj* parce que

CLÉMENT. — Tu es gentille d'avoir apporté des balles neuves.
GABRIELLE. — Ça ne m'a pas servi à grand-chose. J'ai perdu la partie, ce qui est naturel puisque tu es un des meilleurs joueurs du lycée. Mais six à un, six à zéro, six à zéro! Tu ne t'étonneras pas que je sois découragée.
CLÉMENT. — Veux-tu que je t'emmène au cinéma pour te consoler?
GABRIELLE. — Ça, c'est gentil. J'accepte avec plaisir. Mais, d'abord, je voudrais que tu me dises pourquoi je joue si mal au tennis.
CLÉMENT. — J'ai peur que ça te fâche.
GABRIELLE. — Mais non, voyons. Il faut bien que je connaisse mes défauts pour m'en corriger.
CLÉMENT. — Vraiment? Tu ne te fâcheras pas?
GABRIELLE. — Au contraire. Je serai contente que tu m'expliques ce qui ne marche pas dans mon jeu.
CLÉMENT. — Eh bien, d'abord, ton service est très mauvais. Pourquoi? Parce que tu tiens ta raquette comme une poêle à frire. Résultat: tu envoies une balle sur deux dans le filet. Et, quand tu places bien la balle, elle est si

molle qu'un enfant de quatre ans pourrait la renvoyer. Il faut que tu tiennes ta raquette comme ça. Tu vois?

GABRIELLE. — Je vois.

CLÉMENT. — Donne-moi les balles pour que tu sois libre de tes mouvements. Maintenant, montre-moi comment tu tiens ta raquette.

GABRIELLE. — Comme ça?

CLÉMENT. — Non, comme ça.

GABRIELLE. — Ça va maintenant?

CLÉMENT. — Ça va mieux. Tu y arriveras un jour ou l'autre, mais il faudra que tu t'exerces. Pour que la balle n'aille pas dans le filet, il faut faire comme ça. Tu vois?

GABRIELLE. — Oui, je vois.

CLÉMENT. — Un autre défaut. Quand tu vois une balle arriver, tu te précipites dessus. Reste calme. Vois-la venir. Tu verras que ça ira mieux.

GABRIELLE. — C'est tout?

CLÉMENT. — Tu as d'autres défauts, mais il est temps que nous partions pour aller au cinéma.

GABRIELLE. — Il vaut mieux que je n'aille pas au cinéma et que je m'exerce avec un joueur un peu moins expert que toi. J'aperçois Hélène là-bas. Je ne crois pas qu'elle ait un partenaire. Je vais lui demander de jouer avec moi.

CLÉMENT. — Je t'ai vexée?

GABRIELLE. — Pas le moins du monde. Mais, je ne veux pas que la prochaine fois que nous jouerons ensemble, tu puisses me dire que je tiens ma raquette comme une poêle à frire et qu'un enfant de quatre ans pourrait renvoyer mes balles.

NARRATION ORALE

Mettez la narration suivante sous forme de dialogue.

EXEMPLES:

Clément dit à Gabrielle qu'il s'est bien amusé.

— Je me suis bien amusé.

Gabrielle lui dit que c'est vrai, mais qu'elle a perdu la partie.

— C'est vrai, mais j'ai perdu la partie.

1 Clément répond que ça ne fait rien: pour la consoler il l'invite à aller au cinéma.
2 Gabrielle dit qu'elle ira avec plaisir, mais que d'abord elle veut qu'il lui dise pourquoi elle joue si mal au tennis.
3 Clément lui dit que, pour commencer, son service est très mauvais.

4 Gabrielle lui demande pourquoi.
5 Selon Clément, elle tient sa raquette comme une poêle à frire.
6 Gabrielle répète avec colère la dernière partie de cette réponse.
7 Clément lui dit que oui et que le résultat est qu'elle envoie une balle sur deux dans le filet.
8 Gabrielle lui demande comment tenir sa raquette.
9 Clément le lui montre. «Voilà, ... comme ça!» dit-il, et il dit qu'elle y arrivera un jour ou l'autre.

NARRATION ÉCRITE

(Gabrielle n'est pas vexée, oh non, mais tout de même . . .)

1 Qui a perdu la partie?
2 Et qui l'a gagnée?
3 Qu'est-ce que Clément propose de faire pour consoler Gabrielle?
4 Comment accepte-t-elle?
5 Mais, d'abord, qu'est-ce qu'elle veut qu'il lui dise?
6 De quoi Clément a-t-il peur?
7 Mais, au contraire, de quoi Gabrielle sera-t-elle contente?   (. . . qu'il lui explique)
8 D'après Clément, pourquoi le service de Gabrielle est-il si mauvais?
9 Et quel en est le résultat?
10 Même quand elle place bien une balle, comment est cette balle?
11 Quand elle voit une balle arriver, qu'est-ce qu'elle fait?
12 Qu'est-ce qu'elle devrait faire quand une balle arrive?
13 Pourquoi ne va-t-elle pas au cinéma avec Clément?
14 Gabrielle dit qu'elle n'est pas vexée le moins du monde.   Est-ce la vérité ou est-ce que, en réalité, elle est très vexée?

GRAMMAIRE
Présent du subjonctif

A. *Lisez les phrases suivantes.*

1 a) Je rends des livres pour ma mère.
  b) Il faut que je rende des livres pour ma mère.
2 a) Mon frère va à la bibliothèque cet après-midi.
  b) Veux-tu que ton frère aille à la bibliothèque?
3 a) Cette valise?   C'est la mienne.
  b) Je voudrais que ce soit la mienne.
4 a) Je crois qu'il peut le faire.
  b) Je ne crois pas qu'il puisse le faire.

5 a) Je sais qu'il part par avion.
  b) Je doute qu'il parte par avion.
6 a) Il est vrai qu'elle finit à midi.
  b) Est-il vrai qu'elle finisse à midi?

Remarquez que toutes ces phrases sont au présent mais que la forme du verbe dans «a» et dans «b» est différente. Les phrases de «a» sont au présent de l'indicatif. Les phrases de «b» sont au présent du subjonctif.

PRÉSENT DU SUBJONCTIF

FORMATION: **Verbes réguliers**			
	Première Conjugaison	*Deuxième Conjugaison*	*Troisième Conjugaison*
que j' (je)	achète	finisse	rende
que tu	achètes	finisses	rendes
qu'il, elle, on	achète	finisse	rende
que nous	achetions	finissions	rendions
que vous	achetiez	finissiez	rendiez
qu'ils, elles	achètent	finissent	rendent

Remarquez que le subjonctif suit les expressions de:

(1) **nécessité**   (3) **désir**
(2) **doute**   (4) **émotion**

B. *Récrivez ces phrases en commençant avec l'expression entre parenthèses. Avant de commencer à écrire, étudiez l'exercice A.*

EXEMPLE:
Mon frère va à la bibliothèque. (Il faut que)
Il faut que mon frère aille à la bibliothèque.

1 Je rends des livres pour ta mère. (Veux-tu que)
2 Il part par le train. (Je ne crois pas que)
3 Elle peut le faire. (Il faut que)
4 Elle part tôt. (Je voudrais que)
5 Cette valise est à Jean. (Je doute que)

C. *Complétez les phrases suivantes par la forme du subjonctif ou de l'indicatif donnée entre parenthèses.*

EXEMPLES:
Il faut que vous ____ ce travail. (finissez, finissiez)
Il faut que vous finissiez ce travail.

Elle sait que je ____ ces livres à la bibliothèque. (rends, rende)
Elle sait que je rends ces livres à la bibliothèque.

1 Je ne crois pas qu'elle y ____. (va, aille)
2 Il est vrai que nous ____ par avion. (partons, partions)
3 Je suis sûr qu'il ____ le faire. (peut, puisse)
4 Je doute qu'il ____ malade. (est, soit)
5 Elle voudrait que je le ____ à l'heure. (finis, finisse)

Cette scène a lieu dans le bureau de la téléphoniste d'un hôtel. Devant la téléphoniste, on voit le standard. Il y a des messages sur la tablette du standard et, en dessous, sur des étagères, il y a des annuaires de téléphone.

La téléphoniste est assise sur un tabouret. Elle est en train de mettre une fiche dans le standard. Elle sourit à monsieur Malet-Balaine. Lui ne sourit pas. Il est debout à côté d'elle. Il attend la communication.

Va-t-il l'obtenir? C'est toute une histoire. Vous allez voir.

annuaire de téléphone *telephone book* **étagère** *shelf* **fiche** *plug*
standard *switchboard* **tabouret** *stool*

QUESTIONS SUR LA PHOTO

1 Où cette scène a-t-elle lieu?
2 Qu'est-ce qu'on voit devant la téléphoniste?
3 Qu'est-ce qu'il y a sur la tablette du standard?
4 Qu'est-ce qu'il y a sur des étagères en dessous de la tablette du standard?
5 Sur quoi la téléphoniste est-elle assise?
6 Qu'est-ce qu'elle est en train de faire?
7 A qui sourit-elle?
8 Est-ce que monsieur Malet-Balaine sourit?
9 Est-il debout ou assis?
10 Qu'est-ce qu'il attend?

Monsieur Malet-Balaine, ayant essayé en vain d'obtenir la communication, est descendu consulter la téléphoniste.

Pour vous aider à comprendre:
agir, s'agir de *v*   être question de
baleine *nf*   mammifère marin, le plus grand des animaux actuels
gérant *nm*   personne placée à la tête d'un établissement commercial
oiseau *nm*   vertébré couvert de plumes
renard argenté *nm*   fourrure d'un animal de couleur grise
voleur *nm*   celui qui prend par ruse ou par force le bien (possessions) d'autrui

ANTOINETTE. — Je suis désolée que vous ayez attendu cinq minutes et que vous n'ayez pas obtenu de réponse.
M. MALET-BALAINE. — C'est pour ça que j'ai décidé de descendre vous parler. Le gérant aura de mes nouvelles.
ANTOINETTE. — Mais, monsieur . . . Un instant, s'il vous plaît . . . Monsieur Valmoreau? Chambre 16 . . . Alors, Monsieur, quel numéro désirez-vous?
M. MALET-BALAINE. — Vingt-sept, soixante-neuf, quarante et un.
ANTOINETTE. — Vingt-sept, soixante-neuf, trente et un.
M. MALET-BALAINE. — J'ai peur que vous n'ayez pas compris. Je répète: Vingt-sept, soixante-neuf, quarante et un.
ANTOINETTE. — Oui, oui . . . Pas libre.
M. MALET-BALAINE. — Pas libre! Impossible que vous n'ayez pas eu le numéro. Un grand magasin . . .
ANTOINETTE. — . . . Allô. Hôtel du Cheval Blanc. Oh, c'est toi, chéri . . . Un instant . . .
M. MALET-BALAINE. — Ayez l'obligeance de rappeler.
ANTOINETTE. — Tout de suite. C'est bien vingt-sept, soixante-neuf, trente-six.
M. MALET-BALAINE. — Je doute que vous m'ayez écouté très attentivement. Trente et un, mademoiselle, trente et un.
ANTOINETTE. — Bien, Monsieur. Je te rappellerai, chéri.

M. Malet-Balaine. — Il est inadmissible que je n'aie pas reçu un renard argenté qui devait m'être livré immédiatement.
Antoinette. — Oh, monsieur, vous êtes rouge. Vous n'êtes pas malade?
M. Malet-Balaine. — Non. Je suis furieux que le renard argenté que ma femme a acheté il y a une semaine ne soit pas encore arrivé.
Antoinette. — Un renard argenté! Elle a de la chance, votre femme... Ne quittez pas... Si vous voulez aller dans la cabine téléphonique...

(*Dans la cabine téléphonique*)

M. Malet-Balaine. — Je voudrais parler avec le directeur. C'est très, très important.
Une voix. — De quoi s'agit-il?
M. Malet-Balaine. — De mon renard argenté.
La voix. — Un renard argenté! Un instant. Monsieur Desbouclier est dans la cage aux oiseaux.
M. Malet-Balaine. — Dans la cage aux oiseaux?
La voix. — Un instant. Il va vous parler.
M. Desbouclier. — Allô...
M. Malet-Balaine. — Ici, monsieur Malet-Balaine.
M. Desbouclier. — Une baleine... Il se peut que j'aie mal entendu...
M. Malet-Balaine. — En effet... Je vous ai dit mon nom: Ma-let-Ba-laine.
M. Desbouclier. — Oh, pardon. Que puis-je faire pour vous?
M. Malet-Balaine. — Vous pouvez me faire envoyer im-mé-diate-ment mon renard argenté.
M. Desboucleir. — Vous voulez m'envoyer un renard argenté? Volontiers. Nous...
M. Malet-Balaine. — Comment? Ma femme vous a acheté un renard argenté il y a une semaine et maintenant... Vous êtes un voleur, Monsieur.
M. Desbouclier. — Moi, un voleur! Moi, depuis vingt-cinq ans directeur du jardin zoologique...
M. Malet-Balaine. — Comment? Vous n'êtes pas le directeur du magasin Bontemps?
M. Desbouclier. — Ah, non, alors.
M. Malet-Balaine. — Oh, je m'excuse.

* * *

Antoinette. — Ah, vous voilà. Je regrette que vous ayez eu à attendre si longtemps mais tout est arrangé, n'est-ce pas?
M. Malet-Balaine. — Arrangé! Où puis-je trouver un taxi?
Antoinette. — Je peux téléphoner...
M. Malet-Balaine. — Ah, non. Jamais de la vie. Je trouverai un taxi moi-même.

NARRATION ET QUESTIONNAIRE

Formez la question pour laquelle chaque phrase ci-dessous est une réponse. Commencez chaque question avec l'expression interrogative entre parenthèses. EXEMPLES :

Je suis descendu parce que j'ai essayé en vain d'obtenir la communication. (Pourquoi . . .)
— Pourquoi êtes-vous descendu? <u>ou</u>
— Pourquoi est-ce que vous êtes descendu?

J'ai attendu cinq minutes. (Combien de temps . . .)
— Combien de temps avez vous attendu? <u>ou</u>
— Combien de temps est-ce que vous avez attendu?

1 Je veux parler au gérant. (A qui . . .)
2 Je désire le numéro vingt-sept, soixante-neuf, quarante et un. (Quel numéro . . .)
3 Je veux parler au directeur. (A qui . . .)
4 Il s'agit de mon renard argenté. (De quoi . . .)
5 Je ne dis pas que je veux vous envoyer mon renard. (Est-ce que . . .) or (Vous dites que . . .)
6 Je l'ai acheté dans votre magasin. (Où . . .)
7 Je l'ai acheté il y a huit jours. (Quand . . .)
8 Je l'ai déjà attendu deux jours. (Combien de temps . . .)

NARRATION ÉCRITE

(*Monsieur Malet-Balaine au téléphone*)

1 De quoi Antoinette est-elle désolée? (. . . ait attendu . . .)
2 Quel numéro monsieur Malet-Balaine demande-t-il?
3 Pourquoi est-ce impossible qu'Antoinette n'ait pas obtenu ce numéro?
4 Pourquoi monsieur Malet-Balaine doute-t-il qu'Antoinette ait écouté attentivement?
5 Pourquoi monsieur Malet-Balaine est-il furieux?
6 Quand Antoinette a enfin obtenu la communication, où va monsieur Malet-Balaine pour téléphoner?
7 A qui demande-t-il de parler?
8 Mais, où se trouve le directeur?
9 Quand le directeur arrive enfin à l'appareil et que monsieur Malet-Balaine dit son nom, que croit le directeur?
10 Qu'explique monsieur Malet-Balaine?
11 Qu'est-ce qu'il demande au directeur?
12 Qu'est-ce que le directeur comprend?
13 Comment monsieur Malet-Balaine appelle-t-il le directeur?
14 Qui est le directeur en réalité?
15 Qu'est-ce que monsieur Malet-Balaine va faire pour parler au directeur du magasin Bontemps?

GRAMMAIRE
Présent du subjonctif (suite)

avoir	être
que j'aie	que je sois
que tu aies	que tu sois
qu'il ait	qu'il soit
que nous ayons	que nous soyons
que vous ayez	que vous soyez
qu'ils aient	qu'ils soient

faire	pouvoir	savoir
que je fasse	que je puisse	que je sache
que tu fasses	que tu puisses	que tu saches
qu'il fasse	qu'il puisse	qu'il sache
que nous fassions	que nous puissions	que nous sachions
que vous fassiez	que vous puissiez	que vous sachiez
qu'ils fassent	qu'ils puissent	qu'ils sachent

A. *Récrivez ces phrases en commençant chaque phrase par l'expression* J'ai peur que (qu').

EXEMPLES :
Il a mal à la tête ce matin.
J'ai peur qu'il ait mal à la tête ce matin.

Mon père n'est pas au bureau.
J'ai peur que mon père ne soit pas au bureau.

1 Vous n'avez pas raison.
2 Elle n'a pas assez d'argent.
3 Ils sont malades.
4 Tu as la grippe.
5 Marie est en retard.

B. *Complétez les phrases suivantes par la forme convenable du verbe entre parenthèses.*

EXEMPLE :
Je doute qu'il ___ la réponse. (savoir)
Je doute qu'il sache la réponse.

1 Croyez-vous qu'il ___ le faire? (pouvoir)
2 Il est important que vous ___ ce travail tout de suite. (faire)
3 Il faut que nous ___ ces verbes. (savoir)
4 Je crois qu'ils ___ bien. (faire)
5 Je voudrais que vous ___ nous accompagner. (pouvoir)

LA VIE JOURNALIÈRE

C. *Lisez les phrases suivantes et indiquez les verbes au subjonctif.*

1 Je veux vous voir avant que vous ne partiez.
2 Je ne peux pas vous accompagner parce que je ne vais pas bien.
3 Allez-vous écrire la lettre aujourd'hui pour que Paul l'ait avant son départ?
4 Paul doit rester en classe jusqu'à ce qu'il finisse tous les exercices.
5 Je n'aime pas sortir quand il pleut.
6 Il n'attendra pas à moins que vous ne lui téléphoniez.

Remarquez qu'on emploie aussi le subjonctif après certaines conjonctions qui indiquent l'incertitude. Remarquez aussi qu'avec cet emploi, le sujet de la forme au subjonctif est différent de celui de la proposition principale. Pour une liste des conjonctions avec lesquelles on emploie le subjonctif voyez p. 272.

D. *Complétez les phrases suivantes par la forme convenable du verbe entre parenthèses.*

EXEMPLES:
 Il ne partira pas sans que je le ——. (sait, sache)
 Il ne partira pas sans que je le sache.

 Je lui achète un cadeau parce que c' (ce) —— son anniversaire. (est, soit)
 Je lui achète un cadeau parce que c'est son anniversaire.

1 Je ne peux pas partir à moins que vous ne —— ma valise. (rendez, rendiez)
2 Nous restons ici encore un jour pour que Paul —— assister au bal. (peut, puisse)
3 Elle ne mange pas beaucoup quand elle —— malade. (est, soit)
4 Finissez ce travail avant que nous ——. (partons, partions)
5 Je ne vais pas acheter cette voiture parce qu'elle ne me —— pas. (plaît, plaise)

E. *Complétez les phrases suivantes par la forme convenable du verbe entre parenthèses.*

EXEMPLES:
 Je voudrais que vous —— tôt. (arriver)
 Je voudrais que vous arriviez tôt.

 Dites-moi s'il le ——. (savoir)
 Dites-moi s'il le sait.

 Je vais rester chez moi ce soir pour que mes parents —— sortir. (pouvoir)
 Je vais rester chez moi ce soir pour que mes parents puissent sortir.

1 Il doute que nous —— très intelligents. (être)
2 Pour que tu —— les billets pour ce soir, je te les enverrai tout de suite. (avoir)
3 Parce qu'elle ne —— pas conduire le soir, elle va rentrer en autobus. (pouvoir)
4 Il sait que vous —— de votre mieux. (faire)
5 A moins qu'il n'—— au cinéma je le verrai ce soir. (aller)

Charles Bennett à Grenoble

1. Georges et son frère François ont rencontré Lucienne dans le centre de Grenoble.

GEORGES. — Trois heures de marche pénible pour cueillir ces malheureuses petites fleurs! Dis-moi, Lucienne, est-ce que cela en valait la peine?
LUCIENNE. — Mais oui. Elles sont ravissantes.
FRANÇOIS. — Ce sont de bons spécimens de la famille des . . .
GEORGES. — Allons, bon. Mon savant de frère va nous sortir du latin.
FRANÇOIS. — A propos de latin, mon vieux Georges, je te répéterai ce que dit papa: tu devrais t'occuper un peu plus de tes études et un peu moins de ski. Mais que fait notre serveuse?
GEORGES. — Un peu de patience, cher maître. Elle sera ici dans un instant.
LUCIENNE. — Alors, François, tu ne fais plus jamais de ski?
GEORGES. — Voyons, Lucienne. Son travail, son travail sacré . . .

• **pénible** *painful, difficult*   • va nous **sortir** du latin *he's going to come out with some Latin for us*

CHARLES BENNETT A GRENOBLE

FRANÇOIS. — Il m'arrive de faire du ski mais ça ne me passionne plus.

LUCIENNE. — Comment se fait-il que tu te sois intéressé à la botanique?

GEORGES. — Il raffole des plantes depuis qu'il est au monde.

FRANÇOIS. — L'été dernier, tandis que je passais les vacances à la ferme des Touchet, je me suis aperçu que les plantes présentaient un grand intérêt.

LUCIENNE. — Ton père a dû être bien déçu. Lui qui aurait tant voulu que tu entres dans son usine comme ingénieur.

FRANÇOIS. — Il lui reste Georges.

GEORGES. — Ne fais donc pas d'ironie. Tu sais très bien que je n'ai pas l'intention d'entrer à l'usine.

LUCIENNE. — Et tu es plutôt paresseux. Ton père doit te mener la vie dure.

GEORGES. — Tu oublies que nous avons chez nous un boursier américain, un garçon supérieur, remarquable. Je lui en dois de la reconnaissance à celui-là.

LUCIENNE. — De la reconnaissance?

GEORGES. — Mais oui, jeune innocente. Charles est un futur expert en électronique. Tout ce qui est machine le passionne. Il s'entend tellement bien avec mon père que je suis un peu oublié. Dieu merci....

FRANÇOIS. — Ah, enfin. Les jus d'ananas. Il était temps. Je meurs de soif.

LUCIENNE. — Où est Charles?

GEORGES. — Tu le demandes? A l'usine, avec papa. Ils examinent des turbines, besogne qui les passionne tous les deux.

LUCIENNE. — Charles commence à bien parler français mais il ne sera jamais un champion de ski.

FRANÇOIS. — Qu'est-ce qui te fait dire ça?

GEORGES. — Elle a bien le droit de le dire. Elle est son professeur.

FRANÇOIS. — Pas possible.

GEORGES. — On voit que tu arrives de Paris. Lucienne est, depuis peu, professeur de ski à Chamrousse. Et, bien entendu, c'est le meilleur professeur du groupe.

FRANÇOIS. — Sans blague! Je crois que je vais devenir un de ses élèves.

LUCIENNE. — A en juger par Charles et Odile, je ne suis pas un trop bon prof.

FRANÇOIS. — Odile?

GEORGES. — Odile Lampierre. La petite sœur de Gigi.

FRANÇOIS. — Ah oui, j'y suis. Mais, c'est une gosse.

GEORGES. — Voilà deux ou trois ans que tu ne l'as pas vue. Maintenant, c'est une jeune fille et presque aussi jolie que Lucienne.

LUCIENNE. — Trop aimable.... Oh, il est presque midi. Il faut que je me dépêche de rentrer chez moi.

GEORGES. — Nous aussi, il faut que nous rentrions à la maison. Mais je refuse de me dépêcher. Après cette longue marche, je suis trop fatigué. Au revoir, Lucienne.

LUCIENNE. — Au revoir, François; au revoir, Georges.

•Sans **blague!** *No kidding!* •**déçu** *disappointed* •a **dû** être *must have been* •le **droit** *the right* •**s'entend si bien** *gets along so well* •ne fais donc pas d'**ironie** *don't try to be ironical* •Je **meurs** de *I'm dying of* •Il **raffole** des plantes depuis qu'il est au monde. *He's been crazy about plants all his life.* •**reconnaissance** *gratitude* •**tandis que** *while* •**tellement** *so*

2. Sur les murs du fort, La Bastille.

GEORGES. — Il y a de la neige, là-bas.
FRANÇOIS. — Tu plaisantes.
GEORGES. — Mais non. Regarde, tout là-bas.
FRANÇOIS. — On ne voit pas très bien. Essayons le télescope. Tu as vingt francs?
GEORGES. — Moi, vingt francs? Tu blagues.
FRANÇOIS. — Vingt centimes de notre nouvelle monnaie.
GEORGES. — C'est encore trop.
FRANÇOIS. — Bon, je paierai, comme d'habitude. Tout de même, ce que tu es avare! Enfin, regarde. . . .
GEORGES. — En tout cas, il y a de la neige à Chamrousse.
FRANÇOIS. — Fais voir. . . . En effet, c'est embêtant. Mais, le ciel est clair au-dessus de la Chartreuse.
GEORGES. — Hélas! Ça veut dire que nous allons faire du camping, je suppose.

FRANÇOIS. — Écoute, mon vieux, Charles et moi, nous irons à Chamrousse avec toi si tu acceptes de venir à la Chartreuse avec nous.
GEORGES. — Bon, bon. Où diable est-il passé, Charles? Je n'ai jamais vu un type qui disparaisse avec autant de facilité.
FRANÇOIS. — Il est en train de trouver un moyen d'améliorer le téléférique.
GEORGES. — A moins qu'il ne soit en train de trouver un moyen d'électrifier le vieux fort. Comment découvrir où il est, cet animal-là?

• **améliorer** to improve
• qui **disparaisse** who can disappear
• **moyen** means (way)
• **plaisantes** are kidding

CHARLES BENNETT

François. — Tu vois ce vieux mur? J'ai une idée. . . .

Georges. — Fais attention. Si tu te casses le cou, tu ne pourras pas aller faire du camping. Et moi, je ne pourrai pas aller faire du ski.

François. — Charles . . . Charles. Par ici!

Charles. — J'arrive . . . j'arrive. . . .

* * *

Vous êtes prêts à partir?

Georges. — Alors, tu as bien examiné le téléférique?

Charles. — Ah, ce moteur. Il fonctionne . . .

Georges. — Épargne-nous tes explications. Tu parles à des types qui sont incapables de distinguer un commutateur d'un moteur. . . .

* * *

François. — La sortie est par là.

Charles. — La sortie? Nous ne retournons pas par le téléférique?

Georges. — Mais si. Je me sens encore fatigué après la promenade d'hier. Et je n'ai pas envie de descendre des centaines de marches.

Charles. — Qu'est-ce qu'on voit quand on descend à pied?

François. — On traverse un parc, puis un jardin, un très beau jardin: le jardin des Dauphins.

Charles. — Un jardin. . . . Je suis comme Georges. Je préfère le téléférique.

François. — Bon. Je vous retrouverai cet après-midi à cinq heures à l'arrêt du car. N'oublie pas la tente.

Georges. — C'est encore moi qui vais la porter tandis que monsieur le savant cueillera des fleurs.

François. — Seulement jusqu'au car, ce n'est pas le diable. Au revoir.

Charles. — Dépêche-toi, Georges. La cabine arrive.

Georges. — Je refuse de me dépêcher. Cette maudite tente. Je vois d'ici le programme. Le car nous amène à Saint-Pierre. Qui portera la tente pour aller à la ferme des Touchet? Je soupçonne fortement . . .

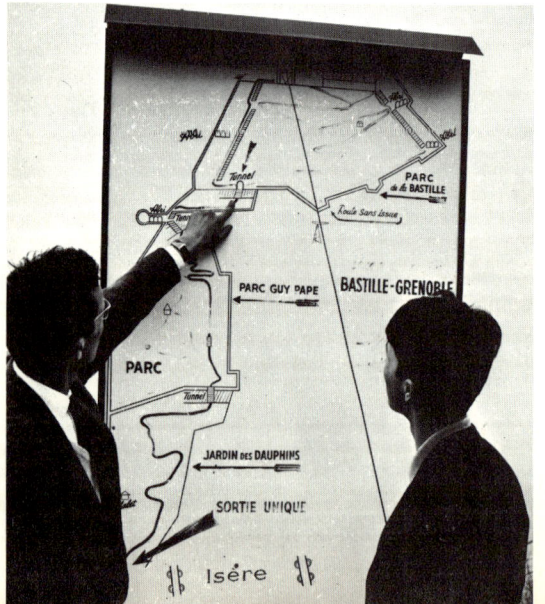

- **cou** *neck*
- **commutateur** *switch*
- **épargne**-nous *spare us*
- **maudite** *cursed*
- **je soupçonne** *I suspect*

CHAPITRE SIX

3. Georges et Charles entrent dans la cabine du téléférique.

GEORGES. — Voici les billets.
L'EMPLOYÉ. — Merci, Monsieur.
CHARLES. — Rebonjour, monsieur Ballereau.
L'EMPLOYÉ. — Tiens, notre jeune ingénieur américain. Vous partez?
CHARLES. — Je retourne à Grenoble. Mais je reviendrai vous voir. Nous continuerons notre conversation.
L'EMPLOYÉ. — A votre service, jeune homme. Ça fait plaisir de causer avec un garçon intelligent. . . .

* * *

GEORGES. — Eh bien, mon vieux, félicitations. Tu t'es fait un copain. C'est avec lui que tu bavardais tandis que nous t'appelions en hurlant de toutes nos forces, François et moi?
CHARLES. — C'est un homme très intéressant. Avant de prendre sa retraite il a travaillé à différents barrages. . . . Regarde le troisième câble.
GEORGES. — «Regarde le troisième câble!» Nous avons tout Grenoble sous les yeux et tu ne vois que le troisième câble.
CHARLES. — Parce que je m'intéresse au troisième cable, ça ne veut pas dire que je n'apprécie pas la vue. Elle est vraiment spectaculaire.

•**barrage** *dam*   •**causer** *to chat*   •en **hurlant** *yelling*   •prendre sa **retraite** *to retire*

GEORGES. — Pour ça.... J'ai fait le trajet des milliers de fois.

CHARLES. — Ce qui me plaît à Grenoble, c'est que c'est une ville en plein essor.

GEORGES. — Alors, pense aux centaines de générateurs, moteurs et turbines en dessous de nous. De retour aux U. S. tu passionneras tes amis en leur parlant de tout ça et aussi du troisième câble....

• en plein **essor** *in full development (booming)*

CHARLES. — Au lieu de dire des bêtises, tu ferais mieux de m'expliquer ce que c'est que ce bâtiment à gauche.
GEORGES. — Naturellement, ce que tu remarques c'est la centrale électrique. 45

CHARLES BENNETT

CHARLES. — Pas du tout. Je parle du bâtiment qui a un air officiel, à gauche de la rangée de maisons, sur la rive.
GEORGES. — Oh, celui-là. Mes excuses, mon vieux. C'est le Palais de Justice. 50 Et tu vois cette église, derrière le palais à droite?
CHARLES. — Dans ce petit cercle de maisons?
GEORGES. — C'est ça. C'est l'église 55 Saint André.
CHARLES. — Et plus loin, c'est la tour Perret dans laquelle nous sommes montés l'autre jour.
GEORGES. — C'est exact. Je m'aperçois 60 que tu commences à connaître la ville. . . . Descendre en téléférique est presque aussi passionnant que de descendre une pente rapide en ski. Tu ne trouves pas que c'est un peu comme 65 faire du ski?
CHARLES. — Du ski nautique. Nous nous dirigeons droit sur l'Isère.
GEORGES. — Maintenant, c'est toi qui te moques de moi. Regarde tous ces 70 gens qui se préparent à monter à la Bastille.
CHARLES. — En effet. Si nous remontions avec eux?
GEORGES. — Ah, non. Tu oublies qu'il 75 faut que nous allions chercher la tente.

• nous nous **dirigeons** we're heading • **rangée** row
• **rive** bank (*of the river*)

4. A l'arrêt des cars à Grenoble.

GEORGES. — Ce n'était pas la peine de tant nous presser. Je te l'avais bien dit. François n'est pas là.

CHARLES. — L'autocar non plus n'est pas là.

GEORGES. — C'est à ton tour de porter la tente. Elle pèse de plus en plus.

CHARLES. — Bon. Passe-la-moi. Maintenant, qu'est-ce qu'on fait?

GEORGES. — Question inutile. On attend François. Il est probablement en train d'acheter un cadeau pour madame Touchet.

CHARLES. — C'est une parente, cette madame Touchet?

GEORGES. — Fichtre, non. Les Touchet ont une ferme aux environs de Saint-Pierre. . . . C'est là que François et moi avons passé les grandes vacances l'été dernier.

CHARLES. — Je suis sûr que François s'est trompé quand il nous a donné l'heure du départ. Il a dit cinq heures et il est cinq heures vingt-deux.

GEORGES. — Regarde l'horaire.

CHARLES. — Où est-il?

GEORGES. — Là-bas.

CHARLES. — Ah, oui. Je vois. . . . Est-ce qu'on prend le car d'Annecy ou celui de Genève?

•**autocar** *bus* •**Fichtre, non.** *Heavens, no!* •**horaire** *timetable*

Georges. — Celui d'Annecy.
Charles. — Il part à 17 h 30.
Georges. — François ferait bien de se montrer.
Charles. — Oh, j'y pense. J'ai besoin d'une pile pour mon transistor. Je cours en acheter une.
Georges. — Tu n'as pas le temps.
Charles. — Si. Tu veux prendre la tente?
Georges. — Non, mais je la prends quand même. Ah, te voilà, François. Je voudrais bien me débarrasser de cette maudite tente. On la met aux bagages?
François. — Évidemment. Si on essayait de la prendre avec nous dans le car, ça ferait des histoires. Tout de même, on pourrait prendre la cafetière et les casseroles. Elles peuvent très bien s'abîmer. . . .
Georges. — Le sort de tes casseroles ne m'inquiète pas. C'est Charles qui m'inquiète. Il a encore disparu.
François. — Suivant son habitude.
Le chauffeur du car. — Les voyageurs pour Annecy, en voiture!
Un voyageur. — C'est bien le car pour Annecy?
Le chauffeur du car. — Oui, Monsieur.
Une voyageuse. — Est-ce qu'on s'arrête à Saint-Pierre?
Le chauffeur du car. — Oui, Madame.
François. — Cet animal de Charles!
Georges. — D'autres voyageurs arrivent! Nous n'aurons plus de place.
François. — Enfin, le voilà. Dépêche-toi, Charles. Nous partons.
Charles. — Mon billet!
François. — Le voici.
Le chauffeur du car. — Alors, vous trois, vous montez ou vous ne montez pas?
François. — Je vois trois sièges à l'arrière. Oh . . .
Une voyageuse. — Aïe.
François. — Je m'excuse.
La voyageuse. — Aïe! Aïe! Vous ne pouvez pas regarder où vous marchez?
François. — Je suis désolé, Madame.
La voyageuse. — Mon pauvre pied. Les jeunes gens d'aujourd'hui sont d'une impolitesse! Quand j'étais jeune . . .

• me **débarrasser** de *to get rid of* • **disparu** *disappeared* • **essayait** de *tried to* • ça ferait des **histoires** *that would bring on a lot of talk* • **pile** *battery* • **sièges** *seats*

CHARLES BENNETT

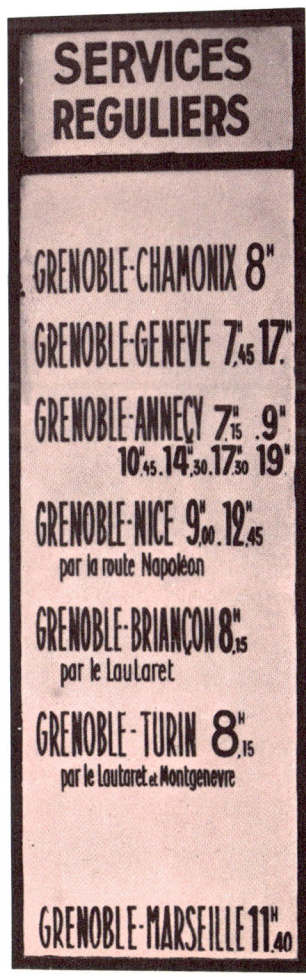

5. Le car vient de déposer les jeunes gens à Saint-Pierre.

CHARLES. — Il faut vraiment que nous transportions notre attirail tout en haut de la montée?

GEORGES. — Puisque nous ne voyons personne pour nous aider, il est évident que c'est la chose à faire.

CHARLES. — Mais où sont tous les gens du village?

GEORGES. — Ils travaillent dans leurs champs.

CHARLES. — Le chauffeur du car était bien content de se débarrasser de nous.

GEORGES. — Pas autant qu'une certaine vieille dame.

FRANÇOIS. — J'étais vraiment embêté quand je lui ai marché sur les pieds en sortant.

CHARLES. — Elle t'a dit que tu étais un malotru. Qu'est-ce que c'est qu'un malotru?

FRANÇOIS. — Un garçon grossier et mal élevé. Exactement le contraire de ce que je suis.

GEORGES. — Ça, c'est à voir. Enfin, en avant, les gars. Nous perdons du temps.

FRANÇOIS. — Mais ne t'impatiente pas....

* * *

GEORGES. — Et on monte, et on monte et on continue à monter. François, c'est à ton tour de porter la tente. Tu examineras ce lichen une autre fois.

FRANÇOIS. — Un instant. Marchez lentement; je vous rejoins.

GEORGES. — Marchez lentement! Non, mon vieux. Je m'arrête et je me repose en attendant que tu aies fini de contempler ton lichen. Ah, le printemps n'est pas encore ici, mais on le sent qui arrive. Charles, tu ne trouves pas que c'est beau, ce paysage?

CHARLES. — C'est beau. Mais quel barrage on pourrait construire là-haut!

FRANÇOIS. — Ce lichen...

GEORGES. — Ma foi, toi et tes barrages, François et son lichen. Je ne sais pas lequel de vous deux est le pire. J'aime encore mieux porter la tente que de rester à vous écouter. Vous venez?

FRANÇOIS. — J'arrive; un instant...

CHARLES. — Une seconde.

GEORGES. — Je suis trop bon type. Enfin...

• **construire** to construct • **déposer** to set down • mal **élevé** badly brought up • en avant, les **gars** let's get moving, boys • **grossier** coarse • tout en **haut** to the top • **malotru** boor • **montée** hill • **paysage** scenery • on le **sent** qui arrive you feel it coming

120   CHAPITRE SIX

Pour le Cercle français

Je sais que je devais faire un reportage sur les installations hydrauliques dans les Alpes. Le sujet me plaisait d'autant plus que la houille blanche, comme on dit ici, a pris un développement formidable. Mais j'avais compté sans Georges et son ski, François et ses plantes.

François a décidé de faire du camping pendant les vacances de Pâques. Ni Georges, ni moi, n'étions très enthousiastes. Mais Georges grogne et fait tout ce que veut son frère. Et pour moi, c'était quelque chose de nouveau. «De sensationnel», disait François.

Notre programme était ainsi que suit. Le car jusqu'à Saint-Pierre de Chartreuse. Nous devions ensuite passer la nuit à la ferme des Touchet. François et Georges ont passé l'été dernier chez les Touchet et ont une affection spéciale pour l'endroit. Ensuite, nous devions continuer à pied jusqu'à Chamrousse par des sentiers de montagne avec deux arrêts pour la nuit. Chamrousse est une station de ski. Nous devions y retrouver Lucienne, une amie de Georges et de François. Elle est très bonne skieuse et donne des leçons à l'école de ski. Elle m'a donné quelques leçons mais je n'ai pas fait beaucoup de progrès. Le ski et moi, ça fait deux.

Je vous envoie deux photos des Touchet et de leur ferme. Très pittoresque, comme vous voyez. Mais pourquoi les Touchet n'utilisent-ils pas la force hydraulique qu'ils ont, pour ainsi dire, à portée de la main? Regardez la photo de madame Touchet. Vous voyez cette chute d'eau au-dessus de sa tête, un peu à gauche? L'eau que vous voyez dans l'auge est amenée de là par des tuyaux et des canaux. Les Touchet pourraient installer une roue hydraulique à très peu de frais. Ils ne veulent pas en entendre parler.

Et regardez toutes ces bûches entassées sous la grange. Ça me rendait malade de penser à tout le travail que monsieur Touchet avait fourni pour scier et couper ce bois. J'ai essayé de lui dire qu'il pourrait installer une scie électrique, ce qui lui permettrait de vendre du bois à tout le voisinage. Monsieur Touchet m'a écouté poliment puis il m'a dit:

—Nous aurions davantage d'argent, mais est-ce que nous serions plus heureux, ma vieille et moi? Les voisins ne seraient plus des amis mais des clients. On aurait un tas de soucis. Croyez-moi, monsieur Charles, je sais ce que je dis.

Georges m'a dit plus tard que son père avait proposé aux Touchet de faire installer

•**auge** *trough*   •**bûche** *log*   •**cercle** *club*   •**chute** d'eau *waterfall*   •**entassées** *stacked up*   •**fourni** *furnished*   •**frais** *expense*   •**grange** *barn*   •**grogne** *grumbles*   •la **houille** blanche *electricity*   •**Pâques** *Easter*   •à **portée** de la main *within hand's reach*   •**roue** *wheel*   •**scier** *to saw*   •**sentiers** *paths*   •**soucis** *cares (worries)*   •**tuyaux** *pipes*   •**voisinage** *neighborhood*

une roue hydraulique à ses propres frais et que monsieur Touchet avait refusé. Ils ne veulent rien changer à leur façon de vivre. J'étais choqué par cette inertie. Je dois dire que madame Touchet nous a donné un dîner sensationnel. Des truites qu'un voisin avait pêchées dans un torrent de la montagne. Ce dîner a été pour moi le meilleur moment de notre excursion.

Georges a couché dans un lit «parce qu'il avait porté la tente une bonne partie du temps», a dit François. En réalité, François aime la vie dure. Nous avons donc dormi dans nos sacs de couchage, sur du foin, dans la grange. Il faisait plutôt froid. Pour rien au monde, je ne voudrais faire ça en hiver.

Regardez de nouveau la chute d'eau dans la photo où se trouve madame Touchet. C'était le but de notre première journée de marche. Comme les Touchet se lèvent à l'aurore, nous sommes partis à sept heures du matin. François s'arrêtait continuellement pour observer certaines plantes. Georges grognait, mais je sais qu'il jouissait de cette promenade matinale.

• **but** *objective* • **foin** *hay* • à ses propres **frais** *at his own expense* • **torrent** *stream*

Vous remarquez les chaussettes en train de sécher? J'ai oublié de dire que Georges était tombé en traversant un ruisseau sur de grosses pierres. Il nous a fallu patauger dans l'eau pour aller à son secours.

Je n'ai pas mal dormi mais j'ai décidé que la vie de campeur ne me convenait pas. J'aime trop le confort.

Le lendemain, la marche est devenue de plus en plus rude et pénible. Il me semblait qu'à chaque kilomètre la température baissait de cinq ou six degrés. Il a gelé pendant la nuit et, lorsque nous nous sommes réveillés le lendemain matin, la terre était couverte de neige. J'ai oublié de dire que la végétation avait changé et

• ne me **convenait** pas *didn't suit me* • il a **gelé** *it froze* • **lorsque** *when* • **patauger** *to splash around in* • **ruisseau** *stream*

Nous sommes arrivés à la chute d'eau vers trois heures et demie. Immédiatement, Georges et François ont dressé la tente. Je suis parti explorer un peu la région. Il y a des centaines de chutes d'eau qui pourraient donner la force nécessaire à des générateurs. Avant de partir, j'ai pris une photo de mes camarades en train de dresser la tente.

* * *

Les petites bannières représentent les endroits où François a fait du camping.

Au retour, j'ai pris une photo de Georges et de François en train de faire la cuisine.

que nous avions passé la nuit dans une forêt de sapins.

François voulait marcher dans la neige jusqu'à Chamrousse. J'ai protesté avec énergie et, cette fois, Georges a résisté à son frère. Nous avons alors décidé de marcher jusqu'à la grand'route et d'attendre le car.

J'ai pris la photo comme le car s'arrêtait.

Je vous assure que j'ai rarement contemplé un autocar avec autant de plaisir.

Le chauffeur a regardé notre attirail avec un mécontentement évident. Heureusement, il y avait de la place à l'arrière. Nous avons pu le loger sous la dernière banquette.

- **banquette** *seat*
- **loger** *to put*
- **mécontentement** *displeasure*

Tandis que nous grimpions, la neige devenait de plus en plus épaisse et Georges de plus en plus heureux. Un peu avant 135 d'arriver à Chamrousse, nous avons été obligés de nous arrêter à cause d'une auto en panne. J'en ai profité pour prendre une photo de ces écriteaux.

Comme de juste, François voulait aller 140 d'abord au terrain de camping. Georges et moi, nous l'avons traité de fou. Georges voulait aller tout de suite sur une des pistes de ski. Moi, je n'avais qu'une idée en tête: c'était de rentrer à Grenoble le 145 plus vite possible. Mais il fallait d'abord trouver Lucienne qui s'était chargée d'apporter les skis de Georges. Elle avait promis de rapporter notre attirail de camping dans sa voiture. 150

J'étais surpris de voir tant de gens à Chamrousse. Je n'y étais jamais venu un dimanche. Pour la première fois, j'ai vu l'orchestre chargé de donner à l'endroit un peu de gaieté. 155

Nous avons fini par retrouver Lucienne. Elle avait amené Odile avec elle. Odile est une de mes camarades à l'université, une fille pas mal du tout et d'une compagnie très agréable. C'est elle que vous 160 voyez sur la photo en train d'essayer de se tenir en équilibre sur ses skis.

• **grimpions** *climbed* • **en panne** *broken down* • nous l'avons **traité** de fou *we told him he was crazy*

126   CHAPITRE SIX

Nous nous sommes royalement bien amusés. Mais, mon Dieu, quel froid! Un petit appareil de chauffage électrique aurait bien fait mon affaire.

Je vous promets que vous aurez l'article sur le développement de la houille blanche dans les Alpes la semaine prochaine.

aurait bien fait mon affaire *would have been just what I needed*
appareil de **chauffage** électrique *electric heater*

CHARLES BENNETT

Compte rendu

CHARLES BENNETT A GRENOBLE

1. Qui est Charles Bennett et d'où vient-il?
2. A quoi s'intéresse-t-il surtout?
3. Où va-t-il donc souvent et avec qui?
4. Qui est monsieur Mignard?
5. Avec qui est-ce que Charles passe une année à Grenoble?
6. Est-ce que Georges et François Mignard s'intéressent à l'électricité?
7. Pourquoi sont-ils contents d'avoir Charles dans la famille?
8. A quoi s'intéresse François?
9. Qu'est-ce qu'il aime faire aussi?
10. Qu'est-ce que Georges aime surtout?
11. Qu'est-ce que les trois jeunes gens ont décidé de faire pendant leurs vacances de Pâques?
12. Quel car ont-ils pris?
13. Où sont-ils descendus?
14. De là jusqu'où ont-ils marché?
15. Où est-ce que François a passé les vacances de l'été d'avant?
16. Comme toujours, qui examinait les plantes?
17. Comme toujours, qui ne voyait que les endroits où on pourrait construire des barrages?
18. Et comme toujours, qui portait la tente?
19. A la ferme qui leur a donné un dîner sensationnel?
20. Où ont-ils dormi?
21. A quelle heure sont-ils partis le lendemain?
22. Quel était le but de leur première journée de marche?
23. A quelle heure est-ce qu'ils y sont arrivés?
24. Où ont-ils passé la troisième nuit?
25. Quand ils se sont réveillés le lendemain, la terre était couverte de quoi?
26. Jusqu'où ont-ils donc marché?
27. Là, quel car ont-ils pris?
28. Qui est-ce que Charles a retrouvé à Chamrousse?
29. Qui est Lucienne? et Odile?
30. Quel temps faisait-il?
31. Se sont-ils bien amusés?

GRAMMAIRE
Passé du subjonctif

A. *Lisez les phrases suivantes et indiquez les verbes au passé.*

1. a) Je suis heureux que Marie y aille avec vous demain.
   b) Je suis heureux que Marie y soit allée avec vous hier.
2. a) Je doute que Paul lui en ait parlé.
   b) Je doute que Paul lui en parle.
3. a) Je sais qu'ils ont payé.
   b) Je ne crois pas qu'ils aient payé.
4. a) Il est impossible que vous ayez laissé le sac chez Hélène.
   b) Je sais que vous avez laissé le sac chez Hélène.

Remarquez (1) qu'on forme le passé du subjonctif par le présent du subjonctif du verbe avoir *ou* être *suivi du participe passé (2) que le passé du subjonctif montre une action complétée dans le passé et (3) la parenté du passé du subjonctif et du passé composé.*

Regardez le tableau qui suit:

PASSÉ DU SUBJONCTIF
parler
que j'aie parlé
que tu aies parlé
qu'il (elle) ait parlé
que nous ayons parlé
que vous ayez parlé
qu'ils (elles) aient parlé
arriver
que je sois arrivé(e)
que tu sois arrivé(e)
qu'il (elle) soit arrivé(e)
que nous soyons arrivés(es)
que vous soyez arrivé(e)(s)(es)
qu'ils (elles) soient arrivés(es)

B. *Ajoutez l'expression entre parenthèses aux phrases suivantes et faites les changements nécessaires.* EXEMPLE:

Elle est arrivée à l'heure. (Je suis heureux)
Je suis heureux qu'elle soit arrivée à l'heure.

1. Elle s'est couchée tard. (J'ai peur)
2. Elles ont parlé à leurs amies. (Je ne crois pas)
3. Elle l'a fait. (Il doute)
4. Elle y est restée deux semaines. (Pensez-vous)
5. Son père lui a donné cent francs. (Crois-tu)

C. *Récrivez les phrases suivantes en remplaçant le mot souligné par le(s) mot(s) entre parenthèses. Faites attention aux changements nécessaires.* EXEMPLES:

Je doute qu'elle parte <u>demain</u>. (hier)
Je doute qu'elle soit partie hier.

Je suis content que vous ayez fait ce voyage <u>l'été passé</u>. (l'été prochain)
Je suis content que vous fassiez ce voyage l'été prochain.

1. Croyez-vous qu'il lui achète ce cadeau <u>cette semaine</u>? (samedi passé)
2. Dommage que vous n'ayez pas pu être avec nous à Paris <u>l'automne passé</u>. (le mois prochain)
3. Je regrette que Pierre ait été malade <u>hier soir</u>. (à présent)
4. Nous sommes contents que nous ayons appris à parler français <u>quand nous étions jeunes</u>. (maintenant)
5. Je ne crois pas que vous étudiiez assez <u>cette année</u>. (l'année passée)

PETIT DICTIONNAIRE

abîmer *v* causer des dommages à; **s'abîmer** subir un dommage.
– J'ai laissé tombé ma bicyclette. Elle s'est abîmée. Je ne peux pas m'en servir aujourd'hui.

apercevoir *v* voir à une certaine distance; **s'apercevoir** remarquer.
– J'aperçois Hélène, là-bas, sur le court de tennis.
– Il s'est aperçu que l'étude des plantes étaient intéressante.

argenté *adj* d'une couleur qui rappelle celle du métal: l'argent.
– Sa robe du soir était d'une étoffe argentée, très jolie.
– Un renard argenté est une fourrure dont la couleur est plus pâle que celle du renard ordinaire. Elle coûte beaucoup plus cher.

attirail *nm* quantité de choses nécessaires au camping, aux voyages, etc.
– Faut-il transporter tout cet attirail au bord du lac?

autant que *conj* comparaison qui indique l'égalité dans la quantité.
– Il lit autant que vous mais pas autant que moi.

avare *adj* qui aime trop l'argent. ANT **dépenser**.
– Comment tu ne veux pas dépenser cinq dollars? Ce que tu es avare! Moi, au contraire, je suis dépensier. C'est plus amusant.

baisser *v* mettre plus bas. ANT **lever**.
– Tu as une décapotable et tu ne veux pas baisser la capote!
– Je l'ai baissée hier mais, aujourd'hui, il fait trop froid. La température a baissé de dix degrés pendant la nuit. Que ça te plaise ou non, je laisse la capote levée.

barrage *nm* obstacle en travers d'un cours d'eau, destiné à retenir les eaux d'une vallée.

besogne *nf* travail.
– Chez nous, laver la vaisselle est une besogne facile parce que nous avons une laveuse électrique.

billet *nm* petit morceau de papier imprimé qui permet d'assister à une pièce de théâtre, un film, ou de faire un voyage.
– Tu veux aller au cinéma? Moi aussi. Allons acheter deux billets.

cage *nf* (voir le dessin).

charger: se charger de *v* prendre la responsabilité.
– Georges s'était chargé d'apporter des sandwichs.

ciel *nm* (**cieux** *pl*) espace au-dessus de nous.
– Le jour, nous voyons le soleil et les nuages dans le ciel; la nuit, nous voyons les étoiles argentées et la lune dorée.

baleine *nf* (voir le dessin).

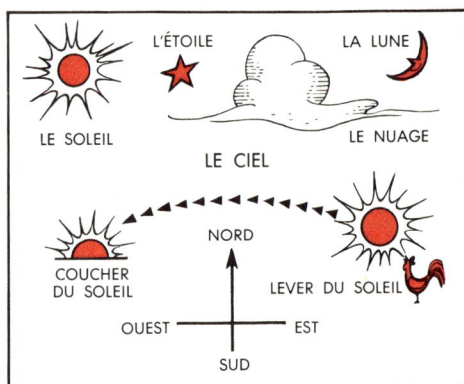

convenir à *v* plaire à.
– Si cela vous convenait, nous pourrions jouer au tennis.

corbeau *nm* (voir le dessin).

cueillir *v* détacher de la plante des fruits ou des fleurs.
– Ma sœur adore cueillir des fleurs. Moi, je préfère cueillir des fruits.

davantage *adv* plus.
– Il ne reste que quatre gâteaux? Je croyais que nous en avions bien davantage.

dépêcher: se dépêcher *v* se hâter, faire vite.
– Nous sommes en retard. Il faut que nous nous dépêchions.

devenir *v* commencer à être ce qu'on n'était pas; aller.
— Comme elle a grandi! La petite fille est devenue une jeune fille.
— Que devenez-vous? Tout va très vien. Je viens d'obtenir mon permis de conduire. Mon père dit que je deviendrai vite un bon chauffeur.

diable *nm* démon; *interj* marque la surprise, le mécontentement, ou souligne une remarque.
— Le diable jouait un grand rôle dans nos vieilles légendes. De là vient l'expression: «Que le diable t'emporte» qui signifie que vous voudriez bien que la personne ou la chose disparaisse pour le moment. Et aussi l'expression: «Ce n'est pas le diable» qui signifie: ce n'est pas difficile.
— Il n'est pas arrivé? Diable, nous allons être obligés de partir sans lui.

dresser *v* lever, faire tenir debout.
— Tu as fini de dresser la tente? Nous pouvons y entrer?

dur *adj* ferme, solide; difficile. ANT **mou (mol, molle).**
— Ce beurre est mou, mettez-le vite dans le frigidaire pour qu'il devienne dur.
— Si vous n'êtes pas habitué au camping, la vie de campeur vous paraîtra dure.

embêter *v* forme populaire d'ennuyer; **embêtant** *adj* ennuyeux.
— Il danse mal; ça ne t'embête pas de danser avec lui?
— Si, c'est embêtant mais il faut être poli.

épaisseur *nf* un solide a trois dimensions: la longueur, la largeur, l'épaisseur. **épais** *adj* qui a de l'épaisseur. ANT **mince, maigre.**
— Ce dictionnaire est énorme. Il a trente centimètres de long, vingt-cinq centimètres de large et dix centimètres d'épaisseur.

exercer: s'exercer se former par la pratique.
— Pour mieux jouer au tennis, je vais m'exercer avec de bons joueurs.

fourrure *nf* (voir le dessin).

gérant *nm* directeur d'un hôtel ou d'un magasin.
— Cette chambre ne me plaît pas; je vais demander au gérant de m'en donner une autre.

jouir de *v* profiter de; avoir de la joie, du plaisir.
— Un gourmet jouit d'un bon dîner.

lendemain *nm* le jour qui suit immédiatement celui dont on parle.

millier *nm* à peu près mille (**centaine** à peu près cent; **douzaine** à peu près douze.); **milliers** *npl* un très grand nombre.
— Je sais très bien laver la vaisselle; je l'ai fait des milliers de fois.

nettoyer *v* rendre propre; **net** *adj* propre. ANT **salir.**
— Tu as sali ton veston propre en y laissant tomber de la glace au chocolat. Maintenant, il faut le nettoyer.

oiseaux (voir le dessin).

paresseux, paresseuse *adj* qui n'aime pas le travail. ANT **travailleur.**
— Il est intelligent mais paresseux. Et parce qu'il n'est pas travailleur, il a toujours de mauvaises notes.

pasionnant *adj* qui intéresse énormément.
— Ce roman est passionnant. Quand on a commencé à le lire, on ne peut plus s'arrêter.

passionner *v* intéresser énormément; **se passionner** s'intéresser beaucoup.
— L'année dernière, je me passionnais pour le ski. Cette année, j'en suis fatigué; ça ne me passionne plus.

peine *nf* difficulté, chagrin; **valoir la peine** être d'une grande importance; **ne pas être la peine de** être inutile.
— Ce n'était pas la peine de tant nous dépêcher; le train ne partira que dans dix minutes.
— Mais nous avons le temps d'acheter des magazines et cela valait la peine de se dépêcher.

se précipiter *v* s'avancer rapidement, se jeter.
— Le petit Michel a dit à son camarade Jean-Claude qu'il était bête. Jean-Claude, furieux, s'est précipité sur Michel. Ils se sont battus.

pressé, pressée *adj* être pressé ne pas avoir beaucoup de temps pour faire une certaine chose.
— Pierre va prendre le train. Le train part à 14 h. 12. Il est 14 h. 10. Pierre est pressé.

se presser *v* se dépêcher.
— Il ne faut pas se presser. Nous avons le temps.

quitter *v* partir de.
— J'ai quitté la maison ce matin; je suis parti de la maison à sept heures.

renverser *v* faire ou laisser tomber.
— L'auto a renversé un piéton.

tandis que SYN **pendant que.**

train: être en train être occupé à; **mettre en train** commencer.
— Elle est en train de nettoyer l'appartement; moi, je vais mettre en train le déjeuner.

trajet *nm* distance parcourue pour aller d'un lieu à un autre.
— J'ai fait le trajet Paris-Marseille en avion.

usine *nf* fabrique.
— Mon père veut que j'entre dans son usine comme ingénieur.

ventre *nm* (voir le dessin).

LA VIE JOURNALIÈRE

Chapitre Sept
La Vie Journalière

I   Le personnage central est un agent de police. Il porte une pèlerine parce qu'il fait froid aujourd'hui. Sur son képi, il y a un écusson. Il tient un petit livre. Dans ce petit livre il y a tous les renseignements nécessaires pour aller d'un endroit à un autre à Paris.

En ce moment, il explique à Louis et à Jean-Pierre comment aller à une certaine adresse. Louis porte un veston de tweed à carreaux. Jean-Pierre porte des lunettes. Tous les deux regardent les indications dans le petit livre de l'agent. Ils écoutent les explications de l'agent. Sont-elles claires, ces explications? Nous allons voir.

carreaux *checked*   **écusson** *insignia*   **képi** *peaked cap*   **pèlerine** *cape*
renseignments *information*

QUESTIONS SUR LA PHOTO

1. Qui est le personnage central?
2. Que porte-t-il?
3. Pourquoi porte-t-il une pèlerine?
4. Qu'est-ce qu'il y a sur son képi?
5. Qu'est-ce qu'il tient?
6. Qu'est-ce qu'il y a dans ce petit livre?
7. Qu'est-ce que l'agent explique à Louis et à Jean-Pierre?
8. Que porte Louis?
9. Que regardent les deux garçons?
10. Qu'est-ce qu'ils écoutent?
11. Qu'est-ce que nous allons voir?

Perdus dans la circulation parisienne, Louis et Jean-Pierre demandent des renseignements à un agent de police.

Pour vous aider à comprendre:
chien *nm*   animal domestique qu'on appelle «le meilleur ami de l'homme»
contravention *nf*   infraction aux règles
écriteau *nm*   inscription en grosses lettres
gars (fam.) *nm*   garçon
se moquer *v*   ne pas parler sérieusement, rigoler

L'AGENT. — A quelle adresse voulez-vous aller?
JEAN-PIERRE. — 58 rue de Chaillot.
L'AGENT. — Bon. Et à quel endroit sommes-nous maintenant?
JEAN-PIERRE. — On nous a dit que c'était la place de Chaillot.
L'AGENT. — Qui vous a dit cela?   5
LOUIS. — La femme qui promène son chien, là-bas.
L'AGENT. — Laquelle? Je vois deux femmes qui promènent leur chien.
LOUIS. — Celle qui a un manteau beige.
L'AGENT. — Eh bien, elle s'est moquée de vous, la femme au manteau beige. Ou elle ne connaît pas Paris. Vous non plus, vous ne connaissez pas Paris. 10
De quelle ville de province venez-vous?
JEAN-PIERRE. — De Bayonne. Nous sommes arrivés hier soir.
L'AGENT. — Je vois. Nous sommes ici: place du Trocadéro. Maintenant, pour aller rue de Chaillot, laquelle de ces avenues prenez-vous?
LOUIS. — L'avenue Paul Doumer.   15
L'AGENT. — Qu'est-ce que vous racontez là? C'est la direction opposée. Vous prenez l'avenue du président Wilson. Vous arrivez à la place d'Iéna. Vous prenez la rue Freycinet et vous arrivez à la rue de Chaillot.
JEAN-PIERRE. — Heu... Merci, monsieur l'agent.

LA VIE JOURNALIÈRE

L'AGENT. — Une voiture est arrêtée en stationnement interdit! Qu'est-ce qu'elle fait là?
Louis. — C'est notre voiture, monsieur l'agent.
L'AGENT. — A quoi pensiez-vous? Vous n'avez pas vu l'écriteau?
Jean-Pierre. — Non, monsieur l'agent.
L'AGENT. — Je dois vous dresser une contravention. Lequel de vous deux est responsable?
Jean-Pierre. — Moi. La voiture est à moi.
Louis. — Non, moi. C'est moi qui conduisais.
L'AGENT. — Bon, bon. Pour cette fois, je ne dis rien. Vous arrivez de loin et vous avez l'air de deux bons petits gars. Mais, partez vite.
Jean-Pierre. — Merci monsieur l'agent.
Louis. — Tu as compris ce qu'il a dit?
Jean-Pierre. — Heu . . . plus ou moins . . . plutôt moins que plus. Mais, partons vite.

NARRATION ORALE

(*Louis et Jean-Pierre veulent aller rue de Chaillot*)

1 De quelle ville viennent Jean-Pierre et Louis?
2 Quand sont-ils arrivés?
3 Où sont-ils maintenant?
4 A quelle adresse veulent-ils aller?
5 Quelle avenue doivent-ils prendre d'abord?
6 A quelle place arrivent-ils?
7 Quelle rue doivent-ils prendre ensuite?

NARRATION ÉCRITE

(*Louis, Jean-Pierre et un agent bavard mais gentil*)

1 Qui a dit à Jean-Pierre et à Louis qu'ils étaient place de Chaillot?
2 Mais, combien y a-t-il de femmes qui promènent leur chien?
3 Laquelle de ces femmes a dit à nos amis qu'ils étaient place de Chaillot?
4 Que pense l'agent de cette femme?
5 Qu'est-ce qu'il explique à Jean-Pierre et à Louis?
6 Qu'est-ce que l'agent voit arrêtée en stationnement interdit?
7 A qui est cette voiture?
8 Qu'est-ce que Louis et Jean-Pierre n'avaient pas vu?
9 Qu'est-ce que l'agent doit leur dresser?
10 Pourquoi Jean-Pierre est-il responsable? (*à moi/à lui*)
11 Et pourquoi Louis est-il responsable?
12 Pourquoi l'agent ne dit-il rien pour cette fois?
13 Mais qu'est-ce qu'il leur demande de faire?
14 Est-ce que Jean-Pierre et Louis ont compris les explications de l'agent?

GRAMMAIRE

1. Adjectifs interrogatifs

A. *Lisez les phrases suivantes et indiquez le genre et le nombre des adjectifs soulignés.*

EXEMPLE :

A quelle adresse voulez-vous aller?
(féminin singulier)

1 A quel endroit sommes-nous maintenant?
2 Par quelles rues avez-vous passé?
3 Quels pays vas-tu visiter?

Remarquez que comme les autres adjectifs, l'adjectif interrogatif s'accorde en genre et en nombre avec le nom qu'il modifie.

B. *Complétez les phrases suivantes par la forme convenable de l'adjectif interrogatif.*

EXEMPLE :

____ avenue doivent-ils prendre?
Quelle avenue doivent-ils prendre?

1 A ____ place arrivent-ils?
2 ____ chien as-tu acheté?
3 ____ garçons sont responsables?
4 ____ voiture préférez-vous?
5 ____ jeunes filles étaient au bal?

---

2. Pronoms interrogatifs

A. *Lisez les phrases suivantes et indiquez les pronoms interrogatifs.*

EXEMPLE :

Que savez-vous? **(Que)**

1 Qui vous a dit ça?
2 Qui avez-vous vu au cinéma?
3 Qui est-ce qu'il a invité au bal?
4 A qui est-ce qu'il a parlé?
5 Qu'est-ce qui est dans le paquet?
6 Que voulez-vous faire?
7 Qu'est-ce que les garçons n'avaient pas vu?
8 A quoi pensiez-vous? Aux vacances en Europe?

Remarquez que lorsqu'il s'agit de personnes le pronom interrogatif commence avec qui (Phrases 1–4). Remarquez qu'il s'agit de choses dans les phrases 5–8. Regardez le tableau ci-dessous :

LES PRONOMS INTERROGATIFS		
	LES PERSONNES	LES CHOSES
SUJET DU VERBE	qui (qui est-ce qui)	qu'est-ce qui
COMPLÉMENT DU VERBE	qui (qui est-ce que)	que (qu'est-ce que)
COMPLÉMENT DE LA PRÉPOSITION	qui	quoi

LA VIE JOURNALIÈRE

B. *Complétez les phrases suivantes par la forme convenable du pronom interrogatif entre parenthèses. Rappelez-vous qu'avec* qui *et* que (*complément direct*) *on emploie l'ordre inverti* (*la forme interrogative du verbe*).

EXEMPLES:

___ a-t-il acheté? (Qu'?, Qu'est-ce qu'?)
Qu'a-t-il acheté?

___ vous avez vu au concert? (Qui?, Qui est-ce que?)
Qui est-ce que vous avez vu au concert?

1 ___ savez-vous de ça? (Que?, Qui?)
2 A ___ a-t-il donné ce disque? (qui?, quoi?)
3 ___ invites-tu? (Qui?, Que?)
4 ___ vous désirez boire? (Qui est-ce que?, Qu'est-ce que?)
5 ___ s'est passé à la réunion? (Qu'est-ce qui?, Qu'est-ce que?)

C. *Complétez les phrases suivantes par la forme convenable du pronom interrogatif.*

EXEMPLES:

___ a dit ça?
Qui a dit ça?

___ vous avez dit?
Qu'est-ce que vous avez dit?

1 ___ se trouve sur la table?
2 A ___ pensez-vous? A votre camarade?
3 ___ as-tu invité à la soirée?
4 ___ Paul a choisi comme cadeau?
5 De ___ avez-vous besoin? D'un couteau?
6 ___ voulez-vous aider?
7 ___ te manque? Moi?
8 ___ est arrivé? Un accident?
9 ___ est arrivé hier soir? Votre oncle?
10 ___ a-t-il mangé?

D. *Lisez les phrases suivantes en faisant attention aux nouvelles formes soulignées du pronom interrogatif.*

1 Regarde ces deux robes. <u>Laquelle</u> préfères-tu?
2 Vois-tu ce monsieur? — <u>Lequel</u>?
3 Des cravates lui feraient plaisir. Mais <u>lesquelles</u>?
4 Cinq de ces garçons vont jouer dans le match. — <u>Lesquels</u>?

Remarquez que ces formes du pronom interrogatif demandent un choix et qu'elles s'accordent en genre et en nombre avec le substantif dont il s'agit. Remarquez que laquelle *dans la première phrase s'accorde avec* robe *que* laquelle *remplace.*

E. *Complétez les phrases suivantes par la forme convenable du pronom interrogatif* (lequel?, laquelle?, lesquels?, lesquelles?).

1 ___ de ces garçons est votre cousin?
2 ___ de ces devoirs sont corrigés?
3 Regardez ces dames là-bas. ___ sont françaises?
4 ___ de ces avenues prenez-vous? L'avenue du président Wilson?
5 ___ de ces disques allez-vous acheter? Celui de Piaf ou celui de Bécaud?

F. *Lisez les phrases suivantes en faisant attention aux contractions des formes interrogatives:* duquel *etc.*

1 Vous allez assister aux réunions? Auxquelles?
2 Paul a besoin d'un livre. Duquel?
3 Tu penses à une jeune fille. A laquelle je me le demande?
4 Il s'agit de problèmes. — Desquels? — Des problèmes d'arithmétique?

La photo représente l'intérieur d'un magasin de disques. Il y a beaucoup de clients dans le magasin.

Henri et Michèle regardent ce qui est écrit sur la pochette d'un disque d'Édith Piaf. Henri tient un disque de Colette Renard de la main gauche. Il fait ses débuts de vendeur. Nous allons voir s'il est bon vendeur.

Michèle, une de ses amies, veut acheter un disque. Sur la table, devant Henri et Michèle, nous voyons toutes sortes de disques. Dans les disques de diction, des acteurs récitent des poésies ou de la prose. Dans les disques marqués «La Voix de l'Auteur», un auteur célèbre parle de lui-même et de ses œuvres.

Naturellement, les disques qui se vendent le mieux sont les disques de chansons.

faire ses débuts *to begin*   **œuvre** *work*   **pochette** *envelope (jacket)*

QUESTIONS SUR LA PHOTO

1. Que représente la photo?
2. Y a-t-il peu ou beaucoup de clients dans le magasin?
3. Que regardent Henri et Michèle?
4. Que tient Henri de la main gauche?
5. Pourquoi est-il dans le magasin?
6. Qu'est-ce que nous allons voir?
7. Qu'est-ce que Michèle veut faire?
8. Que voyons-nous sur la table devant Henri et Michèle?
9. Que font des acteurs dans les disques de diction?
10. Dans les disques « La Voix de l'Auteur », de quoi parle un auteur célèbre?
11. Quels sont les disques qui se vendent le mieux?

Henri fait ses débuts comme vendeur.   Michèle, une de ses amies, vient acheter des disques.

Pour vous aider à comprendre:
cantique nm   sorte d'ode chantée dans une église
disquaire nm   propriétaire d'un magasin où on vend des disques
patron nm   propriétaire
prévenir v   informer, avertir
rédaction nf   résumé, compte rendu, composition
remise nf   réduction, rabais
rêvé(e) adj   désiré
triste adj   ANT gai, heureux
vente nf   ANT achat

Michèle. — Presque toutes les chansons d'Édith Piaf sont tristes.

Henri. — C'est qu'elle a eu une vie bien triste, cette pauvre Piaf.

Michèle. — C'est pour ça qu'elle mettait tant d'émotion dans ses chansons. J'adore ça.

Henri. — Alors, tu prends le Piaf?

Michèle. — Je ne suis pas sûre.   J'ai remarqué que chaque fois que nous jouions un disque de Piaf, papa faisait une horrible grimace et se plongeait dans son journal.

Henri. — Oh, pendant que j'y pense, il faut que je t'offre le disque de Colette Renard.

Michèle. — Pourquoi?   Nous l'avons à la maison.

Henri. — Tu veux dire que vous l'aviez.   Tu ne te rappelles pas que la dernière fois que j'étais chez vous, j'ai abîmé le disque?

Michèle. — Ça ne fait rien.   Nous l'avions écouté si souvent qu'il ne nous intéressait plus.

Henri. — Parfait.   Dans ce cas, ça me permettra d'acheter un disque pour moi.

Michèle. — Toujours ta vieille passion.   Comment as-tu obtenu ce travail chez un disquaire?

Henri. — J'étais venu acheter un disque. Nous avons parlé, le patron et moi. Il m'a offert une position de vendeur pendant les vacances de Noël. Seulement quinze francs par jour, mais j'aurai une remise de 25% (vingt-cinq pour cent) sur tous les disques que j'achèterai.

Michèle. — L'occasion rêvée pour augmenter ta collection.

Henri. — Tu prends le Piaf?

Michèle. — Non, je ne veux pas empoisonner la vie de papa.

Henri. — Alors, regardons un peu les autres disques. Dépêche-toi. Le patron m'a prévenu qu'il n'aimait pas qu'on bavarde avec les clients.

Michèle. — Voyons. Collection: «La Voix de l'Auteur»: Colette, Camus. Robert me disait hier que celui de Camus est formidable. Il paraît que c'est comme si Camus était encore vivant, comme s'il vous parlait.

Henri. — Je compte l'acheter: je te le prêterai.

Michèle. — Alors je n'ai pas besoin de l'acheter. Oh, des disques de diction! C'est ce que je devrais acheter. Figure-toi que lundi dernier, tandis que je lisais ma rédaction à la classe, personne n'écoutait. Le prof m'a dit ensuite que c'était parce que je l'avais lue d'une voix monotone. Ça m'a vexée.

Henri. — Tu ne vas pas empoisonner toute ta famille avec un disque de diction?

Michèle. — Tu fais un drôle de vendeur. Voilà deux disques que tu m'empêches d'acheter. Mais, tu as raison . . . Tiens, des cantiques de Noël. J'en achète deux. Tu n'as pas d'objections, cette fois?

Le patron. — Lavalle!

Henri. — Je te l'avais bien dit. Monsieur?

Le patron. — Vous ne voyez pas qu'il y a des clients qui attendent?

Henri. — Oui, Monsieur. Tout de suite, Monsieur. Voilà tes disques. C'est ma première vente.

Michèle. — Et ta dernière si tu ne te dépêches pas.

NARRATION ORALE

(*Michèle adore les disques d'Édith Piaf mais . . .*)

1 Comment sont les chansons d'Édith Piaf?
2 Pourquoi sont-elles tristes?
3 Pourquoi Michèle adore-t-elle les chansons d'Édith Piaf?
4 Mais que fait son père quand on joue un disque d'Édith Piaf?
5 Dans quoi se plonge-t-il?
6 Alors que décide Michèle? (de ne pas . . .)

NARRATION ÉCRITE

(Henri est un drôle de vendeur)

1 Chez qui Henri a-t-il trouvé du travail?
2 Combien gagne-t-il par jour?
3 Mais, qu'est-ce qu'il aura chaque fois qu'il achètera un disque?
4 Quel disque est-ce que Michèle ne va pas prendre?
5 Pourquoi?
6 De quoi le patron a-t-il prévenu Henri?
7 Alors, qu'est-ce que Michèle doit faire?
8 Quel disque l'intéresse dans la collection «La Voix de l'Auteur»?
9 Pourquoi n'a-t-elle pas besoin de l'acheter?
10 Quels disques devrait-elle acheter?
11 Quelle raison lui donne Henri pour ne pas l'acheter?
12 Combien de disques Henri empêche-t-il Michèle d'acheter?
13 Finalement, quels disques achète-t-elle?
14 Qui interrompt leur conversation? Pourquoi?

GRAMMAIRE

1. Imparfait

A. *Lisez les phrases suivantes et indiquez les verbes et leurs sujets à l'imparfait.*

EXEMPLE :
Il m'a dit qu'il allait jusqu'au zoo.
(il allait)

1 Elle savait bien que je l'attendais ici à onze heures.
2 Nous étions tous très contents.
3 Est-ce que tu voudrais aller avec lui?
4 Tu veux dire que vous aviez le disque.
5 Elles ne pourraient pas y assister.

Regardez ci-dessous les formes de l'imparfait des deux verbes avoir *et* être.

B. *Complétez les phrases suivantes par la forme convenable de l'imparfait du verbe entre parenthèses.*

EXEMPLE :
Papa ____ une horrible grimace. (faire)
Papa faisait une horrible grimace.

1 Il ne nous ____ plus. (intéresser)
2 C'____ la dernière fois que j'____ chez vous. (être)
3 Nous ____ ce disque de Piaf tous les jours. (jouer)
4 Vous ____ toujours en retard. (finir)
5 Ils ____ d'une voix monotone. (lire)
6 Tu ____ tous ces disques. (avoir)

IMPARFAIT			
avoir		être	
j'avais	nous avions	j'étais	nous étions
tu avais	vous aviez	tu étais	vous étiez
il(elle) avait	ils(elles) avaient	il(elle) était	ils(elles) étaient

---

2. Plus-que-parfait

A. *Lisez les phrases suivantes et faites attention aux formes des verbes soulignés.*

1 J'<u>étais venue</u> acheter un disque.
2 C'était parce qu'elle l'<u>avait lue</u> d'une voix monotone.
3 Tu me l'<u>avais</u> bien <u>dit</u>.
4 Vous vous <u>étiez</u> bien <u>amusés</u> au bal?
5 Nous <u>étions tombés</u> en traversant la rue.
6 Ils <u>avaient promis</u> de le faire tout de suite.

*Remarquez que ce temps (plus-que-parfait) est composé de l'imparfait du verbe auxiliaire (*avoir *ou* être*) et le participe passé du verbe. Remarquez aussi que l'accord du participe passé suit les mêmes règles que dans le passé composé.*

B. *Lisez les phrases suivantes et indiquez les verbes au plus-que-parfait.*

EXEMPLE :
  A sept heures j'avais fini la vaisselle et je suis sorti. **(j'avais fini)**

1 Quand je suis arrivé, Paul était déjà parti.
2 Marie avait acheté un cadeau pour sa tante avant son départ.
3 Le médecin a trouvé qu'elle s'était cassé la jambe.
4 A peine avait-il ouvert la porte que le téléphone a sonné.
5 C'était votre première visite en France? Vous ne l'aviez pas visitée auparavant?

Remarquez que le plus-que-parfait est un temps passé qui montre une action complétée avant une autre action passée.

C. *Changez les phrases suivantes au plus-que-parfait.*

EXEMPLE :
  Je l'ai complètement oublié.
  Je l'avais complètement oublié.

1 Il l'a lue d'une voix monotone.
2 Je suis venue acheter un disque.
3 Pourquoi as-tu refusé?
4 Nous sommes partis sans rien dire.
5 Vous vous êtes bien amusé au bal?
6 Quelques-uns de ses ancêtres sont allés au nouveau monde.
7 A qui parlez-vous?
8 Il pêchait des truites.
9 Elles ont passé le week-end chez les Duval.
10 On s'est exercé à parler français.

D. *Récrivez les phrases suivantes en commençant chaque phrase par la proposition* Quand je suis arrivé. *Faites tous les changements nécessaires.*

EXEMPLE :
  Elle est déjà morte.
  Quand je suis arrivé, elle était déjà morte.

1 Ils ont déjà dîné.
2 Paul est déjà parti.
3 Les enfants se sont déjà couchés.
4 On a déjà fermé les portes.
5 Vous avez déjà reçu la nouvelle?

Auguste Garnier à St. Louis

1. Auguste reçoit une lettre de son père.

48 rue de Verneuil
Nancy
Meurthe et Moselle

Mon cher Auguste,

Si tu t'es fait une entorse, je ne vois pas comment tu peux jouer un rôle dans un grand spectacle historique. De plus, je ne comprends pas pourquoi tu perds ton temps à ces balivernes. As-tu consulté un médecin pour ton entorse? Vraiment, tu ne devrais pas jouer au football américain. Personnellement, je trouve que c'est un sport barbare.

Tu m'as prié d'aller demander à monsieur Chouteau des renseignements sur son ancêtre. Commission très peu agréable. J'ai fini par trouver le vieux monsieur à sa manufacture de chaussures. Il n'a pas été très poli. Il ne savait pas si quelques-uns de ses ancêtres étaient allés au nouveau monde, à la Nouvelle Orléans ou à Saint-Louis. De plus, la question ne l'intéressait pas du tout. Son prénom est Louis, de sorte que sa fête tombe le même jour que celle de la ville américaine. Il est fabricant de chaussures comme ton père américain, monsieur Farley. C'est là tout ce qu'ils ont en commun, et je t'assure qu'il n'y aura jamais autre chose, vu le caractère peu aimable de ce monsieur Chouteau.

En tout cas, je vais t'envoyer tout ce que j'ai trouvé sur ton Chouteau dans notre Encyclopédie. J'ai peur que cet article n'ajoute pas beaucoup de renseignements à ceux que tu m'as déjà donnés dans ta dernière lettre.

Ta mère t'écrira bientôt. Mais je tiens à te dire dès maintenant que de savoir que tu te livres à des sports violents l'inquiète beaucoup. Quant à moi, je voudrais bien que tu t'occupes davantage de tes études et moins des à-côtés. Il me semble que le système d'éducation américain perd trop de temps à des activités sans importance. Tes notes, tu me permettras de le mentionner, laissent beaucoup à désirer,

● **à côtés** *side issues* ● **balivernes** *nonsense* ● **caractère** *disposition* ● **tu t'es fait une entorse** *you sprained (your ankle)* ● **fabricant** *manufacturer* ● **notes** *grades*

surtout ta note en histoire américaine. Je te prierai de te rappeler que je ne t'ai pas envoyé aux États-Unis, à Saint-Louis, pour que tu sois un acteur ou un foot- 50 balleur mais pour que tu étudies. J'espère que tu vas te mettre au travail sérieusement et que tu vas soutenir dignement l'honneur de ta famille et de ton pays.

Rappelle-nous au bon souvenir de 55 monsieur et de madame Farley. Ta mère a envoyé à madame Farley un recueil de belles photos de la ville de Nancy, et moi j'envoie à Becky (elle a dix ans, n'est-ce pas?) un livre sur notre roi Saint Louis. 60

Avec toute mon affection,
Ton père

Passage tiré de l'Encyclopédie de papa

CHOUTEAU, René Auguste, fondateur de la ville américaine de Saint-Louis. Né à la Nouvelle-Orléans, Louisiane en 1749; mourut à Saint-Louis, Missouri, en 1829. En 1763, Chouteau, alors âgé seulement de quatorze ans, remonta le Mississipi, 1000 milles, (un peu plus de 1600 kilomètres) en bateau avec Pierre Laclède Liguier, associé dans la maison de commerce de fourrures de Maxent, Laclède et compagnie. Il s'agissait d'établir un comptoir près de l'embouchure du Missouri. En 1764, Laclède laissa le jeune Chouteau à la tête d'un groupe d'hommes qui bâtirent le comptoir qui est devenu la ville de Saint-Louis. La même année, la mère et le plus jeune frère d'Auguste, Jean-Pierre, alors âgé de six ans, se joignirent à lui. Chouteau resta le principal assistant de Laclède jusqu'en 1778 quand il devint le directeur de la maison de commerce. Après l'achat du territoire de la Louisiane par les États-Unis en 1804, Chouteau devint un des magistrats du territoire de la Louisiane.

mourut = est mort

remonta = a remonté

laissa = a laissé
bâtirent = ont bâti

se joignirent = se sont joints
devint = est devenu

devint = est devenu

•**comptoir** *trading post*   •**embouchure** *mouth*   •**se joignirent** à *joined*   •**partenaire** *partner*   •**recueil** *collection*   •**roi** *king*   •**soutenir** dignement *to hold up*

2. Au petit déjeuner.

Auguste. — Bonjour, Suzanne.
Larry. — Bonjour, mademoiselle la paresseuse. C'est à l'Université que tu as appris à te lever tard?
Suzanne. — Dieu merci, quand je suis à la maison, je peux me lever tard. Bonjour, Auguste. Pourquoi ce costume de trappeur? C'est la dernière mode au lycée?
Becky. — Tu n'es pas au courant. Je vais t'expliquer ça. Larry et Auguste font partie d'un grand spectacle historique donné dans les costumes du temps. Auguste joue le rôle de René Auguste Chouteau.
Suzanne. — Oh, encore un de ces illustres inconnus. Qui est Chouteau?
Becky. — Le fondateur de Saint-Louis.

Auguste. — Becky, tu veux me passer le sucre?
Larry. — C'est le nouveau spectacle historique de Miss Templeton.
Becky. — Auguste sera la vedette.
Auguste. — Merci du compliment, Becky.
Becky. — Il n'y a pas de quoi.
Suzanne. — Miss Templeton! Jamais je ne l'oublierai, celle-là. Elle m'a donné un C en histoire américaine.
Larry. — Richement mérité, sans aucun doute. Peut-être qu'Auguste obtiendra une meilleure note. Dis donc, Chouteau, il faut nous dépêcher. On va venir nous chercher.
Auguste. — Ils ne sont pas encore ici, non? J'aurai fini dans un instant.

• au **courant** up-to-date (well informed)   • **inconnus** unknowns   • il n'y a pas de **quoi** not at all (don't mention it)   • la **vedette** the star

Suzanne. — Est-ce aujourd'hui qu'on va donner le spectacle?

Becky. — Idiote. C'est aujourd'hui samedi. Tu ne sais pas encore qu'il n'y a pas d'école, le samedi?

Suzanne. — Je t'en prie, Becky, ne parle pas la bouche pleine.

Larry. — Aujourd'hui, on va simplement prendre des photos.

Suzanne. — As-tu, par hasard, fini de te servir de crème, Larry? Des photos pour le spectacle? Pourquoi?

Larry. — Voici la crème, votre Majesté.

Auguste. — Les photos ne seront pas réellement une partie du spectacle.

Suzanne. — Non? Alors. . . .

Becky. — Qu'est-ce qui brûle?

Larry. — Le toast de votre Altesse.

Suzanne. — Oh! Non . . . ça va . . . Je l'aime un peu brûlé. . . . Pourquoi allez-vous prendre des photos?

Larry. — Eh bien, voilà.

Auguste. — Le spectacle consiste en onze tableaux. . . .

Becky. — «Auguste Chouteau arrivant à l'endroit où on bâtira Saint-Louis. . . .»

Larry. — «Auguste entre avec sa mère et son petit frère dans la cabane qu'il a bâtie pour eux. . . .»

Auguste. — «Auguste dans un bateau achète des fourrures aux Indiens. . . .» C'est celui que j'aime le mieux.

Larry. — Et ainsi de suite.

Suzanne. — Mais alors, ce sera un cinéma?

Larry. — Non, non, pas un cinéma. Bip! Biiiip! Les voilà . . . mon appareil . . . eh, Chouteau, tu viens?

Auguste. — J'arrive. . . . Au revoir, Suzanne. . . . Au revoir, Becky.

3. Becky et Suzanne regardent le départ du groupe.

Suzanne. — Les autres ne sont pas déguisés. Ils ne seront pas dans les photos?

Becky. — Mais si, ils vont être dans les photos. Et ils ne sont pas déguisés parce qu'ils montrent à un Chouteau plutôt surpris le Saint-Louis d'aujourd'hui.

Suzanne. — Je comprends. Chouteau revient après deux cents ans.

Becky. — C'est ça. On montrera une photo, en couleurs, avant chaque tableau.

Suzanne. — Avant? Pourquoi pas après?

Becky. — Oh, peut-être après. Je n'en suis pas sûre.

Suzanne. — Et Auguste joue aussi le rôle de Chouteau dans les tableaux?

Becky. — Naturellement.

Suzanne. — Je vois maintenant. Ce sera peut-être amusant, ce grand spectacle historique.

•votre **Altesse** *your Highness* •mon **appareil** *my equipment (camera)* •**déguisés** *disguised* •par **hasard** *by chance*

146   CHAPITRE SEPT

4. Au Pont «Eads».

Auguste. — Qu'est-ce que tu dis, Larry? Je n'entends rien.

Larry. — Je dis que Chouteau Ier aurait été terrifié par tout ce trafic.

Auguste. — Et, qui t'a dit que Chouteau II ne l'est pas?

Helena. — Par exemple! Je suis un chauffeur habile et prudent.

Auguste. — Je ne voulais pas dire que tu conduis mal. Je voulais dire que ce trafic est effroyable. Et tous ces klaxons...

Helena. — Tout le monde regarde Auguste.

Ginny. — Il faut avouer qu'il a l'air... enfin... il n'est pas habillé comme tout le monde.

Larry. — Il y a une chose sûre et certaine. Chouteau Ier n'avait pas deux jolies filles pour le guider quand il est arrivé ici.

Helena. — Comment sais-tu ça? On ne mentionne jamais les détails intéressants dans les livres d'histoire.

Ginny. — Je parie qu'il y avait des quantités de jolies Indiennes, ici même.

Auguste. — Hé, hé, ceci n'aurait pas été désagréable.

Ginny. — Il faudra que tu tournes à gauche au bout du pont, Elly.

Helena. — Je sais, je sais. Tu n'as pas besoin de me le dire. J'essaie de me mettre en position pour tourner, maintenant.

Ginny. — Désolée.

Larry. — Qu'est-ce qui n'aurait pas été désagréable?

• **effroyable** *frightful* • **klaxons** *horns* • **parie** *bet*

Auguste. — Si Chouteau avait trouvé ici deux jolies filles.

Larry. — Mais il n'y avait pas de jolies filles. 40

Ginny. — Comment le sais-tu?

Larry. — Déduction facile. Il n'aurait pas pu faire tout ce qu'il a fait s'il avait été entouré de jolies filles. 45

Helena. — Tu es rigolo. Mais nous ferions mieux de nous mettre à l'ouvrage. Comment vas-tu prendre les bateaux arrivant de la Nouvelle-Orléans si je ne peux pas m'arrêter? 50

Larry. — Vous nous déposez à l'autre bout du pont et nous reviendrons à pied.

Ginny. — Alors nous pourrions stationner et revenir les rejoindre.

5. Les garçons attendent les jeunes filles.

Larry. — En attendant les jeunes filles je prendrai une photo de toi comme ça...

Auguste. — ... en train de saluer un bateau arrivé de la Nouvelle-Orléans.

Larry. — Ce bateau-là n'arrive pas de la Nouvelle-Orléans. C'est un bateau de plaisance.... Bon, ça y est.... Et voici les jeunes filles.... Voilà les bateaux qui arrivent tout droit de la Nouvelle-Orléans. 10

Helena. — Ils ne vont pas vite. A cette vitesse, ils ont dû mettre une semaine pour venir de la Nouvelle-Orléans.

Auguste. — C'est tout de même mieux que de ramer pendant 1600 kilomètres, comme l'a fait notre ami Chouteau. 15

•**ramer** *to row a boat*   •**rigolo** *funny*

GINNY. — Et il n'avait même pas quinze ans.
HELENA. — N'oublions pas que les garçons étaient plus forts dans ce temps-là.
LARRY. — Vraiment?
GINNY. — Et ils ne se donnaient pas une entorse en jouant au football.
LARRY. — Qu'est-ce qui vous prend, vous deux? Les copains n'ont plus le bonheur de vous plaire?

HELENA. — Ça ne m'amuse pas, cette longue marche sur le pont. J'ai froid. Si ça ne vous ennuie pas de passer devant ma maison, j'irai chercher mon manteau.
LARRY. — Ça ne nous ennuie pas du tout. Nous allons maintenant au parc et au vieux Saint-Louis et c'est sur notre chemin. En route.

6. Devant l'immeuble où habite Helena.

LARRY. — Tu ne peux pas la trouver?
GINNY. — Si. La voilà, Dieu merci.
LARRY. — Alors, viens.
HELENA. — Si nous perdions la précieuse liste de Miss Templeton, nous pourrions tout aussi bien ne jamais retourner en classe.
LARRY. — Ça, tu peux le dire. . . . Mais pourquoi faut-il que nous montions tous à l'appartement d'Helena?
HELENA. — Voyons. Tandis que je prendrai mon manteau, maman pourra contempler Chouteau II.
AUGUSTE. — Vous savez à quoi je pense?
GINNY. — Nous le saurons quand tu nous l'auras dit.
AUGUSTE. — Ce serait peut-être une bonne idée de prendre une photo de cet immeuble moderne. L'endroit même où Chouteau a bâti une cabane pour sa mère et son jeune frère, il y a deux cents ans . . . enfin . . . vous voyez . . . ce genre de choses.

LARRY. — C'est une idée géniale.
HELENA. — Laisse-moi prendre cette photo. Supposons que Chouteau va monter pour voir ce que c'est qu'un appartement moderne. Il fait un signe d'adieu aux jeunes filles qui viennent de lui montrer la ville. Puis après, nous pourrons tous monter pour que j'aille prendre mon manteau.
LARRY. — Eh bien, en route.
GINNY. — Je suis d'accord. Où allons-nous nous mettre? Qu'est-ce que nous allons faire?

- plus **forts** *stronger*
- **géniale** *inspired*
- Qu'est-ce qui vous **prend,** vous deux?
  What's got into the two of you?
- En **route** *Let's go*

A SAINT-LOUIS

7. A la statue de Saint Louis, Forest Park.

Helena. — Nous sommes à l'endroit indiqué dans la liste. Qu'est-ce que nous attendons? C'est pour aujourd'hui ou pour demain?
Larry. — Ne t'impatiente pas. J'essaie 5 de lire la cellule photo-électrique.
Ginny. — Si Auguste Ier a fondé Saint-Louis, pourquoi est-ce que la ville ne s'appelle pas Saint-Auguste?
Larry. — Et pourquoi s'appelle-t-elle 10 Saint-Louis? Qu'est-ce que Saint Louis vient faire dans cette histoire?
Helena. — Il était roi de France à cette époque, non?
Auguste. — Eh bien, toi, tu es forte en 15 histoire! Saint Louis vivait au moyen-âge, au treizième siècle. C'est Louis XV qui régnait au dix-huitième siècle et il n'était pas exactement un saint.
Ginny. — Alors, pourquoi Saint Louis? 20
Auguste. — Tu m'en demandes trop.
Helena. — Oh, laissons cela. Allons-nous prendre cette photo, oui ou non?
Larry. — Nous allons la prendre tout de suite. Maintenant, écoutez bien . . . 25

8. A un snackbar pour automobilistes.

Larry. — Ceci vaut la peine d'être vu: Chouteau revient après deux cents ans pour dévorer une saucisse chaude et boire du coca-cola.
Ginny. — Il me semble que plus de 5 deux cents ans se sont écoulés depuis le déjeuner, tant j'ai faim.

- **cellule** photo-électrique *light meter*
- se sont **écoulés** < s'écouler *to go by*
- **forte** en *good at*
- au **moyen-âge** *in the Middle Ages*
- **régnait** < régner *to reign*

CHAPITRE SEPT

AUGUSTE. — Où est la moutarde?
GINNY. — La voilà. Tu ne viens pas, Larry? Combien de photos vas-tu prendre? Si tu ne viens pas, je vais manger ta saucisse.
LARRY. — Hé, pas de blagues! C'est la dernière... Où est ma saucisse?
GINNY. — Là, sous ton nez.... Je me demande ce que tu aurais mangé il y a deux cents ans, Auguste?
AUGUSTE. — Attends... voyons... de la venaison peut-être?
LARRY. — De la venaison, sans aucun doute. Oh, Ginny, je m'excuse. J'ai laissé tomber quelque chose sur ta robe. Je suis désolé.
GINNY. — Sans importance. Ce n'est qu'une vieille robe.
AUGUSTE. — De la venaison et du poisson. Quelle sorte de poisson?

HELENA. — Tu es trop curieux. Un fait certain, c'est que notre ami Auguste mangeait du pain de maïs.
GINNY. — Pas si mal. J'ai encore faim. Qui veut une autre saucisse chaude? Auguste?
AUGUSTE. — Si tu insistes.
LARRY. — Il ne se fait pas trop prier.
GINNY. — Et toi, Helena?
HELENA. — Je ne devrais pas, mais j'en prendrai une. Rien qu'une.
LARRY. — C'est toi qui paies, n'est-ce pas, Ginny?
GINNY. — Jamais de la vie. Chacun paie sa part.
LARRY. — Enfin, simplement pour faire comme tout le monde.... Ensuite, on va chez Miss Templeton. Dites donc, c'était plutôt amusant tout ça, hein, les copains?

• pas de **blagues** *no joking* • **maïs** *corn* • **moutarde** *mustard* • **venaison** *venison*

Auguste écrit à son père

Mon cher papa,

Je crois que je vais avoir une bien meilleure note en histoire américaine, ce trimestre-ci. D'abord, je trouve le sujet beaucoup plus intéressant. Ensuite, je travaille davantage. Finalement, il me semble que Miss Templeton a beaucoup plus de sympathie pour moi depuis le spectacle historique. Après le programme, elle a dit que je m'en étais très bien tiré.

Je dois t'avouer que jusqu'à la dernière répétition, je ne savais pas exactement ce que serait le spectacle. Bien entendu, tout était en anglais. Dans ce public de quinze cents écoliers, beaucoup n'étudient pas le français.

Il y avait douze tableaux dans cinq décors différents. Le premier tableau montrait Chouteau, c'était moi, et son patron Laclède dans un camp indien sur le bord du fleuve à l'endroit même où Saint-Louis se trouve aujourd'hui. Nous avions deux wigwams sur la scène et une quantité d'autres peints sur le rideau de fond. Dans la pénombre et avec un feu artificiel qui flambait comme un feu de joie, cela faisait beaucoup d'effet. La grande difficulté était de rester immobile et de ne faire aucun bruit tandis que le public regardait le tableau. Pendant ce temps, un membre de la classe décrivait ce qui se passait. Par exemple: «C'est par une soirée de grand froid, en février, que Jacques Laclède et René Auguste Chouteau, etc., etc». Puis, le rideau tombait, et tandis que l'orateur continuait son discours, une photo en couleurs était projetée sur un écran près de la scène. La photo me représentait tel que j'étais dans le tableau, en compagnie de Ginny et Helena en vêtements du vingtième siècle et avec une décapotable. Nous nous trouvions à l'endroit même représenté dans le tableau précédent. Tandis que le public regardait l'écran et écoutait l'orateur parler du Saint-Louis passé et présent, toute la classe préparait la mise en scène pour le prochain tableau. Il fallait faire vite et je crois bien que je ne verrai jamais pareille activité.

Maintenant, tu vas rire. Nous avons eu quelques petits accidents et mésaventures que le public a très bien pris. Dans le

• **écoliers** (de l'école) *students*   • **écran** *screen*   • **flambait** < flamber *to flame*   • **mésaventures** *mishaps*
• **mise en scène** *stage setting*   • **patron** *employer*   • **peints** < peindre *painted*   • **pénombre** *semi-darkness*
• **rideau** *curtain* **rideau de fond** *backdrop*   • **sympathie** < avoir de la sympathie pour *to like*   • **tel** que *just as*

tableau où Chouteau entre fièrement dans sa nouvelle cabane en compagnie de sa mère et de son jeune frère, le petit frère a eu peur et s'est mis à hurler et à pleurer comme un veau. Mon petit frère était en réalité le petit frère de Ginny, un gosse insupportable.

Dans un autre tableau, nous avions une vraie pirogue sur la scène et dans la pirogue se trouvaient trois Indiens chargés de fourrure. Au milieu de la description, la pirogue s'est renversée et voilà les trois Indiens qui s'étalent par terre. L'un d'eux, avec une rapidité de pensée remarquable, a décidé de faire semblant de nager. Ceci a eu un succès fou. Les rires et les applaudissements étaient assourdissants. C'était vraiment très drôle.

Vous allez vous imaginer, maman et toi, que nous n'avons rien fait que de nous amuser. Erreur. Vous serez étonnés d'apprendre que nous avons tous beaucoup travaillé. Je n'affirmerai pas que je suis celui qui a le plus étudié, mais je vous dirai que j'ai passé beaucoup de temps à lire des livres, à faire des recherches à la Société historique. Nous voulions que nos décors soient aussi authentiques et réalistes que possible. Vous allez dire que nous ne sommes pas modestes, mais nous pensons tous que tout notre programme était impressionnant.

Maintenant, cela ne m'amuse pas de l'avouer, mais vous l'apprendrez tôt ou tard, maman et toi; je suis un tout petit peu en retard en latin et il va falloir que je m'y mette sérieusement.

Baisers affectueux à toute la famille.

Ton fils,

Auguste

• **assourdissants** *deafening* • **baisers** *affectueux (formula in correspondence) love and kisses* • **s'étalent** *sprawled* • **fièrement** *proudly* • **hurler** *to bellow* • **impressionnant** *sensational* • **que je m'y mette sérieusement** *that I get down to serious work* • **au milieu** *de in the middle of* • **s'est mis à** *began to* • **nager** *to swim* • **pirogue** *dugout canoe* • **veau** *calf*

Compte rendu

AUGUSTE GARNIER A SAINT-LOUIS

1. Qui est Auguste Garnier?
2. Qu'est-ce qu'il est devenu tout d'un coup?
3. Quel rôle a-t-il joué et dans quoi?
4. Qui a organisé ce spectacle?
5. En quoi consistait ce spectacle?
6. Par exemple, quels étaient quelques-uns de ces tableaux?
7. Qu'est-ce qu'on a montré après chaque tableau historique?
8. Pourquoi est-ce que les camarades qui ont été photographiés avec Auguste n'étaient pas déguisés?
9. Qui était allé prendre les photos un samedi matin?
10. Quelles photos avaient-ils prises?
11. Est-ce que le spectacle a eu du succès?
12. Que montrait le premier tableau?
13. Qu'est-ce qu'il y avait sur la scène? et peints sur le rideau de fond?
14. Quelle était la grande difficulté?
15. Est-ce qu'ils ont eu des accidents?
16. Dans le tableau où Chouteau entre dans sa nouvelle cabane en compagnie de sa mère et de son jeune frère, qu'est-ce que le frère a fait?
17. Qui était le petit frère en réalité?
18. Dans un autre tableau qu'est-ce qu'il y avait sur la scène?
19. Qu'est-ce qui se trouvait dans la pirogue?
20. Au milieu de la description qu'est-ce qui s'est passé?
21. Qu'est-ce qu'un des Indiens a décidé de faire?
22. Selon Auguste qu'est-ce que ses parents vont s'imaginer?
23. Mais que pensent Auguste et ses camarades?

GRAMMAIRE

1. Partitif: article et pronom

A. *Lisez les phrases suivantes et remarquez les formes de l'article partitif.*

1 Chouteau revient pour boire du coca-cola.
2 Je préfère prendre de l'eau.
3 Il y aura peut-être de la venaison.
4 Auguste achète des fourrures aux Indiens.
5 Moi, j'achète des gants «Au Printemps».

Remarquez que l'article partitif s'accorde en genre et en nombre avec le nom qu'il modifie. Faites attention aux contractions obligatoires: de + le = du *et* de + les = des.

B. *Lisez les phrases suivantes en remplaçant le substantif souligné par les mots qui suivent. Faites attention aux changements nécessaires.*

EXEMPLE:
Je vais prendre de la glace. (eau, gâteaux)
Je vais prendre de l'eau.
Je vais prendre des gâteaux.

1 Il me faut des renseignements. (temps, argent, patience)
2 Y a-t-il de la venaison? (poisson, eau minérale, légumes, glace)

C. *Complétez les phrases suivantes par la forme convenable de l'article partitif* (du, de la, de l', des).

EXEMPLE:
On va prendre ___ photos.
On va prendre des photos.

1 Notre ami Auguste mangeait ___ pain de maïs.
2 On m'a dit qu'il y a ___ cours tous les jours.
3 Il y a deux cents ans vous auriez mangé ___ venaison.
4 Est-ce qu'on servait aussi ___ salade?
5 Il nous faudra ___ argent pour y assister.

D. *Lisez les phrases suivantes. Remarquez les changements de forme de l'article partitif dans ces phrases.*

1 Il n'y a pas de classes aujourd'hui. Pas de blagues.
2 Hélas, je n'ai jamais d'argent.
3 Il y avait une vingtaine de jolies Indiennes.
4 Combien de photos allez-vous prendre? Plus de vingt?
5 On nous a donné beaucoup de renseignements.
6 Nous sommes de bons copains.
7 Nous y avons vu de vieilles maisons françaises.
8 On leur a servi de la glace et de bons gâteaux.

Remarquez qu'on emploie le mot de *tout seul (sans l'article défini) pour montrer le partitif (1) si la phrase est au négatif (2) s'il y a une expression de quantité (3) si le substantif au pluriel est précédé d'un adjectif. Voir l'explication (Appendix—page 348).*

E. *Complétez les phrases suivantes en choisissant la forme convenable entre parenthèses.*

EXEMPLES :

Elle a reçu ―― beaux cadeaux. (de, des)
Elle a reçu de beaux cadeaux.

Il n'y avait plus ―― poisson. (de, du)
Il n'y avait plus de poisson.

Avez-vous assez ―― argent? (d', de l')
Avez-vous assez d'argent?

Avez-vous ―― argent?
Avez-vous de l'argent?

1 Il faut montrer plus ―― sympathie. (de, de la)
2 Est-ce qu'on y vend ―― fourrures? (de, des)
3 Il n'y avait pas ―― poisson. (de, du)
4 Combien ―― heures y avez-vous passées? (d', des)
5 Paul va y faire ―― recherches. (de, des)
6 Y avait-il ―― bons programmes hier soir? (de, des)

F. *Complétez les phrases suivantes par la forme convenable de l'article partitif.*

EXEMPLE :

On n'a jamais assez ―― disques.
On n'a jamais assez de disques.

1 Qu'est-ce qu'il y a? Trop ―― choses à faire?
2 Il y avait ―― centaines ―― chutes d'eau.
3 Non, il n'y a pas ―― murs.
4 S'il a ―― argent, il prend une glace.
5 Naturellement j'ai eu ―― petits accidents.

G. *Rappelez-vous que le pronom* en *remplace le substantif précédé par l'article partitif.*

EXEMPLE :

Vas-tu prendre de la glace? —Oui, je vais <u>en</u> prendre.

Comme révision, voir les exercices de grammaire, chapitre 3, partie 3, page 48.

---

2. Article partitif—Article défini

A. *Il faut distinguer entre l'emploi de l'article défini et de l'article partitif. Lisez les phrases suivantes en faisant attention à cette distinction.*

1 Tu aimes le café?
2 Du café pour moi et de l'eau pour lui.
3 J'adore les grands magasins.
4 Tu n'aimes pas le poulet?
5 Je ne prends pas de poulet.
6 Le veau est excellent.

B. *Complétez les phrases suivantes par la forme convenable entre parenthèses.*

EXEMPLES :

―― café est une boisson. (Du, Le)
Le café est une boisson.

Je vais chercher ―― aspirine. (De l', l')
Je vais chercher de l'aspirine.

1 ―― neige est belle aujourd'hui. (De la, La)
2 Je n'ai plus ―― argent. (d', l')
3 J'étais surpris de voir tant ―― gens. (de, les)
4 Il aime ―― grands magasins. (des, les)
5 ―― lait est bon pour la santé. (Du, Le)

PETIT DICTIONNAIRE

apprendre informer; s'informer; enseigner; s'enseigner.
— Je t'apprends qu'il n'y a pas encore de neige.
— Dommage. J'ai appris à faire du ski l'année dernière.
— Qui t'a appris à faire du ski?
— Madeleine. Je vais apprendre ma leçon d'anglais en attendant la neige.

aucun *adj & pr* pas un. SYN **nul (nulle).**
— Cela n'a aucune importance.
— Parmi nos camarades, aucun ne joue au tennis aussi bien que toi.

aujourd'hui *adv* dans le jour où l'on est, dans le temps présent.
— Des hommes d'aujourd'hui.

		OCTOBRE			
	MERCREDI	JEUDI	VENDREDI	SAMEDI	DIMANCHE
	23	24	25	26	27
PRÉSENT	avant-hier	hier	aujourd'hui	demain	après-demain
PASSÉ	avant-veille	la veille	ce jour-là	le lendemain	le surlendemain

avouer *v* confesser, admettre.
— J'accepte d'aller au cinéma avec vous mais je vous avoue que je n'ai pas d'argent.

bruit *nm* ensemble de sons sans harmonie.
— Je déteste cet orchestre. Ce n'est pas de la musique; c'est du bruit et un bruit désagréable.

brûler *v* consumer par le feu; être consumé par le feu.
— Quelle odeur désagréable! Ce sont les haricots verts qui brûlent.

chemin *nm* route, terrain préparé pour aller d'un lieu à un autre; trajet.
— Quel est le chemin le plus court pour aller au village?
— Prenez ce petit chemin, celui qui traverse le bois.

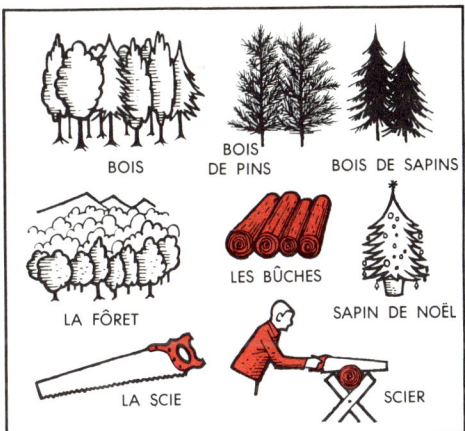

choix *nm* ce qu'on adopte de préférence, **choisir** *v*.
— Qu'est-ce que tu choisis, la glace au chocolat ou celle au café?
— J'aime autant l'une que l'autre. Le choix est difficile.

début *nm* commencement; **faire ses débuts** commencer une carrière.
— Auguste a fait ses débuts comme acteur dans un grand spectacle historique.

écouler: s'écouler passer (temps).
— Combien d'années se sont écoulées depuis que Chouteau est arrivé à Saint-Louis?

feu *nm* chaleur et lumière produits par la combustion.
— Dans les villages, on célèbre la Saint-Jean, le vingt-quatre juin, par un grand feu sur la place du village. On l'appelle un feu de joie.

fond *nm* base; **fonder** établir une base.
— Auguste Chouteau fonda la ville de Saint-Louis en 1764. C'est le fondateur de la ville.

habiller: s'habiller *v* mettre ses vêtements.
— Attends que je mette ma robe; je n'ai pas fini de m'habiller.

1. MONTER 2. SE COUCHER 3. SE RÉVEILLER
4. SE LEVER 5. SE LAVER 6. SE SÉCHER
7. S'HABILLER 8. DESCENDRE 9. S'ASSEOIR

œuvre *nf* travail, généralement, d'un artiste ou d'un écrivain; **chef-d'œuvre** un très beau travail.
— Avez-vous lu les œuvres de Victor Hugo?
— Pas toutes mais j'ai lu son chef-d'œuvre: Notre-Dame de Paris.

ouvrage *nm* travail de n'importe quelle sorte; **se mettre à l'ouvrage** commencer un travail.
— Cette installation électrique est un ouvrage remarquable.
— Il faut nous mettre à l'ouvrage si nous voulons avoir fini notre travail avant cinq heures.

plein *adj* tout à fait rempli. ANT **vide.**
— Versez-moi encore du café; ma tasse n'est pas pleine.

prévenir faire savoir à quelqu'un.
— Je te préviens que je ne pourrai pas aller au cinéma avec toi.

prier *v* s'adresser à Dieu pour l'honorer ou lui demander quelque chose; demander avec politesse; **je vous en prie** s'il vous plaît; **se faire prier** résister à une demande.
— C'est gentil à vous de m'avoir prié à déjeuner.
— Alors, prenez une autre saucisse, je vous en prie.
— Je ne me fais pas prier car je les adore.

renseignement *nm* information.
— Demandez des renseignements à cet agent. Il vous dira quel autobus il faut prendre pour aller au musée du Louvre.

rêver *v* voir des images quand on dort; laisser aller son imagination.
— Il ne t'écoute pas; il rêve.
— Cette nuit, j'ai rêvé que je faisais un grand voyage.

siècle *nm* durée de cent ans.
— Nous sommes au vingtième siècle.

tant pis expression qui signifie qu'on n'est pas satisfait d'une chose mais qu'on ne peut rien y changer. ANT **tant mieux** signifie qu'on est satisfait d'une chose.
— Georges va jouer au tennis cet après-midi.
— Tant mieux; c'est un très bon joueur.
— Sa sœur vient aussi.
— Et elle joue très mal. Tant pis.

tel (telle, tels, telles) *adj* semblable, pareil; *pr.* celui.
— Je n'ai jamais vu un tel programme.
— Proverbe: Tel qui rit vendredi, dimanche pleurera.

tirer *v* sortir de; **se tirer de** sortir d'une situation difficile.
— J'ai tiré ce passage de l'Encyclopédie.
— Il a bien joué son rôle et il était très content quand le professeur lui a dit qu'il s'en était bien tiré.

valoir *v* avoir une valeur de; **valoir mieux** être préférable; **ne rien valoir** n'avoir aucune valeur, **valoir la peine** être important.
— Tu as payé cette vieille voiture cinquante dollars? Elle n'en valait pas vingt-cinq.
— J'ai des devoirs à faire. Il vaudrait peut-être mieux ne pas aller au cinéma.
— Ma montre ne vaut rien; elle avance ou retarde continuellement.

Chapitre Huit

La Vie Journalière

I

Cette photo a été prise à Chamonix. Chamonix est une petite ville au pied du Mont-Blanc. C'est un centre d'alpinisme et de sports d'hiver.

Deux jeunes filles, Catherine et Renée, font du ski. Renée s'appuie sur ses bâtons. Nous ne voyons pas ses skis. Ils sont enfoncés dans la 5 neige. Renée porte un costume de ski, de gros gants de laine, un bonnet de laine. Ses yeux sont protégés par des lunettes teintées.

La pauvre Catherine vient de tomber. Elle est assise dans la neige. Elle a perdu un de ses bâtons. On peut voir le bout d'un de ses skis.

Renée rit. Cela l'amuse de voir Catherine assise dans la neige. 10

    s'appuie *is leaning*   **enfoncé** *buried*   **de laine** *wool*   **assise** *sitting*

QUESTIONS SUR LA PHOTO

1. Où cette photo a-t-elle été prise?
2. Où est située la petite ville de Chamonix?
3. De quoi cette petite ville est-elle un centre?
4. Que font Catherine et Renée?
5. Sur quoi Renée s'appuie-t-elle?
6. Pourquoi ne voyons-nous pas ses skis?
7. Que porte Renée?
8. Comment ses yeux sont-ils protégés?
9. Qu'est-ce qui est arrivé à Catherine?
10. Où est-elle assise?
11. Qu'est-ce qu'elle a perdu?
12. De quoi peut-on voir le bout?
13. Pourquoi Renée rit-elle?

Aïe! (ou Catherine et Renée à Chamonix)

Pour vous aider à comprendre:
aïe! exclamation de douleur ou de peine
arriver à *v* réussir à
chauffé rendu chaud
enlever *v* (ANT) mettre
filer comme une flèche *v* aller rapidement
genou *nm* partie du corps où la jambe se joint à la cuisse
piste bien en pente *nf* chemin d'une inclinaison abrupte pour les skieurs
plier *v* courber, fléchir
raide comme un piquet inflexible, qui ne se plie pas
suffire *v* satisfaire
supplice *nm* tourment
télésiège *nm* sorte de téléphérique

RENÉE. — Hi, hi, hi, que tu es drôle assise dans la neige!

CATHERINE. — Ça n'a rien de drôle pour moi. Et l'instructeur m'a dit que je serai tombée une quarantaine de fois quand j'arriverai à faire du ski convenablement!

RENÉE. — Pour te consoler, pense au moment où tu fileras comme une flèche sur une piste bien en pente.

CATHERINE. — Je ne suis pas sportive. La seule chose qui m'amusera sera de remonter par le télésiège. Et encore, une fois suffira.

RENÉE. — Pourquoi es-tu venue à Chamonix si tu n'aimes pas faire du ski?

CATHERINE. — Parce que . . . J'ai perdu un bâton . . . J'en aurai eu des malheurs avec ces horribles skis!

RENÉE. — Tiens, voilà ton bâton.

CATHERINE. — Aide-moi à me relever. Il faut que j'apprenne à rester debout sur ces engins diaboliques.
RENÉE. — Tu es raide comme un piquet. Plie un peu les genoux. Ça va mieux. En avant.
CATHERINE. — Pas si vite. Attends-moi.
RENÉE. — Ce que tu as l'air embêtée! Pourquoi t'imposes-tu ce qui est pour toi un supplice?
CATHERINE. — Parce qu'on ne peut pas être à Chamonix sans faire du ski. Victoire! J'avance sans tomber. Mais, ce que c'est fatigant! Avec quel plaisir je les enlèverai, ces skis!
RENÉE. — Mais enfin, pourquoi es-tu venue à Chamonix?
CATHERINE. — Dans quinze jours aura lieu le championnat international.
RENÉE. — Je vois. Regarder les skieurs te plaira.
CATHERINE. — Les regarder, pas spécialement. Leur parler, oui. Il y aura beaucoup d'Anglais, d'Américains. J'adore parler aux étrangers.
RENÉE. — Je vois. Tu n'aimes pas le ski mais tu aimes les skieurs.
CATHERINE. — J'aime aussi entrer dans une salle bien chauffée, boire du café bien chaud après être restée longtemps dans la neige. Et puis, surtout, on va danser tous les soirs pendant la semaine du championnat.
RENÉE. — En attendant, faisons du ski. Je vais t'apprendre . . .
CATHERINE. — Attends . . . Il est quatre heures. Il faut que j'aille prendre une leçon.
RENÉE. — Ça, c'est bien. Tu apprendras plus vite avec un skieur plus habile que moi.
CATHERINE. — Pas une leçon de ski, voyons! Une leçon d'anglais.
RENÉE. — Venir à Chamonix pour apprendre l'anglais! On aura tout vu.

NARRATION ORALE

(Catherine apprend à faire du ski)

1 Où Catherine est-elle assise en ce moment?
2 Combien de fois sera-t-elle tombée quand elle arrivera à faire du ski convenablement?
3 Qu'est-ce qu'elle a perdu?
4 Qui l'aide à se relever?
5 Quel conseil lui donne Renée?
6 Qu'est-ce qu'elle réussit à faire? *(à avancer . . .)*.
7 Mais, qu'est-ce qu'elle enlèvera avec plaisir?

NARRATION ÉCRITE

(Catherine à Chamonix)

1 Que font Catherine et Renée?
2 Mais, laquelle des deux jeunes filles n'est pas sportive?

3 Pour Catherine qu'est-ce que c'est que le ski?
4 Alors, pourquoi s'impose-t-elle ce supplice?
5 Qu'est-ce qui aura lieu dans quinze jours?
6 Quels étrangers se trouveront au championnat?
7 Et qu'est-ce que Catherine adore faire?
8 Qu'est-ce qu'elle aimera faire après être restée longtemps dans la neige?
9 Et qu'est-ce qu'on va faire tous les soirs pendant la semaine du championnat?
10 Qu'est-ce que Renée propose à Catherine?
11 Mais quelle heure est-il?
13 Et qu'est-ce qu'il faut que Catherine aille faire?
12 Quelle sorte de leçon Renée croit-elle que Catherine va prendre?
14 Mais quelle sorte de leçon Catherine va-t-elle prendre?

GRAMMAIRE

1. Futur

A. *Lisez les phrases suivantes en faisant attention aux verbes soulignés.*

1 Je n'arriverai jamais à faire du ski.
2 Tu fileras comme une flèche.
3 C'est la seule chose qui m'amusera.
4 Enlèverez-vous vos skis avec plaisir?
5 Nous apprendrons à rester debout sur ces engins.
6 Beaucoup d'Américains seront ici la semaine prochaine.

Vous remarquez que, pour les verbes réguliers, on forme le futur en ajoutant à l'infinitif les terminaisons ai, as, a, ons, ez, ont. *Étudiez la conjugaison au futur des deux verbes auxiliaires* avoir *et* être:

FUTUR			
avoir		**être**	
j'aurai	nous aurons	je serai	nous serons
tu auras	vous aurez	tu seras	vous serez
il (elle) aura	ils (elles) auront	il (elle) sera	ils (elles) seront

B. *Changez les verbes au futur dans les phrases suivantes.*

1 Ils se couchent tard.
2 Je finis les devoirs.
3 On vend cette maison.
4 Nous sommes chez nous.
5 Tu as mes patins.

C. *Lisez les phrases suivantes et remarquez les changements d'orthographe dans les verbes.*

1 Georges se lèvera tôt.
2 Nous nous rappellerons ce jour.
3 Ils achèteront cette maison.
4 Vous préférerez le bleu?
5 Ils amèneront les autres.

Remarquez que les verbes qui ont un «e» muet dans le radical ont des changements d'orthographe dans toutes les formes du futur, mais que ceux qui ont un «é» ne changent pas au futur.

2. Futur antérieur

A. *Lisez les phrases suivantes et faites attention aux verbes soulignés.*

1 Avant d'arriver à faire du ski, je <u>serai tombée</u> au moins quarante fois.
2 Tu en <u>auras eu</u> des malheurs avec ces skis!
3 Le championnat international <u>aura eu</u> lieu avant notre arrivée.
4 Ils <u>seront partis</u> avant dix heures.
5 Quand les <u>aurez-vous</u> finis?
6 Nous <u>aurons reçu</u> sa réponse avant son départ.

Remarquez que le futur antérieur (1) indique une action au futur terminée avant une autre action au futur (2) se compose de deux parties: le futur de l'auxiliaire avoir *ou* être *et le participe passé du verbe. Ce temps emploie le même auxiliaire et le même accord que dans les autres temps composés.*

B. *Complétez les phrases suivantes par la forme convenable du futur antérieur du verbe entre parenthèses.*

EXEMPLES :
Quand elle ——, nous mangerons. (arriver)
Quand elle sera arrivée, nous mangerons.

Quand tu —— tes épinards, tu auras du dessert. (finir)
Quand tu auras fini tes épinards, tu auras du dessert.

1 Quand tu ——, tu pourras partir. (manger)
2 Dites-moi quand vous ——. (finir)
3 Nous sortirons aussitôt que les enfants ——. (se coucher)
4 Nous le saurons quand il —— les nouvelles. (recevoir)
5 Je —— une quarantaine de fois. (tomber)

LA VIE JOURNALIÈRE

3. Futur avec «quand»

A. *Lisez les phrases suivantes et indiquez les verbes au futur.*

1 Il vous dira la nouvelle quand il arrivera.
2 Dites-moi quand elle viendra.
3 Aussitôt que nous partirons, ils se coucheront.
4 Quand il ne va pas bien il va voir son médecin.
5 Quand ils auront fini les devoirs, les élèves pourront partir.
6 Je ne sais pas quand je pourrai faire mon travail.

Remarquez qu'on emploie le futur après quand *et* aussitôt que *si le futur est indiqué.*

B. *Complétez les phrases suivantes par la forme convenable du verbe entre parenthèses.*

EXEMPLES :
Quand tu ____ la lettre, téléphone-moi. (recevoir)
Quand tu recevras la lettre, téléphone-moi.
On paie quand on ____. (entrer)
On paie quand on entre.

1 Quand la glace ____ assez épaisse, nous irons patiner. (être)
2 Quand elle ____ du ski, elle tombe cinq ou six fois. (faire)
3 Quand tu ____ libre, nous assisterons à un match de football. (être)
4 Quand mon père ____ libre le samedi, nous passons la journée ensemble. (être)
5 Aussitôt qu'ils ____, je préparerai le dîner. (arriver)

C. *Faites une seule phrase commençant par le mot* quand; *faites tous les changements nécessaires.* EXEMPLES :
Il finira de parler.   Elle partira.
Quand il aura fini de parler, elle partira.
Ils arriveront.   On se mettra à table.
Quand ils seront arrivés, on se mettra à table.

1 Il lui donnera les devoirs.   Elle les corrigera.
2 Elle descendra.   Elle vous parlera.
3 Ils partiront.   Nous ferons la vaisselle.
4 Je recevrai mon permis de conduire.   Il me prêtera sa voiture.
5 Vous entrerez dans le salon.   Vous verrez ce qui s'est passé.

Cette scène a lieu dans un magasin de vêtements d'hommes.
Marc est en train d'essayer un veston bleu foncé.   Il fait la grimace.
Il est évident que le veston ne lui plaît pas.   Le vendeur arrange les
revers du veston.   Le père de Marc regarde son fils.

Le vendeur et le père de Marc sont habillés correctement de complets
de couleur sombre, chemises blanches et cravates de couleur foncée.
Ils portent les cheveux courts et soigneusement coiffés.   Marc porte
les cheveux plus longs et il n'est pas très bien coiffé.

Derrière les trois personnages, on voit des complets accrochés à des
cintres.   Devant eux, sur une table, se trouve un costume de tweed.

accroché *hanging*   **coiffé: soigneusement coiffé** *well groomed*
retouches *alterations*   **cintre** *coat hanger*

QUESTIONS SUR LA PHOTO

1. Où a lieu cette scène?
3. Qu'est-ce que Marc est en train d'essayer?
2. Qu'est-ce qu'il fait?
4. Qu'est-ce qui est évident?
5. Qui arrange les revers du veston?
6. Comment le vendeur et le père de Marc sont-ils habillés?
7. Comment portent-ils leurs cheveux?
8. Comment Marc porte-t-il les siens?
9. Qu'est-ce qu'on voit derrière les trois personnages?
10. Qu'est-ce qu'on voit sur une table devant eux?

Marc et son père ont des goûts nettement différents.

Pour vous aider à comprendre:
avoir du ventre   être gros (obèse)
chauve *adj*   qui n'a pas (ou presque pas) de cheveux
crinière *nf*   chevelure (cheveux) abondante
glace *nf*   miroir
moto *nf*   (motocyclette)
prêt *adj*   fini, préparé
raccourcir *v*   rendre plus court

MARC. — Ce complet ne me va pas du tout. D'abord, les manches sont trop longues. Un blouson . . .

LE PÈRE. — Je t'ai déjà dit que je déteste les blousons.

LE VENDEUR. — Évidemment, il faudrait raccourcir les manches. Ce sera facile. Et les revers tombent bien. 5

LE PÈRE. — Ce costume me plaît. Quelques retouches et il serait parfait.

MARC. — Mais papa, avec un complet bleu marine, j'aurais l'air d'un vieux monsieur.

LE PÈRE. — Tu dis une sottise. J'aurais été très content d'avoir un costume comme celui-là quand j'étais jeune. 10

MARC. — Mais papa, un blouson de cuir coûterait mons cher et serait beaucoup plus pratique.

LE PÈRE. — Plus pratique! Tu mettrais un blouson pour aller dîner chez tes grands-parents?

MARC. — Non, mais je pourrais mettre mon costume gris. 15

LE PÈRE. — Il n'est plus mettable, ton costume gris. Ta mère et moi aimerions te voir bien habillé de temps en temps.

MARC. — Mais papa, pour faire de la moto. . . .

LE PÈRE. — Pour faire de la moto tu mettras ton costume gris. Combien coûte ce complet? 20

Le vendeur. — 350 francs.
Le père. — Nous le prenons. Quand sera-t-il prêt?
Le vendeur. — Les retouches seront vite faites. Il sera prêt demain.
Le père. — Parfait. Voyons, Marc, je t'offre un complet et tu n'as pas l'air content!
Marc. — J'aurais tant aimé avoir un blouson. Tous mes camarades en ont un.
Le père. — Mais regarde-toi dans la glace. Tu n'es pas bien habillé?
Marc. — Il me semble que je suis chauve et que j'ai du ventre.
Le père. — Tu n'es certainement pas chauve. C'est ridicule, ces cheveux longs. Si tu te les faisais couper de temps en temps, tu me ferais plaisir.
Marc. — Et si je te faisais ce plaisir, tu me paierais un blouson?
Le père. — Ma foi, je serais si content de ne plus voir cette crinière... Eh bien oui, je te paierais le blouson de tes rêves.
Marc. — Oh, papa, que tu es gentil.
Le vendeur. — Par ici, les blousons. En voici un qui, je crois, vous irait parfaitement.
Marc. — En effet. Ce qu'on est bien là-dedans!
Le père. — C'est affreux. Enfin, puisque tu vas te faire couper les cheveux....

NARRATION ORALE

(Marc va se faire couper les cheveux)

1 Qu'est-ce que Marc voudrait que son père lui achète?
2 Mais, qu'est-ce que son père pense des blousons?
3 Et qu'est-ce qu'il pense des cheveux de son fils?
4 Qu'est-ce que Marc propose à son père?
5 Pourquoi le père accepte-t-il la proposition de son fils?
6 Alors, que fera Marc?

NARRATION ÉCRITE

(Marc n'aime pas les complets bleu marine)

1 Comment Marc trouve-t-il que le complet lui va?
2 Comment sont les manches?
3 Mais qu'est-ce qu'il sera facile de faire?
4 Et comment le père trouve-t-il que le complet sera après quelques retouches?
5 Mais de quoi Marc pense-t-il qu'il aura l'air dans ce costume?
6 Comment le père répond-il à cette remarque?
7 Et pourquoi un blouson ne serait-il pas plus pratique qu'un complet?
8 Comment le père trouve-t-il le costume gris que Marc voudrait mettre pour aller dîner chez ses grands-parents?
9 Pour faire de la moto, qu'est-ce qu'il faudrait à Marc?

10 Mais qu'est-ce que son père lui dit de mettre pour faire de la moto?
11 Et qu'est-ce que le père décide d'acheter?
12 Pourquoi Marc n'est-il pas content?
13 Qu'est-ce qu'il lui semble quand il se regarde dans la glace?
14 Finalement, qu'est-ce que le père décide de faire?
15 Comment Marc se trouve-t-il dans un blouson?

GRAMMAIRE
1. Conditionnel présent

A. *Lisez les phrases suivantes en faisant attention aux verbes soulignés.*

1 Vous pourriez mettre votre complet gris.
2 Mes parents seraient contents de ne plus voir ça.
3 Il faudrait raccourcir les manches.
4 J'aurais l'air d'un vieux monsieur.
5 Tu me paierais un blouson?
6 Nous aimerions te voir bien habillé.

Remarquez que le conditionnel a le même radical que le futur mais que les terminaisons sont celles de l'imparfait. On emploie le conditionnel quand il y a une condition exprimée ou sous-entendue dans la phrase. En général le conditionnel suit un verbe au passé.

Regardez la conjugaison du conditionnel des deux verbes auxiliaires avoir *et* être *ci-dessous:*

CONDITIONNEL PRÉSENT			
avoir		être	
j'aurais	nous aurions	je serais	nous serions
tu aurais	vous auriez	tu serais	vous seriez
il (elle) aurait	ils (elles) auraient	il (elle) serait	ils (elles) seraient

B. *Changez les verbes au conditionnel dans les phrases suivantes.*

EXEMPLE:
Ils achèteront cette maison.
Ils achèteraient cette maison.

1 Quand le saurez-vous?
2 Je te vendrai mes patins.
3 Elle entrera par cette porte.
4 Auras-tu assez d'argent?
5 Où seront-ils?
6 Nous ferons de notre mieux.

C. *Complétez les phrases suivantes en choisissant la forme convenable du verbe entre parenthèses.*

EXEMPLES :

Il dit qu'il ———— ici à midi. (sera, serait)
Il dit qu'il sera ici à midi.

Il savait que je ne ———— pas venir. (pourrai, pourrais)
Il savait que je ne pourrais pas venir.

1 On a dit qu'il ———— aujourd'hui. (pleuvra, pleuvrait)
2 Elle répond qu'elle ———— de mieux faire. (essayera, essayerait)
3 Il a écrit que ses amis ———— le train de six heures. (prendront, prendraient)
4 Je savais que tu ne ———— pas ton permis de conduire. (recevras, recevrais)
5 Elle a dit que nous nous y ————. (amuserons, amuserions)
6 Si elle le savait, elle me le ————. (dira, dirait)
7 Si elles viennent, vous les ————. (verrez, verriez)
8 Si je l'achetais, ————-vous me la livrer? (pourrez, pourriez)

D. *Changez les phrases suivantes de l'imparfait au conditionnel.*

EXEMPLES :

Ils attendaient l'autobus.
Ils attendraient l'autobus.

On entrait par cette porte.
On entrerait par cette porte.

1 Tu mettais un blouson.
2 Je pouvais mettre mon complet gris.
3 Un blouson de cuir coûtait moins cher.
4 Il se faisait couper les cheveux.
5 Ils finissaient leurs devoirs.
6 Vous lui montriez des complets.

2. Conditionnel passé

A. *Lisez les phrases suivantes en faisant attention aux verbes soulignés.*

1 J'aurais aimé avoir un blouson en cuir.
2 Ça n'aurait pas fait plaisir à mon père.
3 Nous serions partis si tu n'avais pas été là.
4 Auriez-vous été content d'avoir ce complet?
5 Tu serais tombée si je n'avais pas été là.
6 Ils se seraient amusés si Georges avait assisté au bal.

Remarquez que le conditionnel passé est formé par le conditionnel de l'auxiliaire (avoir ou être) suivi du participe passé du verbe. C'est un temps composé et il suit les mêmes règles que les autres temps composés. Remarquez aussi que le conditionnel passé indique une action terminée (au conditionnel) avant une autre action au conditionnel.

B. *Changez les verbes du conditionnel au conditionnel passé dans les phrases suivantes.*

EXEMPLE :

Iriez-vous au cinéma avec moi?
Seriez-vous allé au cinéma avec moi?

1 Ils ne viendraient pas sans vous.
2 La lirait-il?
3 Nous finirions le travail à midi.
4 Elle tomberait.
5 Lequel des complets choisirais-tu?
6 Je m'amuserais au bal.

CHAPITRE HUIT

Sandra Carpenter à Lyon

1. Sandy est étonnée de voir Madeleine en train de faire le ménage.

SANDY. — Comme tout est propre! Et c'est toi qui fais le ménage. Quel spectacle extraordinaire! Depuis trois mois que j'habite chez toi, je ne t'ai jamais vue faire ça.

MADELEINE. — Pendant que tu dormais, j'ai reçu un télégramme de mon oncle Paul. Il arrive à sept heures ce soir.

SANDY. — Eh bien, ce n'est pas une catastrophe. Tu m'as toujours dit que ton oncle Paul, c'est la crème des hommes.

MADELEINE. — Il est très gentil. Mais il est maniaque. Un grain de poussière le rend malade.

SANDY. — Je comprends. Il y a quatre jours que ta mère est partie et nous n'avons pas fait le ménage. Ce spectacle extraordinaire s'explique. Tu veux que je t'aide? Il y a une montagne de vaisselle sale dans la cuisine.

MADELEINE. — Si tu veux la laver.... Moi, je vais passer l'aspirateur sur les tapis.

SANDY. — Il faut aussi faire les lits.

MADELEINE. — Aller aux provisions, préparer un dîner.

SANDY. — Préparer un dîner! Ni toi, ni moi ne savons faire la cuisine! Tu dois être la seule Française qui ne sache pas faire la cuisine.

MADELEINE. — Pas forcément. Et l'oncle Paul s'imagine que je fais très bien la cuisine.

SANDY. — Pas possible! Où diable a-t-il pris cette idée?

MADELEINE. — Il se trouvait dans la cuisine un jour où maman faisait une omelette. Elle m'a permis de casser les œufs. Et, depuis ce jour-là, l'oncle Paul s'imagine que je suis un cordon bleu.

SANDY. — Tu ne peux pas apprendre à faire la cuisine en un jour.

MADELEINE. — On peut toujours essayer.

SANDY. — On pourrait ouvrir quelques boîtes de conserves.

MADELEINE. — Impossible. Pour l'oncle Paul, les conserves, c'est du poison.

SANDY. — Moi qui comptais aller au ballet cet après-midi.

MADELEINE. — Ne perdons pas de temps en regrets inutiles. Au travail, ma petite vieille.

•**aspirateur** *vacuum cleaner* •un **cordon** bleu *a first-rate cook* •pas **forcément** *not necessarily* •**maniaque** *finicky* •fais le **ménage** *(are doing) the housework* •grain de **poussière** *speck of dust*

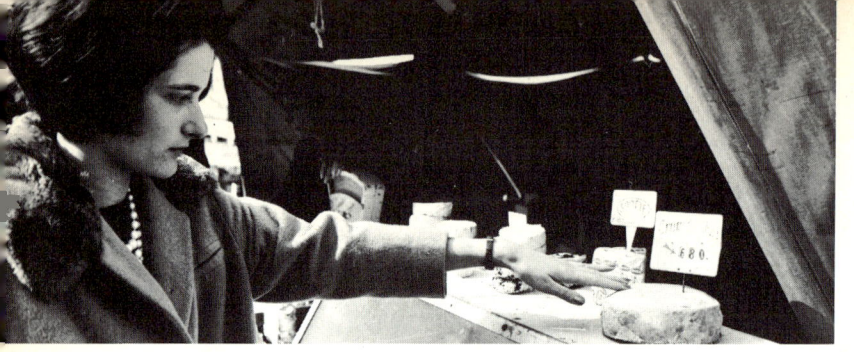

2. Gruyère, roquefort ou camembert?
Lequel prendre?

MADELEINE. — Ce fromage a l'air appétissant.
SANDY. — Tu es sûre que le difficile oncle Paul aime le gruyère?
MADELEINE. — Attends.... Non, je n'en suis pas sûre. Tiens, des camemberts. Je me demande si celui-ci est trop fait, pas assez fait ou juste à ce moment de son existence où l'oncle Paul adore le camembert.
SANDY. — Ce n'est pas moi qui peux te dire ça. Je n'aime pas le camembert.
MADELEINE. — Moi, je le déteste. Et la marchande qui n'est pas là.... Ah, la voilà.
LA MARCHANDE. — Qu'est-ce que vous désirez, ma petite demoiselle?
MADELEINE. — Un camembert, pas trop fait.
LA MARCHANDE. — Celui-ci doit être comme vous les aimez. Je vais vous y faire goûter. Tenez, voilà un petit morceau, Mademoiselle.
SANDY. — Non merci, Madame.
LA MARCHANDE. — Et vous?
MADELEINE. — Merci, Madame. Heu. ... Je ne sais pas. Il me semble trop fait.
LA MARCHANDE. — Alors, celui-ci. Goûtez-y.
MADELEINE. — Heu.... J'ai peur que mon oncle trouve qu'il n'a pas de goût.
LA MARCHANDE. — Je sais que celui-là est parfait. Goûtez-moi ça. Qu'est-ce que vous en dites?
MADELEINE. — Peut-être.... Vraiment, je ne sais pas. Je vais prendre du roquefort. Une demi-livre. Combien est-ce?
LA MARCHANDE. — Un franc cinquante.
MADELEINE. — Voici dix francs, Madame.
LA MARCHANDE. — Voici votre monnaie, Mademoiselle.
MADELEINE. — Merci, Madame. Au revoir, Madame. ...
SANDY. — Eh bien, toi qui n'aimes pas le camembert, tu en as goûté trois fois.
MADELEINE. — Et j'ai un goût horrible dans la bouche. L'oncle Paul peut dire qu'il a une nièce dévouée.
SANDY. — Qu'est-ce qu'il nous reste à faire?
MADELEINE. — Il faut que nous achetions des légumes et un bifteck.
SANDY. — Où faut-il que nous allions pour acheter un bifteck? Ici?
MADELEINE. — Mais non, voyons. C'est un charcutier.
SANDY. — Eh bien, il vend de la viande!
MADELEINE. — Seulement du porc. Le boucher est là-bas.

• **appétissant** *appetizing* • **demoiselle** *lady* • **dévouée** *devoted* • **pas trop fait** *not too ripe* • **Gruyère, etc.**, *kinds of cheese* • **monnaie** *change* • **Tenez** *Here!*

CHAPITRE HUIT

3. Préparer des épinards, c'est bien compliqué.

MADELEINE. — Ces épinards sont frais?
LA MARCHANDE. — Voyons! Vous pouvez voir vous-même comme ces feuilles sont vertes et fermes, Mademoiselle.
MADELEINE. — Comment est-ce qu'on fait cuire des épinards, Madame?
LA MARCHANDE. — Vous ne savez pas faire cuire des épinards? Ah, ça, par exemple!
MADELEINE. — Je sais qu'on doit les mettre dans l'eau bouillante.
LA MARCHANDE. — Moi qui croyais que toutes les jeunes filles de votre âge savaient faire la cuisine. C'est très facile. Vous devez enlever les tiges, les laver dans plusieurs eaux. Surtout, mettez très peu d'eau bouillante dans la casserole, très, très peu. Quand ils sont cuits, égouttez-les très soigneusement. Ensuite, vous pouvez ajouter du beurre ou de la crème.
MADELEINE. — Mais il faut beaucoup de temps pour préparer des épinards.
LA MARCHANDE. — Ah, dame, ça ne se fait pas tout seul. Prenez donc des artichauts. Il n'y a qu'à les laver et à les mettre dans de l'eau bouillante. Ça se fait tout seul.
MADELEINE. — Bon. Donnez-moi trois artichauts.
LA MARCHANDE. — Voilà. Trois artichauts superbes. Je les mets dans votre panier.
MADELEINE. — Combien vous dois-je?
LA MARCHANDE. — Trois artichauts à un franc cinquante chaque, ça fait quatre francs cinquante, Mademoiselle.
MADELEINE. — Voici. Au revoir, Madame, et merci . . .
LA MARCHANDE. — Ne pas savoir faire cuire des épinards! Oh, les jeunes! On aura tout vu!

4. Des fleurs ajouteront quelque chose.

MADELEINE. — Ces tulipes sont très belles. Je vais en prendre une douzaine.
LA MARCHANDE. — Et elles viennent d'être cueillies, Mademoiselle. Vous pouvez les garder toute une semaine. Voilà.

• **égouttez**-les (égoutter) *drain them*   • **garder** *to keep now!*   • **tiges** *stems*   • On aura tout **vu!** *I've seen everything*

MADELEINE. — Combien est-ce?

LA MARCHANDE. — C'est cinq francs.

MADELEINE. — Voilà, Madame. . . . Hé, Sandy, qu'est-ce que tu fais là? Tu as le bifteck?

SANDY. — Oui, mais ce marché en plein air est tellement amusant. . . .

MADELEINE. — Que tu regardais partout excepté de mon côté.

SANDY. — Oh, une marchande de poissons. Tu n'achètes pas de poisson?

MADELEINE. — Qui va le faire cuire? Non, salade de tomates, bifteck, artichauts, pommes de terre, et puis fromage — c'est assez. Dépêchons-nous de rentrer.

SANDY. — Ce marché est bien plus amusant que le supermarché où ta mère m'a emmenée la semaine dernière.

MADELEINE. — Maman dit toujours qu'on fait le marché bien plus rapidement dans un supermarché. Je suppose que vous avez beaucoup de supermarchés à Richmond.

SANDY. — Des quantités. . . . Oh, regarde. Cette marchande a des poulets vivants.

MADELEINE. — Pas le temps de regarder des poulets.

SANDY. — Ne pouvons-nous pas marcher un peu le long du Rhône? Il est tellement majestueux.

MADELEINE. — Écoute, ma petite fille. Tu oublies que nous devons faire une foule de choses avant l'arrivée de l'oncle Paul.

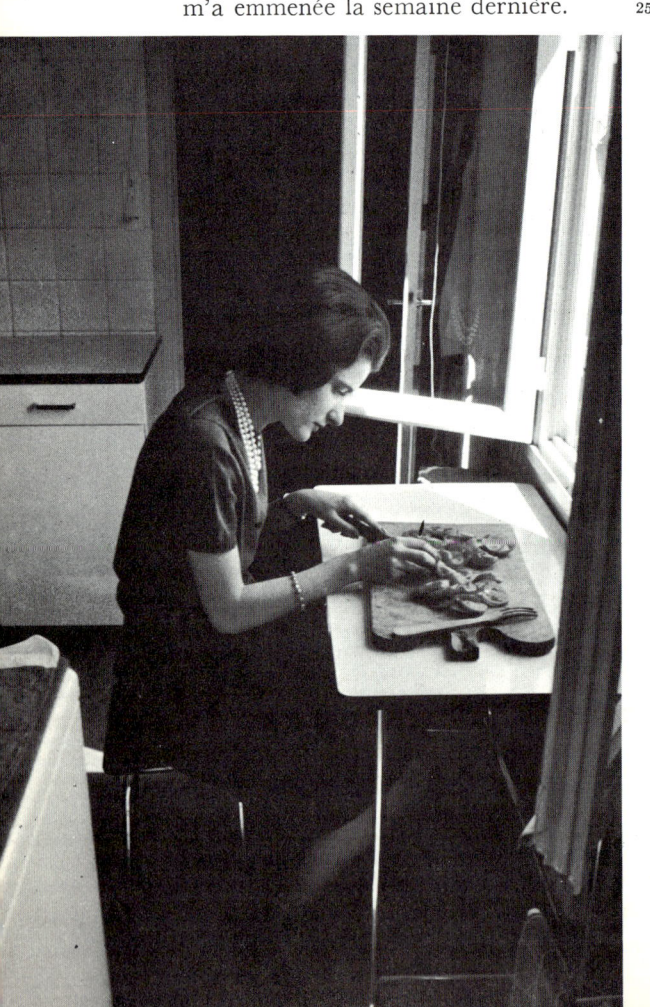

5. Il est bien difficile de mettre tout en train en même temps à la cuisine.

MADELEINE. — Ces tomates ne sont pas jolies, jolies. Enfin, avec une bonne vinaigrette, ça ira.

SANDY. — Pendant que tu coupes tes tomates bien tranquillement, moi, je lutte contre ces pommes de terre. Elles ne veulent pas s'écraser.

MADELEINE. — Elles ne sont pas assez cuites. Remets-les dans l'eau.

SANDY. — Qu'est-ce qui brûle?

MADELEINE. — Ma sauce, ma sauce pour les artichauts. Mon Dieu, il n'en reste presque plus.

SANDY. — Goûtes-y. Peut-être qu'elle est encore bonne.

•je **lutte** contre *I struggle with*   •de mon **côté** *in my direction*

CHAPITRE HUIT

MADELEINE. — Oh, quelle horreur! Et je ne peux pas en faire d'autre. Il n'y a plus de citron.

SANDY. — Sers les artichauts avec du pain et du beurre et dis à ton oncle que c'est la manière américaine.

MADELEINE. — J'ai peur que l'oncle Paul n'aime pas beaucoup ça. Enfin, tant pis.

SANDY. — C'est trop tôt pour mettre le bifteck?

MADELEINE. — Je ne crois pas que ce soit trop tôt. Il faut bien une demi-heure pour faire cuire un bifteck.

SANDY. — Tu crois? Il me semble.... Enfin.... Je t'écoute. Je le mets sur le gril.

* * *

MADELEINE. — Encore quelque chose qui brûle.

SANDY. — Mon Dieu, les artichauts! Il n'y a plus d'eau dans la casserole. Tu n'en as pas mis assez.

MADELEINE. — La marchande a dit de mettre très peu d'eau pour faire cuire les épinards.

SANDY. — Idiote! Les artichauts ne sont pas des épinards. J'ajoute de l'eau. Tu crois qu'ils vont sentir le brûlé?

MADELEINE. — On peut toujours espérer.

* * *

MADELEINE. — Moi, je vais faire la vinaigrette pour les tomates. Où sont le sel et le moulin à poivre?

SANDY. — Sous ton nez, près du fourneau.

MADELEINE. — Ne t'énerve pas. Sel, poivre, vinaigre, huile. Allons, bon!

J'ai mis trop de vinaigre.

SANDY. — Ajoute de l'huile.

MADELEINE. — Maintenant, il y a trop d'huile.

SANDY. — Ajoute du vinaigre.

MADELEINE. — Voilà. Oh, ces pauvres tomates nagent dans un océan de vinaigrette. Je jette une partie de la sauce.

SANDY. — Tu as jeté toute l'huile.

MADELEINE. — C'est décourageant. Tant pis. Je la laisse comme ça. Je vais mettre le couvert. Toi, occupe-toi des fleurs. L'oncle Paul aime bien avoir des fleurs sur la table.

•**citron** lemon •mettre le **couvert** to set the table •ne t'**énerve** pas you're letting your nerves get the better of you
•**huile** oil •**moulin** à poivre pepper mill •**sers** (servir) serve

6. C'est très important, une table bien mise.

SANDY. — Où est-ce qu'on va mettre l'oncle Paul?

MADELEINE. — De ce côté-ci?

SANDY. — Oui; comme ça il sera plus loin de la cuisine. Tiens, voici les fleurs.

MADELEINE. — Elles sont déjà fanées! Et j'espérais qu'au moins il aurait quelque chose de joli à regarder.

SANDY. — Il est certain que ton pauvre oncle n'aura pas grand plaisir à regarder ce que nous allons mettre dans son assiette.

MADELEINE. — Un bifteck dur comme du bois!

SANDY. — Une purée de pommes de terre qui est plutôt une soupe.

MADELEINE. — Un artichaut brûlé.

SANDY. — Il aura toujours un bon fromage.

MADELEINE. — Ce n'est pas sûr. Peut-être qu'il déteste le roquefort.

SANDY. — Oh, alors, la catastrophe complète.... On sonne. C'est lui.

* * *

MADELEINE. — Bonjour, mon oncle. Tu as fait bon voyage?

L'ONCLE PAUL. — Excellent. Mais qu'est-ce qu'il y a? Tu n'as pas l'air contente de me voir. Sandra non plus...

MADELEINE. — C'est que.... Toi qui aimes la bonne cuisine....

SANDY. — Nous avons fait ce que nous avons pu, mais...

MADELEINE. — Quelle catastrophe! Nous voulions te préparer un dîner, et c'est tout gâché.

L'ONCLE PAUL. — Mais c'est sans importance. Je suis justement venu un jour où ma sœur n'est pas là, parce que je comptais me donner le plaisir de vous emmener toutes deux au restaurant. Allez, allez, mettez vos manteaux. Je connais un restaurant magnifique. Et le chef est un de mes amis.

MADELEINE. — Tu es un oncle en or!

• **gâché** *ruined* • **table bien mise** *well-set table* • **en or** *of pure gold* • **une purée** de pommes de terre *mashed potatoes* • **on sonne** *somebody is ringing*

7. Après un repas exquis, c'est un plaisir de parler avec le chef.

LE CHEF. — Votre sauce est terminée. Vous l'enlevez du feu, vous la versez sur les filets de sole, vous mettez votre plat au four. Vous avez alors les filets de sole au gratin, une spécialité de Lyon.

MADELEINE. — Laissez-moi goûter à votre sauce. Oh, que c'est bon! Oncle Paul, je suis contente que tu aies un ami cuisinier.

LE CHEF. — C'est un plaisir de faire la cuisine pour votre oncle. Il apprécie les bonnes choses.

MADELEINE. — Sandy, tu as écrit la recette? Crois-tu que tu puisses faire des filets de sole au gratin pour tes amis de Richmond?

SANDY. — Beurre, farine, lait, gruyère râpé. Ça n'a pas l'air trop difficile. Je ne suis pas sûre des quantités. Trois noix de beurre, qu'est-ce que ça fait?

LE CHEF. — Trois morceaux de beurre gros comme une noix, Mademoiselle.

SANDY. — Trois cuillerées de farine, ça c'est facile. Mais une pincée de sel, un soupçon de poivre!

LE CHEF. — Je suis étonné que vous ne compreniez pas quelque chose d'aussi simple. Un peu de sel, un peu de poivre.

SANDY. — Vous n'avez pas mesuré la quantité de gruyère râpé.

LE CHEF. — Inutile. L'art du cuisinier ne consiste pas à mesurer. C'est un instinct qu'on a ou qu'on n'a pas.

• **farine** *flour* • **au four** *in the oven* • **noix** de beurre *pieces of butter (the size of a walnut)* • **plat** *dish* • **poivre** *pepper* • **râpé** *grated* • **recette** *recipe* • **soupçon** *dash, spot* • **versez** (verser) *pour*

SANDY. — C'est décourageant. Je me demande si je saurai jamais faire la cuisine.

MADELEINE. — Ne t'en fais pas. Nous demanderons à maman de nous apprendre à faire une omelette aux fines herbes. Il paraît que ce n'est pas compliqué.

LE CHEF. — Évidemment, c'est moins compliqué que les spécialités lyonnaises. Vous aimez nos spécialités lyonnaises, Mademoiselle?

SANDY. — Oh, oui! Le poulet aux champignons était délicieux.

LE CHEF. — Malheureusement, les bonnes traditions se perdent. On m'a proposé de diriger les cuisines dans une fabrique d'aliments surgelés. J'ai refusé avec horreur.

SANDY. — Vous voulez dire qu'on trouve ces plats compliqués dans les aliments surgelés?

L'ONCLE PAUL. — Mais oui. On m'en a servi chez des amis. Ce n'était pas du tout la même chose.

LE CHEF. — Un plat doit sauter de la cuisine sur la table. Autrement, il ne vaut rien.

SANDY. — Tout de même, il y a des moments où ce serait bien commode d'avoir des aliments surgelés. Par exemple, quand on reçoit une visite inattendue, n'est-ce pas, Madeleine?

Le 14 novembre

Ma chère Janet,

Tu dois te demander ce que je deviens. Je fais tant de choses que je ne sais pas où trouver le temps d'écrire des lettres. Tu peux voir que je ne m'ennuie pas à Lyon.

J'ai trouvé un oncle. C'est un oncle de Madeleine, l'oncle Paul, qui m'a adoptée ou que j'ai adopté, comme tu veux. Il nous a promenées dans tout Lyon, Madeleine et moi.

Mais sais-tu à quoi je m'occupe ces jours-ci? Tu ne vas pas le croire. J'ai décidé qu'il faut que j'apprenne à faire la cuisine. La mère de Madeleine m'a appris à faire une omelette aux fines herbes. Je t'envoie la recette. Ce n'est pas compliqué mais j'ai peur que tu ne réussisses pas la première fois. Il faut que l'omelette soit dorée à l'extérieur et molle à l'intérieur.

Raconte-moi bien tout ce que tu fais à Richmond dans ta prochaine lettre. Rappelle-moi au bon souvenir de tous nos amis. Mille pensées affectueuses pour toi.

Je t'embrasse,

Sandy

• aux **champignons** *with mushrooms* • **commode** *convenient* • **diriger** *to manage* • je **t'embrasse** *"with much love"* • ne t'en **fais** pas *don't get excited* • aux **fines herbes** *made with herbs* • **inattendue** *unexpected* • **raconte-**moi bien *be sure to tell me* • fabrique d'aliments **surgelés** *frozen food plant*

Recette de l'omelette aux fines herbes

Pour trois ou quatre personnes

1. Prenez six œufs et un saladier.
2. Cassez les œufs dans le saladier.
3. Ajoutez du sel, du poivre et une cuillerée d'eau.
4. Hachez finement du persil, du cresson, de la ciboulette.
5. Mettez ce hachis dans les œufs.
6. Battez vivement les œufs jusqu'à ce qu'ils soient bien mêlés et mousseux.
7. Faites fondre 75 grammes de beurre dans une poêle.
8. Versez les œufs lorsque le beurre commence à fumer.
9. Tournez le mélange en tous sens avec une fourchette.
10. Faites glisser l'omelette dans un plat en repliant une moitié sur l'autre.

Ma petite Janet, j'ajoute ceci:

Il faut que la cuisson se fasse en deux ou trois minutes. Si tu n'as pas de ciboulette, tu mets davantage de cresson. Et si tu n'as ni cresson, ni ciboulette tu te contentes de mettre du persil. Et si tu me demandes combien de fines herbes il faut mettre, je te répondrai ce que dit la mère de Madeleine: C'est une affaire de goût personnel.

Bonne chance.

- bonne **chance** *good luck* • **ciboulette** *chives* • tu te **contentes** de *you make do with* • **cresson** *cress*
- **cuisson** *cooking* • faites **fondre** *melt* • **fumer** *to smoke* • faites **glisser** *slide* • **hachis** *minced items*
- **mélange** *mixture* • **mêlés** *mixed* • **mousseux** *frothy* • **persil** *parsley* • **poêle** *frying pan* • en **repliant** *folding* • **saladier** *salad bowl* • en tous **sens** *in every direction* • **vivement** *briskly*

Compte rendu

SANDRA CARPENTER A LYON

1. Qui était seule à la maison?
2. Qui était parti depuis quatre jours?
3. Quand Sandy est entrée dans le salon pourquoi a-t-elle été étonnée?
4. Qu'est-ce que Madeleine a expliqué?
5. A quelle heure est-ce que l'oncle Paul devait arriver ce soir-là?
6. Comment est l'oncle Paul? Qu'est-ce qui le rend malade?
7. Aime-t-il la bonne cuisine? Aime-t-il les conserves?
8. Est-ce que les jeunes filles avaient fait le ménage?
9. Qu'est-ce qu'il y avait dans la cuisine?
10. Qu'est-ce qu'il fallait faire?
11. Qu'est-ce qu'elles ne savaient pas très bien faire?
12. Mais elles se sont mises au travail. Où sont-elles allées?
13. Après avoir goûté à plusieurs camemberts, qu'est-ce que Madeleine a fini par prendre?
14. Ensuite qu'est-ce qu'elles sont allées acheter?
15. De retour à la maison, elles ont préparé les tomates. Comment étaient les tomates?
16. Qu'est-ce qu'elles ont fait brûler?
17. Qu'est-ce qu'elles ont fait cuire une demi-heure?
18. Elles ont mis la table, et enfin elles étaient prêtes. Mais comment les fleurs étaient-elles déjà?
19. Comment était le bifteck?
20. Comment était la purée de pommes de terre?
21. Comment étaient les artichauts?
22. Il y avait un bon fromage, mais qui n'aimait peut-être pas le roquefort?
23. C'était la catastrophe complète. Mais qui, quand il est arrivé, n'a pas trouvé que c'était une catastrophe? Pourquoi?
24. Où sont-ils tous allés?
25. Après le repas qu'est-ce qu'ils ont fait?
26. Qu'est-ce que le chef leur a montré?
27. Qui a essayé d'écrire la recette?
28. Mais Madeleine pensait que ce serait mieux d'apprendre à faire quelque chose de moins compliqué. Quoi, par exemple?
29. Quelques jours plus tard quand Sandy a écrit à une amie de Richmond, qu'est-ce qu'elle apprenait déjà à faire?

GRAMMAIRE
1. Phrases conditionnelles

A. *Lisez les phrases suivantes et indiquez le temps de chaque verbe.*

EXEMPLE :

S'il fait du ski, il tombe.
(fait—présent de l'indicatif, tombe—présent de l'indicatif)

1 Si tu ne vas pas bien, pourquoi ne vas-tu pas voir le médecin?
2 Si vous le lui demandez, il viendra.
3 Si elle vient, dites-le-moi.
4 Si elles y allaient, y iriez-vous aussi?
5 Si nous partions, serais-tu malheureux?
6 Si j'avais su, je serais arrivée plus tôt.
7 Qu'est-ce qui se serait passé si tu n'avais pas été là?

Remarquez que dans les phrases conditionnelles il y a toujours deux propositions et que la proposition subordonnée commence par la conjonction si. *Pour le temps à employer dans les phrases conditionnelles voir le plan ci-dessous.*

TEMPS DANS LES PHRASES CONDITIONNELLES	
Proposition subordonnée (si, s')	Proposition principale
Présent	Futur, présent, impératif
Imparfait	Conditionnel
Plus-que-parfait	Conditionnel passé

B. *Complétez les phrases suivantes en choisissant la forme convenable des verbes entre parenthèses.*

EXEMPLE :

S'il ____, dites-le-moi. (vient, viendra)
S'il vient, dites-le-moi.

1 Que feriez-vous s'il ____? (pleuvait, pleuvrait)
2 Si tu avais su, qu'est-ce que tu ____? (ferais, aurais fait)
3 Si tu vas partir, ____-moi. (téléphonera, téléphone)
4 Où ____-vous en vacances si vous aviez cinq mille francs? (irez, iriez)
5 Elle serait toute seule si je ____. (partirais, partais)
6 Si nous le lui ____ savoir, il nous aidera. (faisons, ferons)

C. *Complétez les phrases suivantes par la forme convenable du verbe entre parenthèses.*

EXEMPLES :

Si elle y ____, il y ira (va) aussi. (aller)
Si elle y va, il y ira (va) aussi.

Si elle y allait, il y ____ aussi. (aller)
Si elle y allait, il y irait aussi.

Si elle y était allée, il y ____ aussi. (aller)
Si elle y était allée, il y serait allé aussi.

1 Si elle ____, que feriez-vous? (partir)
2 Je préparerai le dîner si tu ____ la vaisselle. (faire)
3 Si tu n'y mets pas plus d'eau, ça ____. (brûler)
4 Nous ____ des épinards s'ils avaient été frais. (acheter)
5 Il aurait été furieux, s'il ____. (savoir)

2. Propositions avec «si» et «quand»

A. *Lisez les phrases suivantes en remarquant (1) si la conjonction est* si *ou* quand *et (2) le temps du verbe de la proposition subordonnée.*

1 Il ne viendra pas s'il pleut.
2 Les enfants rentreront quand il commencera à pleuvoir.
3 Dites-moi quand vous serez libre.
4 Dites-moi si vous êtes libre.

Remarquez qu'avec quand *on emploie le futur (si le futur est indiqué) mais qu'avec* si *on emploie le présent.*

B. *Complétez les phrases suivantes en mettant la forme convenable du verbe entre parenthèses.*

EXEMPLES:

S'il ——, dites-le-moi.   (partir)
S'il part, dites-le-moi.

Quand il ——, dites-le-moi.   (partir)
Quand il partira, dites-le-moi.

1 Quand tu —— le prix, tu seras contente.   (savoir)
2 Si elle y ——, nous l'aurions vue.   (rester)
3 Probablement que Paul —— des fleurs, si elle vient.   (acheter)
4 Quand je —— de déjeuner, je me brosserai les dents.   (finir)
5 Si vous alliez avec eux, je vous ——.   (rejoindre)

PETIT DICTIONNAIRE

aliment *nm* nourriture: la viande, le légume, etc.
assis *adj* participe passé d'asseoir. ANT **debout**.
— Il est assis; il est couché; il est debout.
autrement *adv* d'une autre façon; sinon.
— Ce plat doit être servi tout de suite; autrement, il ne vaudra rien.
battre *v* frapper; donner des coups; agiter fortement.
— Pour faire une omelette, on bat les œufs avec une fourchette.
bouillant *adj* point où, sous l'action de la chaleur, un liquide s'agite et dégage des bulles. **bouillir** *v*. ANT **geler**.
— Si tu mets des artichauts dans l'eau froide, ils ne cuiront jamais. Il faut les mettre dans l'eau bouillante.
championnat *nm* épreuve sportive qui mène au titre de «champion».
— Le champion est le vainqueur d'une épreuve sportive.
charcutier *nm* qui vend du porc. (Le boucher vend les autres viandes.)
— Si vous voulez acheter un rôti de porc, il faut aller chez le charcutier. Voilà justement une charcuterie.
— Je préfère un rôti de veau. La boucherie est en face. Et le boucher a de la très bonne viande.
chauffage *nm* manière de chauffer.
— Aujourd'hui on emploie le chauffage central pour chauffer toutes les pièces d'une maison en même temps. Autrefois, chaque pièce avait sa cheminée.
chauffé, chauffée *adj* devenu ou tenu chaud.
— Après avoir passé la nuit au grand air, c'est un plaisir d'entrer dans une salle bien chauffée.
chauffer *v* rendre chaud.
— Je vais faire chauffer le café.
chauve *adj* se dit d'une personne qui n'a pas de cheveux, ou peu de cheveux sur la tête. ANT **chevelu, chevelue**.
coiffé, coiffée *adj* la façon dont les cheveux sont disposés.
— Je suis mal coiffée. Il faut que j'aille chez le coiffeur et que je me fasse faire une coiffure à la mode.
conserves *nfpl* aliment gardé en bon état dans des boîtes métalliques ou dans des récipients en verre.
— On conserve les sardines dans l'huile.
— Voici plusieurs boîtes de conserves de légumes.

couper *v* diviser avec un instrument tranchant.
— Le boucher coupe la viande avec un grand couteau.
cuire *v* préparer des aliments par l'action du feu.
— Faire cuire un bifteck n'est pas facile. S'il est trop cuit ou pas assez cuit, il n'est pas bon.
cuisine *nf* la salle où on prépare les aliments; la façon dont les aliments sont préparés; **faire la cuisine** préparer les aliments.
— C'est un plaisir de faire la cuisine dans une cuisine moderne. On y fait facilement de la bonne cuisine.
— Oui, quand on est comme vous une bonne cuisinière, un vrai cordon bleu.
doré, dorée *adj* d'une belle couleur qui rappelle l'or.
— Pour être bonne, une omelette doit être bien dorée.
écraser: s'écraser s'aplatir, se briser par compression.
— Pour faire une purée de pommes de terre, il faut faire cuire les pommes de terre dans de l'eau et, ensuite, les écraser avec une fourchette. Si elles ne sont pas assez cuites, elles ne s'écrasent pas bien.
enlever *v* ôter prendre quelque chose et le porter à un autre endroit. ANT **mettre**.
— J'ai mis mon pardessus parce que je croyais qu'il faisait froid; mais j'ai trop chaud et je vais l'enlever.
fâcher: se fâcher *v* être mécontent.
— Henri parlait à une cliente et ne faisait pas son travail. Le disquaire s'est fâché.
Fahrenheit *adj* graduation du thermomètre.
— Dans la graduation Fahrenheit, l'eau gèle à 32 degrés. Ceci correspond à 0 degré dans la graduation centésimale (ou centigrade). L'eau commence à bouillir à 212 degrés Fahrenheit, ou à 100 degrés centésimaux.

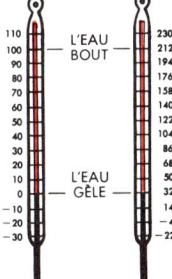

LA VIE JOURNALIÈRE

faner *v* perdre sa couleur, sa beauté.
— Cette rose a perdu sa belle couleur rouge, sa jolie forme. Elle est fanée.

feuille *nf* partie terminale des végétaux, en général de couleur verte.
— En été, les feuilles des arbres sont vertes; en automne, elles prennent de belles couleurs: orange, jaune, rouge.

foule *nf* multitude de personnes ou de choses.
— Que de monde! Comment retrouverons-nous Hélène dans cette foule?
— Quelle foule de choses! Comment retrouver une petite cuillère dans tout cet attirail?

fourneau *nm* appareil pour faire la cuisine.
— Que préférez-vous? Un fourneau à gaz ou un fourneau électrique?

LE FOURNEAU

genou *nm* articulation qui réunit la jambe à la cuisse; **s'agenouiller** *v* se mettre à genoux.
— Cette année, les robes sont très courtes; elles montrent les genoux.

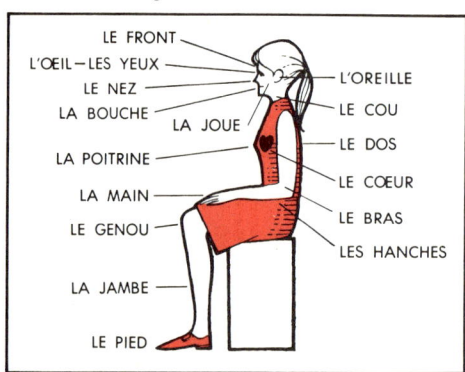

goûter *v* apprécier la saveur d'un aliment en en mettant un peu dans sa bouche.
— Goûtez à ce camembert, Mademoiselle. Vous verrez qu'il a très bon goût.

jeter *v* lancer, se débarrasser d'une chose inutile.
— Cette fleur est fanée; il faut la jeter.
— Jetez la balle de tennis à votre camarade.

lyonnais *adj* de Lyon; **Lyonnais** *nm* habitant de Lyon.

morceau *nm* partie d'un solide séparée d'un **tout**; fragment.
— Un morceau de pain et un morceau de fromage, c'est tout ce qu'il désire pour son déjeuner.

mou (mol, molle) *adj* qui manque de fermeté, de solidité. ANT **dur**.
— Cette omelette est excellente: dorée à l'extérieur; molle à l'intérieur.
— Ce garçon a un caractère mou: on lui fait faire tout ce qu'on veut.

panier *nm* ustensile qui sert à transporter les provisions.
— Mettez une douzaine d'œufs dans mon panier.

paraître *v* sembler.
— Vous paraissez joyeux. Tant mieux!

pincée *nf* une petite quantité, un soupçon.
— Vous voulez du sucre dans votre café?
— Très peu, juste une pincée, un soupçon.

prêt *adj* qui est disposé matériellement ou moralement à faire quelque chose.
— Attendez que je mette mon pardessus et je serai prêt à sortir avec vous.

propre *adj* net. ANT **sale**.
— J'ai fini de nettoyer la salle de séjour; elle est propre.

raide *adj* qui ne se plie pas. ANT **souple**.
— Vous n'arriverez jamais à faire du ski si vous restez aussi raide. Pliez les genoux; soyez souple.

recette *nf* manière de préparer un aliment.
— Voici la recette pour préparer les filets de sole.

sauter *v* s'élever de terre; s'élancer d'un lieu à un autre; en cuisine: frire dans du beurre chaud.
— Ne sautez pas de ce mur; vous allez vous casser la jambe.
— Coupez les pommes de terre bouillies en morceaux et faites-les sauter.

sentir *v* recevoir une impression physique par l'odorat; **se sentir** connaître dans quelle disposition physique ou morale on se trouve.
— Comment vous sentez-vous ce matin?
— Je me sens très bien.

tapis *nm* étoffe avec laquelle on couvre un plancher.
— Elle a passé l'aspirateur sur le tapis. Maintenant, il est très propre.

vinaigrette *nf* sauce faite avec du vinaigre (vinaigre, produit obtenu par la fermentation du vin ou d'un alcool), de l'huile, du sel et du poivre.
— Pour faire une bonne vinaigrette, il ne faut mettre ni trop d'huile ni trop de vinaigre.

Chapitre Neuf

La Vie Journalière

Cette scène se passe devant un café. Près du trottoir, un taxi est arrêté. Deux personnes veulent prendre ce taxi. Vous reconnaissez une de ces personnes. C'est Mathilde, la jeune fille qui voulait acheter une chaise au Marché aux puces. Avec elle se trouve sa tante, madame Delage.
Le chauffeur de taxi, monsieur Tourteleau, est vieux. Son visage est ridé. Il porte un béret basque et un imperméable. Il se prépare à ouvrir la portière du taxi. Il parle à ses deux clientes.

imperméable raincoat **ridé** wrinkled

QUESTIONS SUR LA PHOTO

1. Où se passe cette scène?
2. Où le taxi est-il arrêté?
3. Comment s'appelle la personne que vous reconnaissez?
4. Que voulait-elle faire quand vous avez fait sa connaissance?
5. Qui se trouve avec elle?
6. Le chauffeur de taxi, est-il vieux ou jeune?
7. Comment est son visage?
8. Qu'est-ce qu'il porte?
9. Qu'est-ce qu'il se prépare à ouvrir?
10. A qui parle-t-il?

Madame Delage, qui veut aller visiter la cathédrale, a bien soin de choisir un chauffeur prudent.

Pour vous aider à comprendre:
faillir *v* (+ infin)   avoir presque fait une chose
freiner *v*   ralentir ou arrêter la marche d'une machine
grincement *nm*   bruit métallique désagréable
meurs *v*   (présent du verbe mourir)
moquer: se moquer de *v*   ridiculiser quelqu'un
suis *v*   (présent du verbe suivre)
tenir à *v* (+ nom)   considérer comme très important
tout de même *adv*   quand même

LE CHAUFFEUR. — Prudent, moi, Jean-René Tourteleau? Je suis la prudence même. Je sais très bien qu'un chauffeur en lequel on n'a pas confiance, ça peut gâter une promenade.

MME DELAGE. — C'est bien parce que vous avez l'air prudent que je vous ai choisi. Je meurs de peur dès qu'on fait de la vitesse.

TOURTELEAU. — Avec moi, aucun danger. Un homme qui a passé soixante ans tient à la vie.

MME DELAGE. — Tous les jeunes sont fous.

MATHILDE. — Oh, tante, tu exagères.

TOURTELEAU. — Votre tante n'exagère pas. Montez, Madame, Mademoiselle. Installez-vous confortablement et jouissez de la promenade. (*Départ trop brusque*)

MME DELAGE. — Hé là? Qu'est-ce que vous faites?

TOURTELEAU. — La voiture est un peu vieille mais elle est solide. C'est le genre de voiture que j'aime. Les neuves . . .

MATHILDE. — Ce cycliste! Vous avez failli le renverser.

TOURTELEAU. — Les jeunes ont des façons de monter à bicyclette qui rendent ce sport très dangereux. Ils ne regardent jamais où ils vont.

MME DELAGE. — Oh, ce gros camion devant nous. Il est énorme.

Tourteleau. — Vous voyez comme je suis prudent! Un jeune chercherait à doubler ce camion. Moi, je le suis tranquillement. Ce qui vous donne le temps de regarder le paysage.

Mme Delage. — Mais vous le suivez de si près!

Mathilde. — Et puis, c'est un paysage qui n'est pas très intéressant. Il me tarde d'apercevoir la cathédrale dont j'ai tant entendu parler.

Tourteleau. — Patience! Vous la verrez dans dix minutes. Pas avant; je suis prudent.

Mme Delage. — Vous avez raison. Toutes ces voitures...

Tourteleau. — Tout de même, ça ne vous énerve pas de voir ce gros camion qui a l'air de se moquer de nous?

Mme Delage. — Non, non, pas du tout.

Tourteleau. — Moi, ça m'énerve. Allons-y. Je le double...

Mme Delage. — Ouf! J'ai eu peur.

Tourteleau. — Regardez-moi ce jeune idiot. En voilà un auquel j'aimerais dire ce que je pense de lui. Tenir le milieu de la route pour qu'on ne le double pas! Eh bien, on va voir...

Mme Delage. — Pas de vitesse... Oh!...

Tourteleau. — Ça y est. Ah, nous arrivons à un tournant dangereux que je vais prendre tout doucement. (*Grincement*)

Mme Delage. — Mon Dieu! Vous appelez ça doucement! Attention! Un piéton qui traverse la rue!

Tourteleau. — Quel idiot! J'ai freiné un peu brusquement...

Mathilde. — Vous n'avez jamais eu d'accidents?

Tourteleau. — Ah, ça... Voilà quarante-trois ans que je conduis. Alors, naturellement j'ai eu quelques petits accidents. (*Grincement*) Nous voilà arrivés. Vous êtes contentes de votre chauffeur? Je vous attends?

Mme Delage. — Heu... Enchantées. Merci. Mais nous reviendrons à pied. Nous avons besoin d'exercice.

NARRATION ORALE

(*Une interview*)

Monsieur Tourteleau est le plus âgé des chauffeurs de la ville. Un journaliste a décidé de l'interviewer. Donnez les réponses de Tourteleau d'après la conversation que vous venez de lire. Faites des phrases complètes.

Le journaliste. — Depuis combien de temps conduisez-vous?
Tourteleau. —
Le journaliste. — Quelle sorte de voiture conduisez-vous?
Tourteleau. —

Le journaliste.	— Que pensez-vous des jeunes chauffeurs?
Tourteleau.	—
Le journaliste.	— Que pensez-vous de la façon dont les jeunes montent à bicyclette?
Tourteleau.	— (*Deux phrases complètes*)
Le journaliste.	— Avez-vous eu des accidents?
Tourteleau.	—

NARRATION ÉCRITE

(*Madame Delage et le chauffeur prudent*)

1 Pourquoi madame Delage a-t-elle choisi Tourteleau?
2 Qu'est-ce qui arrive à madame Delage quand on fait de la vitesse?
3 Comment est le départ?
4 Puis, qui Tourteleau a-t-il failli renverser?
5 Ensuite, qu'est-ce que madame Delage voit devant eux?
6 Et, d'abord, que fait Tourteleau?
7 Mais, d'après madame Delage, comment le suit-il?
8 Et, de plus, qu'est-ce qui énerve Tourteleau?
9 Alors, qu'est-ce qu'il décide?
10 Et qui a eu peur?
11 Que tient le jeune idiot?
12 Et que fait Tourteleau?
13 Comment dit-il qu'il va prendre le tournant dangereux et comment le prend-il?
14 Et que fait Tourteleau pour éviter le piéton qui traverse la rue?
15 Finalement, que décide madame Delage quand Tourteleau lui demande s'il doit les attendre?

GRAMMAIRE

1. Pronom relatif

A. *Lisez les phrases suivantes et faites attention aux pronoms soulignés.*

1 C'est la seule chose qui m'amusera.
2 C'est la seule personne qui m'amusera.
3 Quel est le sport que tu préfères?
4 Quel est le professeur que tu préfères?
5 Voilà le stylo avec lequel il a signé.
6 Voilà le monsieur avec qui je suis arrivé.
7 Où est le livre duquel (dont) tu as parlé?
8 Où est le garçon de qui (dont) tu m'as parlé?
9 Quels sont les cours auxquels il a assisté?
10 Voici le magasin où j'ai acheté mon blouson.
11 Le monsieur à qui il s'est adressé s'appelle Oudot.

Regardez le tableau ci-dessous:

LES PRONOMS RELATIFS		
	Les personnes	**Les choses**
Sujet du verbe	qui	qui
Complément du verbe	que	que
Complément de la préposition	qui	lequel (laquelle, lesquels, lesquelles)
	de qui, duquel, de laquelle, desquels, desquelles	= dont

Remarquez qu'on emploie (le pronom relatif) qui *comme sujet et* que *comme complément direct. Aussi, que c'est seulement après une préposition qu'il faut distinguer entre les personnes et les choses. (Mais on peut employer* dont *pour les personnes ou les choses).*

B. *Complétez les phrases suivantes par la forme convenable du pronom relatif entre parenthèses.*

EXEMPLE :
Où est le paquet _____ est arrivé? (que, qui)
Où est le paquet **qui** est arrivé?

1 C'est lui _____ est dans la marine. (que, qui)
2 C'est le programme _____ je préfère. (que, qui)
3 C'est l'agent _____ il m'a parlé. (de qui, duquel)
4 Je recevrai les touristes _____ vous m'enverrez. (qui, que)
5 C'est le film _____ il s'agit. (dont, qu')
6 Voici un détail _____ va t'étonner. (qui, que)
7 C'est le bureau _____ il faut vous adresser. (à qui, auquel)
8 C'est mon frère _____ tu parles. (dont, duquel)

C. *Réunissez ces deux phrases par la forme convenable du pronom relatif. Faites les changements nécessaires.*

EXEMPLES :
C'est le monsieur. Il est venu.
C'est le monsieur qui est venu.

C'est le livre? Vous m'avez parlé de ce livre.
C'est le livre dont (duquel) vous m'avez parlé?

1 C'est ce garçon. Il a construit le bateau.
2 J'ai trouvé le portefeuille. Vous l'aviez perdu.
3 C'est la dame? On m'a présenté à elle.
4 C'est toute une histoire! J'aimerais vous la raconter.
5 C'est le grand bâtiment? Il est au coin de la rue.
6 Voilà le professeur. Georges voudrait le voir.
7 Connaissez-vous cet hôtel? J'ai passé huit jours dans cet hôtel.
8 C'est le sujet? Il veut parler de ce sujet dans son article.
9 Vous voulez que je vous présente à cette dame? Je vous ai parlé d'elle.
10 Tu te rappelles les photos? Je les ai prises.

---

2. Emploi de « ce qui » et « ce que »

A. *Lisez les phrases suivantes et remarquez la différence entre les pronoms soulignés.*

1 (a) Voilà la peinture qui me plaît.
  (b) Voilà ce qui me plaît.
2 (a) As-tu le livre que tu veux?
  (b) As-tu ce que tu veux?
3 (a) J'ai l'argent dont j'ai besoin.
  (b) J'ai ce dont j'ai besoin.

Remarquez que quand il n'y a pas d'antécédent défini on remplace (1) qui *par* ce qui, (2) que *par* ce que, *et* (3) dont *par* ce dont.

B. *Complétez les phrases suivantes par la forme convenable du pronom relatif entre parenthèses.* EXEMPLE :
C'est ___ me manque. (qui, ce qui)
C'est ce qui me manque.

1 C'est ___ il s'agit. (ce dont, dont)
2 Savez-vous ___ s'est passé? (qui, ce qui)
3 Je n'ai pas le livre ___ j'ai besoin. (ce dont, dont)
4 Montrez-moi les cadeaux ___ vous avez achetés. (ce que, que)
5 Je cherche le paquet ___ était sur l'étagère. (qui, que)
6 As-tu entendu le disque ___ il a choisi? (qu', ce qu')

Vous reconnaissez le garçon à droite de la photo. C'est Louis, le garçon qui, avec son camarade Jean-Pierre, demandait à un agent de police comment aller rue de Chaillot. Aujourd'hui, Louis est avec un camarade parisien, Michel. Michel aide Louis à choisir des cadeaux pour sa famille, à Bayonne.

Les deux garçons sont arrêtés devant la boîte d'un bouquiniste. Il y a beaucoup de bouquinistes sur les quais, à Paris. Une grande boîte leur sert de magasin. Ils vendent des livres, des gravures, des timbres.

Louis tient une pochette de timbres-poste de la main droite. Il la montre à Michel. Michel a l'air de poser une question. Pourquoi? Nous allons voir.

boîtes de bouquiniste *bookstalls*   gravure *etching*   timbre (timbre-poste) *stamp*

LA VIE JOURNALIÈRE

QUESTIONS SUR LA PHOTO

1. Comment s'appelle le garçon à droite de la photo?
2. Avec qui était-il quand vous avez fait sa connaissance?
3. Que faisait-il?
4. Avec qui est Louis aujourd'hui?
5. A quoi Michel l'aide-t-il?
6. Devant quoi les deux garçons sont-ils arrêtés?
7. Dans quelle partie de Paris se trouvent les bouquinistes?
8. Qu'est-ce qui leur sert de magasin?
9. Qu'est-ce qu'ils vendent?
10. Qu'est-ce que Louis tient de la main droite?
11. A qui la montre-t-il?
12. Qu'est-ce que Michel a l'air de faire?

Louis a une drôle de façon de choisir des cadeaux pour sa famille.

Pour vous aider à comprendre:
aquarelle *nf*   peinture à l'eau
basilique *nf*   grande église
conseiller *v*   recommander, suggérer
courir *v*   aller rapidement (à pied)
heu!   exclamation d'étonnement ou de doute
par-dessus le marché   sans payer davantage
tintamarre *nm*   grand bruit accompagné de désordre

MICHEL. — Pour qui veux-tu acheter ces timbres?

LOUIS. — Heu . . . Je regrette de dire que je suis le seul de la famille qui s'intéresse à collectionner des timbres.

MICHEL. — Par exemple! Tu me demandes de t'aider à choisir des cadeaux pour ta famille et tu commences par te faire un cadeau à toi-même!

LOUIS. — Tu as raison. Pensons un peu à faire plaisir aux autres. D'abord, ma mère.

MICHEL. — Je te conseille d'acheter cette édition de *Notre-Dame de Paris*. Les illustrations sont magnifiques. Ton père aussi aime les livres. Ça ferait un cadeau pour tous les deux.

LOUIS. — Heu . . . Je ne crois pas que ça les amuserait de relire Hugo. Un livre moderne . . . Je ne vois rien ici.

MICHEL. — Une aquarelle? En voici une qui représente la basilique du Sacré-Cœur. Elle est très jolie et elle ne coûte que trois francs. Ce serait un gentil cadeau pour ta sœur.

Louis. — J'hésite à l'acheter ... Ma sœur a déjà trop de tableaux dans sa chambre.
Michel. — Décide-toi à choisir tes cadeaux. Si tu continues à hésiter, tu finiras par ne rien acheter.
Louis. — Tiens, un marché aux oiseaux de l'autre côté de la rue. Allons le voir. Dépêchons-nous de traverser la rue pendant qu'il y a un feu rouge.
Michel. — Tu devrais acheter tes cadeaux avant d'aller voir des oiseaux.
Louis. — Je les achèterai après avoir vu les oiseaux. J'adore les oiseaux. Nous pouvons traverser la rue en courant un peu.

* * *

Michel. — Quel tintamarre!
Louis. — Des chants d'oiseaux, un tintamarre! Tu sais qu'aux États-Unis, il y a des sociétés qui étudient le chant des oiseaux et, en France ...
Michel. — Bon, bon. Tu as fini d'admirer tes oiseaux? On part?
Louis. — Oh, ce petit perroquet! Ma tante en avait un auquel j'avais appris à dire «Zut». (*Au perroquet*) As-tu bien déjeuné, Jacquot?
Le perroquet. — Iacot, Iacot.
Michel. — Quel cri affreux!
Louis. — Mais non; il essaie de parler. Il est intelligent, il est beau, il est irrésistible ... Madame, combien coûte ce perroquet?
La marchande. — Cent francs; la cage est par-dessus le marché.
Michel. — Tu n'as pas l'intention de transporter ce perroquet d'ici à Bayonne dans ta 4CV?
Louis. — Mais si, en le mettant à l'arrière. Madame, je prends ce perroquet. Voici cent francs.
La marchande. — Merci Monsieur. Au revoir, Monsieur.
Michel. — Nous retournons au bouquiniste?
Louis. — Ma foi, non. Je n'ai plus d'argent.
Michel. — Alors, un perroquet, c'est tout ce que tu rapportes à ta famille?
Louis. — Mais oui. Un perroquet, quoi de plus réjouissant.
Le perroquet. — Ouissant, ouissant.
Michel. — Tu appelles ça réjouissant! Enfin, chacun son goût.

NARRATION ORALE

Lisez d'abord les réponses du vendeur puis inventez vos propres phrases. Vous achetez un perroquet pour votre tante. Voici le commencement du dialogue:

Moi. — Je voudrais acheter un perroquet pour ma tante.
Le vendeur. — Vous voulez acheter un perroquet pour votre tante. Voyons. Il nous faut un perroquet gentil, joli. Regardez celui-là.
Moi. —
Le vendeur. — Vous le trouvez trop gros? En voilà un peu plus petit.
Moi. —
Le vendeur. — Pour ça oui, il est très mignon. C'est le plus mignon de tous mes perroquets.
Moi. —
Le vendeur. — Mais oui, il parle. Tenez: mignon perroquet, mignon.
Le perroquet. — mion . . . mion.
Le vendeur. — Vous voyez. Il est très intelligent.
Moi. —
Le vendeur. — Je ne lui ai pas donné de nom. Vous l'appellerez comme vous voudrez.
Moi. —
Le vendeur. — Pouf-pouf est un nom qui lui va très bien.
Moi. —
Le vendeur. — Il coûte soixante-quinze francs. La cage est par-dessus le marché.
Moi. —
Le vendeur. — Vous avez raison de le prendre. Votre tante sera contente.

NARRATION ÉCRITE

(Michel essaie d'aider Louis à acheter des cadeaux pour sa famille)

1 Qu'est-ce que Louis voudrait acheter?
2 Pourquoi Michel pense-t-il qu'il ne faut pas acheter de timbres?
3 Qu'est-ce qu'il conseille à Louis d'acheter?
4 Mais que pense Louis de cette idée?
5 Alors, qu'est-ce que Michel propose d'acheter?
6 Mais quelle est l'objection de Louis?
7 A ce moment, qu'est-ce qu'il aperçoit de l'autre côté de la rue?
8 Et qu'est-ce que Louis veut faire?
9 Qu'est-ce que Michel lui conseille?
10 Mais quand achètera-t-il ses cadeaux?
11 Au marché aux oiseaux, quel oiseau Louis remarque-t-il?
12 Comment le trouve-t-il?
13 Combien le paie-t-il?
14 Comment va-t-il le transporter?
15 Et maintenant quel cadeau va-t-il donner à sa famille?
16 Est-ce que Michel approuve ce choix? Quelle est sa conclusion?

GRAMMAIRE
1. Préposition avec divisions géographiques

A. *Lisez les phrases suivantes et faites attention aux prépositions employées.*

1 Mon oncle a voyagé en France, au Portugal, aux États-Unis et aussi dans l'Amérique du Sud.
2 Robert part de Paris, et moi, du Havre.
3 Est-ce que l'Algérie se trouve en Asie ou en Afrique?
4 Les Dubois sont arrivés à New York. Ils ont passé six semaines aux États-Unis et trois semaines au Mexique. Ils ne sont pas allés au Canada.
5 Sont-ils partis par avion des États-Unis ou du Mexique?

Regardez le tableau ci-dessous:

PRÉPOSITIONS—DIVISIONS GÉOGRAPHIQUES		
Division	Pour y arriver ou y être	Pour en partir
Ville	à	de (d')
Pays (féminin)	en	de (d')
Pays (masculin)	au	du
Pays (modifié)	dans + article (déf)	de + article (déf)
Pays (pluriel)	aux	des
Continent	en	de (d')

Voici une liste de quelques pays:

l'Algérie (f)   l'Espagne (f)
l'Allemagne (f) les États-Unis (m)
l'Angleterre (f) les Indes
la Belgique   l'Italie (f)
le Brésil   le Japon
le Canada   le Mexique
la Chine   le Portugal

B. *Complétez les phrases suivantes par la préposition convenable entre parenthèses.*

EXEMPLES:
Claude arrive ___ Japon. (en, au)
Claude arrive au Japon.

Nous partons ___ Lyon. (de, du)
Nous partons de Lyon.

1 Maryse voyage ___ Espagne. (dans l', en)
2 Maude passe l'été ___ États-Unis. (en, aux)
3 Elle part ___ Paris ce soir. (à, de)
4 Combien de temps es-tu resté ___ Mexique? (au, en)
5 Elle partira ___ Canada. (de, du)
6 Je n'ai jamais été ___ Portugal. (au, en)
7 Nous avons passé deux semaines ___ Belgique. (à, en)
8 Voyagerez-vous ___ Japon? (au, en)
9 Quand est-il parti ___ États-Unis? (des, du)
10 Quand arriveras-tu ___ Paris? (à, en)

2. «A» ou «de» devant l'infinitif

A. *Lisez les phrases suivantes. Faites attention à la préposition qui suit le verbe devant l'infinitif.*

1 Je commence à apprendre à faire du ski.
2 Nous avons promis de les aider à servir le café.
3 Lui as-tu demandé de répondre tout de suite?
4 Ils ont passé la soirée à bavarder et à danser.
5 Avez-vous décidé de l'inviter à nous accompagner?
6 Essayez de ne pas oublier d'apporter les disques.

Remarquez que certains verbes exigent une préposition devant un infinitif. (Vous apprendrez peu à peu quelles prépositions à employer.)

B. *Complétez les phrases suivantes par la préposition à ou de (d').* EXEMPLES:

Il s'agit ___ partir.
Il s'agit de partir.

Elle continue ___ parler.
Elle continue à parler.

1 Il m'a aidé ___ faire la vaisselle.
2 Elle a oublié ___ assister à la réunion.
3 As-tu promis ___ la retrouver au cinéma?
4 J'ai passé trois heures ___ faire mes devoirs.
5 Les enfants essayent ___ mieux faire en classe.
6 Lui a-t-il demandé ___ être à l'heure?
7 On dit qu'il commence ___ pleuvoir.
8 Vous ne voulez pas les inviter ___ nous rejoindre?

3. «En» et le participe présent

A. *Lisez les phrases suivantes. Faites attention à la forme du verbe qui suit la préposition en.*

1 Pierre est arrivé en <u>courant</u>.
2 On réussit en <u>travaillant</u>.
3 Elle s'est cassé la jambe en <u>faisant</u> du ski.
4 Le chien a dressé les oreilles en <u>entendant</u> la voix de son maître.
5 En <u>déjeunant</u> à sept heures, nous aurons beaucoup de temps pour notre travail.
6 Il riait en nous <u>racontant</u> cette histoire.

Remarquez qu'on emploie le participe présent après la préposition en et que la terminaison est toujours la même. Quelquefois la préposition en est omise et on emploie le participe présent tout seul. On forme le participe présent en remplaçant le «ons» *(du présent de l'indicatif, 1ere personne du pluriel) par* «ant».

B. *Complétez les phrases suivantes en changeant l'infinitif entre parenthèses au participe présent.* EXEMPLE:

En ___ ses devoirs, il pensait à d'autres choses. (faire)
En faisant ses devoirs, il pensait à d'autres choses.

1 Georges est tombé en ___ le ruisseau. (traverser)
2 En ___ les malades, Pasteur s'est rendu célèbre. (guérir)
3 En ___ à mes parents, je leur ai fait plaisir. (obéir)
4 En ___ le long de l'avenue, les dames ont rencontré quelques amies. (se promener)

Robert Tanner en Normandie

1. A un croisement de sentiers près de la ferme des Maupas en Normandie.

ROBERT. — Tu as l'air embêté. Qu'est-ce qu'il y a?
THOMAS. — Trop de choses à faire. Pour commencer, il faut que j'aille m'occuper des vaches . . .
ROBERT. — Et puis tu vas en ville après?
THOMAS. — Oui.
ROBERT. — Eh bien, je suis là. Je peux t'aider dans ton travail.
THOMAS. — Merci, mais tu ne t'y connais pas. Tu viens d'arriver, et tu n'as jamais travaillé dans une ferme.
ROBERT. — Mais j'ai l'impression de très bien connaître cette ferme. Depuis le temps que maman m'en parle . . .
THOMAS. — Oui, mais les choses ont beaucoup changé depuis que la Tante Émilie était ici.
ROBERT. — Je peux du moins essayer. Et je suis assez bon en mécanique.
THOMAS. — Ça, c'est certain. Tu as réparé la bicyclette de papa et elle marche bien maintenant.
ROBERT. — Oh, oui, très bien.
THOMAS. — Bon. Au travail. Les vaches n'attendent pas.

2. C'est l'heure de traire les vaches.

THOMAS. — Tiens, cette vache, tu crois que c'est une vache comme les autres, je suppose?

ROBERT. — Je ne lui vois rien d'extraordinaire.

THOMAS. — Elle a reçu un prix au comice agricole. Combien crois-tu qu'elle donne de lait par jour?

ROBERT. — Je ne sais pas, moi. Cinq litres, six litres?

THOMAS. — Tu n'y es pas, mon vieux. Ah, mais là, pas du tout. Elle donne vingt litres.

ROBERT. — Ça, alors! Ça en fait du lait! Et ça en fait du travail pour traire toutes ces vaches. Je croyais qu'on avait des machines pour faire ça.

THOMAS. — Il y en a, en effet. Mais, comme tu vois, nous n'avons que cinq vaches. Et puis, nous avons Josette pour nous aider.

JOSETTE. — Hé, Thomas, viens donc chercher ce seau. Il est plein.

THOMAS. — On y va, Josette. On y va. . . .

* * *

• **comice** agricole *agricultural fair* • **ça en fait** du lait! *that's a lot of milk!* • je ne lui vois **rien d'extraordinaire** *I don't see anything so unusual about her* • **tu n'y es pas** *you're way off the mark*

ROBERT. — Pourquoi est-ce que tu remplis les bidons ici, près de la clôture?
THOMAS. — Devine.
ROBERT. — Je n'en sais rien. Mais qui va les transporter à la ferme? Toi?
THOMAS. — Ni moi, ni personne. Le camion de la laiterie coopérative va passer les prendre. Mets donc les couvercles sur les bidons qui sont pleins. Le travail ira plus vite.
ROBERT. — Voilà. Qu'est-ce qu'on fait de votre lait à la coopérative?
THOMAS. — On le pasteurise. On en fait du beurre. Le beurre de Normandie est connu dans toute la France.
ROBERT. — C'est vrai qu'il est bon. Les tartines, au petit déjeuner, c'est formidable.
THOMAS. — Encore un pot à remplir et nous aurons fini.
ROBERT. — Qu'est-ce qu'on fait ensuite?
THOMAS. — Moi, je pars tout de suite en ville. Est-ce que tu pourrais couper du bois pour maman? Elle attend des clients après-demain.
ROBERT. — Avec plaisir.
THOMAS. — Dis-lui que je serai de retour dans la soirée.
ROBERT. — D'accord. Bon voyage.

- **bidons** *cans*
- **clôture** *fence*
- **devine** *guess*
- **tartines** *slices of bread and butter*

ROBERT TANNER

3. Quand il s'agit de couper du bois, Robert a tout à apprendre.

MADAME MAUPAS. — Plus petit que ça. Fends cette bûche en trois morceaux au moins. Il faut que je puisse les mettre dans ma cuisinière.
ROBERT. — Mais, Madame, vous . . . 5
MADAME MAUPAS. — Madame! Je t'ai déjà dit de m'appeler «tante» puisque je suis la cousine de ta mère. Et tutoie-moi. Qu'est-ce que tu allais dire?
ROBERT. — J'allais dire que je me 10 demandais pourquoi vous . . . tu fais la cuisine au feu de bois quand tu as un fourneau électrique.
MADAME MAUPAS. — Parce qu'un poulet rôti dans un four électrique ne 15 vaudra jamais rien.
ROBERT. — Nous allons avoir du poulet, ce soir? Chic alors!
MADAME MAUPAS. — Il me semble que tu ne dédaignes pas ma cuisine. 20

ROBERT. — Pour ça, non. Je mange comme un ogre ici. Tante . . .
MADAME MAUPAS. — Encore une question?
ROBERT. — Non, une simple remarque. 25 Il me semble que vous êtes — que tu es très occupée. Une ferme, un commerce d'antiquités, un restaurant.
MADAME MAUPAS. — Je ne m'occupe pas du tout de la ferme. Mon commerce 30 d'antiquités, ce n'est pas grand-chose: quelques vieux objets que je vends quand j'en ai l'occasion. Et mon restaurant . . . je reçois quelques touristes que m'envoie une agence de voyage à Paris. 35
ROBERT. — Et tu fais la cuisine au feu de bois pour les clients?
MADAME MAUPAS. — Ah ça, pour eux, c'est plutôt mon fourneau électrique qui marche. 40

•**dédaignes** < dédaigner *to turn up one's nose at* •**fourneau** *stove* •**marche** < marcher *to operate, be used* •**rôti** < rôtir *to roast* •**tutoie**-moi < tutoyer *to use "tu" and "toi" with* •agence de **voyage** *travel agency*

4. **L'arrivée d'un télégramme est toujours un événement.**

MADAME MAUPAS. — Un télégramme. Mon Dieu! C'est de l'agence de voyage.

LE FACTEUR. — Celle qui vous envoie des clients?

MADAME MAUPAS. — Oui, celle qui est à Paris. Dix . . . pour le déjeuner d'après-demain . . . et j'en ai déjà quatre!

LE FACTEUR. — Eh bien, vous n'aurez pas le temps de vous amuser, madame Maupas.

MADAME MAUPAS. — Pour ça, non. Dix dames, des antiquaires de la Nouvelle-Angleterre qui visitent la Normandie.

LE FACTEUR. — Eh bien, vous allez faire de bonnes affaires.

MADAME MAUPAS. — Oh, rien de très brillant, mais enfin, ça mettra un peu de beurre dans les épinards, comme on dit.

LE FACTEUR. — Et le jeune cousin américain, comment va-t-il?

MADAME MAUPAS. — Très bien, et il est gentil comme tout. Très curieux de tout ce qui se passe ici, actif, toujours disposé à aider. Un garçon en or.

LE FACTEUR. — Allons, tant mieux.

MADAME MAUPAS. — Je vais l'envoyer au château prévenir mon mari de l'arrivée du télégramme. Il est là-haut en train d'aider monsieur le comte.

LE FACTEUR. — Comment? Le comte est déjà arrivé de Paris?

MADAME. — Mais oui. Vous savez qu'il a décidé d'ouvrir son château au public cette année?

LE FACTEUR. — Je suppose qu'il ne peut plus payer les frais d'entretien.

MADAME MAUPAS. — Et les impôts. Ça coûte cher d'avoir un château, ces temps-ci.

LE FACTEUR. — Il devrait le vendre.

MADAME MAUPAS. — Ça, jamais. Sa famille y habite depuis deux cents ans et il compte bien y mourir.

LE FACTEUR. — Même si le toit laisse passer la pluie.

MADAME MAUPAS. — Il essaie de faire classer son château comme monument historique. Dans ce cas, c'est le ministère des Beaux-Arts qui paierait les frais d'entretien.

LE FACTEUR. — Je ne comprends pas qu'on vive dans la pauvreté pour conserver une vieille demeure. Une maison neuve, confortable, moderne, voilà ce que j'aime.

•ministère des **Beaux-Arts** Ministry of Fine Arts •monsieur le **comte** the Count •**demeure** residence •frais d'**entretien** cost of upkeep •**impôts** taxes •ça **mettra** un peu de beurre dans les épinards Cf. "grease in the skillet" •un garçon en **or** Cf. "worth his weight in gold" •**pauvreté** poverty •**prévenir** to inform

5. Pendant le souper, Robert fait part d'une idée originale.

ROBERT. — N'est-ce pas, mon oncle, que monsieur le comte jetait un tas de vieux objets aujourd'hui?

MONSIEUR MAUPAS. — Oui, c'est vrai. Puisqu'il se prépare à ouvrir le château au public.

ROBERT. — Je suis sûr qu'on peut les vendre aux antiquaires qui viendront après-demain.

MADAME MAUPAS. — Tu ne parles pas sérieusement.

ROBERT. — Mais si. Et je parie que les gens d'ici ont toutes sortes de vieux meubles qu'ils dédaignent.

MADAME MAUPAS. — Ça, c'est vrai. Ils préfèrent des meubles neufs bon marché à leurs vieux beaux meubles.

ROBERT. — Ce serait le moment d'en acheter.

MADAME MAUPAS. — Je n'ai pas assez d'argent pour ça.

ROBERT. — On pourrait leur dire qu'on leur donnera 50% (cinquante pour cent) du prix de vente.

MONSIEUR MAUPAS. — Mon amie, tu reconnaîtras que les New-Yorkais ont le sens des affaires.

MADAME MAUPAS. — Je ne vois pas ces dames voyageant avec un buffet ou un vieux lit.

ROBERT. — On peut leur faire expédier ce qu'elles auront acheté.

MADAME MAUPAS. — Ce garçon a réponse à tout.

MONSIEUR MAUPAS. — Il a beaucoup d'initiative. J'aime ça.

MADAME MAUPAS. — En attendant, mon garçon, demain matin tu iras m'acheter des œufs chez madame Le Magnen. J'en aurai besoin pour faire des tartes pour mes clients.

ROBERT. — On aura des tartes! Chic alors!

•**dédaignent** < dédaigner *not to care for* •faire **expédier** *to have forwarded* •**parie** < parier *to bet*

6. Plus il y aura de clients, plus il faudra d'œufs. On envoie Robert en chercher.

Robert. — Voilà votre argent pour les œufs, madame Le Magnen.

Madame Le Magnen. — Un instant. Je recompte les œufs; trois, six, neuf, douze. C'est bien ça. Faites attention de ne pas les casser.

Robert. — Pas de danger. Merci. Dites-moi, madame Le Magnen, vous n'avez pas de vieilles choses dont vous aimeriez vous débarrasser?

Madame Le Magnen. — Des choses dont j'aimerais me débarrasser? Je n'ai que ça. Tenez, j'ai toute une batterie de cuisine en cuivre. Je ne m'en sers jamais. C'est trop difficile à entretenir.

Robert. — Vous voulez me la montrer?

Madame Le Magnen. — Je veux bien, mais pourquoi voulez-vous la voir?

Robert. — Nous avons un groupe d'antiquaires qui vient déjeuner à la maison demain. Nous pourrions leur vendre votre batterie de cuisine.

Madame Le Magnen. — Venez avec moi. Donne-moi la main, Riri. Entrez dans ma cuisine.

Robert. — En effet. Vous avez des casseroles de cuivre de toutes les dimensions.

Madame Le Magnen. — Combien me les payerez-vous?

Robert. — Ah ça.... Ma tante vous donnera la moitié du prix de vente. Ça vous va?

Madame Le Magnen. — Ça me va, si ce n'est pas moins de cent cinquante francs pour le tout.

Robert. — D'accord. Un minimum de cent cinquante francs pour vous.

Madame Le Magnen. — Mon mari vous apportera la batterie de cuisine cet après-midi dans sa 2 CV.

Robert. — Parfait. Vous n'avez pas autre chose?

Madame Le Magnen. — J'ai bien ce vieux buffet. Mais je ne vois pas trop comment vous pourriez le transporter chez votre tante. Pas question de le mettre dans la 2 CV de mon mari.

Robert. — En effet. Trois hommes ne pourraient pas le porter. Je reviendrai le chercher plus tard. Je trouverai bien un moyen de le transporter.

- **batterie** de cuisine *set of kitchen utensils*
- **cuivre** *copper*
- **entretenir** *to keep in good shape*
- je ne m'en **sers** jamais *I never use it*
- **Tenez,** ... *Why* ... (*come to think of it*)

ROBERT TANNER

ROBERT. — Oncle.... Oh, je vous demande pardon, Monsieur.

MONSIEUR DE PLEVEN. — Aucune importance, mon garçon. J'ai dit à monsieur Maupas tout ce que j'avais à lui dire.

MONSIEUR MAUPAS. — Qu'est-ce qu'il y a, Robert?

ROBERT. — Je voudrais prendre un buffet chez madame Le Magnen. Est-ce que je peux me servir du tracteur?

MONSIEUR MAUPAS. — Tu as ma permission, mais monsieur Perrin m'a dit que le tracteur ne marchait pas trop bien hier et a refusé de partir, ce matin.

ROBERT. — Peut-être que je pourrai le réparer.

MONSIEUR MAUPAS. — Tu peux toujours essayer. Je te rejoins dans un moment.

ROBERT. — Si je le répare, est-ce que je pourrai m'en servir?

MONSIEUR MAUPAS. — Certainement.

ROBERT. — Au revoir, mon oncle. Au revoir, monsieur de Pleven.

MONSIEUR DE PLEVEN. — Au revoir, jeune homme.

206

7. Pour mener à bien son plan Robert a besoin du tracteur de son oncle.

* * *

MONSIEUR MAUPAS. — Eh bien, tu n'es pas maladroit. Tu as tout de suite vu ce qui ne marchait pas et tu as eu vite fait de le réparer.

ROBERT. — Je n'ai pas fait grand-chose. J'ai simplement ajusté le carburateur. Je peux m'en servir maintenant?

MONSIEUR MAUPAS. — Certainement....

• **mener** à bien *to carry out*

8. Madame Maupas fait les derniers arrangements à l'intérieur de la boutique.

Monsieur Maupas. — Où mets-tu cette chose-ci?

Madame Maupas. — Sur le buffet, près des autres. Je laisse la cafetière ici.

Monsieur Maupas. — Il fait très bien, le buffet de madame Le Magnen.

Madame Maupas. — Elle en a toujours pris grand soin. Je n'ai eu qu'à l'encaustiquer un peu.

Monsieur Maupas. — Ces assiettes anciennes sont très jolies.

Madame Maupas. — Avec la soupière, la théière et la cafetière sur le buffet, nous avons un ensemble très réussi.

Monsieur Maupas. — Robert est un garçon précieux.

Madame Maupas. — Grâce à lui nous avons maintenant beaucoup de marchandises à vendre. Nous devrions faire de bonnes affaires, demain.

•**boutique** *shop*   •**encaustiquer** *to polish with wax*   •il **fait** très bien *it does (it's) all right*   •**grâce** à lui *thanks to him*

9. Robert donne un coup de main à la devanture.

MADAME MAUPAS. — Le clou est bien enfoncé? La marmite ne risque pas de tomber?

ROBERT. — Aucun danger. Tu vois, je tire sur la crémaillère. Ça tient très bien. 5

MADAME MAUPAS. — Tu as fait un travail formidable.

ROBERT. — Tout a été très facile. Sauf le buffet.

MADAME MAUPAS. — Le cheval du 10 petit Jacquot Homais est très joli maintenant qu'il a été repeint.

ROBERT. — J'espère qu'il va trouver un acheteur.

MADAME MAUPAS. — En tout cas, il 15 attire l'attention. C'est une excellente idée que tu as eue là.

ROBERT. — Je suis sûr que nous allons vendre beaucoup de choses. Ces chenets avec leur boule dorée, cette pelle, les 20 acheteurs vont se les disputer.

MADAME MAUPAS. — Je ne croyais pas qu'on avait encore des cheminées aux États-Unis.

ROBERT. — Mais si. Il y en a dans 25 toutes les maisons à la campagne et dans pas mal d'appartements à New York. Nous en avons une nous-mêmes.

MADAME MAUPAS. — Eh bien, Robert, tu en apprends des choses à ta vieille 30 tante.

•**boule** dorée *gilded globe*   •**cheminées** *fireplaces*   •**chenets** *andirons*   •**clou** *nail*   •**crémaillère** *hook*
•**se les disputer** *to wrangle over them*   •**est bien enfoncé** < **enfoncer** *to drive in (a nail, etc.)*   •**donne un coup de main** *straighten up*   •**marmite** *pot*   •**pelle** *shovel*   •**ne risque pas de** < **risquer de** *to be apt to*
•**sauf** *except*   •**tient** < **tenir** *to hold*   •**tomber** *to fall*

Une lettre de Robert

A vous tous, salut et fraternité,
(comme dit Thomas)

Dans ma dernière lettre je vous ai parlé de nos préparatifs pour la visite des antiquaires.

La visite au château s'est très bien passée. Le comte, manières nobles et charmantes, a donné toutes sortes d'explications fort intéressantes. J'étais l'interprète.

Enfin, et surtout, madame Maupas a fait des affaires d'or. Les assiettes anciennes ont toutes été achetées. Le cheval blanc du petit Jacquot va garder la porte d'un magasin d'antiquités sur une route de la Nouvelle-Angleterre. Madame Le Magnen est très flattée que son buffet soit parti en Amérique. Enfin, la moitié de nos marchandises a été vendue. Une entreprise de camionnage s'est chargée de l'emballage et du transport à Cherbourg.

Le lendemain, nous sommes tous allés à la foire de l'Aigle. Mon oncle voulait examiner les nouveaux tracteurs, et acheter une autre vache. Ma tante estimait qu'elle avait bien gagné une journée de repos. Thomas et moi voulions aller au bal, le soir, et Thomas voulait me présenter à quelques-unes de ses camarades.

Une foire, pour un New-Yorkais, c'est quelque chose de sensationnel; pour les fermiers, c'est un événement important. En car, en voiture, à bicyclette, tout le monde y va. J'ai pris quelques photos que je vous envoie. Voici la place de l'Aigle.

• **camionnage** *trucking*   • **emballage** *packing*   • **foire** *fair*   • a fait des affaires d'**or** *did a good business*

Traverser l'Aigle en voiture, un jour de foire, est aussi difficile que traverser Manhattan, un jour de semaine, vers cinq heures de l'après-midi. La foire réunit les fermiers de tous les villages environnants. Ils viennent là non seulement pour vendre les produits de la ferme, vendre ou acheter des bestiaux, mais aussi pour échanger des idées sur la meilleure façon d'améliorer le sol, et, naturellement, pour parler de l'éternel problème: le temps. Ils examinent aussi les derniers modèles de machines agricoles. Souvent, tout un village se cotise pour en acheter une.

Bien entendu, c'est aussi une occasion d'échanger des nouvelles. Les fermiers et les fermières, occupés toute la journée par les besognes de la ferme, n'ont pas souvent l'occasion de bavarder avec leurs voisins. Sur la place du marché, tout en vendant leurs fruits, leurs volailles et leurs légumes, les fermières bavardaient. Ma tante est revenue de la foire avec des nouvelles à n'en plus finir, de quoi remplir le *New York Times* du dimanche.

Ce qui m'a le plus amusé, c'est la foire aux bestiaux. Il faut entendre les cultivateurs marchander les bêtes. Les discussions n'en finissent pas. Et la façon dont ils tâtent les animaux pour juger de leur force, de leur santé. . . .

• **se cotise** *club together* • **environnants** *surrounding* • **produits** *produce* • **tâtent** (tâter) *prod (poke at)*
• **volailles** *fowls*

Le plus drôle, c'était de voir monsieur Le Magnen traîner le veau qu'il avait acheté. Le veau avait une âme sentimentale. Il ne voulait pas quitter ses copains. Il s'arcboutait sur ses quatre pattes en poussant des mugissements désespérés.

Quand j'ai dit bonjour à la charcutière du village, elle ne m'a pas entendu. Elle était occupée à regarder les cochons d'un air méditatif. Lequel était le plus avantageux?

- **s'arc-boutait** *took a firm stand*
- **mugissements** désespérés *despairing bellows*
- **pattes** *legs (animal)*
- en **poussant** *while uttering*
- **traîner** *to drag along*

ROBERT TANNER

J'ai aussi examiné les moutons qui donnent de la si bonne viande. Je les ai examinés trop longuement. Un paysan en blouse et en bottes de caoutchouc m'a pris pour un acheteur et m'a fait un long discours sur les mérites respectifs des bêtes. Deux des moutons étaient tondus. Les autres avaient une toison épaisse qui, paraît-il, donne une très bonne laine.

Mon oncle a acheté un veau, une belle petite bête au museau blanc. Il n'est pas du tout comme le veau de monsieur Le Magnen. Il nous a adoptés tout de suite sans la moindre difficulté et il a l'air très satisfait de sa nouvelle demeure.

Il faut que je m'arrête. Nous allons aider à ensemencer un champ, Thomas et moi. Ce soir, Josette va me montrer comment traire une vache. Quand je serai de retour à New-York, je vous apprendrai à vous autres citadins, comment on s'y prend.

Votre ami et copain,
Robert

- **bottes de caoutchouc** *rubber boots*
- **citadins** *city people*
- **ensemencer** un champ *to sow a field*
- **laine** *wool*
- **moindre** *least*
- **museau** *muzzle*
- comment on s'y **prend** *how one does it*
- **toison** *fleece*
- **tondus** *sheared*

Compte rendu

ROBERT TANNER EN NORMANDIE

1. Qui venait d'arriver à la ferme des Maupas en Normandie?
2. Sa mère était la cousine de qui?
3. D'où était-il venu passer une année en Normandie?
4. Avait-il travaillé dans une ferme?
5. Mais qui a-t-il aidé à faire son travail?
6. Qu'est-ce qu'ils sont allés faire d'abord?
7. Puis qu'est-ce que Robert a fait pour sa tante?
8. Est-ce que sa tante avait beaucoup de travail?
9. Elle s'occupait de la ferme? Qu'est-ce qu'elle avait comme travail?
10. Combien de clients est-ce qu'elle attendait pour deux jours plus tard?
11. Qui étaient ces dames?
12. Quel repas est-ce qu'elles allaient prendre au restaurant de madame Maupas?
13. Qu'avait fait le comte ce jour-là?
14. Quelle idée est-ce que cela a donnée à Robert?
15. **Qu'est-ce que les voisins avaient peut-être aussi, que les antiquaires aimeraient acheter?**
16. Qu'est-ce qu'on donnerait aux voisins pour leurs vieux meubles?
17. Qu'est-ce que Robert a trouvé chez madame Le Magnen?
18. Grâce à qui madame Maupas a-t-elle trouvé beaucoup de marchandises à vendre?
19. Est-ce que la visite des antiquaires a été un succès?
20. Combien de ses marchandises est-ce que madame Maupas a vendu?
21. Où est-ce que toute la famille est allée le lendemain?
22. A quoi Robert s'est-il beaucoup intéressé?
23. Qu'est-ce que monsieur Maupas a acheté?
24. Où est-ce que Robert et Thomas sont allés ce soir-là?

GRAMMAIRE
1. «Après» et l'infinitif passé

A. *Lisez les phrases suivantes. Faites attention à la forme du verbe souligné qui suit la préposition* après.

1 Elle a trouvé la robe très jolie, mais après l'avoir essayée, elle a vu qu'elle ne lui allait pas.
2 Après avoir fini de déjeuner, il dort.
3 Elle couchera les enfants après avoir fait la vaisselle.
4 Après être tombée cinq fois elle a refusé de continuer à faire du ski.
5 Après s'être exercé au piano pendant des années il a renoncé à l'idée de devenir pianiste.

Remarquez qu'avec la préposition après, on emploie l'infinitif passé. L'infinitif passé se compose de l'infinitif du verbe auxiliaire et du participe passé. Remarquez aussi l'accord du participe passé qui est le même que celui de tous les temps composés.

B. *Complétez les phrases suivantes par l'infinitif passé des verbes entre parenthèses.*

EXEMPLES :

Après ___ de la maison, ils ont marché vers la place. (sortir)
Après être sortis de la maison, ils ont marché vers la place.

Après ___ tous les bonbons, elle n'allait pas bien. (manger)
Après avoir mangé tous les bonbons, elle n'allait pas bien.

1 Ils étaient désolés après ___ le match. (perdre)
2 Après ___ les mots, il a répondu aux questions. (souligner)
3 Il est sorti de la salle après ___ ce qu'il pensait. (dire)
4 Après ___, elle s'est brossé les dents. (se laver)
5 Tu dois bien parler français après ___ en France! (être)
6 Après les ___ à préparer le repas, elle a fait la vaisselle. (aider)
7 Tu trouveras la réponse après ___. (réfléchir)
8 Après ___ la fenêtre, elle a pris l'air. (ouvrir)
9 Après ___ du lit, elle ne pouvait plus dormir. (tomber)

---

2. Adjectif possessif

A. *Lisez les phrases suivantes. Faites attention aux formes de l'adjectif possessif.*

1 Voilà mon ami Paul (mon amie Colette).
2 C'est une amie de ma sœur.
3 Ton oncle et ta tante sont très gentils.
4 Toute sa famille y était: Marc, son frère et ses parents.
5 Quelle est votre adresse, Madame?
6 Nos petites cousines admirent notre maison.
7 Connais-tu Marc et Pierre? Leur oncle vient de partir pour le Brésil.

Remarquez que l'adjectif s'accorde en genre et en nombre avec le nom qu'il modifie.

Regardez le tableau des adjectifs possessifs ci-dessous:

LES ADJECTIFS POSSESSIFS			
	SINGULIER		PLURIEL
Personne	Masculin	Féminin	Masculin et féminin
je	mon	ma (mon)	mes
tu	ton	ta (ton)	tes
il, elle	son	sa (son)	ses
nous	notre	notre	nos
vous	votre	votre	vos
ils, elles	leur	leur	leurs

B. *Complétez les phrases suivantes par la forme convenable de l'adjectif possessif.*

EXEMPLE:
   Quand vas-tu finir ____ travail?
   Quand vas-tu finir ton travail?

1 Le comte va ouvrir ____ château au public.

2 Où allez-vous stationner ____ voiture?

3 Il faut qu'ils portent ____ propres valises.

4 Je ne peux pas trouver ____ gants.

5 Je connais Pierre mais je ne connais pas ____ famille.

6 Venez nous voir. Vous vous rappelez ____ adresse?

---

3. Pronom possessif

A. *Lisez les phrases suivantes. Faites attention aux formes soulignées.*

1 Sa situation est pire que la mienne.

2 Tu n'as pas de couteau? Tu peux prendre le mien.

3 C'est ma raquette. Je n'ai pas vu la vôtre.

4 Ils voudraient bien que ce château soit le leur.

5 Paul dit que ces lunettes sont les siennes.

Remarquez que le pronom possessif s'accorde en genre et en nombre avec l'objet possédé (mais en personne avec le possesseur).

Regardez ci-dessous le tableau de ces pronoms:

LES PRONOMS POSSESSIFS			
MASCULIN		FÉMININ	
Singulier	Pluriel	Singulier	Pluriel
le mien	les miens	la mienne	les miennes
le tien	les tiens	la tienne	les tiennes
le sien	les siens	la sienne	les siennes
le nôtre	les nôtres	la nôtre	les nôtres
le vôtre	les vôtres	la vôtre	les vôtres
le leur	les leurs	la leur	les leurs

B. *Récrivez les phrases suivantes en remplaçant les mots soulignés par la forme convenable du pronom possessif.*

EXEMPLE :

Tu peux prendre ma cuillère.
Tu peux prendre la mienne.

1 Tes vêtements sont plus petits que mes vêtements.
2 Et voilà la maison de David.
3 Vous voulez le mettre dans votre sac?
4 Donne-moi le sandwich de Marie.
5 Sa situation est pire que notre situation.

C. *Récrivez les phrases suivantes en remplaçant le pronom possessif par la forme convenable de l'adjectif possessif et le nom entre parenthèses.*

EXEMPLE :

La tienne doit retarder un peu. (montre)
Ta montre doit retarder un peu.

1 Tu veux emporter les miens? (skis)
2 Il va enlever les siennes. (chaussures)
3 Sont-elles contentes de la leur? (maison)
4 As-tu le tien? (permis de conduire)
5 Nous avons perdu les nôtres. (clefs)

PETIT DICTIONNAIRE

âme *nf* principe de vie, de pensée; ensemble des qualités morales d'une personne; habitant d'une ville ou d'un village. ANT **corps**.
— Cet homme a une belle âme; il ne pense qu'à faire du bien aux autres.
— C'est une petite ville de 8.000 âmes.

après-demain *adv* le second jour après celui où on est.
— Nous sommes aujourd'hui mercredi; demain c'est jeudi, jour de congé; après-demain, vendredi, nous aurons un examen de mathématiques.

aquarelle *nf* peinture à l'eau.
— C'est difficile de faire une bonne aquarelle; il faut bien choisir les couleurs et travailler rapidement.

bouquiniste *nm* marchand de livres («bouquin» est le mot familier pour «livre»), de gravures, de timbres sur les quais de Paris.
— Il a acheté cette jolie aquarelle à un bouquiniste.

buffet *nm* meuble où on met la vaisselle.
— Autrefois, dans les salles à manger, il y avait toujours un buffet. Dans les appartements modernes, on met la vaisselle dans le buffet de la cuisine.

cafetière *nf* ustensile dans lequel on fait le café.
— Est-ce qu'il y a encore du café dans la cafetière?

chercher à *v* essayer de.
— Il a cherché à doubler le camion.

cheval *nm* (voir le dessin).

cochon *nm* animal domestiqué.

cuisinière *nf* fourneau au bois. au gaz, ou électrique
— Vous ne trouverez plus de cuisinières au bois que dans les petits villages.

dès que *conj* aussitôt que.
— Je meurs de peur dès qu'on fait de la vitesse.

devanture *nf* vitrine d'un magasin.
— Pendant les fêtes de Noël; les devantures des magasins sont souvent ravissantes.

facteur *nm* l'homme qui apporte les lettres et les magazines.
— Le facteur lui a apporté une lettre de son frère.

faillir *v* (*suivi d'un infinitif*) presque.
— Il conduisait trop vite et il a failli avoir un accident. Il a arrêté la voiture juste à temps.

ferme *nf* bâtiment qui comprend la maison du fermier, les étables pour les bestiaux (bœufs, vaches, veaux)etc.
— La ferme comprend aussi les champs que cultive le fermier.

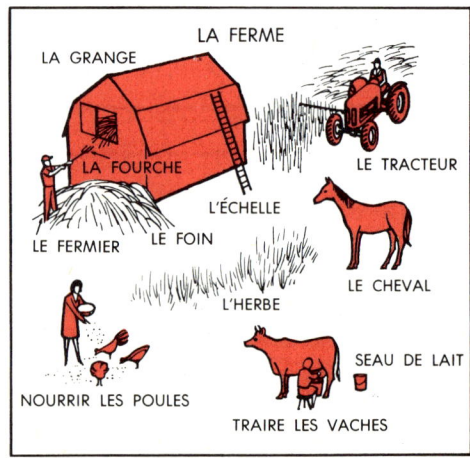

litre *nm* mesure de capacité pour les liquides (1.057 quarts).
— Il a acheté un litre de vinaigre et un litre d'huile chez l'épicier.

maladroit *adj & n* qui n'a pas d'habileté physique ou intellectuelle. ANT **habile, adroit.**
– Elle casse toujours un verre quand elle lave la vaisselle. Elle est très maladroite.
– Vous lui avez dit cela? C'était bien maladroit.

marchander *v* refuser d'accepter un prix établi par le vendeur en disant qu'on achètera si le prix est diminué.
– Si le marchand dit que le prix de la marchandise est de cinquante francs, elle lui en offre trente. Elle adore marchander.

moitié *nf* une de deux parties égales.
– Tu as huit livres. Donne-m'en la moitié.
– Tiens, voilà les quatre premiers.

occasion *nf* circonstance qui permet de faire une chose; possibilité.
– J'ai l'occasion de traverser les États-Unis en voiture pendant les vacances.
– C'est une occasion merveilleuse de voir le pays.

prix *nm* argent que l'on paie pour avoir une chose; récompense donnée au plus méritant.
– Quel est le prix de cette aquarelle?
– Elle vaut très cher parce qu'elle a obtenu un prix à l'exposition.

remplir *v* mettre un grand nombre de choses ou une grande quantité d'une chose dans. ANT **vider.**
– Remplissez ma tasse de café, s'il vous plaît.
– Ces bidons sont vides; il faut les remplir.

santé *nf* l'état normal d'une personne ou d'un animal.
– Il est toujours malade; il a une mauvaise santé.

seau *nm* (voir le dessin).

sens *nm* connaissance intuitive.
– Il a le sens des langues; il a appris le français, l'italien, l'espagnol presque sans effort.

soupière *nf* ustensile où on met la soupe.
– Mettez la soupière sur la table; chacun se servira de soupe.

timbre, timbre-poste *nm* petit morceau de papier imprimé que l'on colle sur une lettre ou un paquet avant de l'envoyer par la poste.
– N'oublie pas de mettre un timbre sur ta lettre.

traire *v* tirer le lait d'une vache.
– Il faut traire les vaches tout de suite.

vache *nf* (voir le dessin).

veau *nm* petit de la vache jusqu'à un an.
– Regardez cette vache avec son veau. Il n'a que trois mois.

Chapitre Dix

La Vie Journalière

I Marc et Jean-Pierre arrivent de Bayonne. Ils ont pris l'avion pour Paris.

Maintenant, nous sommes à Orly, l'aéroport de Paris. La caravelle d'Air-France qui amène Marc et Jean-Pierre vient d'arriver. Tous les passagers sont sortis depuis quelque temps. Marc et Jean-Pierre sont 5 les derniers. Ils se dirigent vers l'aérogare. Jean-Pierre est le garçon qui porte des lunettes de soleil. Les deux garçons ont l'air inquiet, préoccupé.

Pourquoi Marc et Jean-Pierre ont-ils été les derniers à sortir de l'avion? Pourquoi ont-ils l'air si inquiet? Nous allons voir. 10

caravelle *type of French jet plane* **diriger: se diriger (vers, à)** *head for, make one's way toward*

QUESTIONS SUR LA PHOTO

1. Où sommes-nous?
2. Qu'est-ce qui vient d'atterrir?
3. Depuis quand les passagers sont-ils descendus?
4. Comment s'appellent les deux garçons qui ont été les derniers à sortir?
5. Que porte Jean-Pierre?
6. Quel air ont les deux garçons?
7. Qu'est-ce que nous allons voir?

Jean-Pierre et Marc se trouvent dans une situation désagréable à l'aéroport d'Orly.

Pour vous aider à comprendre:
poche nf espèce de petit sac dans un vêtement

MARC. — Si mon portefeuille avait été dans l'avion, nous l'aurions certainement retrouvé. Nous l'avons cherché partout.

JEAN-PIERRE. — Et l'hôtesse de l'air nous a gentiment aidés. Pas mal, la fille.

MARC. — Je perds mon portefeuille et tu regardes les filles! Tu en fais un copain!

JEAN-PIERRE. — Tu sais bien que je suis aussi ennuyé que toi. Voyons, tu es distrait. Tu ne pourrais pas avoir laissé ton portefeuille chez toi à Bayonne?

MARC. — Impossible. Je me rappelle l'avoir mis dans la poche intérieure de mon veston et il n'y est plus.

JEAN-PIERRE. — Il est probablement tombé par terre quand tu as enlevé ton veston et quelqu'un l'a volé.

MARC. — Le grand type qui était assis derrière nous. Il avait tout à fait la tête d'un type qui volerait un portefeuille s'il en avait l'occasion.

JEAN-PIERRE. — Peut-être qu'il est encore à l'aérogare.

MARC. — D'abord, il doit être parti. Et même s'il était là, tu ne penses pas qu'il me rendra mon portefeuille bien gentiment.

JEAN-PIERRE. — Évidemment non . . . Je te prêterai de l'argent.

MARC. — Tu n'en as pas beaucoup. Et que dira mon père quand il apprendra ça? Et puis, j'aurai passé deux semaines à Paris sans argent. Si on m'avait dit que je n'irais ni au cinéma, ni au théâtre, ni . . .

JEAN-PIERRE. — Il ne reste qu'un endroit où nous n'avons pas cherché.

MARC. — Lequel?

JEAN-PIERRE. — Il y en a même plusieurs. Tes poches.

MARC. — Qu'est-ce que tu racontes? Quand on met son portefeuille dans la poche intérieure de son veston, il y reste.

JEAN-PIERRE. — Tu as pu le mettre dans une autre poche. Tu es distrait.

MARC. — Distrait, distrait. Tu n'as que ce mot-là à la bouche.

LA VIE JOURNALIÈRE

Jean-Pierre. — Personne n'est parfait. Cherche dans les poches extérieures de ton veston au lieu de te fâcher.
Marc. — Ça ne servira à rien.
Jean-Pierre. — Cherche tout de même. On ne sait jamais.
Marc. — Puisque ça te fait plaisir . . . oh . . . euh, le voilà. Ne ris pas comme ça. Je suppose que tu vas raconter l'histoire à tout le monde.
Jean-Pierre. — Je ne la raconterai à personne. Mais avoue que c'est drôle.
Marc. — N'importe qui peut avoir une distraction.
Jean-Pierre. — Mais nul n'en a plus que toi. Enfin, tout est bien qui finit bien.

NARRATION ORALE

(*Dialogue*)

Vous êtes à l'aérogare d'Orly. Vous avez eu la même aventure que Marc. Vous êtes seul(e). Votre oncle est venu vous chercher. Dans l'exercice suivant complétez les phrases de votre rôle. (On vous donne les premières phrases pour vous aider.)

(Pour les jeunes filles: Bien sûr, vous ne portez pas de veston, vous devez remplacer «veston» par le mot «sac» que vous aurez ouvert plusieurs fois pendant le voyage.)

Votre oncle. — Ah, te voilà enfin. Qu'est-ce qu'il y a? Tu as l'air inquiet (inquiète).
Vous. — J'ai perdu mon portefeuille.
Votre oncle. — Tu es sûr(e) qu'il n'est pas resté dans l'avion?
Vous. — Oh oui. L'hôtesse de l'air et moi, nous avons cherché partout.
Votre oncle. — Tu es distrait(e). Tu pourrais bien l'avoir laissé chez toi, à Marseille.
Vous. — Impossible. Je suis sûr(e) de l'avoir mis dans la poche intérieure de mon veston (dans mon sac).
Votre oncle. — Alors, c'est bien dans l'avion que tu l'as perdu. Tu as enlevé ton veston (ouvert ton sac) pendant le voyage?
Vous. —
Votre oncle. — Ton portefeuille a dû tomber à ce moment-là et quelqu'un l'a volé. Oh, attends. J'ai une idée.
Vous. —
Votre oncle. — Eh bien, tu es distrait(e).
Vous. —
Votre oncle. — Peut-être as-tu mis ton portefeuille dans une autre poche. Cherche dans toutes tes poches.

(*Pour les filles*)

— Tu as beaucoup de choses dans ton énorme sac. Tu as peut-être mal regardé. Cherche encore.

Vous. —

Votre oncle. — Cherche tout de même.

Vous. — (Vous trouvez votre portefeuille et vous dites:) . . .

Votre oncle. — Tu es vraiment trop distrait(e). Enfin, tout est bien qui finit bien.

NARRATION ÉCRITE

(*Marc est distrait*)

1 Qu'est-ce que Marc a perdu?
2 Où Marc et Jean-Pierre l'ont-ils cherché sans succès?
3 Où Jean-Pierre pense-t-il que Marc a pu laisser son portefeuille?
4 Mais, qu'est-ce que Marc se rappelle?
5 Quand ils étaient dans l'avion et que Marc a enlevé son veston, qu'est-ce qui a pu arriver?
6 Qui d'après Marc a volé son portefeuille?
7 Dans ce cas, quelles sont les deux raisons pour lesquelles il serait impossible de ravoir le portefeuille?
8 Où Jean-Pierre pense-t-il que Marc pourrait retrouver son portefeuille?
9 Pourquoi est-il possible que Marc ait mis son portefeuille dans une des poches extérieures de son veston?
10 Finalement que fait Marc et qu'est-ce qu'il retrouve?
11 Que fait Jean-Pierre quand Marc retrouve son portefeuille?
12 Qui trouve que l'histoire est drôle?

GRAMMAIRE
1. Pronom et adjectif indéfini

A. *Lisez les phrases suivantes et faites attention aux mots soulignés.*

1 Marc cherche quelque chose.
2 Il ne trouve rien.
3 Qu'as-tu dans la bouche? — Rien.
4 Ici on parle français.
5 Y a-t-il quelqu'un à la porte? — Non, personne.
6 Personne ne sait la réponse.
7 Vos amis y seront? — Non, aucun d'eux ne sera là.
8 Y a-t-il des artichauts? Non, on n'en voit pas.
9 Je n'ai aucune idée.
10 Plusieurs explorateurs sont allés dans cette région. Nul n'est revenu.

Remarquez que les mots soulignés désignent d'une manière vague, indéterminée (indéfinie) des personnes ou des choses. Remarquez aussi que les formes négatives exigent le mot ne *avant le verbe.*

LA VIE JOURNALIÈRE

Regardez ces tableaux ci-dessous:

PRONOM INDÉFINI	
Affirmatif	Négatif
plusieurs	aucun(e) nul, nulle
quelqu'un quelques-un(e)s on, tous, toutes	personne
quelque chose tout(e)	rien

ADJECTIF INDÉFINI	
Affirmatif	Négatif
certain(e) chaque plusieurs tel, telle tout, toute tous, toutes	aucun(e) nul, nulle

B. *Changez les phrases suivantes au négatif en employant un pronom négatif.*

EXEMPLE:
Quelqu'un est à la porte.
Personne n'est à la porte.

1 Chacun doit payer.
2 Y a-t-il quelque chose à faire?
3 As-tu une idée?
4 Tout m'amuse.

C. *Dans les phrases suivantes remplacez les mots soulignés (les adjectifs indéfinis) par la forme convenable du pronom indéfini.*

EXEMPLE:
J'ai parlé à chaque élève.
J'ai parlé à chacun.

1 Nous avons interviewé quelques boursiers. (Nous en . . .)
2 Je n'ai trouvé aucun renseignement. (Je n'en . . .)
3 Quelques jeunes filles jouaient aux cartes.
4 Chaque maison est en bois.

D. *Répondez aux questions suivantes en employant dans la réponse le mot entre parenthèses.*

EXEMPLE:
Rien ne s'est passé? (quelque chose)
Quelque chose s'est passé.

1 Y a-t-il quelqu'un qui s'en charge? (ne . . . personne)
2 En avez-vous reçu? (ne . . . aucun)
3 Qu'a-t-il apporté? Rien? (quelque chose)
4 Un camarade m'a téléphoné? (nul . . . ne)
5 En a-t-il trouvé? (*des acteurs?*) (quelques-uns)
6 Qu'as-tu acheté? (ne . . . rien)
7 En ont-ils mangé? (quelques-unes)
8 Une lettre est arrivée? (aucun . . . ne)

2. Verbes impersonnels

A. *Lisez les phrases suivantes et indiquez la personne et le nombre des verbes soulignés.*

1 Son fils n'est jamais habillé comme il faut.
2 Il (Cela) ne vaut rien.
3 Il vaudrait mieux se taire.
4 Il faudrait que tu regardes pas mal de publicité.
5 J'arriverai vers cinq heures si cela vous convient.
6 Il manque une voix: la mienne.
7 Il pleuvait à verse quand je suis sortie.
8 Quand il fait beau tout le monde est gai.
9 Il avait neigé pendant des semaines.

Remarquez que certains verbes ont toujours un sujet impersonel (il, cela, ça) et qu'ils n'ont qu'une forme pour chaque temps: il faut, il fallait, il faudra, etc.

B. *Complétez les phrases suivantes par la forme convenable du verbe entre parenthèses.*

EXEMPLE:
Il me ____ le voir demain. (falloir)
Il me faudra le voir demain.

1 Que je reste ou que je m'en aille; ça ne lui ____ pas. (importer)
2 On a annoncé à la radio hier soir qu'il ____ aujourd'hui. (neiger)
3 Il ne leur ____ pas de nous rejoindre avant une heure. (convenir)
4 Si vous allez revenir il ____ mieux que nous attendions ici. (valoir)
5 C'est demain un jour de congé. Je sais qu'il ____. (pleuvoir)

C. *Lisez les phrases suivantes et faites attention aux formes soulignées.*

1 Tu n'aimes pas ce chapeau. Il te va à merveille.
2 S'il lui plaît de venir avec nous, il sera là à cinq heures.
3 Il leur semble que leur fils ne fait pas de son mieux.
4 S'il lui convient de nous accompagner en vacances, nous en serons très heureux.

Remarquez que certains verbes peuvent être employés comme verbes impersonnels: aller, plaire, importer, sembler, etc. Très souvent avec ces verbes on emploie un complément indirect pour indiquer la personne.

D. *Remplacez l'expression soulignée par la forme convenable d'un des verbes de la liste ci-dessous.*

| falloir | plaire |
| manquer | sembler |

EXEMPLE:
Je crois qu'il a raison.
Il me semble qu'il a raison.

1 Il a besoin d'argent.
2 Passe-moi le sel, je t'en prie.
3 Nous devons partir.
4 Je n'aime pas ça.
5 Nous croyons qu'elle est malade.

2 Deux jeunes filles cueillent des fleurs de marronniers. Vous les reconnaissez, n'est-ce pas? Quand vous avez fait la connaissance de Gabrielle, elle venait de jouer au tennis avec Clément. Mathilde est la jeune fille qui voulait acheter une chaise au Marché aux puces.

Gabrielle porte ce même pull de couleur claire qu'elle portait le jour 5
où elle a joué au tennis avec Clément. Mathilde porte une blouse blanche à manches longues. Elle a déjà cueilli une belle touffe de fleurs. Elle sourit parce qu'elle en cueille une autre. Gabrielle essaie de cueillir des fleurs placées un peu trop haut pour elle. Elle tend le bras gauche pour les atteindre. 10

Les marronniers fleurissent au printemps. Donc, cette scène se passe au printemps. Les feuilles de marronnier sont très grandes, très vertes. Les fleurs sont blanches ou roses. Avec ces fleurs, on peut faire un beau bouquet, n'est-ce pas?

Oui, mais . . . 15

touffe *bunch, bouquet* **marronnier** *horse chestnut tree*

QUESTIONS SUR LA PHOTO

1 Que font ces deux jeunes filles?
2 Est-ce que vous les reconnaissez?
3 Comment s'appellent-elles?
4 Que venait de faire Gabrielle quand nous avons fait sa connaissance?
5 Qu'est-ce que Mathilde voulait acheter quand nous avons fait sa connaissance?
6 Quand Gabrielle a-t-elle porté le même pull qu'elle porte aujourd'hui?
7 Comment est la blouse de Mathilde?
8 Qu'est-ce que Mathilde a déjà cueilli?
9 Comment sont placées les fleurs que Gabrielle essaie de cueillir?
10 Pourquoi tend-elle le bras gauche?
11 En quelle saison fleurissent les marronniers?
12 Donc, en quelle saison se passe cette scène?
13 Comment sont les feuilles de marronniers?
14 De quelles couleurs sont les fleurs de marronniers?
15 Que peut-on faire avec les fleurs de marronniers?

Les terreurs de la campagne . . . pour des Parisiennes.

Pour vous aider à comprendre:
abeille *nf* insecte qu'on voit parmi les fleurs et qui pique si elle se croit en danger
accrocher *v* se retenir à quelque chose
bœuf *nm* animal de la ferme
branler *v* faire osciller, remuer
corne *nf* organe dur et pointu que porte la tête de certains animaux
échelle *nf* sorte d'escalier portatif
faner: se faner *v* (des fleurs) perdre sa beauté, son éclat
méchant, méchante *adj* féroce, menaçant
secours: au secours! cri pour demander de l'aide au moment du danger
piqûre *nf* petite blessure faite par certains insectes (abeilles)
taureau *nm* bœuf sauvage, féroce

MATHILDE. — Oh la belle! Je n'ai jamais vu d'aussi jolies fleurs de marronniers.
GABRIELLE. — Et celle-ci. Je vais avoir du mal à la cueillir. Ah, non, je l'ai.
MATHILDE. — Nous allons avoir un bouquet énorme. Ça fera joli dans notre chambre.
GABRIELLE. — Quelle joie de pouvoir cueillir des fleurs sans entendre une grosse 5 voix: «Vous ne savez pas qu'il est défendu de cueillir des fleurs dans les parcs de Paris?»
MATHILDE. — C'est une chance que Jean-Claude nous ait invitées à venir passer une semaine à la ferme de son père en Normandie.

GABRIELLE. — En hiver, quand il pleut, quand il neige, quand il fait froid, je préfère Paris. Mais le mois de mai à la campagne, c'est formidable.

MATHILDE. — Et il fait si beau aujourd'hui. Je crois que nous avons assez de fleurs... Oh, un taureau!

GABRIELLE. — Il vient vers nous. Il nous regarde. Il a l'air méchant. Sauvons-nous!

MATHILDE. — Il ne faut pas courir... Il se précipiterait sur nous.

GABRIELLE. — Une échelle contre cet arbre. Montons vite, vite!

MATHILDE. — Elle branle, cette échelle!

GABRIELLE. — Accroche-toi à cette branche. Moi, à celle-là.

MATHILDE. — J'ai laissé tomber mes fleurs.

GABRIELLE. — Moi aussi. Oh! le taureau est au pied de l'arbre. Il mange nos fleurs.

MATHILDE. — Regarde ses cornes. Elles sont énormes...

GABRIELLE. — Si on tombait... Oh, une abeille!

MATHILDE. — Et une autre. Et une autre.

GABRIELLE. — Il y en a des milliers... Et c'est dangereux les piqûres d'abeille. Sale bête! Va-t-en.

MATHILDE. — Et le taureau qui nous regarde...

GABRIELLE. — Les abeilles... le taureau...

MATHILDE. — Jean-Claude doit passer sur cette route en revenant de la ville. Il serait temps qu'il arrive.

GABRIELLE. — S'il tarde, je serai morte de peur.

MATHILDE. — Voilà sa voiture... Au secours, Jean-Claude!

GABRIELLE. — Au secours! Au secours!

(*Jean-Claude arrête sa voiture et arrive au pied de l'arbre.*)

JEAN-CLAUDE. — Qu'est-ce que vous avez toutes les deux?

GABRIELLE. — Les abeilles!

MATHILDE. — Le taureau!

JEAN-CLAUDE. — Votre taureau est un bœuf et il n'y a pas de bœuf plus doux dans le pays. Tenez, regardez. Il s'en va. Allez, descendez de votre arbre. Je tiens l'échelle.

GABRIELLE. — Ouf! Quelle peur!

MATHILDE. — Nos pauvres fleurs!

JEAN-CLAUDE. — Vous ne savez pas que les fleurs de marronnier se fanent tout de suite? Venez cueillir des lilas.

GABRIELLE. — On y trouvera aussi des abeilles dans les lilas?

JEAN-CLAUDE. — Oh, ces Parisiennes!

NARRATION ORALE

(Les Parisiennes et le taureau)

1. Où Gabrielle et Mathilde ont-elles passé quelques jours du mois de mai?
2. Quel temps faisait-il, et comment était la campagne ce jour-là?
3. Qu'est-ce que les deux jeunes filles faisaient quand un taureau a paru?
4. Pour lui échapper, qu'est-ce qu'elles ont fait?
5. Mais qu'est-ce qu'il y avait là-haut?
6. Qui les a enfin sauvées?
7. Selon Jean-Claude, ce taureau n'était pas du tout un taureau. Qu'est-ce que c'était?
8. Après cela, qu'est-ce que Gabrielle et Mathilde ont voulu savoir avant d'aller cueillir des lilas?

NARRATION ÉCRITE

(Mathilde et Gabrielle cueillent des fleurs)

1. D'où viennent Mathilde et Gabrielle?
2. Où passent-elles quelques jours de leurs vacances?
3. Que font-elles aujourd'hui?
4. Quel temps fait-il?
5. Quand Gabrielle préfère-t-elle Paris?
6. Les deux jeunes filles s'amusent énormément quand tout à coup un danger les menace. Qu'est-ce que c'est?
7. Heureusement, qu'est-ce qu'elles voient contre un arbre, tout près d'elles?
8. Qu'est-ce qu'elles font tout de suite?
9. Mais qu'est-ce qu'elles font de leurs fleurs?
10. Et le taureau, qu'est-ce qu'il commence à en faire?
11. Dans l'arbre, de nouveaux ennemis viennent à l'attaque. Quels sont ces ennemis?
12. A ce moment-là, à leur grande joie, qu'est-ce que les deux jeunes filles entendent?
13. Leur taureau, paraît-il, n'était pas du tout un animal sauvage. Qu'est-ce que c'était, en réalité?
14. Au lieu de fleurs de marronnier, quelles fleurs Jean-Pierre leur propose-t-il de cueillir?
15. Mais avant d'accepter, qu'est-ce que Gabrielle veut savoir?

GRAMMAIRE
1. Comparaison des adjectifs

A. *Lisez les phrases suivantes et faites attention aux mots soulignés.*

1 Jean-Pierre croit que Marc est <u>plus distrait que</u> son frère.
2 Ces fleurs sont beaucoup <u>plus</u> belles <u>que</u> les autres.
3 Jean-Pierre était vraiment <u>aussi</u> inquiet <u>que</u> Marc.
4 Ce bœuf est <u>aussi</u> doux <u>qu'</u>un ange.
5 Ce portefeuille-ci est <u>moins</u> cher <u>que</u> celui-là.
6 Mes fleurs sont <u>moins</u> fanées <u>que</u> les vôtres.
7 Georges et Pierre sont de bons élèves mais Georges est <u>meilleur</u> élève <u>que</u> Pierre.
8 Sa situation est très mauvaise, mais la mienne est <u>pire (plus mauvaise)</u>.

Remarquez qu'il y a trois sortes de comparaison:

SUPÉRIORITÉ	**plus** + adjectif + que
ÉGALITÉ	**aussi** + adjectif + que
INFÉRIORITÉ	**moins** + adjectif + que

Remarquez aussi la forme irrégulière du comparatif de supériorité de l'adjectif bon: meilleur *et de* mauvais: pire (plus mauvais).

B. *Dans les phrases suivantes remplacez le mot souligné par le mot entre parenthèses.*

EXEMPLES:

Georges est <u>plus</u> grand que Pierre. (aussi)
Georges est aussi grand que Pierre.

<u>Ces fleurs-ci</u> sont plus belles que celles-là. (arbres)
Ces arbres-ci sont plus beaux que ceux-là.

1 Elle est <u>plus</u> fière que toi. (moins)
2 Marie est <u>aussi</u> gentille que sa sœur. (plus)
3 Mes <u>cousines</u> sont moins âgées que les tiennes. (cousins)
4 Cette <u>chaise</u> est moins chère que je ne pensais. (fauteuil)
5 Ces joueurs sont <u>plus</u> habiles que les nôtres. (aussi)

230   CHAPITRE DIX

C. *Faites trois comparaisons pour chacun des groupes de mots qui suivent.*

EXEMPLES :

Marianne—Vera—joli
Marianne est aussi jolie que Vera.
Marianne est plus jolie que Vera.
Marianne est moins jolie que Vera.

Georges—Marc—bon
Georges est aussi bon que Marc.
Georges est meilleur que Marc.
Georges est moins bon (pire) que Marc.

1 René—Pierre—grand
2 La maison des Mansard—celle des Blake—beau
3 Traverser Manhattan un jour de semaine—traverser L'Aigle un jour de foire—difficile
4 Une petite voiture—une grosse voiture—cher
5 Ma chambre—la chambre d'Anne—petit

---

2. Superlatif

A. *Lisez les phrases suivantes et faites attention aux expressions soulignés.*

1 Nous étions tous inquiets, mais Louise était la plus inquiète de la bande.
2 Je suis le plus pauvre du groupe.
3 Nous avons la plus belle pelouse de cette rue.
4 Selon nous, c'était le taureau le plus méchant.
5 C'est un des bâtiments les plus modernes de Paris.
6 Etienne est le meilleur joueur de notre équipe et Marc le pire.
7 C'était la foire la plus importante de la région.
8 C'est le détail le moins important.

Remarquez qu'on emploie la forme convenable de l'article défini avant la forme du comparatif pour former le superlatif. Remarquez aussi qu'on observe au superlatif (et au comparatif) la même position des adjectifs qu'au positif: la plus belle pelouse, la foire la plus importante.

B. *Complétez les phrases suivantes par la forme convenable du superlatif de l'adjectif entre parenthèses*

EXEMPLE :

C'est la chaise _____ du magasin. (cher)
C'est la chaise la plus chère du magasin.

1 René est _____ de la bande. (pauvre)
2 C'était _____ programme de la saison. (bon)
3 C'est le choix _____. (difficile)
4 Il nous est arrivé les aventures _____. (fantastique)
5 Je voudrais vous raconter _____ malchance. (mauvais)

3. Comparaison des adverbes

A. *Lisez les phrases suivantes. Faites attention aux adverbes soulignés.*

1 Le travail ira plus vite demain.
2 Je peux marcher aussi rapidement que toi.
3 Elle travaille moins soigneusement que lui.
4 René a mieux joué que les autres.
5 Viens le plus tôt possible.
6 Paul n'est pas encoré arrivé. — Tant pis!

Remarquez que la comparaison des adverbes suit en général les mêmes règles que celles pour les adjectifs. (Rappelez-vous que les adverbes ne montrent pas de genre et pas de nombre.)

Regardez le tableau ci-dessous:

COMPARAISON IRRÉGULIÈRE DES ADVERBES		
Positif	**Comparatif**	**Superlatif**
bien	mieux	le mieux
mal	pis (plus mal)	le pis (le plus mal)
peu	moins	le moins
beaucoup	plus	le plus

B. *Récrivez les phrases suivantes en changeant l'adverbe souligné au superlatif, et ajoutez le mot* possible.

EXEMPLE:
  Allez vite.
  Allez le plus vite possible.

1 La vieille a parlé doucement.
2 Tu arrives tard.
3 Marie-Ange parle bien.
4 Paul a écrit à ses parents souvent.
5 Cette petite travaille soigneusement.

Pierre Dumesnil à Paris

1. Chez Marianne à Paris. Marianne, Pierre, René et Véronique voient la fin d'un film policier à la télévision.

(*Coups de feu: pan, pan, pan.*)
RENÉ. — Bravo! La justice et la loi ont triomphé.
PIERRE. — Non sans peine. Combien de coups de poing le détective a-t-il donnés?
MARIANNE. — Beaucoup trop. Je vous en prie. Arrêtez la télé.
RENÉ. — Aussitôt dit, aussitôt fait.
MARIANNE. — Je déteste les films policiers. Tous ces coups de feu me bouleversent.
RENÉ. — Tu es trop sensible. Après chaque bagarre, notre détective se relève frais comme une rose . . .
PIERRE. — Ses cheveux soigneusement peignés, son complet bien repassé, sa cravate bien droite. Extraordinaire, ce détective.
VÉRONIQUE. — Ne vous moquez pas des films policiers. Moi, je les adore. Et, celui-ci était réellement bien.
PIERRE. — Dommage que tu n'aies pas été à Los Angeles avec moi. Tu aurais adoré la télévision.
MARIANNE. — Comment est la télévision aux U.S.A.?
PIERRE. — Il y a beaucoup de très bons programmes, et il y en a de mauvais, comme chez nous.

• **bagarre** *scuffle* • **bouleversent** *they upset* • **coups** de feu *shots* • **cravate** *tie* • **loi** *law* • **moquez** < se moquer de *to make fun of* • **coups** de **poing** *punches, blows with the fist* • bien **repassé** *well pressed* • **sensible** *sensitive* • soigneusement **peignés** *carefully combed*

MARIANNE. — Mais il paraît qu'ils ont plus d'une douzaine de chaînes alors que nous n'en avons que deux. Aux U.S.A. je ne serais pas obligée de regarder un film policier.

PIERRE. — Non, mais il faudrait que tu avales pas mal de publicité.

VÉRONIQUE. — C'est un choix difficile. Pas de publicité; seulement deux chaînes. Beaucoup de publicité; beaucoup de chaînes.

RENÉ. — Dis-moi, Pierre, tu parleras de la télévision dans ton article?

PIERRE. — Je ne crois pas. J'ai des choses plus importantes à dire.

VÉRONIQUE. — De quoi diable parlez-vous? De quel article s'agit-il?

RENÉ. — C'est vrai que tu n'es pas au courant. Pierre a promis d'écrire un article pour la EFEA.

VÉRONIQUE. — La EFEA?

PIERRE. — Une société de titulaires de bourses à l'étranger — laquelle société publie une revue destinée aux étudiants étrangers.

MARIANNE. — Et Pierre va écrire un article pour cette revue.

RENÉ. — Un article intitulé: «Comment se distraire à Paris».

VÉRONIQUE. — Ce titre me plaît. Je vais t'aider à écrire cet article.

MARIANNE. — Moi aussi, je vais t'aider.

RENÉ. — Nous allons tous t'aider.

PIERRE. — Je n'ai pas besoin de votre aide.... Si, j'ai une idée. Je vais vous mettre dans l'article.

VÉRONIQUE. — Et tu intituleras ton article: «La bande joyeuse s'amuse à Paris.»

RENÉ. — A propos de distractions, je vous rappelle, au cas peu probable où vous l'auriez oublié, que les vacances de Pâques arrivent la semaine prochaine. Qu'allons-nous faire pour nous distraire?

MARIANNE. — Cela dépend de l'argent que nous avons à dépenser.

PIERRE. — Mettons nos fonds en commun. Moi, j'ai réussi à économiser 110 francs.

MARIANNE. — J'ai à peu près 100 francs.

VÉRONIQUE. — Je sais que mon père me donnera une centaine de francs comme argent de poche pour les vacances.

RENÉ. — Je suis le plus pauvre de la bande. Je n'ai qu'une cinquantaine de francs. Mais, j'ai cinq bobines de films pour ma caméra.

VÉRONIQUE. — Bravo. Nous allons tourner un film.

PIERRE. — Ça me va. J'ai toujours eu envie d'être cinéaste

MARIANNE. — J'ai une idée pour le scénario. Véronique et moi serons deux étudiantes américaines qui passent une journée à Paris.

RENÉ. — Pas passionnant, ton scénario. J'aimerais mieux tourner un film policier.

VÉRONIQUE. — Nous pouvons être deux étudiantes américaines auxquelles il arrive des aventures fantastiques.

RENÉ. — Tiens; c'est une idée.

MARIANNE. — Comment veux-tu qu'il nous arrive des aventures fantastiques?

RENÉ. — Je ne sais pas pour le moment mais l'inspiration me viendra.

• **cinéaste** *scenario writer* • **mettons nos fonds en commun** *let's pool our funds* • **tu n'es pas au courant** *you haven't kept up-to-date* • **titre** *title* • **titulaires** *holders*

MARIANNE. — J'y pense. Puisque nous mettons nos fonds en commun, il nous faut un trésorier.

RENÉ. — Eh bien, toi. Tu feras une bonne trésorière.

MARIANNE. — Non, pas moi. Tout cet argent dans mon sac! Je passerais mon temps à trembler.

PIERRE. — Je propose que René soit notre trésorier.

RENÉ. — Oh, non.

TOUS. — Oh, si.

PIERRE. — Tu es élu à l'unanimité, mon vieux.

RENÉ. — Pas à l'unanimité. Il manque une voix: la mienne. Enfin. . . .

2. On doit, si possible, trouver la perspective qui donnera le meilleur résultat.

RENÉ. — Hé, ça glisse. . . . Première scène: nos jeunes Américaines se préparent à prendre leur café matinal sur les boulevards du vieux Paris.

PIERRE. — Un instant, nous essayons de trouver le poudrier. . . . Ah, les filles! Elles transportent une multitude de choses dans leur sac et elles ne peuvent jamais trouver ce dont elles ont besoin.

MARIANNE. — Laisse-moi chercher toute seule; j'aurai plus vite fait.

RENÉ. — Dépêchez-vous. Si vous croyez que je peux me tenir en équilibre. . . .

VÉRONIQUE. — Attention, René! Tu vas tomber!

RENÉ. — Ne t'en fais pas. . . . Zut, voilà le propriétaire.

PIERRE. — Nous sommes prêts. Vas-y.

LE PROPRIÉTAIRE. — Qu'est-ce qui se passe? Vous jouez au cirque? Les chaises sont faites pour qu'on s'assoie dessus, pas pour qu'on monte dessus.

RENÉ. — Je . . . Aïe. . . . (*La chaise se renverse, et René tombe par terre.*)

PIERRE. — Vous l'avez fait tomber.

LE PROPRIÉTAIRE. — Moi? Elle est bonne, celle-là. Vous renversez mes tables; vous brisez mes chaises. Et c'est de ma faute!

PIERRE. — Au moins, nous n'avons rien cassé.

• jouez au **cirque** jouer au cirque *to play circus* • **élu** < élire *to elect* • il **manque** une voix *one vote is missing* • **poudrier** *compact* • **vas-y** *go ahead*

René. — C'est moi qui dois avoir quelque chose de cassé.
Le propriétaire. — Faites-moi le plaisir de vous en aller. 35
Pierre. — Bon, bon. On s'en va.

René. — Prends la caméra. Aide-moi à me relever.
Le propriétaire. — Et que je ne vous revoie plus. Je vous ai assez vus. Ces jeunes voyous! 40

3. On trouvera peut-être mieux dans un autre café.

René. — Dépêchons-nous. Le propriétaire ne nous donne que cinq minutes.
Marianne. — Attention, tu vas encore tomber.
René. — Aucun danger. La chaise est solide. 5
Pierre. — Vas-y; caméra.
Véronique. — Non, non. Un instant. Je voudrais arranger ma chaise.
René. — Mais le garçon apporte le café. 10
Véronique. — Ça va; je suis prête.
René. — Une seconde. Tu as bougé. Il faut que je m'approche. . . .
Le garçon. — Pardon, Monsieur. Attention! Aïe! 15

(*bruit de vaisselle qui se casse*)

Marianne. — Toutes les tasses et les soucoupes cassées!
Véronique. — La malchance nous poursuit. 20
Le garçon. — Et moi donc; une bande de fous comme clients.
René. — Partez devant. Attendez-moi au coin de la rue. Je vais régler ça. . . . 25 (*au garçon*) Je suis désolé. . . . Est-ce que vous vous êtes fait mal?

* * *

(*Au coin de la rue*)

Pierre. — Le film sensationnel ne commence pas trop bien. 30
Marianne. — Et nous n'avons pas encore pris de photo.
Véronique. — Et nous n'avons même pas eu de café. Je meurs de faim. 35
Pierre. — Si nous achetions quelque chose au marché?
Marianne. — Bonne idée. D'autant plus que nous avions décidé d'avoir la deuxième scène rue Mouffetard. 40
Véronique. — Renonçons à la première scène pour le moment. Nous la tournerons plus tard.
Pierre. — D'accord. Et ne laissons pas René faire de la fantaisie. Cette fois, 45 nous le garderons à terre.
Marianne. — Le voilà; il a l'air triste.
Pierre. — Qu'est-ce qui s'est passé?
René. — J'ai donné dix francs au garçon pour payer la vaisselle cassée. 50
Marianne. — Notre argent file vite. Si nous continuons, nous aurons dépensé tout ce que nous avons avant ce soir.
René. — Ce n'était pas de ma faute. Cet imbécile de garçon . . . 55
Pierre. — N'y pensons plus et allons au marché de la rue Mouffetard.
Véronique. — Ne fais pas cette tête, René. Plaie d'argent n'est pas mortelle.

•faire de la **fantaisie** *do crazy things*   •nous le **garderons** à terre *we'll keep him on the ground*   •"**plaie d'argent n'est pas mortelle**" *"a money wound isn't mortal"*   •**régler** *to settle*   •**renonçons** à (renoncer à) *let's abandon*   •que je ne vous **revoie** plus *may I never see you again*   •ne fais pas cette **tête** *don't make such a face*   •**voyous** *hoodlums*

4. René a de la peine à trouver une bonne prise de vue au marché.

RENÉ. — On tourne.
  (*bruit de la caméra*)
MARIANNE. — Maintenant, qu'est-ce que je fais de cette orange?
VÉRONIQUE. — Passe-la-moi. Je vais la manger.
PIERRE. — Non, non. Fais-la mettre dans un sac. Ça fera un sac pour chacun de nous.
RENÉ. — Préparez-vous pour une autre scène. Vous voulez mettre deux oranges dans un sac, Madame?
LA MARCHANDE. — Avec plaisir.
RENÉ. — C'est ça. Remercie-la.
  (*bruit de la caméra*)

* * *

MARIANNE. — Qu'est-ce que je fais de ce dernier sac?
PIERRE. — Donne-le-moi. Je vais le mettre avec les autres.
MARIANNE. — Combien vous dois-je, Madame?
LA MARCHANDE. — Voyons. Ce sac-ci, celui-là. . . .
RENÉ. — Parfait. Continuez à parler. Souriez.
  (*bruit de la caméra*)

* * *

LA MARCHANDE. — 1 fr 20 et 2 frs 40, ça fait 3 frs 60 . . .
PIERRE. — Ça fait deux sacs.
LA MARCHANDE. — Et 3 frs 60 et 2 frs 10, ça fait 5 frs 70 et 5 frs 70 et 3 frs 40, ça fait 9 frs . . .
VÉRONIQUE. — 8 frs, il me semble.
LA MARCHANDE. — Non, Mademoiselle, 9 frs 10.
VÉRONIQUE. — Vous avez raison. Je m'excuse.
LA MARCHANDE. — 9 frs 10 et 2 frs 40, ça fait 11 frs 50.
MARIANNE. — Un instant. Je ne les ai pas. René!
RENÉ. — Restez comme vous êtes. Prise de vue magnifique.
  (*bruit de la caméra*)

* * *

MARIANNE. — René, il faut que tu paies la marchande. J'oubliais que tu es le trésorier.
RENÉ. — Combien est-ce?
LA MARCHANDE. — 11 frs 50, Monsieur.
RENÉ. — 11 frs 50! Pourquoi diable avez-vous acheté tant d'oranges?
MARIANNE. — Mais, c'est toi qui nous les a fait acheter.
RENÉ. — Enfin. Voilà, Madame.
LA MARCHANDE. — Merci bien.
MARIANNE. — Partons d'ici.

•**prise** de vue *shot*   •on **tourne** *camera! (we're rolling)*

Véronique. — Allons nous asseoir dans un endroit où nous pourrons manger nos oranges en paix.
Pierre. — Où allons-nous?
Marianne. — Ça m'est égal pourvu qu'on y arrive vite.

* * *

(*Les jeunes gens sont assis sur un banc dans un parc.*)
Pierre. — C'est fantastique. Nous avons dévoré toutes ces oranges.
Véronique. — J'en mangerais une douzaine de plus. Ce qu'elles étaient bonnes!
René. — Et pleines de vitamines.
Marianne. — Elles ont coûté cher. Je demande que le trésorier nous fasse un rapport sur l'état de nos finances. Je demande aussi qu'il nous explique pourquoi il nous a fait rester si longtemps au marché.
René. — Je commence par les finances. Nous avons dépensé un peu plus de 40 frs.
Marianne. — 40 frs! Impossible!
Pierre. — Pour quelques malheureuses oranges!
René. — Tu oublies le taxi que nous avons pris pour venir au parc. Qui est responsable de cette folle dépense?
Marianne. — Moi. Je n'en pouvais plus. Toute cette foule au marché, il y avait de quoi devenir folle. Et tu nous as obligés à rester là des heures.
René. — Ah, c'est que j'avais une idée pour notre film.
Véronique. — Deux jeunes Américaines qui achètent des oranges! Tu trouves ça original?
René. — En soi-même, non. Mais, si vous placez la scène dans un roman policier, ah, voilà qui devient intéressant.

•banc *bench* •en soi-même *in itself*

Marianne. — Explique-toi.

René. — Vous vous rappelez la femme mystérieuse qui est passé près de vous? Blonde, lunettes de soleil?

Marianne. — Ma foi, non.

Véronique. — Je ne vois pas qui tu veux dire.

René. — Évidemment, vous lui tourniez le dos. Mais, je l'ai mise dans le film. Elle sera une espionne. Elle est suivie par l'inspecteur Lenoir.

Pierre. — Je n'ai pas vu de type qui pouvait passer pour un inspecteur.

René. — Naturellement, tu avais le nez sur les oranges. Un type aux cheveux blancs, l'air pas commode et qui, justement, regardait de notre côté.

Pierre. — Je ne vois pas ce que ton espionne et ton inspecteur viennent faire dans l'existence de deux jeunes Américaines inoffensives.

René. — Eh bien, la femme mystérieuse a dans la poche de son manteau les plans d'une nouvelle fusée nucléaire. Elle sait que l'inspecteur l'a repérée, qu'elle va être arrêtée. Que fait-elle?

Marianne. — Elle se sauve.

René. — Mais non. Elle est trop maligne pour ça. Elle glisse les plans dans un de nos sacs d'oranges.

Véronique. — Dans le mien, j'espère.

René. — D'accord. Son complice est le grand type brun, celui qui fumait la pipe et qui portait un imperméable mal boutonné.

Marianne. — Ça devient intéressant.

René. — Il voudrait reprendre les plans mais le collègue de Lenoir l'en empêche. C'est le type qui se penchait sur la table à côté de toi, Véronique.

Véronique. — Il n'était pas mal, celui-là.

Pierre. — Et moi, qu'est-ce que je faisais?

René. — Tu observais la scène. Plus tard, tu sauveras Marianne.

Marianne. — Qu'est-ce que nous devons faire?

René. — Vous allez dans un parc, vous vous asseyez sur un banc. Véronique trouve les plans dans son sac. Tiens, Véronique, prends cette vieille lettre, mets-la dans ton sac. Maintenant, fais semblant de la trouver, prends un air étonné, puis regarde vers la gauche. Tu aperçois le type à la pipe. Tu es terrifiée. Tu as compris?

Véronique. — Parfaitement. Qu'est-ce que je fais ensuite?

René. — Marianne et toi vous courez appeler la police au plus proche poste de police-secours.

Véronique. — Ce que c'est amusant tout ça. Où est le plus proche poste de police-secours?

René. — Place Blanche, tout près d'ici. Et, Marianne, c'est toi qui appellera la police.

Marianne. — J'ai l'impression qu'il va nous arriver des choses terribles.

Véronique. — Mais non. Vas-y, René, J'ouvre le sac...

•**collègue** *fellow-worker* •**l'air pas commode** *tough-looking* •**complice** *accomplice* •**fusée** *rocket* •**imperméable** *raincoat* •**lunettes** de soleil *sun glasses* •**penchait** < se pencher sur *to lean over* •**poste de police-secours** *police call box* •**repérée** < repérer *to spot, to notice*

5. Place Blanche, au poste de police-secours.

MARIANNE. — Voilà dix minutes que je fais semblant d'appeler la police. Tu tournes un film ou tu t'endors?

RENÉ. — J'attends que tu joues ton rôle. Je te répète que tu dois avoir l'air terrifiée. Un bandit te poursuit.

VÉRONIQUE. — Tu peux jouer le rôle. Ce n'est pas difficile.

MARIANNE. — Police! Au secours! Les plans d'une fusée atomique, volés. . . . Hein? Marianne Dumont, Place Blanche . . . Non . . . non . . . non. Nous tournons un film.

PIERRE. — Qu'est-ce que tu as fait, Marianne? Tu n'as pas appelé la police?

MARIANNE. — Si. Je ne sais pas comment c'est arrivé.

VÉRONIQUE. — Sauvons-nous.

PIERRE. — Trop tard.

(*bruit de pas rapides*)

RENÉ. — C'est un agent. Ne vous en faites pas. Nous n'avons qu'à expliquer ce qui s'est passé.

L'AGENT. — Qu'est-ce que vous faites-là, tous les quatre?

MARIANNE. — Je suis désolée. Je n'avais pas l'intention d'appeler la police.

L'AGENT. — Votre intention ne m'intéresse pas. Le fait est que vous avez appelé sans raison. Vous ne savez pas que c'est contre la loi?

RENÉ. — Nous tournions un film . . .

(*Sirène . . . voiture de police . . .*)

L'AGENT. — Vous vous expliquerez au commissariat.

VÉRONIQUE. — Oh, non. Je vous en prie, monsieur l'agent.

L'AGENT. — Allez, en route.

• **commissariat** *central police station*
• **t'endors** < s'endormir *to go to sleep*

Comment ne pas se distraire à Paris
par Pierre Dumesnil

Je pourrais vous dire tout de suite qu'à Paris, il y a des cinémas, des théâtres, des musées et des monuments historiques. Mais, ceci, vous le savez aussi bien que moi. Je préfère vous raconter ce que nous avons fait «pour nous amuser», Véronique, Marianne, René et moi.

Nous avons commencé par faire une promenade en voiture. Pas mal, direz-vous, surtout le soir, lorsque tous les monuments sont illuminés. Mais, ce n'était pas le soir et la voiture était une voiture de police. Nous étions tous les quatre empilés dans la voiture et un agent de police nous fixait d'un œil sévère. Quel crime avions-nous commis? Je vais vous expliquer ça.

Nous avions décidé de tourner un film. Vous allez dire que tourner un film n'est pas une distraction spécialement parisienne. Non, évidemment. Mais, si vous vous promenez à Paris en été, vous voyez beaucoup de touristes en train de filmer telle ou telle scène qu'ils jugent pittoresque. D'autres touristes prennent des photos. En général les touristes se contentent d'un film documentaire, mais nous quatre, nous avions décidé de tourner un film policier.

Je me rends compte que ma façon de parler de Paris va vous paraître bien frivole. Alors, pour donner à mon style la dignité et l'élégance qui manquent à mon sujet, je vais employer le passé simple.

Nous tournâmes donc un film ou plus exactement nous commençâmes à le tourner.

Tout se passa très bien d'abord. Mais à la Place Blanche, catastrophe. Marianne devait se tenir devant le poste de police-secours et faire semblant d'appeler la police. Nous lui donnions tous des conseils pour qu'elle joue bien son rôle de fille terrifiée. Elle joua trop bien. Elle appela réellement la police.

Et nous voilà tous au commissariat. Marianne pleurait, Véronique et moi n'étions pas fiers tandis que l'agent expliquait au commissaire que nous étions tous bons à envoyer dans une maison de correction. Heureusement que René avait conservé tout son calme. Il expliqua comment les choses s'étaient passées. Le commissaire avait l'air sévère mais je jurerais qu'il avait plutôt envie de rire.

Lorsque René expliqua que j'avais fait un séjour aux U.S.A. comme boursier, le commissaire ne s'est même plus donné la peine d'avoir l'air sévère. Sa fille doit passer l'année prochaine à Wichita. Est-ce que je pourrais lui donner quelques renseignements sur la vie d'une étudiante française aux U.S.A.? J'étais naturellement plus qu'enchanté et c'est ainsi que Ginette Darieux fait maintenant partie de notre bande.

Nous renonçâmes à faire un film. Trop dangereux. Nous allâmes au théâtre et au cinéma. Il nous restait quelques pellicules, et nous marchâmes dans tout Paris pour prendre les quelques photos que nous envoyons. Morale de cette histoire: faire un film sans beaucoup d'argent n'est pas s'amuser à Paris.

•**commis** *committed* •**des conseils** *advice* •**empilés** *piled up* •**nous fixait** d'un œil sévère *glared at us sternly* •**jurerais** < jurer *to swear*

Quand on n'a pas beaucoup d'argent, on se sert du métro. D'ailleurs, c'est assez commode — et bon marché. —— Marianne demeure à l'angle de la rue des Martyrs et la rue Antoinette.

Si vous voulez être au courant de ce qui se passe à Paris, lisez la «Semaine de Paris.»

On donnait «Climats» de Maurois au Boulevard des Italiens. (C'était trop cher. Nous n'y sommes pas allés.)

Nous aurions aimé voir quelque nouveau spectacle de variétés — mais ça coûte cher.

Ce que nous avons vraiment aimé c'était Montmartre — où l'on voit toujours des artistes dans les rues — et le jardin des plantes (surtout parce que là on ne payait rien).

[247]

Compte rendu

PIERRE DUMESNIL A PARIS

1. Qui était de retour à Paris?
2. Où avait-il fait un long séjour?
3. Pour quelle revue devait-il écrire un article?
4. Comment devait être intitulé cet article?
5. Quels amis voulaient l'aider à écrire cet article?
6. En cherchant les sujets pour cet article, quelle idée ont-ils eue?
7. Quel genre de film est-ce que ce serait?
8. Où sont-ils allés pour tourner la première scène?
9. Quel rôle jouaient Marianne et Véronique dans cette scène?
10. Sur quoi est-ce que René est monté avec sa caméra?
11. Qu'est-ce qui est arrivé?
12. Qu'est-ce que le propriétaire leur a dit de faire?
13. Où y a-t-il eu un deuxième accident?
14. A cause d'eux qu'est-ce que le garçon qui apportait le café a cassé?
15. Combien de francs est-ce que René a dû donner au garçon pour payer la vaisselle cassée?
16. A quoi ont-ils renoncé et où sont-ils allés?
17. Dans cette scène, que faisaient Marianne et Véronique?
18. Mais comme René les a fait rester si longtemps au marché, pour combien est-ce que les jeunes filles ont eu d'oranges?
19. Où sont-ils tous allés pour manger les oranges?
20. Où s'est passé la scène suivante, la scène catastrophique?
21. Là, qu'est-ce que Marianne devait faire?
22. Mais qu'est-ce qu'elle a trop bien fait? Qu'est-ce qu'elle a fait réellement?
23. Qui est arrivé? Où les a-t-il emmenés?
24. Qui pleurait?
25. Qu'est-ce que l'agent a expliqué au commissaire?
26. Comment est-ce que les choses se sont arrangées?

GRAMMAIRE
Passé simple

A. *Lisez les phrases suivantes et comparez «a» et «b».*

1 (a) Nous avons tourné un film.
  (b) Nous tournâmes un film.
2 (a) Tout s'est très bien passé d'abord.
  (b) Tout se passa très bien d'abord.
3 (a) Elle l'a trop bien joué.
  (b) Elle le joua trop bien.
4 (a) Elle a réellement appelé la police.
  (b) Elle appela réellement la police.

Les deux phrases (a et b) de chaque section signifient la même chose. Remarquez que les phrases «a» sont au passé composé et que les phrases «b» sont au passé simple. On emploie très souvent le passé simple, au lieu du passé composé dans le style littéraire, dans les livres d'histoires, dans les journaux, etc. Le passé simple n'est presque jamais employé dans la conversation et dans les lettres à des amis. Vous rencontrerez assez souvent dans vos lectures la troisième personne (singulier et pluriel) mais rarement les autres formes. Étudiez le tableau ci-dessous:

1e CONJUGAISON	2e CONJUGAISON	3e CONJUGAISON
il (elle) raconta	il (elle) saisit	il (elle) perdit
ils (elles) racontèrent	ils (elles) saisirent	ils (elles) perdirent

Remarquez que les terminaisons du passé simple pour les verbes de la deuxième et troisième conjugaisons sont les mêmes.
Verbes irréguliers: Pour une liste de ces verbes, irréguliers au passé simple, voir page 297.

B. *Lisez le paragraphe suivant et indiquez les verbes (et leurs sujets) au passé simple:*

PASSAGE TIRÉ DE L'ENCYCLOPÉDIE DE PAPA

Chouteau, René Auguste, fondateur de la ville américaine de Saint-Louis. Né à la Nouvelle-Orléans, Louisiane en 1749; mourut à Saint-Louis, Missouri, en 1829. En 1763, Chouteau était âgé de quatorze ans. Il remonta le Mississippi, 1000 milles, (un peu plus de 1600 kilomètres) en bateau avec Pierre Laclède Liguier, qui était partenaire dans la maison de commerce de fourrures de Maxent, Laclède et compagnie. Il s'agissait d'établir un comptoir près de l'embouchure du Missouri. En 1764, Laclède laissa le jeune Chouteau à la tête d'un groupe d'hommes qui bâtirent le comptoir qui est devenu la ville de Saint-Louis.

comptoir *trading post* **embouchure** *mouth*

PETIT DICTIONNAIRE

abeille *nf* insecte qui nous donne le miel, substance sucrée bonne à manger, et la cire dont on se sert pour polir les meubles et les planchers.
— Les abeilles ne piquent pas souvent mais quand elles piquent leur piqûre est douloureuse.

UNE ABEILLE   LA RUCHE   RAYON DE MIEL   LA PIQÛRE D'ABEILLE

aérogare *nf* bâtiment réservé aux voyageurs des lignes aériennes et à leurs bagages.
— L'aéroport d'Orly a une immense aérogare.

asseoir: s'asseoir *v* se mettre sur une chaise, dans un fauteuil, etc.
— Asseyez-vous sur cette chaise.

avaler *v* manger vite; accepter, supporter quelque chose qu'on n'aime pas.
— N'avale pas tous ces gâteaux; tu vas te rendre malade.
— Il aimerait bien la télévision s'il ne fallait pas avaler toute cette publicité.

briser *v* mettre en morceaux; casser.
— Vous avez brisé ma chaise; maintenant, payez-la.

corne *nf* organe dur et pointu sur la tête de certains animaux.
— Elle a peur des taureaux à cause de leurs grandes cornes.

dépenser *vt* employer de l'argent à faire quelque chose. ANT *économiser*.
— Tout l'argent qu'il gagne, il le dépense en achats pour sa voiture.
— Nous avons dépensé tout notre argent.

dépense *nf* l'argent employé pour toutes les choses qu'on se procure. ANT *économie*.
— Il lui fallait acheter des souliers, des chemises, un veston et un chapeau, — des dépenses formidables.

diriger: se diriger vers *v* aller dans une certaine direction.
— Dirigeons-nous vers la cathédrale; elle est très intéressante à visiter.

distraire: se distraire *v* s'amuser.
— Nous nous sommes distraits en prenant des photographies.

égal *adj* semblable en nature et en quantité.
— Coupez le gâteau en quatre parties égales.
— Veux-tu jouer au tennis ou aller au cinéma?
— Ça m'est égal. L'un ou l'autre m'amusera.

espion, espionne *n* personne qui cherche à découvrir des secrets, agent secret. **espionner** *v*.
— Cet acteur a beaucoup de succès dans les rôles d'espions.
— Notre voisine nous espionne; elle sait tout ce que nous faisons.

fait *nm* action, événement.
— Il connaît tous les faits de la campagne électorale.

fier, fière *adj* qui tire vanité de; arrogant. ANT **humble.**
— Il est fier et c'est pourquoi il n'a pas beaucoup d'amis.
— Il était fier d'avoir tourné un film; mais quand les critiques ont tous dit que le film était mauvais, il est devenu très humble.

glisser *v* se déplacer en coulant sur une surface lisse.
— L'échelle a glissé et le pauvre garçon est tombé par terre.

loi *nf* règle obligatoire établie par une autorité.
— Ne laissez pas votre voiture en stationnement interdit. C'est contraire à la loi.

malin, maligne *adj* rusé, habile, adroit, moqueur.
— C'est un garçon très malin. Il se débrouille toujours.
— Pourquoi ce sourire malin? Vous vous moquez de moi?

nul (nulle) *adj & pr* aucun, pas un.
— Nul cadeau ne pouvait me faire autant de plaisir.
— Nul ne vous a dit que vous étiez trop fier? Eh bien, moi, je vous le dis franchement.

paix *nf* calme; situation d'un pays qui n'est pas en lutte avec un autre pays. ANT **guerre.**
– La guerre est finie; la paix est conclue.
– Je veux travailler; laissez-moi en paix.
– Ces enfants font trop de bruit; on ne peut pas avoir la paix dans cette maison.

portefeuille *nm* enveloppe qui se ferme comme un livre et dans laquelle on met de l'argent, des papiers importants, etc.
– J'ai beaucoup d'argent dans mon portefeuille.

poursuivre *v* courir après quelqu'un ou quelque chose.
– L'agent de police a poursuivi le voleur.
– J'ai perdu mon portefeuille après avoir perdu mon billet de théâtre. La malchance me poursuit.

pourvu que *conj* à condition que.
– Où allons-nous déjeuner?
– Ça m'est égal pourvu qu'on y arrive vite. J'ai faim.

puisque *conj* pour la raison que, parce que.
– Puisque vous n'êtes pas fatigué, nous allons continuer la promenade.

rendre *v* remettre une chose à qui elle appartient; **se rendre compte** comprendre.
– Il se rend compte qu'on le trouve fier.

sauver: se sauver *v* partir d'un lieu en courant.
– Le voleur a vu l'agent et il s'est sauvé.

secours: au secours cri pour demander de l'aide.
– Il a crié au secours quand un voleur a essayé de lui voler son portefeuille.

semblant *nm* apparence; **faire semblant** donner l'apparence.
– En classe, il fait semblant d'écouter mais il pense à autre chose.

taureau *nm* animal de la ferme; femelle: **la vache.**
– Le bœuf et la vache sont des animaux doux et tranquilles. Mais le taureau est un animal souvent dangereux.

GLOSSAIRE DES NOTES CULTURELLES

L'Aigle (7,943 habitants) Centre commercial, spécialisé dans la fabrication des épingles.

Alpes Grand massif montagneux qui va de la Suisse à la Méditerranée.

Arc de Triomphe de l'Étoile Le plus grand monument de ce genre en France. Sous la grande arcade se trouve la tombe du Soldat Inconnu, inaugurée en 1920.

Bastille La Bastille, à Grenoble, est un ancien fort, situé sur une hauteur.

Chamonix (5,700 habitants) Située au pied du Mont-Blanc, cette ville est un centre d'alpinisme et de sports d'hiver.

Chamrousse Une station de ski près de Grenoble.

Chartres Ville au sud-ouest de Paris qui possède une des plus belles cathédrales de France.

Chartreuse: la grande Chartreuse Monastère.

Chateaubriand (1768–1848) Écrivain né à Saint-Malo. Il a voyagé aux États-Unis et a été ambassadeur à Londres.

Colette (Gabrielle-Sidonie) Née en 1873, morte en 1954. Colette est une femme de lettres célèbre.

la Devinière Maison où est né François Rabelais vers 1490.

Encyclopédie La première encyclopédie (1751–1772) était une série de 28 volumes dans lesquelles les arts, les sciences et les métiers étaient tous représentés. Diderot et d'Alembert dirigeaient l'entreprise.

Faust Opéra de Gounod (1859).

Fête de la Nuit rose Les villes de la côte d'Azur comme Nice et Cannes ont souvent des fêtes nocturnes en été.

Gargantua Un géant dont le premier cri en venant au monde fut: «A boire, à boire». Mais ce grand buveur et mangeur était aussi un humaniste et un gentilhomme connaissant bien le métier des armes.

Grenoble La plus grande ville des Alpes françaises.

Île du Grand Bé Dans la baie de Saint-Malo. Chateaubriand avait demandé d'y être enterré.

Invalides: Hôtel des Invalides Louis XIV le fit construire en 1670 pour le logement et l'entretien des officiers et soldats invalides. Là, se trouvent maintenant le tombeau de Napoléon et, dans des chapelles circulaires, les cendres de nombreux maréchaux de France.

Jardin des Plantes C'est le jardin botanique de Paris fondé en 1626.

Jardin des Dauphins Ce jardin va du centre de Grenoble à la Bastille.

Louis XV Régna de 1715 à 1774.

Louisiane *nf* Colonisée par les Français depuis 1699 et cédée aux États-Unis en 1802.

lycée *nm* (ou collège) École secondaire destinée aux élèves de onze à dix-huit ans. A la fin de la première, les élèves passent le baccalauréat. Il se fait beaucoup de changements dans l'éducation française en ce moment.

métro *nm* Chemin de fer souterrain à Paris.

Montmartre Vieux quartier pittoresque sur une colline (butte) au nord de Paris.

Montpellier (97,000 habitants) Montpellier a beaucoup de monuments historiques. Son université est une des plus anciennes de France.

Moulin-Rouge Un cinéma, mais une partie du bâtiment est consacré à la danse et on peut encore y voir le can-can.

Nice (208,000 habitants) Ville sur la côte d'Azur.

Normandie Province du nord-ouest de la France ainsi appelée parce qu'elle fut donnée aux Normands par le roi Charles le Simple en 911.

Notre-Dame de Paris Un des plus beaux monuments d'architecture gothique en France.

Palais de Chaillot Construit à l'occasion de l'Exposition de 1937. Centre intellectuel (Musée de l'Homme, Théâtre National Populaire).

La Peste Roman par Albert Camus (1913–1960), écrivain français, prix Nobel 1957. Camus a écrit des essais, des pièces de théâtre, des romans.

Piaf: Edith Piaf Chantait des chansons populaires d'une façon dramatique.

Provence Région au sud-est de la France.

Rabelais: François Rabelais Moine, médecin, auteur de *Gargantua*.
Renard: Colette Renard Une chanteuse contemporaine.
Rennes (112,000 habitants) Ancienne capitale du duché de Bretagne.
rez-de-chaussée L'étage qui correspond au premier étage des maisons américaines.
Rhône Fleuve de 812 kilomètres de long dont 522 sont en France.
Sacré-Cœur: Basilique du Sacré-Cœur Bâtie sur la butte Montmartre, la basilique, terminée en 1914, domine Paris.
Saint-Louis (1214–1270) Sage et habile administrateur, brave guerrier, d'une très grande piété. Roi de France (1226–1270).
Saint-Malo Petite ville bretonne (14,000 habitants) bâtie sur une île et entourée de remparts.
«Semaine de Paris» Publication hebdomadaire qui donne une liste de tous les spectacles que l'on peut voir à Paris pendant la semaine.
la Tour Eiffel Une tour métallique érigée pour l'Exposition Universelle de 1889. La tour a 300 mètres de haut.
«La voix de l'auteur» Collection de disques.

POUR VOUS AIDER A CONNAÎTRE PARIS

PLACES
Place de Chaillot Place près de l'Étoile.
Place Blanche Une petite place au pied de la butte Montmartre.
Place de l'Étoile Place à l'ouest de Paris où se trouve l'Arc de triomphe et où aboutissent douze avenues dont l'avenue des Champs-Élysées.

PONTS DE LA SEINE
Pont des Arts Pont sur la Seine, non loin du quartier latin et réservé aux piétons.
Pont-Neuf Un des ponts les plus anciens de Paris. A son origine bordé de boutiques. Ce fut longtemps l'endroit le plus fréquenté de la capitale.

QUARTIER DU PALAIS DE CHAILLOT
Rue de Chaillot   **Avenue du Président Wilson**
Place de Chaillot   **Rue Freycinet**
Place du Trocadéro   **Place d'Iéna**

Toutes ces rues et avenues forment ce qu'on appelle les beaux quartiers habités par des gens riches. (Voir plan de Paris-Appendice.)

RUES
Rue des Abbesses Une rue pittoresque à Montmartre.
Rue Mouffetard Rue très commerçante sur la rive gauche.

BOULEVARDS
Boulevard des Italiens Un des grands boulevards dans le centre commercial de Paris.
Boulevard Saint-Germain Un long et large boulevard sur la rive gauche de la Seine, longtemps habité par des familles nobles.

GRAMMAIRE

VERBE

Page

	Introduction	256
1	Infinitif	257
2	Présent de l'indicatif	258
	Première conjugaison	258
	Deuxième conjugaison	260
	Troisième conjugaison	261
	«Depuis» et Présent de l'indicatif	262
	Changements orthographiques	263
	Quelques verbes irréguliers	266
	Verbes réfléchis (pronominaux)	269
3	Impératif	270
4	Présent du subjonctif	271
5	Imparfait	276
6	Passé composé	278
	Imparfait et Passé composé	278
	«Être» comme auxiliaire	280
	Accord du participe passé	280
	Verbes réfléchis (pronominaux)	281
7	Passé du subjonctif	284
8	Plus-que-parfait	285
9	Futur	286
10	Emplois spéciaux du futur	288
11	Futur antérieur	289
12	Conditionnel présent	290
13	Conditionnel passé	292
14	Phrases conditionnelles	293
15	Participe présent (avec «en»)	295
16	Infinitif passé «avec après»	296
17	Passé simple	297
18	Liste des verbes irréguliers	300

PRONOM

19	Sujet du verbe	314
20	Compléments directs	315
21	Compléments indirects	316
22	Pronoms réfléchis	318
23	«Y»	318

24	«En».	319
25	Pronoms compléments avant le verbe.	320
26	Pronoms compléments après le verbe.	320
27	Pronoms accentués.	321
28	Pronoms interrogatifs.	322
29	Pronom interrogatif «lequel?».	324
30	Pronoms relatifs.	325
31	Pronoms démonstratifs.	328
32	Pronoms possessifs.	330

ARTICLE DÉFINI

33	Formes et emploi.	332

ADJECTIF

34	Adjectifs descriptifs.	334
35	Adjectifs interrogatifs.	336
36	Adjectifs démonstratifs.	337
37	Adjectifs possessifs.	338
38	Comparatif des adjectifs.	339
39	Superlatif des adjectifs.	340

ADVERBE

40	Adverbes qui dérivent des adjectifs.	342
41	Adverbes qui ne dérivent pas des adjectifs.	342
42	Formes comparatives et superlatives de l'adverbe.	343

PRÉPOSITION

43	Prépositions devant les noms géographiques.	345
44	Prépositions avec l'infinitif.	346

SYNTAXE

45	Partitif.	348
46	Négation.	350
47	Interrogation.	352

LE VERBE

(The Verb)

INTRODUCTION

Obviously you do not react as instinctively in using the right form of the verb as a French boy or girl would, for after all you have not spent your entire life talking French, and there are many verbs and a good many tenses that you are not even acquainted with. However, you speak well, at least one language (your own), and you know some of the basic patterns of French. Now you can make a systematic study that will permit you to increase your vocabulary and rapidly develop your ability to use it. This study involves analysis of the differences between your own language and French.

The following terms will be used:

Person

By "person" we refer to the speaker (1st Person), to whom he speaks (2nd Person), and about whom he speaks (3rd Person).

Number

By "number" we refer to persons, things or verbs and whether they are *singular* or *plural*.

Gender

In English there are three genders: masculine, feminine, neuter. In French there are only two genders: masculine or feminine. All nouns (persons, places, things) have gender and must be either masculine or feminine.

Tense

The tense of a verb indicates time of the action of the verb. All tenses can be divided into three major groups: present, past, or future. Under these three headings there are often several tenses to show various relationships of time.

1. L'INFINITIF

(*The Infinitive*)

The present infinitive of a verb is that form of the verb that does not indicate person, or number. The English "key" word for the infinitive is "to".

EXAMPLES: to speak, to finish, to return.

In French the infinitive is a single word and in its infinitive form must have one of the three endings: **-er, -ir, -re.** Also, we may divide verbs into categories called "regular" and "irregular". Regular verbs are usually considered as those that follow a definite pattern in conjugation throughout all tenses. Irregular verbs do not follow the set pattern in all forms and therefore should be given special attention. Note: some "irregular" verbs are conjugated alike and may be grouped in categories.

REGULAR VERBS

First Conjugation

All first conjugation verbs end in "-er" in the infinitive form and are sometimes called "er" verbs. The vast majority of regular verbs in the French language are "er" verbs.

Second Conjugation

All second conjugation verbs end in "-ir" in their infinitive form and are sometimes called "ir" verbs.

Third Conjugation

All third conjugation verbs end in "-re" in their infinitive form and are sometimes called "re" verbs.

IRREGULAR VERBS

Remember that all irregular verbs end in "-er, -ir, -re". However, they are called irregular because they follow no definite pattern in conjugation. Remember also that there may be "families" of irregular verbs that are conjugated similarly.

2. LE PRÉSENT DE L'INDICATIF
(Present Indicative)

You have been conjugating verbs—to use the grammatical term—instinctively since the day you began to speak English; that is to say, you are used to changing the form of verbs to show who performs the action (the person), and when he performs it (the time and tense).

The present tense (indicative mood) of a French verb may have three distinct meanings in English—depending upon how it is used.

Example:

    Je commence mon travail.   *I start my work.*
    I do start my work.
    I am starting my work.

As you have seen, each of the verbs has three possible meanings in English, all correct depending on the usage.

LA PREMIÈRE CONJUGAISON (-ER)
(First Conjugation)

Infinitive: **parler**
Ending: **___er**
Stem: **parl___**

	SINGULAR	PLURAL
1ST PERSON	je parl<u>e</u>	nous parl<u>ons</u>
2ND PERSON	tu parl<u>es</u>	vous parl<u>ez</u>
3RD PERSON	il (elle) parl<u>e</u>	ils (elles) parl<u>ent</u>

Notice:

1. The stem of the verb is the infinitive without the ending "-er".
2. The underlined endings are alike for all regular 1st conjugation verbs.
3. Although there may be different written forms, there are similar verbal spoken forms:

>je **parle**
>tu **parles**
>il (elle) **parle**
>ils (elles) **parlent**

EXERCICES

A. *Rewrite the following sentences changing the infinitive to the present.*

EXAMPLE:
Nous allons parler de nos amis.
Nous parlons de nos amis.

1 Il va rester chez lui.
2 Vous allez chercher un bon restaurant?
3 Va-t-on commencer à huit heures?
4 Elles vont regarder la télévision.
5 Est-ce que tu vas lui téléphoner?

B. *Change these sentences from singular to plural.*

EXAMPLE:
Je pense à Christian.
Nous pensons à Christian.

1 Il demeure à la campagne.
2 Je vous attends?
3 En général, j'aime prendre des photos.
4 Il achète des cadeaux.
5 Il déteste attendre, et il n'attend pas.

C. *Rewrite the following sentences putting the verbs into the singular forms of the same persons.*

EXAMPLES:
Est-ce qu'ils habitent près de chez vous?
Est-ce qu'il habite près de chez vous?

Nous demeurons en ville.
Je demeure en ville.

1 Nous habitons Bayonne.
2 Les filles invitent les garçons ici?
3 Nous choisissons un tricot.
4 Nous t'écoutons.
5 Elles adorent Paris!

D. *Rewrite the following sentences putting the verbs into the third person.*

EXAMPLES:
J'aime surtout le bleu ou le vert.
Il (elle) aime surtout le bleu ou le vert.

Nous retournons au magasin.
Ils (elles) retournent au magasin.

1 Je déteste aller en ville.
2 Je déjeune toujours à une heure précise.
3 Nous ne répondons pas à ses lettres.
4 Nous attendons un étudiant français.
5 Je regarde cette jolie robe blanche.

LA DEUXIÈME CONJUGAISON (-IR)

(Second Conjugation)

Infinitive: **choisir**
Ending: ____**ir**
Stem: **chois**__

	SINGULAR	PLURAL
1st person	je chois**is**	nous chois**issons**
2nd person	tu chois**is**	vous chois**issez**
3rd person	il (elle) chois**it**	ils (elles) chois**issent**

Notice:

1. The stem of the verb is the infinitive without the "ir".
2. The underlined endings for all the regular 2nd conjugation verbs are alike.
3. Although there may be different written forms there are similar verbal spoken forms:

je **choisis**
tu **choisis**
il (elle) **choisit**

Only about 300 French verbs fall into the category of second conjugation verbs, compared to more than ten times that number in the first conjugation. Some verbs of the second conjugation are:

aigrir	to become sour	établir	to establish	réunir	to assemble
bâtir	to build	finir	to finish	réussir	to succeed
choisir	to choose	guérir	to cure	saisir	to seize
envahir	to invade	remplir	to fill		

EXERCICES

Rewrite the following sentences replacing the subject with the pronoun in parentheses.

EXAMPLE:
  Il finit l'histoire. (Ils)
  Ils finissent l'histoire.

1 Je réussis à l'épreuve. (Nous)
2 Tu choisis le bleu? (Vous)
3 Ils bâtissent une maison. (Il)
4 Elle ne finit jamais de parler. (Tu)
5 Nous choisissons le cadeau. (Je)

LA TROISIÈME CONJUGAISON (-RE)

(Third Conjugation)

Infinitive: **rendre**
Ending: ____**re**
Stem: **rend**__

	SINGULAR	PLURAL
1ST PERSON	je rend<u>s</u>	nous rend<u>ons</u>
2ND PERSON	tu rend<u>s</u>	vous rend<u>ez</u>
3RD PERSON	il (elle) rend	ils (elles) rend<u>ent</u>

Notice:

1. The stem of the verb is the infinitive without the "re".
2. The underlined endings for all regular 3rd conjugation verbs are alike.
3. Although there may be different written forms, there are similar verbal spoken forms:

je **rends**
tu **rends**
il (elle) **rend**

The third conjugation includes an even smaller number of French verbs than the second, but it does contain many of the most frequently used verbs of the language. Some "re" verbs are:

attendre	*to wait*	descendre	*to descend*	répondre	*to answer*
correspondre	*to correspond*	entendre	*to hear*	rompre	*to break apart*
défendre	*to forbid*	étendre	*to stretch out*	vendre	*to sell*
		rendre	*to give back*		

EXERCICES

A. *Rewrite the following sentences replacing the subject by the pronoun in parentheses.*

EXAMPLE:
Il t'attend à la gare. (Je)
Je t'attends à la gare.

1 Qui attendez-vous? (tu)
2 Nous ne répondons pas à ses lettres. (Je)
3 Elle rend les livres. (Elles)
4 Tu vends la bicyclette? (Il)
5 Qu'entend-il? (nous)

B. *Complete the following sentences by the correct form of the present indicative of the verb in parentheses.*

EXAMPLE:

Je vous ——. (attendre)
Je vous attends.

1 ——-tu la musique? (entendre)
2 Nous —— un tricot pour ma mère. (choisir)
3 Pourquoi ——-ils leur maison? (vendre)
4 Vous n'en —— jamais quand vous parlez au téléphone. (finir)
5 Ils —— un garage derrière la maison. (bâtir)
6 Il n'—— jamais. (attendre)
7 Nous —— toujours ce que nous empruntons. (rendre)
8 Tu —— tout de suite? (descendre)

"DEPUIS" ET LE PRÉSENT DE L'INDICATIF

(*"Depuis" and the Present Tense*)

Notice in the following sentences the special use of the present indicative:

Depuis quand étudiez-vous le français?
How long have you been studying French?

J'étudie le français depuis deux années.
I have been studying French for two years.

Notice that although English uses the present perfect tense, French uses the present indicative with **depuis quand** (*how long?*) and **depuis** (*for*) to *express an action or condition begun in the past but which is continuing at the present time.* Compare the above sentences with the following:

Combien de temps avez-vous étudié le français?
How long did you study French?

J'ai étudié le français (pendant) deux années.
I studied French (for) two years.

Notice in the following examples that one uses the expression **Depuis combien de temps . . .** (to replace **Depuis quand . . .**) to indicate duration of time.

Depuis quand est-il ici?   Depuis deux heures.
How long has he been here? Since two o'clock.

Depuis combien de temps est-il ici?   Depuis deux heures.
How long has he been here? For two hours.

EXERCICES

A. *Write the question which is suggested by each of the sentences (answers) given below. Start each question with "Depuis quand . . .".*

EXAMPLE:
Je suis à Rome depuis hier.
Depuis quand êtes-vous (es-tu) à Rome?

1 Ils cherchent un appartement depuis dimanche.
2 Nous voyageons en Italie depuis samedi.
3 Paul est malade depuis hier.
4 Je ne vais pas bien depuis mardi soir.
5 Nous écoutons la musique depuis neuf heures dix.

B. *Answer the following questions using the words in parentheses.*

EXAMPLE:
Depuis combien de temps travaillez-vous? (six mois)
Je travaille depuis six mois.

1 Depuis combien de temps sait-il faire du ski? (deux ans)
2 Depuis combien de temps m'attendez-vous? (quinze minutes)
3 Depuis combien de temps fait-il froid? (deux jours)
4 Depuis combien de temps étudies-tu le français? (trois ans)
5 Depuis combien de temps bâtit-il ce garage? (longtemps)

CHANGEMENTS ORTHOGRAPHIQUES: PREMIÈRE CONJUGAISON
(Orthographic Changing Verbs: 1st Conjugation)

Some of the verbs in the first conjugation make slight spelling changes in their stems. The verb **appeler,** for example, which we have met many times already, doubles the **"l"** before a syllable containing a mute **"e",** that is, an **e** which is not pronounced.

PRESENT INDICATIVE **appeler**	
SINGULAR	
1st Person	j'**appelle**
2nd Person	tu **appelles**
3rd Person	il (elle) **appelle**
PLURAL	
1st Person	nous **appelons**
2nd Person	vous **appelez**
3rd Person	ils (elles) **appellent**

LE VERBE

Familiar Examples:

> Moi, je m'**appelle** Henri Martin.
> Et toi, comment t'**appelles**-tu?
> Elle s'**appelle** Marthe.
> Vous vous **appelez** Brunelle, n'est-ce pas?

Verbs like "appeler" in this Course:

> **rappeler:** Ces montagnes me **rappellent** les Vosges.
> **Rappelez**-vous les desserts qu'il a mangés.
>
> **jeter:** Je **jette** une partie de la sauce.
> **Jetons** un autre coup d'œil au portail central.

VERBS LIKE "ACHETER"

Verbs of the first conjugation like **acheter** add an *accent grave* (**è**) before a syllable containing a mute "e".

PRESENT INDICATIVE acheter	
SINGULAR	
1st Person	j'**achète**
2nd Person	tu **achètes**
3rd Person	il (elle) **achète**
PLURAL	
1st Person	nous **achetons**
2nd Person	vous **achetez**
3rd Person	ils (elles) **achètent**

Verbs like "acheter" in this Course: mener (amener, emmener, promener), lever (élever, enlever, relever).

VERBS LIKE "PRÉFÉRER"

Verbs of the first conjugation like **préférer** change the *accent aigu* (**é**) of the final syllable of their stem to an *accent grave* before a syllable containing a mute "e" (in the present tense).

	PRESENT INDICATIVE
	préférer
SINGULAR	
1st Person	je **préfère**
2nd Person	tu **préfères**
3rd Person	il (elle) **préfère**
PLURAL	
1st Person	nous **préférons**
2nd Person	vous **préférez**
3rd Person	ils (elles) **préfèrent**

Familiar Examples:

        Je **préfère** voyager en caravelle.
        Vous **préférez** une chaise confortable?
        Ils **préfèrent** aller à pied.

Verbs like "préférer" in this Course: considérer, espérer, répéter, exagérer.

VERBS LIKE "MANGER"

    Verbs of the first conjugation like **manger** insert an **"e"** after the **"g"** before **"a"** or **"o"**, and verbs like **commencer** change the **"c"** to **"ç"** in the same situation.

	PRESENT INDICATIVE	
	manger	**commencer**
SINGULAR		
1st Person	je **mange**	je **commence**
2nd Person	tu **manges**	tu **commences**
3rd Person	il (elle) **mange**	il (elle) **commence**
PLURAL		
1st Person	nous **mangeons**	nous **commençons**
2nd Person	vous **mangez**	vous **commencez**
3rd Person	ils (elles) **mangent**	ils (elles) **commencent**

Verbs like "manger" and "commencer" in this Course: voyager, changer, nager, plonger, décourager, avancer, renoncer, prononcer.

LE VERBE

EXERCICES

A. *Rewrite the following sentences putting the verbs into the plural forms of the same persons.*

EXAMPLES:

Il préfère le bleu.
Ils préfèrent le bleu.

Je te le répète.
Nous te le répétons.

1 Je ne mange jamais plus de deux sandwichs au déjeuner.
2 Je préfère quelque chose de plus petit.
3 J'espère que tout est arrangé.
4 Tiens, des disques de jazz! Je les achète.
5 Qu'est-ce qu'il se rappelle du cours de chimie?

B. *Rewrite the following sentences putting the verbs into the singular of the same persons.*

EXAMPLE:

Nous préférons aller par la route.
Je préfère aller par la route.

1 Ces montagnes vertes me rappellent les Vosges.
2 C'est la sorte de bal que nous appelons Sadie Hawkins.
3 Qu'est-ce que nous mangeons au petit déjeuner?
4 Ils exagèrent.
5 Nous commençons maintenant.

C. *Rewrite the following sentences putting the* tu *forms of the verbs into the* vous *forms and the* vous *forms into the* tu *forms.*

EXAMPLES:

Tu préfères prendre des photos?
Vous préférez prendre des photos?

Vous préférez la Cité?
Tu préfères la Cité?

1 Mais vous ne vous rappelez donc pas?
2 Vous préférez une chaise grande et confortable?
3 Pour qui achètes-tu un cadeau?
4 Tu appelles la police?
5 Qu'est-ce que tu manges?

LE PRÉSENT DE QUELQUES VERBES IRRÉGULIERS

(Present Tense of Some Irregular Verbs)

IRREGULARITIES IN VERBS

Both in French and English, it seems that the verbs which are used most often do not change according to any one fixed pattern. The English verbs "to be", "to have", "to go", and "to do", have "irregular" forms such as "am", "was", "has", "had", "goes", "gone", "does", "done", etc., and the same verbs in French — **être, avoir, aller** and **faire** — have many "non-patterned", or "irregular" forms. You are already acquainted with many of these.

THE PRESENT TENSE OF "AVOIR", "ÊTRE", "ALLER", "FAIRE", "DIRE", AND "SAVOIR"

PRESENT INDICATIVE	
avoir j'**ai** tu **as** il (elle) **a** nous **avons** vous **avez** ils (elles) **ont**	**être** je **suis** tu **es** il (elle) **est** nous **sommes** vous **êtes** ils (elles) **sont**
aller je **vais** tu **vas** il (elle) **va** nous **allons** vous **allez** ils (elles) **vont**	**faire** je **fais** tu **fais** il (elle) **fait** nous **faisons** vous **faites** ils (elles) **font**
dire je **dis** tu **dis** il (elle) **dit** nous **disons** vous **dites** ils (elles) **disent**	**savoir** je **sais** tu **sais** il (elle) **sait** nous **savons** vous **savez** ils (elles) **savent**

To find the present tense of other irregular verbs, you will need to consult the detailed list of irregular verbs with which this section closes.

EXERCICES

A. *Rewrite the following sentences putting the verbs into the singular forms of the same persons.*

EXAMPLES:
Qu'est-ce qu'ils font ensuite?
Qu'est-ce qu'il fait ensuite?

Nous faisons des progrès en anglais.
Je fais des progrès en anglais.

1 Que font-elles aujourd'hui?
2 Nous avons assez de fleurs.
3 Ils sont très gentils.
4 Nous sommes à l'endroit indiqué.
5 Nous faisons du camping à la Chartreuse.
6 Où vont-elles faire du ski?
7 Nous allons à Chamrousse avec toi.
8 Les garçons ont du travail.

B. *Rewrite the following sentences changing the* tu *forms of the verbs to the* vous *forms and the* vous *forms to the* tu *forms.*

EXAMPLES:
Vous avez raison.
Tu as raison.

Tu as son adresse?
Vous avez son adresse?

1 Tu n'es pas au courant.
2 Tu as de la chance.
3 Qu'est-ce que vous avez?
4 Et puis, tu vas en ville après?
5 Êtes-vous bien prudent?
6 Vous avez la télévision?
7 Vous n'allez pas à Montpelier?
8 Est-ce que vous faites le voyage par avion?
9 Qu'est-ce que tu fais?

C. *Rewrite the following sentences replacing the underlined subject by the word in parentheses. Make all necessary changes.*

EXAMPLE:
Tu ne fais pas bien tes devoirs. (vous)
Vous ne faites pas bien vos devoirs.

1 Tu dis des bêtises. (il)
2 Je fais de mon mieux. (elles)
3 Que faites-vous ici? (ils)
4 Il ne dit pas ça. (nous)
5 Elle dit à Pierre d'être à l'heure? (vous)
6 Il fait bâtir une maison. (ils)
7 Tu fais faire une robe? (vous)
8 Il ne sait pas. (je)
9 Savent-ils nager? (vous)
10 Savons-nous son adresse? (tu)

D. *Rewrite the following sentences putting the verbs into the plural forms of the same persons.*

EXAMPLES:
Je vais le finir.
Nous allons le finir.

Il a à peu près cent francs.
Ils ont à peu près cent francs.

1 J'ai l'habitude de ces choses-là.
2 Je fais une promenade à bicyclette tous les samedis.
3 Elle est à la cuisine.
4 Je suis désolée.
5 Il fait maintenant des études d'ingénieur.
6 Ensuite il va chez Albert.
7 Je vais au château.
8 Il a une guitare.

LES VERBES RÉFLÉCHIS (PRONOMINAUX)
(Reflexive Verbs)

Reflexive verbs are used more frequently in French than in English. The action of a reflexive verb is performed by the subject upon itself. The subject pronouns and their corresponding reflexive pronouns are:

SUBJECT PRONOUN	REFLEXIVE PRONOUN
je	me
tu	te
il (elle)	se
nous	nous
vous	vous
ils (elles)	se

Although the reflexive pronoun is usually the direct object, sometimes it is not. Study the following.

> Je **me** lave.
> Je me lave **les mains.**

In the first sentence **me** is the direct object. In the second **les mains** is the direct object.

Of course some verbs can be used either reflexively or non-reflexively, as you may have already noticed in such sentences as these:

REFLEXIVE: Les jeunes gens s'arrêtent pour acheter de la pâte dentrifice.
NON-REFLEXIVE: Vous avez arrêté votre voiture à un bien mauvais endroit.
REFLEXIVE: Je me demande s'il est dangereux de patiner.
NON-REFLEXIVE: Pierre et Jean-Pierre demandent des renseignements à un agent de police.

EXERCICE

Complete these sentences with the appropriate form of the present indicative of the verb in parentheses.

EXAMPLE:
Il ____ d'argent. (s'agir)
Il s'agit d'argent.

1 A quel coin ____-vous? (se trouver)
2 Nous ne ____ pas de lui. (se moquer)
3 Je ____ quelle rue mène au musée. (se demander)
4 Tu ne ____ pas? (se rappeler)
5 Vous ____ très bien. (s'entendre)

3. L'IMPÉRATIF

(*The Imperative*)

Verbs in the imperative form express a command ("come here"; "do this" etc.) or a suggestion ("let's go in"; "let's play tennis"). The forms of the imperative are the same as the **tu, nous,** and **vous** forms of the present tense, except for the **tu** form in the first conjugation which keeps the **s** only when followed by **y** or **en**. Just as in English, the imperative forms are used without subject pronouns.

THE IMPERATIVE		
1st Conjugation	*2nd Conjugation*	*3rd Conjugation*
demander	**finir**	**attendre**
demande	finis	attends
demandons	finissons	attendons
demandez	finissez	attendez

"IRREGULAR" VERBS:

Even many verbs considered "irregular" form the imperative tense from the present tense. Notice however the "irregular" imperative verbs that follow:

avoir	**être**	**savoir**	**vouloir**
aie	sois	sache	veuille
ayons	soyons	sachons	veuillons
ayez	soyez	sachez	veuillez

REFLEXIVE VERBS:

Notice the position of the reflexive pronoun in the imperative.

se lever
lève-toi
levons-nous
levez-vous

EXERCICES

A. *Rewrite the following sentences changing the verbs in the familiar form to the polite form and the polite to the familiar.*

EXAMPLE:
Écoutez cette réponse.
Écoute cette réponse.

1 Tournez à gauche et continuez tout droit.
2 Donne-moi vite les jumelles.
3 Regardez toutes ces valises!
4 Ah! Ne m'en parlez pas!
5 Finis ta glace.
6 Attends-moi à la sortie.

B. *Rewrite the following sentences changing the verbs from the first person plural to the polite form.*

EXAMPLE:
Rentrons et je vous ferai des sandwichs.
Rentrez et je vous ferai des sandwichs.

1 Descendons attendre Raoul à la sortie.
2 Parlons français en attendant qu'il arrive.
3 Oh, une pharmacie! Entrons-y.
4 Voici des pellicules. Achetons-en quelques bobines.

C. *Rewrite the following sentences using the appropriate form of the imperative.*

EXAMPLE:
Si nous allions (on allait) au café.
Allons au café.

1 Si nous vendions la maison.
2 Si on déjeunait plus tard.
3 Si nous étions plus soigneux.
4 Si nous nous dépêchions.
5 Si on avait un pique-nique.

D. *Tell your friend*

1 ne pas être en retard
2 se lever tôt
3 attendre un moment

E. *Tell your friends*

1 choisir
2 faire attention
3 y être à l'heure

4. LE PRÉSENT DU SUBJONCTIF

(*The Present Subjunctive*)

The present subjunctive is commonly used in French. Read the following sentences in which the subjunctive verb is underlined.

1 Il faut que je <u>rende</u> des livres pour ma mère.
2 Je voudrais bien que nous <u>partions</u> tout de suite.
3 J'ai peur que <u>ce soit</u> la grippe.
4 Crois-tu qu'il <u>puisse</u> le faire?
5 Aide-la pour qu'elle <u>finisse</u> vite de faire la vaisselle.

The subjunctive mood is used when the verb or verbal expression in the main clause expresses:

1 NECESSITY
2 WISHING, PREFERENCE
3 EMOTION
4 UNCERTAINTY

CONJUNCTIONS: The subjunctive is also used after certain conjunctions which express the above conditions.

Notice:

The subjunctive verb is used in a dependent clause.
The dependent clause is usually introduced by **que**.
The subject of the verb in the main clause is *different* from the subject of the dependent clause.
The present subjunctive is used to indicate both present and future action.
There is no future subjunctive tense.

USAGE

Although it is impossible to list all the uses of the subjunctive, here are some common ones:

After expressions of Necessity

After: falloir, être nécessaire.

After expressions of Wishing (Wanting or Preference)

After: vouloir, désirer, valoir mieux, préférer (aimer mieux), souhaiter.

After expressions of Emotion

After: être content (heureux, désolé), avoir peur, regretter.

After expressions of Uncertainty

After: (ne pas) croire, (ne pas) penser, douter.

After certain Conjunctions

After:		
	pour (afin) que	*in order that, so that*
	avant que	*before*
	jusqu'à ce que	*until*
	à moins que	*unless*
	quoique (bien que)	*although*
	sans que	*without*

FORMATION

Regular Verbs

The present subjunctive of all 1st, 2nd, and 3rd conjugation verbs is formed alike.

The stem of the subjunctive is the 3rd person plural of the present indicative without the **-ent:**

1st	2nd	3rd
parl-	finiss-	rend-

For all verbs, both regular and irregular (except **avoir** and **être**) the endings are the same:

-e	-ions
-es	-iez
-e	-ent

PRESENT SUBJUNCTIVE		
1st Conjugation	*2nd Conjugation*	*3rd Conjugation*
parler	**finir**	**rendre**
que je **parle**	que je **finisse**	que je **rende**
que tu **parles**	que tu **finisses**	que tu **rendes**
qu'il (elle) **parle**	qu'il (elle) **finisse**	qu'il (elle) **rende**
que nous **parlions**	que nous **finissions**	que nous **rendions**
que vous **parliez**	que vous **finissiez**	que vous **rendiez**
qu'ils (elles) **parlent**	qu'ils (elles) **finissent**	qu'ils (elles) **rendent**

Notice that the singular forms and the 3rd person plural form all sound alike.

Irregular Verbs "avoir" and "être"

PRESENT SUBJUNCTIVE	
avoir	**être**
que j'**aie**	que je **sois**
que tu **aies**	que tu **sois**
qu'il (elle) **ait**	qu'il (elle) **soit**
que nous **ayons**	que nous **soyons**
que vous **ayez**	que vous **soyez**
qu'ils (elles) **aient**	qu'ils (elles) **soient**

Remember that only **avoir** and **être** have different endings. All other verbs, regular and irregular, have the same endings.

Verbs with irregular stems

PRESENT SUBJUNCTIVE		
savoir	**faire**	**pouvoir**
que je **sache**	que je **fasse**	que je **puisse**
que tu **saches**	que tu **fasses**	que tu **puisses**
qu'il (elle) **sache**	qu'il (elle) **fasse**	qu'il (elle) **puisse**
que nous **sachions**	que nous **fassions**	que nous **puissions**
que vous **sachiez**	que vous **fassiez**	que vous **puissiez**
qu'ils (elles) **sachent**	qu'ils (elles) **fassent**	qu'ils (elles) **puissent**

Some verbs have two stems, one for the "nous" and "vous" forms and one for the other forms. Notice that although the stem changes the endings remain the same. Example:

aller	
que j'aille	que nous allions
que tu ailles	que vous alliez
qu'il (elle) aille	qu'ils (elles) aillent

Other verbs that follow this pattern are:

boire: je boive, nous buvions	**recevoir:** je reçoive, nous recevions
croire: je croie, nous croyions	**tenir:** je tienne, nous tenions
devoir: je doive, nous devions	**venir:** je vienne, nous venions
envoyer: j'envoie, nous envoyions	**voir:** je voie, nous voyions
prendre: je prenne, nous prenions	**vouloir:** je veuille, nous voulions

EXERCICES

A. *Rewrite the following sentences using the expression in parentheses.*

EXAMPLE:
Vous me dites de quoi il s'agit. (j'aimerais mieux que . . .)
J'aimerais mieux que vous me disiez de quoi il s'agit.

1 C'est la mienne. (je voudrais que . . .)
2 C'est la grippe. (j'ai peur que . . .)
3 C'est le palais de Chaillot. (je ne crois pas que . . .)
4 Je m'exerce à jouer au tennis. (il vaudrait mieux que . . .)
5 Le numéro de téléphone n'est pas libre. (il est impossible que . . .)
6 Tu défais ta valise. (il est inutile que . . .)
7 Ils sont fiancés? (croyez-vous que . . .)
8 Nous en parlons maintenant. (il vaut mieux que . . .)

B. *Combine the two sentences, using the conjunction in parentheses.*

EXAMPLE:
Elle va me téléphoner. Ils vont partir. (avant que)
Elle va me téléphoner avant qu'ils ne partent.

1 Je vais vous téléphoner. Vous n'oublierez pas d'apporter les jumelles à l'opéra. (pour que)
2 Attendez à la gare. Nous y arrivons. (jusqu'à ce que)
3 Elle s'arrêtera chez toi. Il sera trop tard. (à moins que)
4 Il sort. Il pleut. (bien que)
5 Nous espérons qu'il neigera demain. Ils peuvent faire du ski. (pour que)

C. *Rewrite the following sentences replacing the blanks with the correct verb forms chosen from those in parentheses.*

EXAMPLES:
Je crois qu'elle ____ en ville. (est, soit)
Je crois qu'elle est en ville.

Il ne croit pas que je le ____. (sais, sache)
Il ne croit pas que je le sache.

1 Il faut que nous ____ du courage. (avons, ayons)
2 Il est interdit que tu ne ____ pas de ton mieux. (fais, fasses)
3 Je doute que vous ____ faire ce travail. (pouvez, puissiez)
4 Nous savons qu'il ____ raison. (a, ait)
5 Il lui dit que cette robe lui ____ à merveille. (va, aille)

LE VERBE

5. L'IMPARFAIT
(*The Imperfect*)

The imperfect tense describes past action, how things "were" or "used to be". The imperfect stresses continuous and repeated action in the past.

MEANING OF THE IMPERFECT

The imperfect tense describes the background or existing state of affairs in the past at a time when an action took place:

Quand je me suis levé, j'**avais** très mal aux dents.

The imperfect sets the stage. Consider, in the English sentences which follow, how the underlined verbs provide details of the scenery and existing conditions. The equivalent verbs in French would be in the imperfect tense.

All was quiet in the house on Medway Street, though it was already eight o'clock. The sun was shining, and a soft spring breeze was blowing. In Paul's room the curtains were drawn, and Paul snored on. On the table beside his bed was an alarm clock whose hands were stopped at a quarter to three. Suddenly the door to Paul's room burst open, and his young sister Anne came into the room. She pounced on Paul's bed shouting "Wake up, wake up! You and Raoul will be late to school again!"

The underlined verbs provide the stage setting — the weather, the time of day, Paul asleep in bed — all the background for the action of Anne's bursting into his room and jumping onto his bed.

Sometimes the "existing conditions" take the form of a continued or incompleted action in the past:

Il m'a dit qu'**il allait** jusqu'au zoo.
Il **savait** bien que **je l'attendais** ici à onze heures.

FORMATION

Regular Verbs

For all verbs except **être,** the stem of the imperfect is the 1st person plural of the present indicative without the "-ons".

THE IMPERFECT		
1st Conjugation	*2nd Conjugation*	*3rd Conjugation*
regarder	**finir**	**rendre**
je regard**ais** tu regard**ais** il (elle) regard**ait**	je finiss**ais** tu finiss**ais** il (elle) finiss**ait**	je rend**ais** tu rend**ais** il (elle) rend**ait**
nous regard**ions** vous regard**iez** ils (elles) regard**aient**	nous finiss**ions** vous finiss**iez** ils (elles) finiss**aient**	nous rend**ions** vous rend**iez** ils (elles) rend**aient**

"Avoir", "être", "pouvoir"

avoir	**être**	**pouvoir**
j'**avais** tu **avais** il (elle) **avait**	j'**étais** tu **étais** il (elle) **était**	je **pouvais** tu **pouvais** il (elle) **pouvait**
nous **avions** vous **aviez** ils (elles) **avaient**	nous **étions** vous **étiez** ils (elles) **étaient**	nous **pouvions** vous **pouviez** ils (elles) **pouvaient**

The imperfect of **avoir** is usually translated as "had", **être** as "was or were" and **pouvoir** as "could (was/were able)".

EXERCICES

A. *Rewrite the following sentences putting the verbs into the singular forms of the same persons.*

EXAMPLES:
Les garçons étaient en vacances.
Le garçon était en vacances.

Nous allions prendre un café.
J'allais prendre un café.

1 Ils regardaient les voitures autour de l'Étoile.
2 Nous avions tout Grenoble sous les yeux.
3 Que cherchaient-ils?
4 Nous n'étions pas là.
5 Nous faisions du camping.

LE VERBE

B. *Rewrite these sentences changing the underlined verbs to the imperfect.*

EXAMPLE:
Il fait du vent.
Il faisait du vent.

1 Pleut-il?
2 Nous sommes en classe.
3 Elle a mal aux pieds.
4 Il neige pendant la nuit.
5 Il bâtit sa propre maison.
6 Il s'exerce à parler français.
7 Elle mange trop.
8 Je vais bien.
9 Il entrera à l'heure.
10 Il y a une fête au village.

C. *Change the underlined verbs in the following sentences to the imperfect.*

EXAMPLE:
Il faut que nous fassions de notre mieux.
Il fallait que nous fassions de notre mieux.

1 Il me semble qu'elle s'entend bien avec sa famille américaine.
2 Il lui importe qu'il sache les faits.
3 Te convient-il que nous te retrouvions à huit heures?
4 Il vaut mieux que vous ayez une voiture à vous.
5 Il s'agit de partir ou de rester.
6 Il neige très souvent dans notre région.
7 Ne pleut-il jamais dans le Sahara?

D. *Change the verbs in the following paragraph to the imperfect.*

Le matin je me réveille à sept heures. D'ordinaire, je n'aime pas me lever tout de suite mais il le faut. Ainsi je me lève, je m'habille et je descends à la cuisine où mes parents sont déjà à table. Pour le petit déjeuner nous prenons un jus d'orange, des toasts et du café. Ma sœur, qui est toujours en retard, n'a jamais le temps de prendre le petit déjeuner. Elle et moi, nous partons pour retrouver nos amis à l'arrêt de l'autobus.

6. LE PASSÉ COMPOSÉ

The "passé composé" (past indefinite in English) shows completed action and shows what "did" happen or "has" happened.

L'IMPARFAIT ET LE PASSÉ COMPOSÉ

(The Imperfect and the Passé Composé)

These two past tenses sometimes cause some confusion in English. The imperfect sets the stage and provides the scenery in describing an action that happened in the past. The passé composé expresses that action; it tells what happened.

Consider, in the illustration that follows, the forms that the verbs would take if you were to express the same ideas in French.

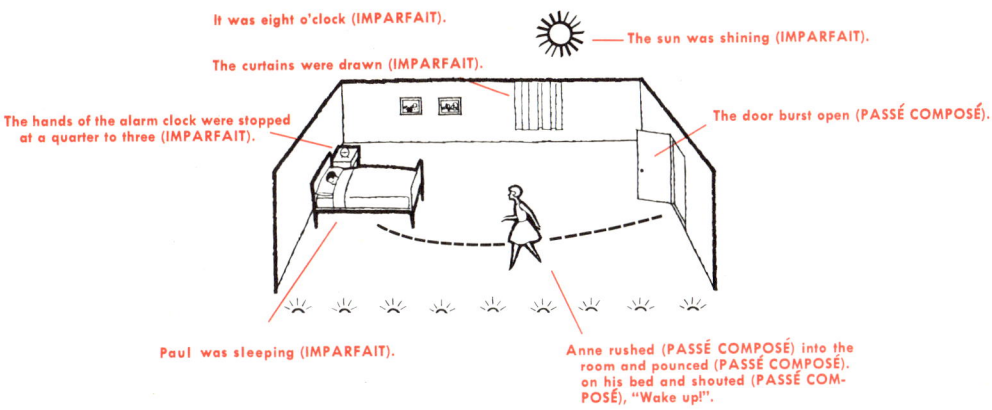

The passé composé is a compound tense consisting of the present tense of the auxiliary verb (either **avoir** or **être**) and the past participle. The past participle of regular verbs is formed by dropping the infinitive ending and adding one of the following:

                1st Conjugation: **é — pensé**
                2nd Conjugation: **i — fini**
                3rd Conjugation: **u — rendu**

VERBS CONJUGATED WITH "AVOIR"		
1ST CONJUGATION	2ND CONJUGATION	3RD CONJUGATION
penser	**finir**	**rendre**
I thought, I have thought, I did think	I finished, I have finished, I did finish	I returned, I have returned, I did return
j'ai **pensé** tu **as pensé** il (elle) **a pensé**	j'ai **fini** tu **as fini** il (elle) **a fini**	j'ai **rendu** tu **as rendu** il (elle) **a rendu**
nous **avons pensé** vous **avez pensé** ils (elles) **ont pensé**	nous **avons fini** vous **avez fini** ils (elles) **ont fini**	nous **avons rendu** vous **avez rendu** ils (elles) **ont rendu**

LE VERBE

PASSÉ COMPOSÉ: ÊTRE COMME AUXILIAIRE

(*Past Indefinite: Être as the Auxiliary*)

Although the majority of verbs are conjugated with the auxiliary verb **avoir** in the passé composé, there are certain verbs conjugated with **être**. Study the passé composé of **aller** that follows.

aller	
je **suis** allé/allée	nous **sommes** allés/allées
tu **es** allé/allée	vous **êtes** allé/allée/allés/allées
il **est** allé	ils **sont** allés
elle **est** allée	elles **sont** allées

Notice that in the case of verbs conjugated with **être,** the past participle always agrees with the subject in number and gender.

Among the common verbs conjugated with **être** (and their past participle) are:

aller (allé) *to go*
venir (venu) *to come*
arriver (arrivé) *to arrive*
partir (parti) *to leave*
entrer (entré) *to enter*
sortir (sorti) *to go out*
monter (monté) *to go up, get on*
descendre (descendu) *to go down, get off*

revenir (revenu) *to come back, return*
retourner (retourné) *to go back, return*
rentrer (rentré) *to go home*
tomber (tombé) *to fall*
rester (resté) *to remain, stay*
devenir (devenu) *to become*
naître (né) *to be born*
mourir (mort) *to die*

L'ACCORD DU PARTICIPE PASSÉ

(*Agreement of the Past Participle*)

AGREEMENT OF THE PARTICIPLE IN VERBS CONJUGATED WITH "AVOIR"

Familiar Examples:

(1) C'est ma chambre qu'on t'a **donnée.**
(2) Sa nouvelle voiture? Il l'a **laissée** devant la maison.
(3) Est-ce que Jean-Pierre et Gérard sont ici?
   Je ne les ai pas **vus.**

Agreement in number and gender with a preceding direct object

In examples (1) and (2) **donnée** and **laissée** are in the feminine singular; in example (3) **vus** is masculine plural. With what do they agree? In example (1) **donnée** agrees with **que** (**chambre**), in (2) **laissée** agrees with **l'** (**la voiture**) and in example (3) **vus** agrees with **les**. **L'** and **les** in these sentences are direct objects of the verb, which means they receive the action of the verb. When a direct object precedes the verb, as in these sentences, the past participle agrees with it in number and gender.

SUMMARY OF THE AGREEMENT OF THE PAST PARTICIPLE

(1) In verbs conjugated with **être,** the past participle agrees in number and gender with the subject of **être.**
(2) In verbs conjugated with **avoir,** the past participle agrees in number and gender with a preceding expressed direct object.

PASSÉ COMPOSÉ: VERBES RÉFLÉCHIS

(Past Indefinite: Reflexive Verbs)

In addition to the verbs listed, *all* reflexive verbs are conjugated with **être**.

FORMATION OF THE PASSÉ COMPOSÉ OF REFLEXIVE VERBS

REFLEXIVE VERBS
se lever
je me **suis levé** (e)
tu t'**es levé** (e)
il (elle) s'**est levé** (e)
nous nous **sommes levés** (es)
vous vous **êtes levé** (e) (s) (es)
ils (elles) se **sont levés** (es)

LE VERBE

Agreement of the Past Participle in Reflexive Verbs

Notice particularly that with reflexive verbs, the past participle agrees not with the subject of **être**, as it does in non-reflexive verbs which are conjugated with **être**. Rather, the participle in reflexive verbs agrees with the preceding direct object, as do past participles of verbs conjugated with **avoir**. In **"elles se sont levées"**, the past participle agrees with **se** which received the action of the verb. Occasionally, the reflexive pronouns will not be the direct object. In those cases, there will not be the usual agreement. Example:

Elle s'est **brossée**.   BUT
Elle s'est **brossé** les dents.

EXERCICES

A. *Rewrite the following sentences substituting the passé composé of each of the verbs in parentheses.*

EXAMPLE:
Qui a écrit ce livre?   (finir, lire, écrire)
Qui a fini ce livre?
Qui a lu ce livre?
Qui a écrit ce livre?

1 Pourquoi n'êtes-vous pas rentré? (commencer, partir, venir, répondre)
2 Je n'ai pas connu le professeur. (voir, écouter, attendre, comprendre)
3 Comment ont-ils payé? (monter, finir, tomber, savoir)
4 A quelle heure sont-elles arrivées? (finir, sortir, dîner, descendre)

B. *Write these sentences in the passé composé.*

EXAMPLE:
On sonne.
On a sonné.

1 Elles retournent à l'école.
2 La grand-mère tombe malade.
3 Vous avez mon chapeau.
4 Elle est en France.
5 Qu'est-ce que je dis?
6 Entends-tu la fanfare?
7 Nous faisons de notre mieux.
8 Je peux le faire.
9 Elles viennent sans Pierre.
10 Que veux-tu?

C. *Rewrite the following sentences changing the verbs in the present tense to the passé composé.*

EXAMPLE:
Ça ne se fait pas comme chez nous.
Ça ne s'est pas fait comme chez nous.

1 Ça ne se passe pas toujours comme ça.
2 Elles se regardent pendant quelques minutes.
3 Ils s'arrêtent à un petit ruisseau.
4 Elle s'excuse.
5 Ils se le demandent.

D. *Rewrite the following sentences, filling in the blanks in your copy with an appropriate form of the past participle of the verb in parentheses.*

EXAMPLE:
C'est la robe qu'elle t'a ____? (envoyer)
C'est la robe qu'elle t'a envoyée?

1 Deux de mes camarades nous ont ____ à aller à un bal. (inviter)
2 Nous sommes ____ à Paris hier soir. (arriver)
3 Tu te rappelles les photos que tu as ____ du défilé de l'an dernier? (prendre)
4 On a ____ cette voiture verte. (arrêter)
5 Son père la lui a ____ hier. (donner)
6 Avez-vous vu le repas que ce jeune homme a ____ ce matin? (manger)
7 La voiture est ____ devant chez les Rigaud hier soir jusqu'à onze heures. (rester)
8 Je vous ai ____ de votre chambre, Anne? (chasser)
9 C'est une excellente idée que tu as ____ là. (avoir)
10 C'était un secret. Qui te l'a ____? (dire)

E. *Complete the following sentences by choosing the appropriate form of the verbs in parentheses.*

EXAMPLE:
Quand je me suis levé, j'____ mal à la tête. (avais, ai eu)
Quand je me suis levé, j'avais mal à la tête.

1 Il ____ quand nous nous sommes mis en route. (neigeait, a neigé)
2 Un jour mon oncle ____ de m'envoyer aux États-Unis. (décidait, a décidé)
3 Autrefois vous n'____ pas toujours d'accord. (étiez, avez été)
4 Quand j'____ jeune, j'adorais le camping. (ai été, étais)
5 Ce taxi ____ un piéton hier. (a renversé, renversait)
6 Ma sœur chantait pendant que j'____ d'écrire. (essayais, ai essayé)

F. *Complete the following sentences by either the imperfect or passé composé of the verb in parentheses.*

EXAMPLE:
Il ____ froid hier matin. (faire)
Il faisait froid hier matin.

1 Hier soir elle ____ à minuit. (rentrer)
2 D'ordinaire il ____ attentif en classe. (être)
3 Quand nous sommes sortis, il ____. (neiger)
4 Soudain la porte s'____. (ouvrir)
5 Il y ____ tant à faire cet après-midi. (avoir)
6 Ils ____ à midi et ils ont retrouvé leurs amis à une heure. (partir)

7. PASSÉ DU SUBJONCTIF
(Past Subjunctive)

The past subjunctive is used instead of the passé composé after those expressions which demand the subjunctive mood. It is a compound tense consisting of the present subjunctive of the auxiliary verb (**avoir** or **être**) and the past participle. As in all other compound tenses, the rules for the agreement of the past participle apply.

PAST SUBJUNCTIVE	
parler, finir, rendre	**partir**
que j'**aie parlé, fini, rendu**	que je **sois parti (e)**
que tu **aies parlé, fini, rendu**	que tu **sois parti (e)**
qu'il (elle) **ait parlé, fini, rendu**	qu'il (elle) **soit parti (e)**
que nous **ayons parlé, fini, rendu**	que nous **soyons partis (es)**
que vous **ayez parlé, fini, rendu**	que vous **soyez parti (e) (s) (es)**
qu'ils (elles) **aient parlé, fini, rendu**	qu'ils (elles) **soient partis (es)**
se hâter	
que je me **sois hâté (e)**	
que tu te **sois hâté (e)**	
qu'il (elle) se **soit hâté (e)**	
que nous nous **soyons hâtés (es)**	
que vous vous **soyez hâté (e) (s) (es)**	
qu'ils (elles) se **soient hâtés (es)**	

EXERCICE

Rewrite the following sentences with the appropriate form of the past subjunctive of the verb in parentheses.

EXAMPLE:
  Il n'était pas content que nous ____ en retard. (arriver)
  Il n'était pas content que nous soyons arrivés en retard.

1. J'ai peur que nos motos ____ son discours. (troubler)
2. A Strasbourg nous sommes fiers que Pasteur ____ professeur à notre Université. (être)
3. Madame Le Magnen est très fière que son buffet ____ en Amérique. (partir)
4. Croyez-vous que Clément lui en ____? (parler)
5. Je ne crois pas qu'ils ____ à l'heure. (partir)

8. LE PLUS-QUE-PARFAIT

(*The Pluperfect*)

The pluperfect tense is the past tense that describes what "had" happened. Like the passé composé it is a compound tense, made up of a past participle and the auxiliary verb (either **avoir** or **être**) in the imperfect tense. Study the chart below:

1st conjugation	2nd conjugation	3rd conjugation
j'**avais parlé**	j'**avais rempli**	j'**avais perdu**
tu **avais parlé**	tu **avais rempli**	tu **avais perdu**
il (elle) **avait parlé**	il (elle) **avait rempli**	il (elle) **avait perdu**
nous **avions parlé**	nous **avions rempli**	nous **avions perdu**
vous **aviez parlé**	vous **aviez rempli**	vous **aviez perdu**
ils (elles) **avaient parlé**	ils (elles) **avaient rempli**	ils (elles) **avaient perdu**

Remember that for all compound tenses, including the plus-que-parfait, the past participle (**avoir** auxiliary) agrees in number and gender with the preceding direct object. For verbs conjugated with **être,** the past participle agrees in number and gender with the subject.

venir	s'amuser
j'**étais venu/venue**	je m'**étais amusé/amusée**
tu **étais venu/venue**	tu t'**étais amusé/amusée**
il **était venu**	il s'**était amusé**
elle **était venue**	elle s'**était amusée**
nous **étions venus/venues**	nous nous **étions amusés/amusées**
vous **étiez venu/venue/venus/venues**	vous vous **étiez amusé/amusée/amusés/amusées**
ils **étaient venus**	ils se s'**étaient amusés**
elles **étaient venues**	elles se s'**étaient amusées**

LE VERBE

EXERCICES

A. *Rewrite the following sentences changing the singular forms of the verbs to plural forms of the same person and the* tu *forms to the* vous *forms.*

EXAMPLES:

Elle m'avait donné quelques leçons de ski.
Elles m'avaient donné quelques leçons de ski.

Tu n'étais pas encore parti?
Vous n'étiez pas encore partis?

1 Je n'y étais jamais venu un dimanche.
2 Il était tombé en traversant un ruisseau.
3 Tu avais refusé?
4 J'avais pêché des truites.
5 Tu n'étais pas allé au bal?

B. *Rewrite the following sentences changing the verbs in the passé composé to the plus-que-parfait.*

EXAMPLE:

Quel crime avons-nous commis?
Quel crime avions-nous commis?

1 Quelques-uns de ses ancêtres sont allés au nouveau monde.
2 Elle a promis de rapporter notre attirail.
3 Vous avez déjà cherché votre portefeuille dans l'avion?
4 Il a ramassé votre portefeuille par erreur.
5 Je suis allé chercher des oreillers au grenier.

9. LE TEMPS FUTUR

(*The Future Tense*)

The use of the future tense in French differs very little from the use of the future tense in English, and it is made up of endings (which are the same for every verb) and a stem. The future endings are the following:

-ai	-ons
-as	-ez
-a	-ont

These endings are added directly to the infinitive of verbs of the first and second conjugations. In the third conjugation the final "e" of the infinitive is dropped when the endings are added.

	THE FUTURE TENSE	
1st Conjugation	*2nd Conjugation*	*3rd Conjugation*
donner	**finir**	**attendre**
je **donnerai**	je **finirai**	j'**attendrai**
tu **donneras**	tu **finiras**	tu **attendras**
il (elle) **donnera**	il (elle) **finira**	il (elle) **attendra**
nous **donnerons**	nous **finirons**	nous **attendrons**
vous **donnerez**	vous **finirez**	vous **attendrez**
ils (elles) **donneront**	ils (elles) **finiront**	ils (elles) **attendront**

(Note: The present tense of **aller** + an infinitive indicates and is referred to as the "near future".)

FUTURE TENSE OF IRREGULAR VERBS

Some irregular future stems you will meet in this course:

aller	j'**irai**, etc.	pouvoir	je **pourrai**, etc.
avoir	j'**aurai**, etc.	savoir	je **saurai**, etc.
être	je **serai**, etc.	venir	je **viendrai**, etc.
faire	je **ferai**, etc.	voir	je **verrai**, etc.

Notice:

The endings for all verbs, both regular and irregular, are the same. Other irregular verbs:

devoir: je **devrai**
mourir: je **mourrai**
recevoir: je **recevrai**
tenir: je **tiendrai**
valoir: il **vaudra**

Orthographic changing verbs in the future:

j'**amènerai**
je me **lèverai**
j'**appellerai**
je **jetterai**
je **nettoierai**

LE VERBE

EXERCICE

A. *Change the verbs in the following sentences to the future.*

EXAMPLES:
Il est à l'école.
Il sera à l'école.

Il allait à Paris.
Il ira à Paris.

1 Nous savons la réponse.
2 As-tu assez d'argent?
3 A-t-il lu la lettre?
4 Je ne peux pas faire mes devoirs.
5 Il fallait être à l'heure.
6 Nous avons fait de notre mieux.
7 Elle est venue sans lui.
8 Je dois faire la vaisselle.
9 Elle a reçu une bourse.
10 J'ai rendu l'argent.

B. *Change the verbs of the following sentences from the "near future" to the "future."*

EXAMPLE:
Il va nous présenter les invités.
Il nous présentera les invités.

1 Ils vont vendre leur propriété.
2 Qui va tenir le dictionnaire?
3 Je vais lire ce drame.
4 Elles vont choisir un cadeau pour Paul.
5 Tu vas être libre ce soir?

10. EMPLOIS SPÉCIAUX DU FUTUR

(*Special Use of the Future*)

Many times French uses the future tense where the present tense is used in English. After **quand, lorsque,** (*when*) **aussitôt que** and **dès que,** (*as soon as*), the future is used if the future is implied or if the action refers to the future. Example:

Susie ne sera pas trop contente quand elle reviendra de l'université.

(In English, the present tense would be used in equivalent cases: *Susie won't be too happy when she comes home from college.*)

EXERCICE

Make one sentence of each of the following pairs by beginning with the word in parentheses.

EXAMPLE:
Paul vient. Il vous verra. (aussitôt que)
Aussitôt que Paul viendra, il vous verra.

1 Ils travaillent plus dur.
Ils réussiront. (Quand)
2 Il y a un bon fromage.
Je l'achèterai. (Dès que)
3 Elle vient à Saint-Malo.
Nous visiterons le Mont-St.-Michel ensemble. (Lorsque)
4 Elle revient demain.
Je le lui dirai. (Aussitôt que)

11. FUTUR ANTÉRIEUR

(*Future Perfect*)

The future perfect tense is the past tense that describes what "will or shall have happened". Like the passé composé it is a compound tense, made up of a past participle and the auxiliary verb (either **avoir** or **être**) in the future tense. Study the chart below:

1st conjugation	2nd conjugation	3rd conjugation
j'aurai parlé	j'aurai obéi	j'aurai vendu
tu auras parlé	tu auras obéi	tu auras vendu
il (elle) aura parlé	il (elle) aura obéi	il (elle) aura vendu
nous aurons parlé	nous aurons obéi	nous aurons vendu
vous aurez parlé	vous aurez obéi	vous aurez vendu
ils (elles) auront parlé	ils (elles) auront obéi	ils (elles) auront vendu

Remember that for all compound tenses, including the futur antérieur, the past participle (**avoir** auxiliary) agrees with the preceding direct object. For verbs conjugated with **être,** the past participle agrees in number and gender with the subject.

monter	se coucher
je serai monté (e)	je me serai couché (e)
tu seras monté (e)	tu te seras couché (e)
il sera monté	il se sera couché
elle sera montée	elle se sera couchée
nous serons montés (es)	nous nous serons couchés (es)
vous serez monté (e) (s) (es)	vous vous serez couché (e) (s) (es)
ils seront montés	ils se seront couchés
elles seront montées	elles se seront couchées

LE VERBE

EXERCICE

Rewrite the following sentences, filling in the blanks in your copy with the appropriate forms of the futur antérieur of the verb given in parentheses. EXAMPLES:

J'____ dans un instant. (finir)
J'aurai fini dans un instant.

Nous n____ rien ____. (faire)
Nous n'aurons rien fait.

1. Encore un pot à remplir et nous ____. (finir)
2. On ____ tout ____. (voir)
3. On peut leur faire expédier ce qu'elles ____. (acheter)
4. Quand est-ce qu'il ____ aux États-Unis? (arriver)
5. Est-ce qu'elle ____ avant de partir? (déjeuner)

12. LE CONDITIONNEL PRÉSENT

(*The Conditional*)

The conditional is used much the same way it is used in English and the "key" word is *would*. The stem of the verb is the same as the future tense stem. Also like the future, the endings are the same for all verbs, both regular and irregular.

The endings for the conditional are the same as those for the imperfect tense:

-ais	-ions
-ais	-iez
-ait	-aient

The stem to which these endings are added is, however, the same stem which is used in forming the future tense. (Thus, if you know the future stem of any verb, you can form the conditional simply by adding the imperfect endings to that stem.)

	FUTURE	CONDITIONAL
avoir	j'**aur**ai	j'**aur**ais
être	je **ser**ai	je **ser**ais
faire	je **fer**ai	je **fer**ais
aller	j'**ir**ai	j'**ir**ais

THE CONDITIONAL OF A REGULAR VERB	
donner	
je **donnerais**	nous **donnerions**
tu **donnerais**	vous **donneriez**
il (elle) **donnerait**	ils (elles) **donneraient**

THE CONDITIONAL OF TWO IRREGULAR VERBS	
devoir	**pouvoir**
je **devrais**	je **pourrais**
tu **devrais**	tu **pourrais**
il (elle) **devrait**	il (elle) **pourrait**
nous **devrions**	nous **pourrions**
vous **devriez**	vous **pourriez**
ils (elles) **devraient**	ils (elles) **pourraient**

Remember that the conditional of **devoir** may be translated as "should" and **pouvoir** as "could (would be able)".

EXERCICE

Rewrite the following sentences, filling in the blanks in your copy with the appropriate forms of the conditional of the verb, or verbs, given in parentheses.

EXAMPLE:
Mais tu ne ____ pas le faire. (pouvoir)
Mais tu ne pourrais pas le faire.

1 Ça ____ drôlement bien. (être)
2 Nous ____ plus d'argent, mais est-ce que nous ____ plus heureux? (avoir, être)
3 On ____ ouvrir quelques boîtes de conserves. (pouvoir)
4 Au lieu de faire ça, tu ____ mieux de m'écouter. (faire)
5 Si j'en étais sûr, je n'____ pas nager. (aller)
6 On ____ un tas de soucis. (avoir)
7 Les livres ____ un bon cadeau pour votre mère. (être)
8 Si je partais maintenant, j'____ à l'heure. (arriver)
9 Si tu étais comme Pasteur, tu ____ tout de suite ce qui ne marche pas. (voir)
10 Qui ____ sa nouvelle adresse? (savoir)
11 Le ____-vous à l'heure? (finir)
12 Je vous ____ la voiture si vous me le demandiez. (prêter)
13 Quand ____-tu les skis? (rendre)
14 Tu ____ déjeuner tout de suite? (vouloir)

13. LE PASSÉ DU CONDITIONNEL

(*The Past Conditional*)

The past conditional tense is the past tense that describes what "would have" happened. Like the passé composé it is a compound tense, made up of a past participle and the auxiliary verb (either **avoir** or **être**) in the conditional tense. Study the chart below.

1st conjugation	2nd conjugation	3rd conjugation
j'**aurais parlé**	j'**aurais obéi**	j'**aurais vendu**
tu **aurais parlé**	tu **aurais obéi**	tu **aurais vendu**
il (elle) **aurait parlé**	il (elle) **aurait obéi**	il (elle) **aurait vendu**
nous **aurions parlé**	nous **aurions obéi**	nous **aurions vendu**
vous **auriez parlé**	vous **auriez obéi**	vous **auriez vendu**
ils (elles) **auraient parlé**	ils (elles) **auraient obéi**	ils (elles) **auraient vendu**

Remember that for all compound tenses, including the **passé du conditionnel,** the past participle (**avoir** auxiliary and reflexives) agrees in number and gender with the preceding direct object. For verbs conjugated with **être,** the past participle agrees in number and gender with the subject.

descendre	se lever
je **serais descendu** (e)	je me **serais levé** (e)
tu **serais descendu** (e)	tu te **serais levé** (e)
il **serait descendu**	il se **serait levé**
elle **serait descendue**	elle se **serait levée**
nous **serions descendus** (es)	nous nous **serions levés** (es)
vous **seriez descendu** (e) (s) (es)	vous vous **seriez levé** (e) (s) (es)
ils **seraient descendus**	ils se **seraient levés**
elles **seraient descendues**	elles se **seraient levées**

EXERCICES

Rewrite the following sentences, filling in the blanks in your copy with the appropriate forms of the past conditional of the verb indicated in parentheses. EXAMPLE:

Si nous étions retournés à la maison, nous l'___. (retrouver)

Si nous étions retournés à la maison, nous l'aurions retrouvé.

1 Si ça avait été ton portefeuille, tu l'___. (remarquer)
2 Chouteau Ier ___ terrifié par la circulation intense. (être)
3 Qu'est-ce qui n'___ pas ___ pénible? (être)
4 Tu ___ la télévision à Los Angeles. (adorer)
5 Il n'___ pas ___ faire tout ce qu'il a fait. (pouvoir)
6 J'___ il y a longtemps si j'avais été seul. (finir)
7 Si je les avais vus, je leur ___ de ne pas venir. (dire)
8 Les timbres ___ un beau cadeau pour Louis. (être)

14. PHRASES CONDITIONNELLES
(Conditional Sentences)

Conditional sentences contain a **si** (*if*), or condition, clause and a result, or independent clause. Study the following sentences:

S'il **pleut**, je **porterai** mon imperméable.
Si vous y **allez, prenez** ce sac.
Je le **ferais** s'il le **permettait**.
Je lui **aurais parlé** si elle **était arrivée** à l'heure.

Notice that:

1 If the result clause is present, future or imperative, the "si" clause is present.
2 If the result clause is conditional, the "si" clause is imperfect.
3 If the result clause is past conditional, the "si" clause in pluperfect.

RESULT CLAUSE		"SI" CLAUSE
present future imperative	>	present
conditional	>	imperfect
past conditional	>	pluperfect

LE VERBE 293

Notice also that:

1 Either clause may come first.
2 The "i" of **si** is dropped only before **il** (**ils**).

EXERCICES

A. *Complete the following sentences with the appropriate tense of the verb in parentheses.*

EXAMPLES:
Si tu me ——— l'argent, j'achèterai les fruits. (donner)
Si tu me donnes l'argent, j'achèterai les fruits.

S'il était ici, il ——— la réponse. (savoir)
S'il était ici, il saurait la réponse.

Qu'auriez-vous fait s'il ———? (partir)
Qu'auriez-vous fait s'il était parti.

1 Si j'achetais ce complet, j'——— l'air d'un vieux monsieur. (avoir)
2 Si elle vient ce soir, nous ——— surpris. (être)
3 Si tu ——— plus d'argent, tu le dépenserais en cadeaux. (gagner)
4 Je vous ——— l'argent si vous me l'aviez demandé? (prêter)
5 Si je les ———, je leur en aurais parlé. (voir)
6 S'il ——— de manger, il grossira. (continuer)
7 Si nous ———, nous aurions réussi à l'examen. (essayer)
8 Il chercherait à vous plaire s'il ——— ce que vous vouliez. (savoir)

B. *Complete the following sentences by choosing the correct form in parentheses.*

EXAMPLES:
S'il ——— là, elle est contente. (est, sera)
S'il est là, elle est contente.

Quand il ——— là, elle est contente. (est, sera)
Quand il est là, elle est contente.

Quand il ——— là, elle sera contente. (est, sera)
Quand il sera là, elle sera contente.

1 Si je ——— l'argent, mon père se mettra en colère. (perds, perdrai)
2 Dès qu'on ———, la classe commencera. (sonne, sonnera)
3 Quand le professeur ———, les élèves doivent se lever. (entre, entrera)
4 Si elles ——— le long de l'avenue, elles regarderont longuement les vitrines. (se promènent, se promèneront)
5 Lorsqu'il ———, dites-le-moi. (appelle, appellera)

GRAMMAIRE

15. LE PARTICIPE PRÉSENT
(The Present Participle)

The present participle in English which ends in "-ing" is formed in French by adding **-ant** to the stem of the first person plural of the present indicative.

1st Conjugation	2nd Conjugation	3rd Conjugation
parlons > parlant	finissons > finissant	attendons > attendant

There are only three verbs that have irregular present participles.

IRREGULAR PRESENT PARTICIPLES
avoir: **ayant**
être: **étant**
savoir: **sachant**

The present participle in French is ordinarily used with the preposition **en** which may be translated as *while, by, in, on, upon*. As with other forms, pronoun objects precede the verb.

Examples:

En **le voyant,** elle a crié.
En **y allant,** ils ont traversé le ruisseau.

EXERCICE

Rewrite the following sentences filling in the blanks in your copy with the present participle of the verb in parentheses.

EXAMPLE:

Faites glisser l'omelette dans un plat en ____ une moitié sur l'autre. (replier)
Faites glisser l'omelette dans un plat en repliant une moitié sur l'autre.

1 Commencez votre article en ____ de l'esprit du siècle. (parler)
2 Je t'écris en ____ jouer les enfants. (regarder)
3 En ____ tu iras m'acheter le journal. (attendre)
4 N'____ pas eu la moindre intention de le faire, j'ai mangé tous les sandwichs. (avoir)
5 La voyelle "a" se forme en ____ fort la bouche. (ouvrir)

16. INFINITIF PASSÉ

(*Past Infinitive*)

The preposition **après** may be followed by the past infinitive (and it is the only verb form possible after **après**). The past infinitive is the past participle of the verb and the infinitive of the auxiliary verb. Example: **après avoir vu.**

The translation of **après** and the past infinitive is, as above, "after seeing" or "after having seen." Study the chart below.

1st Conjugation	2nd Conjugation	3rd Conjugation
après avoir douté	après avoir établi	après avoir répondu

Notice that the agreement of the past participle with the preceding direct object is the same as in the compound tenses. Examples:

> **Après les avoir vus,** j'étais content.
> J'ai acheté la robe **après l'avoir vue.**

Those verbs conjugated with **être** agree with the subject indicated:

> Nous avons tout fini après être restés encore deux heures.

The past participle of the past infinitive of reflexive verbs agrees with the reflexive pronoun when it is a direct object. Study the following examples:

> Je suis arrivé(e) après m'être dépêché(e).
> Tu es arrivé(e) après t'être dépêché(e).
> Il est arrivé après s'être dépêché.
> Elle est arrivée après s'être dépêchée.
> Nous sommes arrivés (es) après nous être dépêchés(es).
> Vous êtes arrivé(e)(s)(es) après vous être dépêché(e)(s)(es).
> Ils sont arrivés après s'être dépêchés.
> Elles sont arrivées après s'être dépêchées.

EXERCICE

Rewrite the following sentences, replacing the après que, quand (lorsque) *clause by* après *and the past infinitive.*

EXAMPLE:

Quand ils avaient fini le repas, ils sont partis.
Après avoir fini le repas, ils sont partis.

1. Quand on a payé, on entre.
2. Quand elle est montée, elle a découvert le voleur.
3. Après qu'elle s'est levée, elle a préparé le déjeuner.
4. Après que nous avions travaillé toute la journée, nous étions fatigués.
5. Après que j'avais préparé le repas, j'étais trop fatigué pour le manger.

17. PASSÉ SIMPLE

The "passé simple" is sometimes called the "historical past" and this well explains its use. It is used in literary and historical writing to replace the passé composé and is almost never used in conversation or informal writing.

Look at the forms of the passé simple for the three regular conjugations and for **avoir, être,** and **faire.** (For the forms of the passé simple of other irregular verbs, refer to the list of irregular verbs.)

PASSÉ SIMPLE		
1st Conjugation	*2nd Conjugation*	*3rd Conjugation*
raconter	**remplir**	**entendre**
je **racontai**	je **remplis**	j'**entendis**
tu **racontas**	tu **remplis**	tu **entendis**
il (elle) **raconta**	il (elle) **remplit**	il (elle) **entendit**
nous **racontâmes**	nous **remplîmes**	nous **entendîmes**
vous **racontâtes**	vous **remplîtes**	vous **entendîtes**
ils (elles) **racontèrent**	ils (elles) **remplirent**	ils (elles) **entendirent**
avoir	**être**	**faire**
j'**eus**	je **fus**	je **fis**
tu **eus**	tu **fus**	tu **fis**
il (elle) **eut**	il (elle) **fut**	il (elle) **fit**
nous **eûmes**	nous **fûmes**	nous **fîmes**
vous **eûtes**	vous **fûtes**	vous **fîtes**
ils (elles) **eurent**	ils (elles) **furent**	ils (elles) **firent**

LE VERBE

EXERCICES

A. *Change the verbs in the following sentences to the passé simple.*

EXAMPLE:
Napoléon est né en Corse.
Napoléon naquit en Corse.

1 Les Anglais ont envahi la Normandie.
2 Le roi l'a choisi comme ambassadeur.
3 Les habitants ont tout perdu.
4 Les soldats ont marché par cette région.
5 Un fou a attaqué le roi.
6 A ce moment la porte s'est ouverte.
7 Gounod a composé l'opéra Faust.
8 Un garçon de douze ans a sauvé la vie d'une vieille femme.

B. *Complete the following sentences by choosing the appropriate form in parentheses.*

EXAMPLE:
Il se ―― noir, quand le voleur entra dans l'immeuble. (faisait, fit)
Il se faisait noir quand le voleur entra dans l'immeuble.

1 Rouget de Lisle ―― la Marseillaise. (composa, composait)
2 Quand il était jeune, il ―― à Paris pour continuer ses études. (alla, allait)
3 Louis XIII ―― bâtir le palais de Versailles. (faisait, fit)
4 Le comte se leva et ―― sans rien dire. (partait, partit)
5 Il ―― dans ce chateau quand on le ―― ministre. (demeurait, demeura) (nommait, nomma)

VERBES IRRÉGULIERS

18. VERBES IRRÉGULIERS
(Irregular Verbs)

INFINITIF	FUTUR	PRÉSENT DE L'INDICATIF		PARTICIPE PASSÉ
admettre (*voir* mettre)				
aller (être)	j'irai	je vais tu vas il va	nous allons vous allez ils vont	allé
apercevoir	j'apercevrai	j'aperçois tu aperçois il aperçoit	nous apercevons vous apercevez ils aperçoivent	aperçu
apparaître (*voir* paraître)				
appartenir (*voir* tenir)				
apprendre (*voir* prendre)				
s'asseoir (être)	je m'assiérai	je m'assieds tu t'assieds il s'assied	nous nous asseyons vous vous asseyez ils s'asseyent	assis
avoir	j'aurai	j'ai tu as il a	nous avons vous avez ils ont	eu
battre	je battrai	je bats tu bats il bat	nous battons vous battez ils battent	battu
boire	je boirai	je bois tu bois il boit	nous buvons vous buvez ils boivent	bu
bouillir	je bouillirai	je bous tu bous il bout	nous bouillons vous bouillez ils bouillent	bouilli
comprendre (*voir* prendre)				
conduire	je conduirai	je conduis tu conduis il conduit	nous conduisons vous conduisez ils conduisent	conduit
connaître	je connaîtrai	je connais tu connais il connaît	nous connaissons vous connaissez ils connaissent	connu

VERBES IRRÉGULIERS

PASSÉ SIMPLE		PRÉSENT DU SUBJONCTIF		IMPÉ-RATIF	PARTICIPE PRÉSENT
j'allai tu allas il alla	nous allâmes vous allâtes ils allèrent	que j'aille que tu ailles qu'il aille	que nous allions que vous alliez qu'ils aillent		
j'aperçus tu aperçus il aperçut	nous aperçûmes vous aperçûtes ils aperçurent	que j'aperçoive que tu aperçoives qu'il aperçoive	que nous apercevions que vous aperceviez qu'ils aperçoivent		
je m'assis tu t'assis il s'assit	nous nous assîmes vous vous assîtes ils s'assirent	que je m'assoie que tu t'assoies qu'il s'assoie	que nous nous assoyions que vous vous assoyiez qu'ils s'assoient		
j'eus tu eus il eut	nous eûmes vous eûtes ils eurent	que j'aie que tu aies qu'il ait	que nous ayons que vous ayez qu'ils aient	aie ayons ayez	ayant
je battis tu battis il battit	nous battîmes vous battîtes ils battirent	que je batte que tu battes qu'il batte	que nous battions que vous battiez qu'ils battent		
je bus tu bus il but	nous bûmes vous bûtes ils burent	que je boive que tu boives qu'il boive	que nous buvions que vous buviez qu'ils boivent		
je bouillis tu bouillis il bouillit	nous bouillîmes vous bouillîtes ils bouillirent	que je bouille que tu bouilles qu'il bouille	que nous bouillions que vous bouilliez qu'ils bouillent		
je conduisis tu conduisis il conduisit	nous conduisîmes vous conduisîtes ils conduisirent	que je conduise que tu conduises qu'il conduise	que nous conduisions que vous conduisiez qu'ils conduisent		
je connus tu connus il connut	nous connûmes vous connûtes ils connurent	que je connaisse que tu connaisses qu'il connaisse	que nous connaissions que vous connaissiez qu'ils connaissent		

CONNAÎTRE

VERBES IRRÉGULIERS

INFINITIF	FUTUR	PRÉSENT DE L'INDICATIF		PARTICIPE PASSÉ
construire	je construirai	je construis tu construis il construit	nous construisons vous construisez ils construisent	construit
contenir (*voir* tenir)				
convenir (*voir* venir)				
courir	je courrai	je cours tu cours il court	nous courons vous courez ils courent	couru
couvrir (*voir* ouvrir)				
croire	je croirai	je crois tu crois il croit	nous croyons vous croyez ils croient	cru
cueillir	je cueillerai	je cueille tu cueilles il cueille	nous cueillons vous cueillez ils cueillent	cueilli
cuire (*voir* conduire)				
découvrir (*voir* ouvrir)				
décrire (*voir* écrire)				
défaire (*voir* faire)				
déplaire (*voir* plaire)				
détruire (*voir* construire)				
devenir (*voir* venir) (être)				
devoir	je devrai	je dois tu dois il doit	nous devons vous devez ils doivent	dû
dire	je dirai	je dis tu dis il dit	nous disons vous dites ils disent	dit

VERBES IRRÉGULIERS

PASSÉ SIMPLE		PRÉSENT DU SUBJONCTIF		IMPÉ-RATIF	PARTICIPE PRÉSENT
je construisis	nous construisîmes	que je construise	que nous construisions		
tu construisis	vous construisîtes	que tu construises	que vous construisiez		
il construisit	ils construisirent	qu'il construise	qu'ils construisent		
je courus	nous courûmes	que je coure	que nous courions		
tu courus	vous courûtes	que tu coures	que vous couriez		
il courut	ils coururent	qu'il coure	qu'ils courent		
je crus	nous crûmes	que je croie	que nous croyions		
tu crus	vous crûtes	que tu croies	que vous croyiez		
il crut	ils crurent	qu'il croie	qu'ils croient		
je cueillis	nous cueillîmes	que je cueille	que nous cueillions		
tu cueillis	vous cueillîtes	que tu cueilles	que vous cueilliez		
il cueillit	ils cueillirent	qu'il cueille	qu'ils cueillent		
je dus	nous dûmes	que je doive	que nous devions		
tu dus	vous dûtes	que tu doives	que vous deviez		
il dut	ils durent	qu'il doive	qu'ils doivent		
je dis	nous dîmes	que je dise	que nous disions		
tu dis	vous dîtes	que tu dises	que vous disiez		
il dit	ils dirent	qu'il dise	qu'ils disent		

DIRE

VERBES IRRÉGULIERS

INFINITIF	FUTUR	PRÉSENT DE L'INDICATIF		PARTICIPE PASSÉ
disparaître (*voir* paraître)				
distraire (*voir* traire)				
dormir	je dormirai	je dors tu dors il dort	nous dormons vous dormez ils dorment	dormi
écrire	j'écrirai	j'écris tu écris il écrit	nous écrivons vous écrivez ils écrivent	écrit
s'endormir (*voir* dormir) (être)				
entretenir (*voir* tenir)				
envoyer	j'enverrai	j'envoie tu envoies il envoie	nous envoyons vous envoyez ils envoient	envoyé
être	je serai	je suis tu es il est	nous sommes vous êtes ils sont	été
faillir	je faudrai	je faux tu faux il faut	nous faillons vous faillez ils faillent	failli
faire	je ferai	je fais tu fais il fait	nous faisons vous faites ils font	fait
falloir	il faudra	il faut		fallu
frire	je frirai	je fris tu fris il frit		frit
fuir	je fuirai	je fuis tu fuis il fuit	nous fuyons vous fuyez ils fuient	fui

VERBES IRRÉGULIERS

PASSÉ SIMPLE		PRÉSENT DU SUBJONCTIF		IMPÉ-RATIF	PARTICIPE PRÉSENT
je dormis	nous dormîmes	que je dorme	que nous dormions		
tu dormis	vous dormîtes	que tu dormes	que vous dormiez		
il dormit	ils dormirent	qu'il dorme	qu'ils dorment		
j'écrivis	nous écrivîmes	que j'écrive	que nous écrivions		
tu écrivis	vous écrivîtes	que tu écrives	que vous écriviez		
il écrivit	ils écrivirent	qu'il écrive	qu'ils écrivent		
j'envoyai	nous envoyâmes	que j'envoie	que nous envoyions		
tu envoyas	vous envoyâtes	que tu envoies	que vous envoyiez		
il envoya	ils envoyèrent	qu'il envoie	qu'ils envoient		
je fus	nous fûmes	que je sois	que nous soyons	sois	étant
tu fus	vous fûtes	que tu sois	que vous soyez	soyons	
il fut	ils furent	qu'il soit	qu'ils soient	soyez	
je faillis	nous faillîmes	que je faille	que nous faillions	———	
tu faillis	vous faillîtes	que tu failles	que vous failliez	———	
il faillit	ils faillirent	qu'il faille	qu'ils faillent		
je fis	nous fîmes	que je fasse	que nous fassions		
tu fis	vous fîtes	que tu fasses	que vous fassiez		
il fit	ils firent	qu'il fasse	qu'ils fassent		
je fuis	nous fuîmes	que je fuie	que nous fuyions		
tu fuis	vous fuîtes	que tu fuies	que vous fuyiez		
il fuit	ils fuirent	qu'il fuie	qu'ils fuient		

VERBES IRRÉGULIERS

INFINITIF	FUTUR	PRÉSENT DE L'INDICATIF		PARTICIPE PASSÉ
joindre	je joindrai	je joins tu joins il joint	nous joignons vous joignez ils joignent	joint
lire	je lirai	je lis tu lis il lit	nous lisons vous lisez ils lisent	lu
mettre	je mettrai	je mets tu mets il met	nous mettons vous mettez ils mettent	mis
mourir (être)	je mourrai	je meurs tu meurs il meurt	nous mourons vous mourez ils meurent	mort
naître (être)	je naîtrai	je nais tu nais il naît	nous naissons vous naissez ils naissent	né
obtenir (*voir* tenir)				
offrir	j'offrirai	j'offre tu offres il offre	nous offrons vous offrez ils offrent	offert
ouvrir	j'ouvrirai	j'ouvre tu ouvres il ouvre	nous ouvrons vous ouvrez ils ouvrent	ouvert
paraître	je paraîtrai	je parais tu parais il paraît	nous paraissons vous paraissez ils paraissent	paru
parcourir (*voir* courir)				
partir (être)	je partirai	je pars tu pars il part	nous partons vous partez ils partent	parti
peindre	je peindrai	je peins tu peins il peint	nous peignons vous peignez ils peignent	peint
permettre (*voir* mettre)				

VERBES IRRÉGULIERS

PASSÉ SIMPLE		PRÉSENT DU SUBJONCTIF		IMPÉ-RATIF	PARTICIPE PRÉSENT
je joignis	nous joignîmes	que je joigne	que nous joignions		
tu joignis	vous joignîtes	que tu joignes	que vous joigniez		
il joignit	ils joignirent	qu'il joigne	qu'ils joignent		
je lus	nous lûmes	que je lise	que nous lisions		
tu lus	vous lûtes	que tu lises	que vous lisiez		
il lut	ils lurent	qu'il lise	qu'ils lisent		
je mis	nous mîmes	que je mette	que nous mettions		
tu mis	vous mîtes	que tu mettes	que vous mettiez		
il mit	ils mirent	qu'il mette	qu'ils mettent		
je mourus	nous mourûmes	que je meure	que nous mourions		
tu mourus	vous mourûtes	que tu meures	que vous mouriez		
il mourut	ils moururent	qu'il meure	qu'ils meurent		
je naquis	nous naquîmes	que je naisse	que nous naissions		
tu naquis	vous naquîtes	que tu naisses	que vous naissiez		
il naquit	ils naquirent	qu'il naisse	qu'ils naissent		
j'offris	nous offrîmes	que j'offre	que nous offrions		
tu offris	vous offrîtes	que tu offres	que vous offriez		
il offrit	ils offrirent	qu'il offre	qu'ils offrent		
j'ouvris	nous ouvrîmes	que j'ouvre	que nous ouvrions		
tu ouvris	vous ouvrîtes	que tu ouvres	que vous ouvriez		
il ouvrit	ils ouvrirent	qu'il ouvre	qu'ils ouvrent		
je parus	nous parûmes	que je paraisse	que nous paraissions		
tu parus	vous parûtes	que tu paraisses	que vous paraissiez		
il parut	ils parurent	qu'il paraisse	qu'ils paraissent		
je partis	nous partîmes	que je parte	que nous partions		
tu partis	vous partîtes	que tu partes	que vous partiez		
il partit	ils partirent	qu'il parte	qu'ils partent		
je peignis	nous peignîmes	que je peigne	que nous peignions		
tu peignis	vous peignîtes	que tu peignes	que vous peigniez		
il peignit	ils peignirent	qu'il peigne	qu'ils peignent		

PERMETTRE

VERBES IRRÉGULIERS

INFINITIF	FUTUR	PRÉSENT DE L'INDICATIF		PARTICIPE PASSÉ
plaire	je plairai	je plais tu plais il plaît	nous plaisons vous plaisez ils plaisent	plu
pleuvoir	il pleuvra	il pleut		plu
poursuivre (*voir* suivre)				
pouvoir	je pourrai	je peux tu peux il peut	nous pouvons vous pouvez ils peuvent	pu
prendre	je prendrai	je prends tu prends il prend	nous prenons vous prenez ils prennent	pris
prévenir (*voir* venir)				
promettre (*voir* mettre)				
recevoir	je recevrai	je reçois tu reçois il reçois	nous recevons vous recevez ils reçoivent	reçu
reconnaître (*voir* connaître)				
redire (*voir* dire)				
rejoindre (*voir* joindre)				
remettre (*voir* mettre)				
renvoyer (*voir* envoyer)				
repeindre (*voir* peindre)				
reprendre (*voir* prendre)				
retenir (*voir* tenir)				
revenir (*voir* venir) (être)				
revoir (*voir* voir)				

VERBES IRRÉGULIERS

PASSÉ SIMPLE		PRÉSENT DU SUBJONCTIF		IMPÉ-RATIF	PARTICIPE PRÉSENT
je plus tu plus il plut	nous plûmes vous plûtes ils plurent	que je plaise que tu plaises qu'il plaise	que nous plaisions que vous plaisiez qu'ils plaisent		
il plut		qu'il pleuve			
je pus tu pus il put	nous pûmes vous pûtes ils purent	que je puisse que tu puisses qu'il puisse	que nous puissions que vous puissiez qu'ils puissent	—— —— ——	
je pris tu pris il prit	nous prîmes vous prîtes ils prirent	que je prenne que tu prennes qu'il prenne	que nous prenions que vous preniez qu'ils prennent		
je reçus tu reçus il reçut	nous reçûmes vous reçûtes ils reçurent	que je reçoive que tu reçoives qu'il reçoive	que nous recevions que vous receviez qu'ils reçoivent		

REVOIR

VERBES IRRÉGULIERS

INFINITIF	FUTUR	PRÉSENT DE L'INDICATIF		PARTICIPE PASSÉ
rire	je rirai	je ris tu ris il rit	nous rions vous riez ils rient	ri
satisfaire (*voir* faire)				
savoir	je saurai	je sais tu sais il sait	nous savons vous savez ils savent	su
sentir (être)	je sentirai	je sens tu sens il sent	nous sentons vous sentez ils sentent	senti
servir	je servirai	je sers tu sers il sert	nous servons vous servez ils servent	servi
sortir (être)	je sortirai	je sors tu sors il sort	nous sortons vous sortez ils sortent	sorti
sourire (*voir* rire)				
soutenir (*voir* tenir)				
se **souvenir** (*voir* venir) (être)				
suffire	je suffirai	je suffis tu suffis il suffit	nous suffisons vous suffisez ils suffisent	suffi
suivre	je suivrai	je suis tu suis il suit	nous suivons vous suivez ils suivent	suivi
surprendre (*voir* prendre)				
se **taire** (être)	je me tairai	je me tais tu te tais il se tait	nous nous taisons vous vous taisez ils se taisent	tu

VERBES IRRÉGULIERS

PASSÉ SIMPLE		PRÉSENT DU SUBJONCTIF		IMPÉ-RATIF	PARTICIPE PRÉSENT
je ris tu ris il rit	nous rîmes vous rîtes ils rirent	que je rie que tu ries qu'il rie	que nous riions que vous riiez qu'ils rient		
je sus tu sus il sut	nous sûmes vous sûtes ils surent	que je sache que tu saches qu'il sache	que nous sachions que vous sachiez qu'ils sachent	sache sachons sachez	sachant
je sentis tu sentis il sentit	nous sentîmes vous sentîtes ils sentirent	que je sente que tu sentes qu'il sente	que nous sentions que vous sentiez qu'ils sentent		
je servis tu servis il servit	nous servîmes vous servîtes ils servirent	que je serve que tu serves qu'il serve	que nous servions que vous serviez qu'ils servent		
je sortis tu sortis il sortit	nous sortîmes vous sortîtes ils sortirent	que je sorte que tu sortes qu'il sorte	que nous sortions que vous sortiez qu'ils sortent		
je suffis tu suffis il suffit	nous suffîmes vous suffîtes ils suffirent	que je suffise que tu suffises qu'il suffise	que nous suffisions que vous suffisiez qu'ils suffisent		
je suivis tu suivis il suivit	nous suivîmes vous suivîtes ils suivirent	que je suive que tu suives qu'il suive	que nous suivions que vous suiviez qu'ils suivent		
je me tus tu te tus il se tut	nous nous tûmes vous vous tûtes ils se turent	que je me taise que tu te taises qu'il se taise	que nous nous taisions que vous vous taisiez qu'ils se taisent		

SE TAIRE

VERBES IRRÉGULIERS

INFINITIF	FUTUR	PRÉSENT DE L'INDICATIF		PARTICIPE PASSÉ
tenir	je tiendrai	je tiens tu tiens il tient	nous tenons vous tenez ils tiennent	tenu
traire	je trairai	je trais tu trais il trait	nous trayons vous trayez ils traient	trait
valoir	je vaudrai	je vaux tu vaux il vaut	nous valons vous valez ils valent	valu
venir (être)	je viendrai	je viens tu viens il vient	nous venons vous venez ils viennent	venu
vivre	je vivrai	je vis tu vis il vit	nous vivons vous vivez ils vivent	vécu
voir	je verrai	je vois tu vois il voit	nous voyons vous voyez ils voient	vu
vouloir	je voudrai	je veux tu veux il veut	nous voulons vous voulez ils veulent	voulu

VERBES IRRÉGULIERS

PASSÉ SIMPLE		PRÉSENT DU SUBJONCTIF		IMPÉ-RATIF	PARTICIPE PRÉSENT
je tins tu tins il tint	nous tînmes vous tîntes ils tinrent	que je tienne que tu tiennes qu'il tienne	que nous tenions que vous teniez qu'ils tiennent		
——— ——— ———	——— ——— ———	que je traie que tu traies qu'il traie	que nous trayions que vous trayiez qu'ils traient		
je valus tu valus il valut	nous valûmes vous valûtes vous valurent	que je vaille que tu vailles qu'il vaille	que nous valions que vous valiez qu'ils vaillent		
je vins tu vins il vint	nous vînmes vous vîntes ils vinrent	que je vienne que tu viennes qu'il vienne	que nous venions que vous veniez qu'ils viennent		
je vécus tu vécus il vécut	nous vécûmes vous vécûtes ils vécurent	que je vive que tu vives qu'il vive	que nous vivions que vous viviez qu'ils vivent		
je vis tu vis il vit	nous vîmes vous vîtes ils virent	que je voie que tu voies qu'il voie	que nous voyions que vous voyiez qu'ils voient		
je voulus tu voulus il voulut	nous voulûmes vous voulûtes ils voulurent	que je veuille que tu veuilles qu'il veuille	que nous voulions que vous vouliez qu'ils veuillent	veuillez	

VOULOIR

LE PRONOM
(The Pronoun)

19. LES PRONOMS PERSONNELS: SUJETS DE VERBE
(Personal Pronouns: Subjects of the Verb)

SUBJECT PRONOUNS

Although these pronouns are not at all new to us, consider them in diagrammed form. The following is a type of diagram which we will find helpful in studying other pronouns, as well as other parts of speech.

As you know, these pronouns do not always refer to persons, and as French has no neuter pronouns subject (like "it" in English), we must know the gender (masculine or feminine) of things.

PRONOUNS: SUBJECTS OF THE VERB		
	Singular	*Plural*
1st Person	**je**	**nous**
2nd Person	**tu**	**vous**
3rd Person (masculine)	**il**	**ils**
3rd Person (feminine)	**elle**	**elles**

The subject pronoun "on"

The subject pronoun **on** which does not appear above is commonly used in French. It refers to an indefinite person or persons and always takes the third person singular form of the verb. Although it is commonly translated as "one" or "you" (impersonal), several other translations are possible. Example:

On parle français en classe. { *You speak French in class.*
One speaks French in class.
We speak French in class.
They speak French in class.

EXERCICES

A. *Rewrite the following sentences, substituting the appropriate subject pronouns for the underlined nouns.*

EXAMPLES:
La photo n'est pas nette.
Elle n'est pas nette.

Marianne et Véronique sont en retard comme toujours.
Elles sont en retard comme toujours.

1 Pierre et René attendent les jeunes filles à l'entrée du parc.
2 L'oncle de Lucie a son bureau au deuxième.
3 Mon cousin demeure à la campagne.
4 Yvonne a une nouvelle voiture?
5 Sa voiture est verte.

B. *Rewrite the following sentences as if you were saying them to a friend.*

EXAMPLE:
Dites à votre ami que vous avez dit aux jeunes filles de venir de bonne heure.
J'ai dit aux jeunes filles de venir de bonne heure.

Dites à votre ami(e):
1 qu'il (elle) est en retard.
2 que vous adorez Paris.
3 quelle heure il est.
4 que vous allez à Saint-Malo.
5 que vous aimez les aventures.

20. LES PRONOMS PERSONNELS: COMPLÉMENTS DIRECTS

(Personal Pronouns: Direct Objects)

The direct object of a verb is that which receives the primary action of the verb:

Yes, I know **him.**
I haven't seen **them.**
I'll come and get **you.**

Remember that unlike English, the direct object pronoun precedes the verb in the sentences above.

FORMS OF THE DIRECT OBJECT PRONOUNS

The direct object pronouns can be summed up in a diagram similar to that which we saw for the subject pronouns:

DIRECT OBJECT PRONOUNS		
	Singular	*Plural*
1st Person	**me (m')**	**nous**
2nd Person	**te (t')**	**vous**
3rd Person (masculine)	**le (l')**	**les**
3rd Person (feminine)	**la (l')**	**les**

When **me, te, le** and **la** precede a word beginning with a vowel or a silent "h", they become **m', t', l',** and **l'**.

EXERCICES

A. *Change the following sentences to the negative:*

EXAMPLE:
Je le connais.
Je ne le connais pas.

1 Elle les attend au coin.
2 Ils te voient.
3 Tu veux l'acheter?
4 Nous le finissons avant de partir.
5 Vous le trouverez sur la table.
6 Ils nous écoutaient.

B. *Rewrite the following sentences by replacing the underlined noun by the correct form of the pronoun object:* le, la, l', les.

EXAMPLE:
J'ai vu le défilé.
Je l'ai vu.

1 Papa racontait l'histoire.
2 Elle ne savait pas la réponse.
3 Voilà mes amis.
4 Nous ouvrirons la fenêtre.
5 Elle veut acheter ces disques.

21. LES PRONOMS PERSONNELS: COMPLÉMENTS INDIRECTS

(Personal Pronouns: Indirect Objects)

The indirect object indicates the person(s) to whom something is given, shown, or told.

        She gave **me** a gift.   OR   She gave a gift to **me**.

The word "gift" (what was given) is the direct object and "me" (to whom it was given) the indirect object.

You are familiar with many instances of the indirect object in French. Notice how in each case, in order to see these pronouns as indirect objects, you may compare them with the English forms *"to me"*, *"to him"*, etc.

INDIRECT OBJECT PRONOUNS		
	Singular	*Plural*
1st Person	**me**	**nous**
2nd Person	**te**	**vous**
3rd Person	**lui**	**leur**

Compare the diagram above with the diagram showing the direct object pronouns. Notice that only the third person forms (singular and plural) differ. Also, like the direct object, the indirect object usually precedes the verb.

EXERCICES

A. *Replace the underlined words by the appropriate form of the pronoun (indirect object).*

EXAMPLE:
J'ai dit aux autres de rester.
Je leur ai dit de rester.

1 Elle ne répond pas à Albert.
2 Cela ferait plaisir à mes parents.
3 Tu ne vas pas parler à Anne?
4 N'aviez-vous pas écrit à cette dame?
5 Je voudrais demander aux jeunes filles de danser.
6 Qu'allez-vous dire au professeur?

B. *Answer the following questions using the appropriate pronoun object.*

EXAMPLE:
As-tu parlé à Georges?
Oui, je lui ai parlé.

1 Avez-vous écrit à vos parents?
2 A-t-il répondu au professeur?
3 Permet-on aux élèves d'y rester?
4 Racontera-t-elle l'histoire à Marie?
5 Ont-ils dit aux autres d'attendre?

LE PRONOM

22. LES PRONOMS RÉFLÉCHIS
(Reflexive Pronouns)

A reflexive verb is one which has as an integral part a reflexive pronoun object of the same person and number as the subject. The reflexive pronoun reflects the subject.

SUBJECT	REFLEXIVE PRONOUN
je	me
tu	te
il (elle)	se
nous	nous
vous	vous
ils (elles)	se

The reflexive pronoun usually precedes the verb.

EXERCICE

Rewrite the following sentences using the words in parentheses as subjects.

EXAMPLE:
Elle s'amuse toujours. (Je)
Je m'amuse toujours.

1 Pourquoi se fâche-t-il? (tu)
2 A quelle heure se lève-t-il? (vous)
3 Je m'ennuie en classe. (Il)
4 Elle s'exerce à parler français. (Nous)
5 Il ne se dépêche jamais. (Ils)
6 Je me dirige vers la porte. (Nous)
7 Elle se repose l'après-midi. (Je)
8 Ils s'amusent au bal. (On)

23. LE PRONOM «Y»
(The pronoun "y")

The pronoun **y** usually replaces the preposition **à** + the noun and always refers to things or places.

The usual translation of **y** is "there". However, because it can take the place of prepositions and nouns other than **à** (**dans, sur, chez**), it may be translated as "to it, in them", etc.

Notice that whereas **y** takes the place of **à** + things or places, the indirect object pronoun (**lui, leur**) takes the place of **à** + persons. Also, **y** does not indicate number or gender. Like the other object pronouns **y** usually precedes the verb.

24. LE PRONOM «EN»

(*The pronoun "en"*)

The pronoun **en** replaces **de** + article + noun, and usually refers to things but can refer to people.

Since **en** often replaces **de** + noun and is used in a partitive sense, it is considered the partitive pronoun. The common translations are "some (of it/them)" and "any". **En** can also mean "of, from or about (it/them)". This use refers only to things and places. Example:

Mais il y a des complications et elles **en** parlent!
J'**en** reviendrai.

Notice that **en** usually precedes the verb and does not indicate number or gender. Often in English we omit the meaning of **en** but it *must* always appear in French. Example:

Combien de disques avez-vous? J'**en** ai beaucoup.
I have many (of them).

EXERCICES

A. *Rewrite the following sentences replacing the underlined words with* y *or* en.

EXAMPLE:
Je pense à l'examen.
J'y pense.

Il a mangé plusieurs gâteaux.
Il en a mangé plusieurs.

1 Il a terminé ses études à la Sorbonne.
2 Tu as acheté des bonbons pour Pierre?
3 J'ai vendu beaucoup de timbres.
4 Quand répondras-tu à ma lettre?
5 Mets-tu des fleurs sur la table?
6 Combien de pellicules as-tu?
7 J'ai caché l'argent dans le vase.
8 Elle voudrait de l'eau tout de suite.

B. *Rewrite the following sentences substituting the appropriate direct or indirect object pronouns, or* y, *or* en, *for the underlined words. Make any other necessary changes.*

EXAMPLES:
Son père lui donne la voiture.
Son père la lui donne.

On vend des médicaments dans la pharmacie.
On y en vend.

1 Ils regardent les voitures.
2 Je vais à la bibliothèque.
3 Mon père me donne de l'argent.
4 Donne vite les jumelles à Régis.
5 Il a donné les jumelles à Régis.
6 Je reconnais Anne d'après sa photo.
7 J'ai dit aux jeunes filles que je les attendais.
8 Il essaie de faire classer son château comme monument historique.
9 Mon oncle a acheté le veau.
10 J'ai donné des livres à ma sœur.

25. LES PRONOMS COMPLÉMENTS AVANT LE VERBE
(Pronoun Objects before the Verb)

In all sentences other than those which are affirmative imperative, the pronoun objects precede the verb. This includes *negative* imperative sentences.

If there is more than one object pronoun in sentences which are not affirmative imperative, all precede the verb, and in the order shown in the diagram that follows.

Order of pronoun objects in all sentences other than affirmative imperative:

me te se nous vous	COMES BEFORE	le la les	COMES BEFORE	lui leur	COMES BEFORE	y	COMES BEFORE	en

26. LES PRONOMS COMPLÉMENTS APRÈS LE VERBE
(Pronoun Objects after the Verb)

Position of pronoun objects in affirmative imperative sentences

In writing, the pronoun objects which follow the verb are attached to it by hyphens.

Remember that in emphasized position after the verb, the pronouns **me** and **te** become **moi** and **toi** (except before **y** and **en**).

If there is more than one object pronoun in the affirmative imperative sentence, all still follow the verb that governs them:

        Donne-**la-moi**.
        Donne-**les-lui**.
        Donnez-**m'en**.

Order of pronoun objects in affirmative imperative sentences

DIRECT OBJECT	COMES BEFORE	INDIRECT OBJECT	COMES BEFORE	y	COMES BEFORE	en

Remember that this order is *only* for imperative affirmative sentences and that if the imperative sentence is negative, the pronouns precede the verb.

    AFFIRMATIVE IMPERATIVE: Parlez-**m'en**. BUT
    NEGATIVE IMPERATIVE: Ne **m'en** parlez pas.

EXERCICE

Rewrite the following sentences selecting from the words or phrases in parentheses the one that correctly completes each sentence.

EXAMPLES:

Pourriez-vous ____ livrer? (me la) (le moi)
Pourriez-vous me la livrer?

Donne-le-____. (me) (moi)
Donne-le-moi.

1 J'adore ce disque. Tu ____ donnes? (me le) (le moi)

2 Dites-____ que vous allez le voir. (lui) (le) (les)

3 Allez-vous ____ donner? (les me) (me les)

4 Elle était chez Bernard. Tu ____ as vue? (l'en) (l'y) (lui y)

5 Il ne le sait pas. Je voudrais ____ parler. (l'en) (lui en)

6 Je n'____ étais jamais venu un samedi. (y) (en)

7 Je ____ répète. (te le) (le te) (toi)

8 Je ____ ai envoyé. (leur y) (leur en)

27. LES PRONOMS PERSONNELS: LES PRONOMS ACCENTUÉS

(Personal Pronouns: Emphatic Pronouns)

The accented or "emphatic" pronouns are so-called because they receive more spoken emphasis than do the other pronouns. The sounds of the other pronouns may disappear in rapid speech, but the complete sound of the emphatic pronouns is always present.

USE OF THE EMPHATIC FORMS OF THE PRONOUNS

Note the uses of the emphatic form of the pronoun:
(1) in apposition to the non-emphatic form in order to emphasize the latter.
(2) as the object of a preposition.
(3) in place of the non-emphatic form in affirmative imperative sentences.
(4) in compound subjects or objects (if a pronoun is included).
(5) in short rejoinders or answers where the verb is absent but understood.

EMPHATIC PRONOUNS		
	Singular	*Plural*
1st Person	**moi**	**nous**
2nd Person	**toi**	**vous**
3rd Person (*masculine*)	**lui**	**eux**
3rd Person (*feminine*)	**elle**	**elles**

LE PRONOM

EXERCICE

Rewrite the following sentences filling in the blanks with an appropriate emphatic pronoun.

EXAMPLE:

Iras-tu avec Jeanne? Oui, j'irai avec ——.

Iras-tu avec Jeanne? Oui, j'irai avec elle.

1 ——, j'envoie un livre à Becky.
2 C'est —— qui l'as, ce n'est pas —— qui l'ai.
3 Vous allez chez Bernard? Oui, je vais chez ——.
4 Nous allons au lac. Veux-tu venir avec ——?
5 Vous allez au cinéma, Pierre et ——?
6 Tu veux me téléphoner dimanche? Téléphone-—— à dix heures.
7 Mais ils n'y vont pas seuls. Qui va avec ——?
8 Mais c'est mon livre. Donne-le-——.
9 Tout le monde va chez Véronique et sa sœur. Seras-tu chez —— aussi?
10 Ni Jean ni —— ne savons la faire.

28. LES PRONOMS INTERROGATIFS

(Interrogative Pronouns)

Now we are concerned with *which* interrogative pronouns are used in *what* situations. In other words, what are the French equivalents of such words as "Who?", "What?", "Which?", and when is each used?

Familiar Examples:

(1) Et **qui** est cette dame près de la porte?
Qui est à l'appareil?

Does the pronoun stand for a person or a thing? A PERSON.
What is its function in the sentence: SUBJECT OF THE VERB.
"**Qui?**" is used when the pronoun stands for a person, or persons, and acts as subject of the verb. Of course the "question formula" "**Qui est-ce qui?**" may also be used to avoid inversion of the verb: "— **Qui est-ce qui** jouait?"

(2) **Qui** as-tu vu?
Qui a-t-il rencontré?

Does the pronoun stand for a person or for a thing? A PERSON.
What is its function in the sentence? OBJECT OF THE VERB.
"**Qui?**" is also used when the pronoun stands for a person, or persons, and acts as the object of a verb. Of course the "question formula" "**Qui est-ce que?**" may also be used: **Qui est-ce qu'**il a vu?

(3) Avec **qui** Guillaume est-il venu?
A **qui** parlez-vous?

322 GRAMMAIRE

Does the pronoun stand for a person or for a thing?   A PERSON.
What is its function in the sentence?   OBJECT OF A PREPOSITION.

"**Qui?**" is also used when the pronoun stands for a person, or persons, and is the object of a preposition.   (Notice the inverted word order.)

    (4) **Qu'est-ce qui** est arrivé?

    Qu'est-ce qui ne va pas, chère amie?

Does the pronoun stand for a person, or for a thing?   A THING.
What is its function in the sentence?   SUBJECT OF THE VERB.

The formula **Qu'est-ce qui?** is used when the pronoun stands for a thing, or things, and is the subject of the verb.

    (5) **Que** désirez-vous boire?

    Que faut-il emporter?

Does the pronoun stand for a person, or for a thing?   A THING.
What is its function in the sentence?   OBJECT OF THE VERB.

"**Que?**" is used when the pronoun stands for a thing, or things, and is the object of the verb.   The question formula **Qu'est-ce que** may, of course, also be used: — **Qu'est-ce que** tu vas y faire?

    (6) De **quoi** as-tu besoin?

    De **quoi** veulent-ils prendre des photos?

Does the pronoun stand for a person, or for a thing?   A THING.
What is its function in the sentence?   OBJECT OF A PREPOSITION.

"**Quoi?**" is used when the pronoun stands for a thing, or things, and is the object of a preposition.

To determine, in the examples, why each of the interrogative pronouns was used, we had to know, first, whether the pronoun referred to was a person or a thing. Second, we had to know whether the pronoun was (1) the subject of the verb, (2) the object of the verb, or (3) the object of a preposition.

The chart that follows summarizes both forms and usage.

SUMMARY OF FORMS AND USAGE

	INTERROGATIVE PRONOUNS	
	Persons	*Things*
Subject of the verb	**qui (qui est-ce qui)**	**qu'est-ce qui**
Object of the verb	**qui (qui est-ce que)**	**que (qu'est-ce que)**
Object of the preposition	**qui**	**quoi**

29. LE PRONOM INTERROGATIF «LEQUEL?»

(*The Interrogative Pronoun "lequel?"*)

THE INTERROGATIVE PRONOUN "LEQUEL?"

The pronoun **lequel?** is approximately equivalent in meaning to English "*which one?*". It agrees with its antecedent (the word that it stands for) in gender and number.

FORMS OF THE INTERROGATIVE PRONOUN "LEQUEL?"

MASCULINE		FEMININE	
Singular	*Plural*	*Singular*	*Plural*
lequel	**lesquels**	**laquelle**	**lesquelles**

EXERCICES

A. *Replace the blanks in the following sentences with the interrogative pronouns* qui *or* que.

EXAMPLES:
___ a dit ça? Mon père?
Qui a dit ça? Mon père?

___ as-tu vu? Alice?
Qui as-tu vu? Alice?

___ regardez-vous? La photo?
Que regardez-vous? La photo?

1 ___ fais-tu? Ton travail?
2 ___ a fait ce voyage? Son oncle?
3 ___ a-t-on découvert? Le vol?
4 ___ avez-vous invité? Paul et Anne?
5 ___ a perdu son portefeuille? Pierre?
6 ___ ont-elles acheté? Des légumes?

B. *Replace the blanks in the following sentences with the interrogative pronouns* qui *or* quoi.

EXAMPLES:
De ___ parles-tu? De moi?
De qui parles-tu? De moi?

De ___ parles-tu? De l'accident?
De quoi parles-tu? De l'accident?

1 A ___ sont ces gants? A toi?
2 De ___ avons-nous besoin? De viande?
3 Avec ___ joues-tu, Robert? Avec la bobine?
4 Pour ___ travaillez-vous? Pour ce monsieur-là?
5 A ___ pensais-tu? A deux jeunes filles?

C. *Replace the blanks in the following sentences with the interrogative pronouns* qu'est-ce qui, qui est-ce que, *or* qu'est-ce que.

EXAMPLES:

___ est tombé?   Le fauteuil?
Qu'est-ce qui est tombé?   Le fauteuil?

___ il a pris?   Du gruyère?
Qu'est-ce qu'il a pris?   Du gruyère?

1 ___ l'intéressait?   La musique?
2 ___ est dans ta poche?   Des bonbons?
3 ___ elle a mis sur la table?   La nappe?
4 ___ tu as choisi?   Marie?
5 ___ vous avez vendu?   La montre?
6 ___ ils ont vu dans ce café?   Des étrangers?

D. *Replace the blanks with the interrogative pronouns* lequel, laquelle, lesquels, *or* lesquelles.

EXAMPLE:

Vois-tu cette dame?   –___?
Vois-tu cette dame?   – Laquelle?

1 Ton cousin va arriver ce soir?   ___?
2 Une cravate lui ferait plaisir?   ___?
3 Elle a perdu ses gants?   ___?
4 Regarde ces jolies robes d'été? – ___?

E. *Replace the blanks in the following sentences with the appropriate form of the interrogative pronoun.*

EXAMPLES:

___ est tombé?   Ta raquette?
Qu'est-ce qui est tombé?   Ta raquette?

De ___ parles-tu?   De Paul?
De qui parles-tu?   De Paul?

1 ___ faites-vous?   Vos devoirs?
2 A ___ penses-tu?   Aux vacances?
3 ___ il a invité?   Anne-Louise?
4 ___ elle a emporté?   Seulement des sandwichs?
5 De ___ s'agit-il?   D'un verre cassé?
6 ___ préférez-vous?   Anne ou Marie?
7 ___ est arrivé?   Rien?
8 ___ est venu?   Ton oncle?

30. LES PRONOMS RELATIFS

(*Relative Pronouns*)

Relative pronouns are pronouns which introduce a dependent clause and which refer to a noun or pronoun in the main clause. In English, when we say "the man who came to dinner" we know that "who" means the same thing as "man". "Who" thus used is a relative pronoun.

Familiar Examples:

(1) Voilà Raoul **qui** arrive.

C'est lui **qui** est dans la marine.

When the relative pronoun refers to a person, or persons, and is the subject of the verb, **qui** is used.

(2) Je reçois quelques touristes **que** m'envoie une agence de voyage à Paris.

When the relative pronoun refers to a person, or persons, and is the object of the verb, **que** is used.

(3) Voilà le garçon avec **qui** je suis arrivé.

Voilà la jeune fille avec **qui** mon frère est allé au bal.

When the relative pronoun refers to a person, or persons, and is the object of a preposition, **qui** is used.

(4) Voici un détail **qui** va t'étonner.

Nous avons un Capitole **qui** a grande allure.

When the relative pronoun refers to a thing, or things, and is the subject of the verb, **qui** is used.

(5) Tu te rappelles les photos **que** tu as prises du défilé de l'an dernier?

Mais tous les films **que** je voulais voir, toi, tu n'en voulais pas.

When the relative pronoun refers to a thing, or things, and is the direct object of the verb, **que** is used.

(6) C'est la tour Perret dans **laquelle** nous sommes montés l'autre jour.

When the relative pronoun refers to a thing, or things, and is the object of a preposition the proper form of **lequel** (**lequel, laquelle, lesquels, lesquelles**) is used.

SUMMARY OF FORMS AND USAGE: THE RELATIVE PRONOUNS "QUI, QUE, LEQUEL"

To determine what relative pronoun to use, one must know whether it is the subject or object of the verb. As object of a preposition one must know whether it refers to persons or things.

RELATIVE PRONOUNS		
	Persons	*Things*
Subject of the verb	qui	qui
Object of the verb	que	que
Object of the preposition	qui	lequel (laquelle, lesquels, lesquelles)

"Lequel" as the Object of the prepositions "à" and "de"

The first syllable of **lequel** combines with the preposition **à** and **de** in the same way that the definite article **le** (**le, la, les**) combines with them:

auquel, auxquels, à laquelle, auxquelles
duquel, desquels, de laquelle, desquelles

The Pronoun "dont" as a substitute for "de + lequel" (and "de + qui")

The combined forms **de + lequel** are rarely used since there is a simpler pronoun form, **dont,** which may replace them. You have already met this useful pronoun in a number of sentences.

EXERCICES

A. *Rewrite the following sentences replacing the blanks with the relative pronouns* qui *or* que.

EXAMPLE:
C'est moi ____ ai dit cela.
C'est moi qui ai dit cela.

1 Nous regardions les enfants ____ jouaient dans le parc.
2 Voudriez-vous me passer le livre ____ est sur la table?
3 Montrez-moi les exercices ____ vous avez faits.
4 Mathilde est la jeune fille ____ voulait acheter une chaise au Marché aux puces.
5 C'est le genre de voiture ____ j'aime.
6 C'est un monsieur ____ nous admirons beaucoup.

B. *Rewrite the following sentences using the relative pronouns* lequel, laquelle, lesquels, lesquelles *or* auquel, *etc.*

EXAMPLES:
C'est le taxi dans ____ elles faisaient leur promenade.
C'est le taxi dans lequel elles faisaient leur promenade.

Voilà le cours ____ je m'intéresse.
Voilà le cours auquel je m'intéresse.

1 Où est le stylo avec ____ j'écrivais?
2 Est-ce la chaise sur ____ elle était assise?
3 Quel est le roman ____ vous pensiez?
4 Où se trouve la place vers ____ ils se dirigeaient?
5 Je cherche les papiers avec ____ je travaillais.

C. *Combine each of the following pairs of sentences into one, using the relative pronoun* dont. *Make all necessary changes.*

EXAMPLE:
Il a trouvé la clef. Il avait besoin de cette clef.
Il a trouvé la clef dont il avait besoin.

1 Le bureau est dans ce bâtiment-là. Il a parlé de ce bureau.
2 Connais-tu la jeune fille? J'ai vu le cousin de la jeune fille.
3 Je ne connais pas ce petit village. Il s'agit de ce village.
4 Où est l'homme? Elle a peur de lui.
5 Il ne peut pas trouver le livre. Il s'est servi de ce livre cet après-midi.

D. *Combine each of the following pairs of sentences into one sentence using the appropriate form of the relative pronoun before that part of the combined sentence that becomes a dependent clause.*

EXAMPLES:
C'est le monsieur. Il est venu.
C'est le monsieur qui est venu.

C'est l'association? Vous êtes secrétaire de cette association?
C'est l'association dont vous êtes secrétaire?

1 C'est mon cousin Paul. Il a construit le bateau.
2 C'est toute une histoire. J'aimerais la raconter.
3 C'est le livre? Vous m'aviez parlé de ce livre?
4 C'est là qu'il a connu les enfants. Il a gardé une certaine tendresse pour ces enfants.
5 L'inspecteur est le monsieur aux cheveux blancs. Je l'ai vu près de toi.
6 Vous vous rappelez le monsieur mystérieux? Elle parlait avec lui.
7 C'est l'adresse? Il vous a donné cette adresse?
8 C'est le grand bâtiment? Il est au coin de la rue?
9 C'est la dame? On m'a présenté à elle?
10 Tu te rappelles les photos? Je les ai prises.
11 J'ai perdu la lettre. Elle est arrivée aujourd'hui.
12 C'est le train? Elle part dans ce train?
13 Voici le portefeuille. Vous l'avez perdu, Monsieur.
14 C'est le sujet? Il veut parler de ce sujet dans son article?

E. *Rewrite the following sentences, using the words in italics in your answers and one of the following relative pronouns:* ce qui, ce que, ce dont.

EXAMPLE:
Qu'est-ce qui est tombé? *je ne sais pas*
Je ne sais pas ce qui est tombé.

1 Qu'est-ce qu'il a acheté? *demandez-lui*
2 De quoi a-t-il besoin? *je lui demanderai*
3 Qu'a-t-elle payé? *savez-vous*
4 De quoi s'agit-il? *je ne sais pas*
5 Qu'est-ce qui se passe? *je me demande*

31. LES PRONOMS DÉMONSTRATIFS

(*Demonstrative Pronouns*)

The demonstrative pronouns "demonstrate" or point out something or someone. In English we say "this", "this one", "that", "that one", "these" and "those" to point out various people or objects.

The demonstrative pronoun takes the place of a noun or of the demonstrative adjective (**ce, cet, cette, ces**) and the noun it modifies. It agrees in number and gender with that noun.

FORMS OF THE "VARIABLE" DEMONSTRATIVE PRONOUNS

Demonstrative Pronouns			
MASCULINE		FEMININE	
Singular	*Plural*	*Singular*	*Plural*
celui	**ceux**	**celle**	**celles**
celui-ci	**ceux-ci**	**celle-ci**	**celles-ci**
celui-là	**ceux-là**	**celle-là**	**celles-là**

USE OF THE "VARIABLE" DEMONSTRATIVE PRONOUNS

The "variable" demonstrative pronouns vary in that they agree in gender and number with the nouns for which they stand.

The suffix **-ci** is the literal equivalent of "here": *the one (here), the ones (here).*
The suffix **-là** is the literal equivalent of "there": *the one (there), the ones (there).*

These "variable" demonstratives are used without the suffix only if followed by (1) a relative clause, or (2) a prepositional phrase.

Followed by a relative clause: **celui** qui est au bout de la rue; **ceux** qui ne dansent pas; **celle** qui vous envoie des clients; **celles** qu'il a achetées.

Followed by a prepositional phrase: **celui** de Genève; **ceux** de qui il vous parlait; **celle** de qui je vous ai déjà parlé; **celles** de qui je vous parlais.

THE "INVARIABLE" DEMONSTRATIVE PRONOUNS "ÇA", "CELA" AND "CECI"

These pronouns, being "invariable", show no agreement in gender or number with their antecedent. This is because the antecedent is usually an object which has not yet been named, or a whole, more or less vague or generalized idea.

By way of illustration, consider this statement and response in English:

> *Henry is back.*
> *I didn't know that.*

The response, "*that*", refers to the whole idea of Henry's being back. The equivalent of such a demonstrative is expressed with an invariable pronoun in French.

Examples:

1 **Ceci** me rappelle mon enfance.
2 **Cela** me rappelle mon enfance.
3 **Ça** me rappelle mon enfance.

The reference in all three cases is to the same thing: a hilarious evening's activities. The equivalent of (1) would be something like this: "All this takes me back to when I was a youngster." The equivalent of (2) would merely change the demonstrative "All that takes me back to when I was a youngster." Example (3) is identical with (2), for **ça** is merely a shortened form of **cela**

Other Examples from this Course:

Ceci n'avait pas d'importance.
Cela ne m'étonne pas.
Ça se peut.
Ça me ferait plaisir.
Un franc, vingt (centimes) et deux francs quarante, **ça** fait trois francs soixante.

EXERCICE

Rewrite the following sentences substituting appropriate demonstrative pronouns for the underlined words in each sentence.

EXAMPLES:
Tu veux dire le bureau qui est au premier étage?
Tu veux dire celui qui est au premier étage?
Cette avenue-ci est plus large.
Celle-ci est plus large.

1 Il a mangé ses sandwichs et les sandwichs de son frère.
2 J'aime bien l'écharpe que tu portes.
3 A qui sont ces lunettes-ci?
4 Tu peux emprunter ces disques-là.
5 Les jeunes filles qui parlent sans cesse sont bavardes.
6 Aller au cinéma ce soir ne m'intéresse pas.

32. LES PRONOMS POSSESSIFS

(*Possessive Pronouns*)

Possessive pronouns take the place of the possessive adjective and the noun it modifies. Possessive pronouns agree in number and gender with the thing possessed. Since the article (**le, la, les**) is a part of the possessive pronouns, when it is preceded by **à** or **de,** the usual combination takes place: **au mien, aux miens, du mien, des miens,** etc.

FORMS

POSSESSIVE PRONOUNS				
MASCULINE		FEMININE		
Singular	*Plural*	*Singular*	*Plural*	
le mien	les miens	la mienne	les miennes	*mine*
le tien	les tiens	la tienne	les tiennes	*yours*
le sien	les siens	la sienne	les siennes	*his (hers, its)*
le nôtre	les nôtres	la nôtre	les nôtres	*ours*
le vôtre	les vôtres	la vôtre	les vôtres	*yours*
le leur	les leurs	la leur	les leurs	*theirs*

EXERCICES

A. *Complete the following sentences, replacing the underlined words with the appropriate possessive pronouns.*

EXAMPLE:
Cette voiture est <u>celle de ma mère</u>.
Cette voiture est la sienne.

1 Ces skis sont <u>ceux de mon frère</u>.
2 Ces disques sont <u>ceux de ma sœur et de moi</u>.
3 Cette maison est <u>celle de mes parents</u>.
4 Est-ce que ces lunettes sont <u>celles de Pierre</u>?
5 Ce devoir est <u>celui de ma sœur</u>.

B. *Rewrite the following sentences, replacing the underlined phrases by the appropriate contracted form of the possessive pronouns.*

EXAMPLES:
Il veut se servir <u>de ma voiture</u>.
Il veut se servir de la mienne.

Elle s'intéresse <u>à nos études</u>.
Elle s'intéresse aux nôtres.

1 Elle aura besoin <u>de son imperméable</u>?
2 Ils voudraient aller <u>à leur réunion</u>.
3 Je pensais <u>à mes vacances</u>.
4 Je me chargerai <u>de nos provisions</u>.
5 Il s'agit <u>de ta note d'histoire</u>.

L'ARTICLE DÉFINI

(The Definite Article)

33. FORMES ET EMPLOI DE L'ARTICLE DÉFINI

(Forms and Usages of the Definite Article)

Gender

In French there is no neuter gender. All nouns are either masculine or feminine, usually without any regard to the noun's meaning. Although the gender of most nouns which refer to people does correspond to their sex, there is no dependable pattern of the genders of nouns referring to things. Therefore when learning a new noun it is a good idea to learn its definite article (masculine **le,** feminine **la**) with it.

FORMS OF THE DEFINITE ARTICLE

DEFINITE ARTICLE		
Masculine	*Feminine*	*Plural*
le (l')	**la (l')**	**les**

The form **l'** is used before singular nouns or adjectives if they begin with a vowel or mute "**h**".

Note:

Often the definite article is omitted in English whereas it must be expressed in French. This is the use of the definite article in a general sense. Example:

La vie est belle. *Life is beautiful.*

"DE" + THE DEFINITE ARTICLE

de + le = du
de + la = de la
de + l' = de l'
de + les = des

"A" + THE DEFINITE ARTICLE

à + le = au
à + la = à la
à + l' = à l'
à + les = aux

EXERCICES

A. *Change the indefinite article to the correct form of the definite article.*

EXAMPLE:
Marie regarde un programme.
Marie regarde le programme.

1 Ils étaient assis dans un parc.
2 Les Guérin ont acheté une maison.
3 Je vais passer un week-end à Bordeaux.
4 Voudrais-tu avoir une voiture?
5 Elle nous a raconté une histoire.
6 On nous a amenés à une grande cuisine.

B. *Rewrite the following sentences filling in the blanks in your copy with the appropriate form of* de + *the definite article.*

EXAMPLES:
Tu te rappelles les photos que tu as prises ____ défilé ____ an dernier?
Tu te rappelles les photos que tu as prises du défilé de l'an dernier?

Nous allons au bord ____ mer.
Nous allons au bord de la mer.

1 C'est une ____ filles de Madame Rigaud.
2 La voiture ____ médecin est ici.
3 C'est tout près ____ grand magasin.
4 C'est très loin ____ ville.
5 C'est la maison ____ Roberts.

C. *Rewrite the following sentences filling in the blanks in your copy with the appropriate form of* à + *the definite article.*

EXAMPLES:
Pierre et René attendent ____ entrée.
Pierre et René attendent à l'entrée.

Attention ____ départ!
Attention au départ!

1 J'ai très mal ____ tête.
2 Si on allait ____ cinéma?
3 J'habite ____ deuxième étage.
4 Qu'est-ce qu'on peut acheter ____ Marché ____ puces?
5 Arrive ____ heure.

L'ARTICLE DÉFINI

L'ADJECTIF
(*The Adjective*)

34. LES ADJECTIFS DESCRIPTIFS
(*Descriptive Adjectives*)

ADJECTIVES FOLLOWING A REGULAR PATTERN OF FORMATION

Familiar Examples:

> La semaine **prochaine,** le cinq décembre.
> C'est aujourd'hui le **dernier** jour.
> C'est une de ces **petites** voitures.
> Ils ont trouvé un orchestre **excellent.**
> Une équipe américaine contre une **canadienne.**

FORMS OF ADJECTIVES WHICH FOLLOW A REGULAR PATTERN OF FORMATION

(1) Most adjectives add **e** for feminine, **s** for plural and **es** for feminine plural to the masculine singular form: **prochain, prochaine, prochains, prochaines; petit, petite, petits, petites; excellent, excellente, excellents, excellentes.**

(2) If the masculine singular form ends in **-ier,** the **-e-** of this syllable is written **-è-** in the feminine singular and plural: **dernier, dernière, derniers, dernières.**

(3) If the masculine singular ends in **-ien, -el** or **-il,** the final consonant is doubled in the feminine singular and plural.

LIST OF THE MOST COMMON ADJECTIVES SHOWING IRREGULAR FORMATION

MASCULINE		FEMININE	
Singular	*Plural*	*Singular*	*Plural*
beau (bel)*	beaux	belle	belles
bon	bons	bonne	bonnes
blanc	blancs	blanche	blanches
vieux (vieil)*	vieux	vieille	vieilles
long	longs	longue	longues
nouveau (nouvel)*	nouveaux	nouvelle	nouvelles

* These masculine singular forms are used only before masculine singular nouns beginning with a vowel or a silent **h: un bel enfant, avec un vieil homme, le nouvel an.**

POSITION AND AGREEMENT OF ADJECTIVES

AGREEMENT: Adjectives agree in gender and number with the nouns which they modify.

POSITION: Most adjectives follow the noun that they describe. Short common descriptive adjectives and limiting adjectives (**autre, chaque**) precede the noun.

EXERCICES

A. *Rewrite the following sentences filling in the blanks with the appropriate form of the adjective in parentheses.*

EXAMPLE:
La ―― route ne passe pas par ici. (nouveau)
La nouvelle route ne passe pas par ici.

1 Cette robe est beaucoup trop ――. (long)
2 Nous avons la plus ―― maison d'une rue où toutes les maisons sont ――. (beau)
3 Vous n'avez pas de ―― choses que vous aimeriez vendre? (vieux)
4 J'aime les ――, ―― meubles. (beau, vieux)
5 Elle a déjà les cheveux ――. (blanc)
6 C'est une ―― voiture verte. (vieux)
7 Cette glace est ――. (bon)
8 C'est cent ―― francs ou cent anciens francs? (nouveau)
9 Elle a les yeux ――. (bleu)
10 C'est une pièce de théâtre ――. (excellent)
11 C'est un grand et ―― homme. (beau)
12 J'aime mieux cette rose ―― que cette rose ――. (rouge, blanc)
13 C'est un ―― arbre. (vieux)
14 Ne voudrais-tu pas aller au ―― lac près d'ici? (petit)
15 C'est un ―― livre. (bon)

B. *Rewrite the following sentences placing correctly the right form of the adjective in parentheses.*

EXAMPLES:
Marie a une sœur. (joli)
Marie a une jolie sœur.

Paul lit un livre. (intéressant)
Paul lit un livre intéressant.

1 Avez-vous vu sa voiture? (nouveau)
2 J'ai lu ce roman hier soir. (intéressant)
3 Nous avons passé cette maison. (blanc)
4 J'espère qu'on ne va pas faire tomber l'arbre. (vieux)
5 Qui est cet homme-là? (beau)
6 C'est un beau parfum. (parisien)

C. *Rewrite the following sentences replacing the underlined word by the word in parentheses. Make all necessary changes.*

EXAMPLE:
Ces <u>bâtiments</u> sont blancs. (portes)
Ces portes sont blanches.

1 Le <u>bureau</u> est fermé. (cuisine)
2 Ces <u>phrases</u> sont longues. (devoirs)
3 Robert et Marie sont fiers. (Alice)
4 C'était un <u>repas</u> italien. (histoire)
5 Ces <u>gants</u> sont chers. (cravates)
6 Georges a l'air curieux. (Marie)
7 Toutes mes <u>cousines</u> seront là. (cousins)

35. L'ADJECTIF INTERROGATIF

(*The Interrogative Adjective*)

The interrogative adjective asks what? or which? and agrees in number and gender with the noun it modifies.

FORMS OF THE INTERROGATIVE ADJECTIVE "QUEL?"

Interrogative Adjective			
MASCULINE		FEMININE	
Singular	*Plural*	*Singular*	*Plural*
quel	**quels**	**quelle**	**quelles**

USE OF "QUEL?"

The interrogative adjective **quel?** is a question word like the interrogative pronouns.

Sometimes **quel?** may be separated from the noun that it modifies:
Quel est votre numéro de téléphone?

The form **quel** may also be used in exclamations:
Quelle jolie salle! (What a pretty room!)

EXERCICE

Make a question of each of the following sentences, substituting the appropriate forms of the interrogative adjective for ce, cette, ces, *etc.*

EXAMPLE:
Ce pays construit les meilleurs avions.
Quel pays construit les meilleurs avions?

1 Tu veux aller à ce restaurant.
2 Nous avions commis ce crime.
3 Ce sont les ennemis.
4 Vous cherchez cette adresse.
5 La voiture est restée devant cette maison. (Devant _____ maison est-ce que . . .)
6 Prends les valises. Ces valises?
7 Ce supplice!
8 Il est arrivé à ce moment(-là).
9 Cet idiot!
10 Vous choisissez ce chauffeur.

36. LES ADJECTIFS DÉMONSTRATIFS

The demonstrative adjective "points out" the noun it modifies and agrees with it in number and gender.

Familiar Examples:

>**Ce** garçon s'appelle Marcel, n'est-ce pas?
>Y a-t-il de bons programmes **cet** après-midi?
>Regarde comme elle tombe, **cette** belle neige!
>C'est une de **ces** nouvelles petites voitures.

FORMS OF THE DEMONSTRATIVE ADJECTIVES

Demonstrative Adjectives		
SINGULAR		PLURAL
masculine	*feminine*	*masculine and feminine*
ce (cet)	cette	ces

The masculine singular form **cet** is used only with masculine singular nouns that begin with a vowel or silent **h**.

Again, like a demonstrative pronoun, one can distinguish between the idea of "*this*" and "*that*" by adding **-ci** (*here*) or **-là** (*there*) to the noun.

>**Cette** jeune fille**-ci?**   Il faisait mauvais temps **ce** jour**-là.**

EXERCICE

Rewrite the following sentences replacing the definite article by the correct form of the demonstrative adjective.

EXAMPLE:
Je n'aime pas le fromage.
Je n'aime pas ce fromage.

1 Connais-tu l'homme?
2 Avez-vous vu le défilé?
3 La ville est très moderne.
4 Il écoutait l'histoire drôle.
5 L'auberge est très confortable.
6 Le matin nous nous sommes levés tôt.
7 Le café était noir, noir.
8 L'air est froid.
9 Prenez-vous les gâteaux?
10 L'animal est sauvage.

37. LES ADJECTIFS POSSESSIFS
(Possessive Adjectives)

The possessive adjective shows who is the possessor and agrees in number and gender with the thing possessed.

Examples:

      Et voici **mon** ami Paul.
      C'est une amie de **ma** sœur.
      Ton oncle et **ta** tante sont bien gentils.
      Yvonne dit qu'elle a obtenu **son** permis de conduire.
      Un de **mes** frères est plus âgé que moi.
      Est-ce que **tes** parents vont bien?
      Notre petite cousine est chez nous.

FORMS OF THE POSSESSIVE ADJECTIVES

Possessive Adjectives			
SINGULAR		PLURAL	
masculine	*feminine*	*masculine and feminine*	
mon	ma (mon)	mes	*my*
ton	ta (ton)	tes	*your*
son	sa (son)	ses	*his, hers, its*
notre	notre	nos	*our*
votre	votre	vos	*your*
leur	leur	leurs	*their*

    The feminine singular forms **ma, ta, sa** become **mon, ton, son** when they precede a word beginning with a vowel or a silent **h.**

    In French the possessive adjective agrees with the thing possessed, not with the possessor as in English. Compare:

Son oncle et **sa** tante sont bien gentils. *The agreement is with* **oncle** *and* **tante.**
Her uncle and **her** aunt are very nice. *The agreement is with* **her,** *the possessor.*

EXERCICES

A. *Rewrite the following sentences replacing the underlined subjects by the words in parentheses. Make all necessary changes to have the possessive adjective refer to the new subject.*

EXAMPLE:
Ils sont dans leur jardin.   (il)
Il est dans son jardin.

1 Vous voulez me donner votre adresse? (tu)
2 Il a invité ses amis au bal.   (je)
3 Il obéit toujours à son père.   (elle)
4 Où prendrez-vous vos repas?   (nous)
5 Tu ne veux pas tes livres?   (vous)

B. *Rewrite the following sentences using the correct form of the possessive adjective to correspond to the subject.*

EXAMPLE:
Le petit garçon a perdu ___ raquette.
Le petit garçon a perdu sa raquette.

1 Elle s'entend bien avec ___ amis.
2 Je cherche ___ clef.
3 Ils font de ___ mieux.
4 Nous retrouverons ___ amis à midi.
5 Tu as perdu ___ gants.
6 Vous apporterez ___ disques?

38. LE COMPARATIF DES ADJECTIFS

(*Comparative of Adjectives*)

REGULAR COMPARISON: THE COMPARATIVE, "LE COMPARATIF"

"More than"

Pour Marc un blouson est **plus important qu'**une coupe de cheveux.
Cette route est beaucoup **plus longue que** l'autre.

"less than"

Cette chaise-ci est **moins chère que** celle-là.
Elle est **moins gentille que** sa sœur.

"as . . . as"

C'est une jeune fille presqu'**aussi jolie que** Lucienne.
Tu es **aussi grand que** ton père.

Forms

Superiority (*more than*) is expressed by **plus** + *adjective* (+ **que**).
Inferiority (*less than*) is expressed by **moins** + *adjective* (+ **que**).
Equality (*as . . . as*) is expressed by **aussi** + *adjective* (+ **que**).

39. LE SUPERLATIF DES ADJECTIFS
(Superlative of Adjectives)

REGULAR COMPARISON: THE SUPERLATIVE, "LE SUPERLATIF"
Familiar Examples:

>Nous avons **la plus belle** pelouse de cette rue.
>Lequel était **le plus avantageux?**
>C'est un des bâtiments **les plus modernes** de Paris.

The superlative is regularly formed by the insertion of the appropriate definite article before the comparative form.

When the superlative form of the adjective follows the noun, the article is used both before and after the noun: **les** défauts **les plus** importants.

Position of the Superlative

Whatever is the position of the adjective in its positive form (before or after the noun), that position is normally retained in the superlative:

>une **belle** chambre > **la plus belle** chambre
>un bâtiment moderne > le bâtiment **le plus moderne**

IRREGULARLY COMPARED ADJECTIVES: "BON" AND "MAUVAIS"
Examples:

>Tu es un des **meilleurs** joueurs du collège.
>Sa situation est la **pire**.
>Il est **le meilleur** élève; elle est **la plus mauvaise.**

		Comparatif	Superlatif
MS	bon	meilleur	le meilleur
FS	bonne	meilleure	la meilleure
MPL	bons	meilleurs	les meilleurs
FPL	bonnes	meilleures	les meilleures
MS	mauvais	{ pire { plus mauvais	{ le pire { le plus mauvais
FS	mauvaise	{ pire { plus mauvaise	{ la pire { la plus mauvaise
MPL	mauvais	{ pires { plus mauvais	{ les pires { les plus mauvais
FPL	mauvaises	{ pires { plus mauvaises	{ les pires { les plus mauvaises

EXERCICES

A. *Complete the following sentences by the appropriate form of the comparative or superlative of the adjective in parentheses.*

EXAMPLES :

Pierre est un ―― étudiant que son frère. (bon)
Pierre est un meilleur étudiant que son frère.

C'est le passage ―― du livre. (difficile)
C'est le passage le plus difficile du livre.

1 Tu ne peux pas faire ce problème? C'est ―― de la leçon. (facile)
2 Marie et Rose sont également intelligentes. Trouves-tu que Rose est ―― que Marie? (intelligent)
3 Étienne est ―― joueur de notre équipe. (bon)
4 Je vais vous aider : je suis ―― que vous. (pressé)
5 Ma situation est mauvaise mais la tienne est ―― que la mienne. (mauvaise)
6 Nos notes sont meilleures que celles de notre sœur. C'est parce que nous sommes ―― qu'elle. (distrait)

B. *Complete the following sentences with the comparative and superlative of the underlined adjectives.*

EXAMPLE :

Cette maison est grande. Elle est ―― que la vôtre. C'est ―― du quartier.
Cette maison est grande. Elle est plus grande que la vôtre. C'est la plus grande du quartier.

1 Leur piscine est bonne. Elle est ―― que la nôtre. C'est ―― du village.
2 Ces exercices sont difficiles. Ils sont ―― que ceux de hier. Ce sont ―― du livre.
3 Ce village est petit. Il est ―― que le mien. C'est ―― de l'état.
4 Ces fleurs sont fraîches. Elles sont ―― que celles-là. Ce sont ―― de la foire.

L'ADVERBE

(*The Adverb*)

40. LES ADVERBES QUI DÉRIVENT DES ADJECTIFS

(*Adverbs formed from Adjectives*)

Adverbs are words which tell how, when or where the action of the sentence takes place. They modify, a verb, an adjective, or another adverb. The adverb is usually recognized in English by the ending *-ly*.

FORMATION

Many adverbs are regularly formed by adding **-ment** to the feminine singular form of the adjective: naturel, naturelle > **naturellement;** soigneux, soigneuse > **soigneusement;** facile > **facilement;** particulier, particulière > **particulièrement.**

If the masculine singular form of the adjective ends in a vowel, the adverb is often formed by adding **-ment** to the masculine singular rather than to the feminine:

La décoration est **vraiment** très réussie.   (vrai, vraie)

41. LES ADVERBES QUI NE DÉRIVENT PAS DES ADJECTIFS

(*Adverbs not formed from Adjectives*)

Although the adverb is usually recognized in French by the ending *-ment*, there are adverbs not derived from adjectives.

CLASSES

The principal adverbs which are not derived from adjectives fall into the following classes:

ADVERBS OF TIME
d'abord, alors, aussitôt, bientôt, déjà, encore, ensemble, jamais, parfois, tantôt, toujours, etc.

ADVERBS OF PLACE
ailleurs, au-dessous, au-dessus, autour, dedans, dehors, ensemble, ici, là, partout, près, etc.

ADVERBS OF QUANTITY
assez, beaucoup, combien, encore, environ, plus, tant, etc.

POSITION OF THE ADVERB

Most often the adverb is placed either after a (conjugated) verb or before an adjective or other adverb.

EXERCICES

A. *Complete the following sentences with the adverb formed from the adjective in parentheses.*

EXAMPLE:
Il n'y a ―― pas de danger. (certain)
Il n'y a certainement pas de danger.

1 Je vais partir ――. (immédiat)
2 ――, il va nous accompagner. (naturel)
3 Il avait ―― oublié. (complet)
4 Mon père conduit bien ――. (soigneux)
5 C'est ―― bizarre. (vrai)
6 Les élèves écoutaient ――. (attentif)
7 Ils ont ―― fait. (bon)
8 ――, il ne s'agit pas de ça. (malheureux)
9 Ce garçon parle ――. (lent)
10 Tu as ―― écrit cet exercice. (mauvaise)

B. *Write the questions for which each sentence is an answer.*

EXAMPLE:
Marie est arrivée tard à l'hôtel hier soir.
a) Quand? Quand Marie est-elle arrivée à l'hôtel?
b) Où? Où Marie est-elle arrivée tard hier soir?

1 Nous sommes allés à Paris par avion.
 a) Où? b) Comment?
2 Nous ne pouvons pas rester dehors à cause de la pluie.
 a) Où? b) Pourquoi?
3 Elle est tombée trois fois la semaine passée.
 a) Combien de fois? b) Quand?

42. LES FORMES COMPARATIVES ET SUPERLATIVES DE L'ADVERBE

(Comparative and Superlative Forms of the Adverb)

There is little difference in the comparative forms of adverbs and adjectives. The comparative form is expressed in one of three ways:

plus + *adverb* (que)
moins + *adverb* (que)
aussi + *adverb* (que)

In the same way the superlative form follows the same formula as for the adjective but always with **le**. Example:

Venez **le plus tôt** possible.

IRREGULAR COMPARISONS

IRREGULAR COMPARISON OF "BIEN"		
Positive	*Comparative*	*Superlative*
bien	**mieux**	**le mieux**

EXERCICE

Complete the following sentences by choosing the appropriate form of those in parentheses.

EXAMPLES:
  Elle danse ___ que lui. (meilleur, mieux)
  Elle danse mieux que lui.

  Henri est le meilleur danseur ___ la bande. (de, que)
  Henri est le meilleur danseur de la bande.

1. Paul et Pierre sont jumeaux; Pierre est ___ âgé que Paul. (aussi, moins)
2. Sa santé est ___ que la tienne. (pire, pis)
3. C'est le meilleur livre ___ la bibliothèque. (de, dans)
4. Elle travaille plus ___ que son frère. (soigneuse, soigneusement)
5. J'ai douze dollars, et lui, il a dix dollars. Il est ___ riche que moi. (plus, moins)
6. Nos notes sont ___ que les tiennes. (mieux, meilleures)
7. Elle parle plus ___ que moi. (courante, couramment)
8. Son frère est plus paresseux ___ elle. (d', qu')

LA PRÉPOSITION

(*The Preposition*)

Prepositions are so named because they precede the noun or pronoun with which they form a phrase: a bridge *of* iron; a letter *for* you; etc.

43. LES PRÉPOSITIONS DEVANT LES NOMS GÉOGRAPHIQUES

WITH NAMES OF COUNTRIES OR CONTINENTS THAT ARE FEMININE

En France — En Amérique.
Charles Bennet arrive **d'Amérique.**

With names of countries or continents that are feminine, **en,** without an article, expresses *in* or *to*. The preposition **de,** without an article, expresses *from*.

WITH NAMES OF COUNTRIES OR CONTINENTS THAT ARE MASCULINE

Jean-Claude a passé un an **aux États-Unis.**
Est-il allé **au Canada?**
Claudette La Farge est de retour **des États-Unis.**
Le président n'est pas encore de retour **du Mexique.**

With names of countries or continents that are masculine, the preposition **à** + the definite article is used to express *in* or *to*. The preposition **de** + the definite article expresses *from*. (Note that all countries that are plural use **à** and **de** + the definite article.)

WITH NAMES OF CITIES

Maryse a été élevée **à Lyon.**
Raoul a rarement vu de la neige **à Bordeaux.**
Est-ce qu'un des étudiants a passé une année **à la Nouvelle-Orléans?**
Il est arrivé **au Havre.**

With names of cities, **à** is used to express *to* or *in*; and **de** is used to express *from*. An article is used only when the article is part of the name of the city: **la** Nouvelle-Orléans; **le** Havre; etc.

GENDER OF COUNTRIES

Some Feminine Countries		Some Masculine Countries
l'Algérie	la France	le Brésil
l'Allemagne	la Grèce	le Canada
l'Angleterre	l'Italie	le Danemark
l'Australie	la Norvège	les États-Unis
la Chine	la Russie	le Japon
l'Espagne	la Suisse	le Mexique

EXERCICES

A. Rewrite the following sentences, changing the idea of "in" to the idea of "from."

EXAMPLES:
Jean est en Amérique.
Jean arrive d'Amérique.

Pierre est au Canada.
Pierre arrive du Canada.

1 Maryse est en France.
2 Claude est au Brésil.
3 Grégoire est en Italie.
4 Hélène est au Japon.
5 Michel est en Allemagne.
6 Geneviève est aux États-Unis.

B. Rewrite the following sentences changing the idea of "from" to the idea of "to."

EXAMPLES:
Marianne arrive de France.
Marianne va en France.

René arrive du Mexique.
René va au Mexique.

1 Bertrand arrive d'Espagne.
2 Véronique arrive d'Italie.
3 Les Roberts arrivent du Danemark.
4 Paul arrive d'Angleterre.
5 Suzanne arrive d'Algérie.
6 Maude arrive des États-Unis.

44. LES PRÉPOSITIONS AVEC L'INFINITIF
(*Prepositions with the Infinitive*)

VERB (+ PREPOSITION?) + INFINITIVE

Many verbs may be followed by infinitives with or without prepositions.

VERBS TAKING NO PREPOSITION BEFORE INFINITIVES

The most common verbs which take no preposition before an infinitive are:

aimer	**pouvoir**
aller	**savoir**
devoir	**venir**
faire	**vouloir**
falloir (il faut, *etc.*)	

VERBS TAKING "A" BEFORE INFINITIVES

The most common verbs which take the preposition **à** before an infinitive are:

aider	**mettre** (*to take . . . time*)
apprendre	**se mettre à** (*to begin*)
commencer	**réussir**
continuer	**inviter**

VERBS TAKING "DE" BEFORE INFINITIVES

Some verbs which take the preposition **de** before the infinitive are: **s'agir, décider, essayer, manquer, oublier.**

USE OF "VENIR DE" + INFINITIVE

The verbal expression **venir de** + the infinitive has a particular meaning in French: "*to have just . . .*". In this sense, **venir de** has only two tenses: the present indicative and the imperfect ("*had just . . .*").

EXERCICES

A. *Rewrite the following sentences, inserting a preposition where necessary.*

EXAMPLES:
J'ai déjà commencé ____ apprendre le français.
J'ai déjà commencé à apprendre le français.

Je voudrais ____ voir Buffalo quand il neige.
Je voudrais voir Buffalo quand il neige.

1 A quelle heure faut-il ____ partir?
2 C'est à l'Université que tu as appris ____ te lever tard?
3 Je l'aide souvent ____ faire la vaisselle.
4 Il a décidé ____ aller en province.
5 Il s'agit ____ montrer un spectacle historique.
6 Quel numéro veut-il ____ voir?
7 Je vais ____ assister à une réunion.
8 Il essaye ____ faire classer son château comme monument historique.
9 Aimez-vous ____ faire du ski?
10 Je ne sais pas ____ faire du ski, mais j'apprends ____ nager.

B. *Rewrite the following sentences changing the underlined phrase to the appropriate form of* venir de.

EXAMPLES:
Mon sac? Il <u>est tombé</u>.
Mon sac? Il vient de tomber.

Mathilde <u>avait trouvé</u> un petit appartement à Paris.
Mathilde venait de trouver un petit appartement à Paris.

1 Tu te rappelles tout ce qu'il <u>a dit</u>?
2 Qu'est-ce qu'elle <u>a trouvé</u>?
3 En effet, <u>j'ai vu</u> le feu rouge.
4 A cette époque Pasteur <u>avait découvert</u> un vaccin contre la rage.
5 Vous <u>êtes arrivés</u>?

LA PRÉPOSITION

LA SYNTAXE

(*Syntax*)

45. LE PARTITIF

(*The Partitive*)

As you might suspect from looking at the word, the *partitive* has to do with *parts* of a whole. In English we express a partitive idea when we say, "I want *some* pastry". The word "some" shows that we want a *part*, not all, of the pastry which is in the box, or on the table, or in the shop, or in the world. Sometimes in English this partitive is understood and not actually present in the sentence. "Do you want coffee or milk?" In French this idea can be expressed only with the partitive form actually present in the sentence. The partitive is expressed by **de** or by **de** plus the article (**le, la, les**). (When **de** precedes the articles it contracts with the masculine singular and plural forms.)

Read the following sentences and notice the contrast in meaning:

> Passe-moi **le** sel, s'il te plaît.
> J'adore **les** grands magasins.
> Tu n'aimes pas **le** poulet?
> **Du** gâteau, **de la** pâtisserie, et **des** fruits.
> Je vais chercher **de l'**aspirine.

In the first sentence the speaker is asking his companion to pass *the* salt, not *some* salt. He expects to be handed all of the salt which is on the table which is probably confined in a salt shaker, anyway. In the second sentence, the speaker states that she likes department stores in general — i.e. probably all the stores in this category. And in the third sentence, if the companion of the speaker doesn't like chicken, he doesn't like any part of all the chicken in the world.

THE PARTITIVE EXPRESSED BY "DE" WITHOUT THE ARTICLE

In the following cases **de** is used alone without the article, in expressing the "partitive" idea:

(1) When the sentence is negative:
Je n'ai pas **de** couteau.
Pas **de** musique pour moi.

(2) Usually when the plural noun is preceded by an adjective:
Mais oui, nous sommes **de** bons copains.
Y a-t-il **de** bons programmes cet après-midi?

(3) (usually) When an expression of quantity is involved:
Combien de frères et **de** sœurs as-tu?
On n'a jamais **assez de** disques.
Tu emportes **beaucoup de** choses.
EXCEPTION: **bien des** (*many*)
Tu diras **bien des** choses chez toi.

EXERCICES

A. *Complete the following sentences with the correct forms of the partitive article.*

EXAMPLE:
As-tu ―― courses à faire?
As-tu des courses à faire?

1 Elle a ―― chance.
2 Sa valise mettra ―― jours à arriver.
3 On n'a jamais assez ―― disques.
4 Combien ―― cadeaux avez-vous achetés?
5 Il n'y a pas ―― embouteillage.
6 Nous sommes ―― bons copains.
7 Je voudrais ―― eau, s'il vous plaît.
8 Tu veux ―― poulet?

B. *Rewrite the following sentences, filling in the blanks with the appropriate forms of the article or partitive.*

EXAMPLES:
Au petit déjeuner nous avons mangé ―― céréales.
Au petit déjeuner nous avons mangé des céréales.

Vous voulez me passer ―― crème, s'il vous plaît?
Vous voulez me passer la crème, s'il vous plaît?

1 S'il a ―― argent, il prend une glace.
2 Y a-t-il ―― murs qui entourent le jardin?
3 Non, il n'y a pas ―― murs.
4 Nous avons ―― tartes ou ―― gâteaux à tous les dîners.
5 Je n'ai plus ―― argent.
6 Naturellement j'ai eu ―― petits accidents.
7 Qu'est-ce qu'il y a? Trop ―― choses à faire.
8 Ces fleurs sont ―― bons spécimens.
9 Il y a ―― neige là-bas.
10 Je n'ai pas fait beaucoup ―― progrès.
11 J'aime ―― café.
12 Tu prends ―― fruits ou ―― pâtisserie ce soir?
13 J'étais surpris de voir tant ―― gens.
14 Donnez-moi un peu ―― lait, s'il vous plaît.
15 Il y avait ―― centaines ―― chutes d'eau.

46. LA NÉGATION
(Negation)

NEGATION WITH "NE . . . PAS"

Forms

Simple negation consists of two words **ne** and **pas**. **Ne** becomes **n'** when it precedes a vowel or silent **h**.

Position

(1) SIMPLE VERBS

Ne precedes the conjugated verb; **pas** follows it.

(2) VERB + INFINITIVE

Est-ce que tu **ne** veux **pas** écouter ces nouveaux disques?

Ne . . . pas, which is like a parenthesis of negation, surrounds only the conjugated verb, not the verb + infinitive.

(3) AUXILIARY + PAST PARTICIPLE

Claudette La Farge **n'**est **pas** allée au Mexique.

The parenthesis of negation surrounds only the auxiliary in compound tenses, not the auxiliary + past participle.

(4) INVERSION OF SUBJECT AND VERB IN INTERROGATION

Pourquoi **ne** déjeunes-tu **pas** au réfectoire?

In an interrogative sentence, where the subject follows the verb and is attached to it with a hyphen, this is considered an inseparable verb "block" and the parenthesis of negation surrounds it.

(5) NEGATION OF A VERB HAVING PRONOUN OBJECTS

Le menu **ne** me plaît **pas**.   Je **ne** les ai **pas** encore vus.
Ne vous inquiétez **pas** de cela.   Je **n'**y ai **pas** pensé.

The pronoun objects of the verb are also considered a part of the verb block, and therefore **ne . . . pas** surrounds this block like a parenthesis.

(6) NEGATION OF AN INFINITIVE

Pourquoi **ne pas** aller à un restaurant au centre de la ville?
Tes commentaires sont inutiles pour **ne pas** dire irritants.
Nous sommes contents de **ne pas** le voir tous les jours.

If the infinitive is negative, the **ne pas** comes together before that infinitive, and before the pronouns, if any, that are governed by that infintive.

OTHER NEGATIVE EXPRESSIONS

ne ... que *only*

    Je **n'**ai **qu'**un frère.

ne ... jamais *never*

    Des bonbons? Je **n'**en mange **jamais**.

ne ... rien *nothing*

    Il fait sombre; on **ne** peut **rien** voir.

ne ... plus *not any ... more; no more*

    Des gâteaux? Il **n'**y en a **plus**.

ne ... personne *no one*

    Je **n'**ai vu **personne**.

ne ... ni ... ni ... *neither ... nor ...*

    Il **ne** regarde **ni** à gauche **ni** à droite.

ne ... aucun *not any, ... no*

    La grande difficulté était de rester immobile et de **ne** faire **aucun** bruit.

Use:

(1) **Rien** and **personne** may be used as subjects of the verb, and **ni** and **aucun** may limit the subject of the verb. In such cases the expressions precede **ne** and the verb.

    Rien n'est perdu. Tu peux toujours gagner.
    Personne n'écoutait.
    Ni Georges **ni** moi **n'**étions très enthousiastes.

(2) If **personne** is the object of a verb in a compound tense, it follows rather than precedes the participle.

    Je **n'**ai vu **personne**.

(3) **Que, aucun** and **ni** must precede the words that they limit. Consequently, they, too, come after the participle in a construction involving a compound tense.

    Il **n'**a mangé **que** quatre gâteaux.
    Il **n'**a mangé **ni** le pain **ni** les épinards.
    Pendant toute la journée, elle **n'**avait vu **aucune** amie.

(4) Sometimes the negative expression stands alone or in a phrase without a verb. When it does, **ne** is omitted.

    Qui l'a vu? **Ni** moi **ni** personne.
    Certainement **pas**.
    (Qu'est-ce que tu veux?) — **Rien**, merci.

EXERCICES

A. *Answer the following questions in the affirmative and then in the negative, making any other necessary changes.*

EXAMPLE:
Est-ce que tu pourrais nous accompagner?
Oui, je pourrais vous accompagner.
Non, je ne pourrais pas vous accompagner.

1 Est-ce que tu la connais?
2 Est-ce que cette robe me va bien?
3 Vas-tu me le montrer?
4 La maison de Rabelais ne te plaît pas?
5 Tu m'écoutes?
6 Vous m'avez choisi parce que j'ai l'air prudent?
7 Voulez-vous me la montrer?
8 Vous me les apportez?

B. *Rewrite the following sentences, putting the underlined infinitives into the negative.*

EXAMPLE:
Il vaut mieux aller au cinéma.
Il vaut mieux ne pas aller au cinéma.

1 C'est pour vous effrayer.
2 Il prit le nom de Molière pour déshonorer sa famille.
3 Savoir faire cuire des épinards! On aura tout vu!
4 Faites attention à le verser dans ce verre-là.

C. *Answer the following questions in the negative.*

EXAMPLES:
As-tu vu quelqu'un?
Je n'ai vu personne.

Tu vas faire quelque chose?
Je ne vais rien faire.

Veux-tu un fruit ou une glace?
Je ne veux ni fruit ni glace.

Est-ce que ça a de l'importance?
Ça n'a aucune importance.

1 Quelqu'un est venu?
2 A-t-il reçu quelque chose?
3 Ont-ils vu Jacqueline et Marianne?
4 En sais-tu quelque chose?
5 Y a-t-il du danger?
6 Quelque chose est arrivé?
7 Tu as vu quelqu'un en route?

47. L'INTERROGATION: ORDRE DES MOTS

(Interrogatives: Order)

INTERROGATION BY INFLECTION ALONE

You have been asking questions in French ever since you began your study of the language, and you know that there are several ways to ask questions just as there are in English. One of the simplest ways, of course, in either language, is simply to make a statement with rising inflection.

> Tu vas me présenter?
> Tu t'appelles Jeanne?

Or sometimes if we expect an answer that agrees with the statement, we sometimes simply add **n'est-ce pas** to a statement, just as in English we add expressions like "didn't we?" "aren't you?" "isn't it?" to statements. Since **n'est-ce pas?** means literally "is it not so?", it can be the equivalent of any of the above English expressions.

> Ce garçon s'appelle Marcel, **n'est-ce pas?**
> C'est près du centre, **n'est-ce pas?**

INTERROGATION BY INVERSION OF SUBJECT AND VERB

The Subject is a Pronoun

Questions may be asked by inverting the pronoun subject and verb:
> Comment **vas-tu,** Robert?
> **As-tu** des frères et des sœurs?
> **As-tu** demandé au receveur où allait cet autobus?

(1) When the pronoun subject follows the verb in interrogative word order it is attached to the verb with a hyphen. If the verb ends in a vowel and the pronoun begins with a vowel, a "-t-" is inserted. This happens only in the third person singular.
> Quel âge **a-t-elle?**
> Y **a-t-il** de bons programmes cet après-midi?

(2) In the interrogation, pronoun objects precede the verbs just as in normal word order.
> Comment **s'**appelle-t-elle?
> Comment **t'**appelles-tu?

(3) In negative interrogation, as we have seen in the section on negation, the parenthesis **ne . . . pas** surrounds the verb and its inverted subject:
> **Ne** connais-tu **pas** ce monsieur?

The Subject is a Noun

A noun subject cannot be attached to the verb when placed after it as can the pronoun subject. If reversed order is used, the noun subject must be "repeated" in the form of a pronoun.

LA SYNTAXE

Et quand **Pierre** leur a-t-**il** dit de venir?
Pourquoi **Robert** pense-t-**il** que c'est une bonne idée?
Et **Marianne et Véronique,** où sont-**elles**?

INTERROGATION WITH THE QUESTION FORMULA "EST-CE QUE . . .?"

The use of the expression **est-ce que** permits the sentence to retain normal word order in a question without inverting the verb and its subject.

Est-ce qu'ils habitent près de chez vous?
Est-ce que tes parents vont bien?

INTERROGATION WITH "QUESTION" WORDS

When an interrogative word or expression is used (such as interrogative pronouns) either inverted word order or **est-ce que** is usually required.

A quelle heure vas-tu au cinéma ce soir?
(**A quelle heure est-ce que** tu vas au cinéma ce soir?)

EXERCICE

Rewrite each of the following sentences twice, putting them into the interrogative, first with inverted word order and then with the question formula est-ce que.

EXAMPLES:
Il faut les retrouver ici.
Faut-il les retrouver ici?
Est-ce qu'il faut les retrouver ici?

Pierre et René attendent à l'entrée du parc.
Pierre et René attendent-ils à l'entrée du parc?
Est-ce que Pierre et René attendent à l'entrée du parc?

Tu ne vas pas aller chez le dentiste.
Ne vas-tu pas aller chez le dentiste?
Est-ce que tu ne vas pas aller chez le dentiste?

1. Ils demeurent à la campagne dans un petit village.
2. Il n'ira pas à Saint-Malo.
3. Tu m'attendras ici à onze heures.
4. L'autobus va partir.
5. Vous ne m'aviez pas dit cela.
6. Vous pouvez vous arranger pour venir plus tôt.
7. Sa situation est pire que la tienne.
8. Les filles invitent les garçons ici.
9. On vend des médicaments dans une pharmacie.
10. Il les lui a envoyés.
11. Il ne veut pas acheter de timbres pour sa mère.
12. Il y a d'autres voitures devant lui.
13. Vous n'avez pas pris la nouvelle route!
14. Nous reviendrons à pied.
15. Ils ont besoin de quelque chose.

LECTURES SUPPLÉMENTAIRES

La barbe
D'APRÈS ALPHONSE ALLAIS

Alphonse Allais est un écrivain humoristique. Il est né à Honfleur en 1855 et il est mort à Paris en 1905. Il a laissé douze volumes de contes comiques. La barbe *est une adaptation d'un de ces contes.*

En 1900, tous les messieurs portaient la barbe. La barbe dont nous allons raconter l'histoire, c'est une histoire triste, était une des plus belles de Paris. Elle était soyeuse, abondante, d'un brun doré. Dans les rues, tous les passants et toutes les passantes la regardaient. Et tous disaient: «Mon Dieu, la belle barbe!»

Cette barbe magnifique appartenait à un garçon simple, pas vaniteux. Tout de même, il était très fier de sa barbe.

Or, un soir où il assistait à une petite fête, une jeune fille lui dit:

— Dites-moi, de quelle façon disposez-vous votre barbe pour dormir? L'étalez-vous sur la couverture ou la cachez-vous sous les draps?

— Je vous avoue, Mademoiselle, que je n'ai jamais fait attention à ce détail. Je la mets... comme ça se trouve.

Un de ses amis s'est écrié:

— Comment? Tu ne sais pas où tu mets ta barbe en dormant?

— C'est incroyable! a dit un autre.

— Fantastique! a dit un troisième.

Le pauvre garçon, rappelez-vous qu'il avait l'âme simple, était très troublé. C'était en effet extraordinaire de n'avoir jamais remarqué où il mettait sa barbe pour dormir. Dehors? Dedans?

Il est rentré chez lui, perplexe, et s'est couché.

Il a essayé de faire comme à l'ordinaire, mais que faisait-il ordinairement?
Il s'est couché sur le dos et a disposé sa barbe soigneusement sur la couverture.
Le sommeil n'est pas venu.
Il a mis sa barbe sur la couverture.
Le sommeil n'est pas venu.
Il a mis sa barbe sous la couverture.
Le sommeil n'est pas venu.
Il s'est couché sur le côté gauche, sa barbe sur la couverture, puis sous la couverture.
Le sommeil n'est pas venu.
Il s'est couché sur le côté droit, divisant sa barbe en une moitié dehors, une moitié dedans.
Le sommeil n'est pas venu.
Quelle nuit! Une nuit atroce!
Après plusieurs nuits sans sommeil, il s'est fait couper la barbe.
Et jamais plus il n'a entendu les passants et les passantes dire:
— Mon Dieu, la belle barbe.

Histoire d'un diable et d'un paysan normand

D'APRÈS GUY DE MAUPASSANT

Ce conte est une adaptation d'un conte de Maupassant (1850–1893) Guy de Maupassant était un écrivain réaliste. Il était normand et a écrit beaucoup de contes où il nous présente des paysans normands. Il a aussi écrit des romans mais on considère ses contes plus remarquables que ses romans.

Il y a bien, bien longtemps, vivait un paysan normand riche et heureux. Il s'appelait Guillot. Il était très malin comme la plupart des paysans normands.
C'était au moment des labours. Guillot se reposait à l'ombre d'un arbre. C'est alors qu'il reçut la visite d'un diable. Guillot était grand et fort, le diable tout petit. Mais, chacun sait qu'il ne faut pas plaisanter avec un diable. Guillot dit:

— Qu'est-ce qui me vaut l'honneur de votre visite, monsieur le diable?

— Je veux ta prochaine récolte, dit le diable. Je sais que tu as eu le plus beau blé de la région, cette année.

— Pauvre de moi, dit Guillot. Que vais-je devenir?

Le diable ricana:

— Je suis bon diable, dit-il. Je prendrai seulement ce qui sera au-dessus de la terre et tu prendras ce qui sera au-dessous. C'est un contrat. Tu l'acceptes?

— Je suis bien obligé de l'accepter, dit Guillot.

Le diable s'en alla en riant et en se frottant les mains.

Guillot aussi riait et se frottait les mains.

Cette fois-là, il ne planta que des raves, des navets, des carottes, rien que des plantes dont la racine est comestible.

Lorsque le diable arriva pour prendre sa récolte, il fut bien attrapé. Tout ce qu'il eut fut un immense tas de feuilles. Il était furieux. Mais, même pour un diable, un contrat est un contrat. Celui-ci n'était pas très malin.

— Ça va, dit-il. L'année prochaine, je prendrai tout ce qui sera sous la terre et tu prendras ce qui est en-dessus.

— Volontiers, dit Guillot.

Il planta du blé, de l'avoine et le diable n'eut que des racines. Bien entendu, il était furieux. Mais, Guillot savait que le diable était gourmand et il avait préparé un repas magnifique. Le diable vit une table sur laquelle se trouvaient du boudin, des saucisses, des poulets rôtis et beaucoup d'autres bonnes choses. Guillot lui dit:

— Mettons-nous à table et, tout en mangeant, nous ferons un nouveau contrat.

— Bien, dit le diable.

Et il mangea et il mangea. Et il buvait du cidre. Le cidre normand monte à la tête. Bientôt, le diable avait tant bu et tant mangé qu'il était tout endormi. Alors, Guillot lui donna un grand coup de pied, un coup de pied si formidable que le diable vola en l'air et alla tomber tout en haut du Mont-Saint-Michel. Et jamais plus on n'entendit parler de lui.

A la place où tomba le diable, on bâtit une abbaye qui est encore la plus belle abbaye de France.

Poésies
JACQUES PRÉVERT

Jacques Prévert (né en 1900) est un poète fantaisiste et anticonformiste. Il écrit comme on parle, d'une façon très simple. Il prend ses sujets dans la vie quotidienne. Il a aussi écrit des scénarios de film et des chansons comme «Feuilles mortes».

Déjeuner du matin

Il a mis le café
Dans la tasse
Il a mis le lait
Dans la tasse de café
Il a mis le sucre
Dans le café au lait
Avec la petite cuiller
Il a tourné
Il a bu le café au lait
Et il a reposé la tasse
Sans me parler
Il a allumé
Une cigarette
Il a fait des ronds
Avec la fumée
Il a mis les cendres
Dans le cendrier
Sans me parler
Sans me regarder
Il s'est levé
Il a mis
Son chapeau sur sa tête
Il a mis
Son manteau de pluie
Parce qu'il pleuvait
Et il est parti
Sous la pluie
Sans une parole
Sans me regarder
Et moi j'ai pris
Ma tête dans ma main
Et j'ai pleuré.

Le message

La porte que quelqu'un a ouverte
La porte que quelqu'un a refermée
La chaise où quelqu'un s'est assis
Le chat que quelqu'un a caressé
Le fruit que quelqu'un a mordu
La lettre que quelqu'un a lue
La chaise que quelqu'un a renversée
La porte que quelqu'un a ouverte
La route où quelqu'un court encore
Le bois que quelqu'un traverse
La rivière où quelqu'un se jette
L'hôpital où quelqu'un est mort.

Le cancre

Il dit non avec la tête
mais il dit oui avec le cœur
il dit oui à ce qu'il aime
il dit non au professeur
il est debout
on le questionne
et tous les problèmes sont posés
soudain le fou rire le prend
et il efface tout
les chiffres et les mots
les dates et les noms
les phrases et les pièges
et malgré les menaces du maître
sous les huées des enfants prodiges
avec les craies de toutes les couleurs
sur le tableau noir du malheur
il dessine le visage du bonheur.

Poésie

FLORIAN

Jean Pierre Claris de Florian naquit au château de Florian dans le Gard, en 1755 et mourut à Sceaux en 1794. Il a surtout écrit des fables imitées de La Fontaine. Il a aussi écrit quelques poésies dans le goût sentimental à la mode au dix-huitième siècle.

Plaisir d'amour

Chanson

Plaisir d'amour ne dure qu'un moment,
Chagrin d'amour dure toute la vie.
J'ai tout quitté pour l'ingrate Sylvie,
Elle me quitte et prend un autre amant.
Plaisir d'amour ne dure qu'un moment,
Chagrin d'amour dure toute la vie.

Tant que cette eau coulera doucement
Vers ce ruisseau qui borde la prairie,
Je t'aimerai, me répétait Sylvie...
L'eau coule encore, elle a changé pourtant!
Plaisir d'amour ne dure qu'un moment,
Chagrin d'amour dure toute la vie.

Un fou très sage
ADAPTÉ DE FRANÇOIS RABELAIS

Ce conte est tiré de l'œuvre de François Rabelais (1490?–1553). Vie inestimable de Gargantua *et* Faits et dits historiques du grand Pantagruel. *Le conte a été traduit en français moderne. Rabelais mêlait à un idéal philosophique, moral et social beaucoup d'histoires joyeuses. Son but était d'instruire en amusant.*

Nous sommes à Paris, en 1540. La rôtisserie du petit Châtelet est une grande et belle rôtisserie. Quand vous passez devant, vous sentez des odeurs de poulets, de bœuf en train de rôtir; des odeurs délectables qui font venir l'eau à la bouche.

Devant la rôtisserie, un portefaix mange un morceau de pain. C'est tout son
5 déjeuner, car il est très pauvre. Il mord dans le pain et, en même temps, il hume l'odeur des rôtis. Et, comme il a de l'imagination, il trouve que son pain, ainsi parfumé, est très savoureux.

Le rôtisseur est debout sur le seuil de la porte. Il regarde le portefaix. Il ne dit rien, mais il y a une expression de cupidité dans ses petits yeux bleus.
10 Le portefaix finit son pain. Il est content de son repas. Il reprend les crochets et la trique qu'il avait posés à terre. Il se prépare à partir.

Mais voilà le rôtisseur qui attrape le pauvre portefaix par le col de son habit. Le rôtisseur crie très fort:

— Pas si vite. Avant de partir, tu vas payer l'odeur de mes rôtis.
15 Le portefaix crie:

— Lâchez-moi. Je n'ai rien pris. L'odeur s'évaporait dans la rue. Elle était perdue de toute façon.

Le rôtisseur réplique:

— Est-ce que ton pain aurait été aussi bon sans l'odeur de mes rôtis?
20 Le portefaix répond:

— Ce n'est pas la question. L'odeur des rôtis n'est pas une chose que l'on vend dans les rues de Paris.

Le rôtisseur est indigné:

— Comment? Alors, je vais nourrir tous les portefaix de Paris avec l'odeur de
25 mes rôtis? Si tu ne paies pas, je vais te prendre tes crochets.

— Lâchez-moi, crie le portefaix. Ou je vous donne un coup de trique.

Le bruit de la querelle a attiré beaucoup de badauds. Parmi ceux qui sont au premier rang se trouve Seigny Joan, le fou, citadin de Paris. Le portefaix a de la chance que le fou se trouve là; vous allez voir pourquoi.

Le rôtisseur aperçoit le fou. Il dit au portefaix:
— Pour résoudre notre querelle, veux-tu accepter l'avis du noble Seigny Joan?
— Oui, je le jure, dit le portefaix.
Maître Joan demande:
— Quel est le sujet de votre querelle?
Le rôtisseur dit:
— Ce portefaix a mangé son pain parfumé par l'odeur de mes rôtis et, maintenant, il ne veut pas me payer.
Maître Joan dit lentement:
— Je vois, je vois, je vois.
Il dit au portefaix:
— Donne-moi une pièce d'argent.
Le portefaix tire une pièce d'argent de sa bourse. Il la met dans la main de Maître Joan. Le fou prend la pièce. Il y a beaucoup de fausse monnaie qui circule dans Paris. Le fou veut d'abord s'assurer que la pièce est bonne. Il la met sur son épaule droite pour en vérifier le poids. Il la fait sauter sur la paume de sa main pour en vérifier le son. Joan le fou a sa manière à lui de faire les choses.
La pièce est en bon argent. Est-elle bien frappée? Joan l'examine des deux côtés. Elle est bien frappée. C'est une bonne pièce.
Les badauds sont silencieux. Ils sont très intéressés par les actions de Joan le fou. Le rôtisseur est bien content. Il va être payé en bon argent. Le portefaix est désespéré. Toute sa fortune va passer dans les mains de ce méchant rôtisseur.
Joan le fou s'agenouille sur le pavé. Il dit au rôtisseur:
— Écoute bien.
Trois fois, il fait sauter la pièce sur le pavé, puis il demande au rôtisseur:
— Tu as bien entendu?
— Mais oui, Maître Joan, dit le rôtisseur.
Joan le fou se relève. Il ajuste son chaperon sur sa tête. Il tient sa marotte comme un sceptre. Son attitude est pleine de dignité. Il dit d'une voix majestueuse:
— La cour de justice décide que le portefaix qui a mangé à l'odeur du rôti a civilement payé le rôtisseur avec le son de son argent. Il est ordonné par la cour que chacun se retire chez soi. Ce jugement est donné sans frais. La session est close.
Le rôtisseur est furieux. Le portefaix remet la pièce dans sa bourse avec une grande satisfaction.
Les badauds disent que cette sentence du fou parisien est équitable et admirable. Certains ajoutent qu'ils doutent que l'affaire aurait été mieux jugée au Parlement.

Le pavillon de la Croix-Rousse
GEORGES SIMENON

Georges Simenon (né en 1903) est un romancier. Il a écrit plus de cent vingt romans policiers qui ont eu beaucoup de succès. Il a aussi écrit des romans psychologiques.

Je n'avais jamais vu Joseph Leborgne travailler et j'eus un mouvement de recul quand j'entrai chez lui ce jour-là.

Ses cheveux blonds, généralement pommadés, étaient en désordre. Et, comme la brillantine les rendait raides, ils se dressaient sur sa tête.

Quant à son visage, il était pâle, tiré. Et les traits étaient agités par des tics nerveux.

Il me lança un regard hargneux et je fus sur le point de sortir. Mais, comme je le voyais penché sur un plan, la curiosité fut plus forte. Je m'avançai jusqu'au milieu de la chambre. Je me débarrassai de mon chapeau et de mon manteau.

— Vous tombez bien, vous! gronda-t-il alors.

Ce n'était pas encourageant. Je balbutiai:

— Une belle affaire?

— Vous pouvez le dire! Regardez ce papier-là . . .

— C'est le plan d'une ville, ou plutôt d'un pavillon? . . .

— Vous êtes subtil! Un enfant de quatre ans l'aurait deviné. Vous connaissez le quartier de la Croix-Rousse, à Lyon?

— J'y suis passé.

— Bon! Le pavillon se dresse dans un des coins les plus déserts de ce quartier, qui ne brille déjà pas par l'animation de ses rues.

— Que représentent ces croix noires, dans le jardin et sur la route?

— Des agents.

— Hein! Ils ont été tués?

— Qui vous parle de cela? Les croix représentent des agents qui étaient en faction à ces différents endroits pendant la nuit du 8 au 9 . . . La croix plus épaisse que les autres figure, elle, le brigadier Manchard . . .

Je n'osais plus prononcer une parole ni faire un mouvement. Je sentais qu'il valait mieux ne plus interrompre Leborgne, qui avait pour le plan les mêmes regards furieux que pour moi.

— Eh bien, vous ne me demandez pas pourquoi les agents étaient là, au nombre de six, pendant la nuit du 8 au 9? Vous allez peut-être prétendre que vous l'avez deviné?

Je me tus.

— Ils étaient là parce que la police de Lyon avait reçu la veille le billet suivant: *Le docteur Luigi Ceccioni sera assassiné, en son domicile, dans la nuit du 8 au 9 courant.*

— Et le docteur avait été averti? demandai-je enfin.

— Non! Comme Ceccioni était un exilé italien et comme il semblait plus que probable qu'on se trouvait en présence d'une affaire politique, la police a préféré prendre ses dispositions sans prévenir l'intéressé.

— Et il a été tué quand même?

— Attendez! Le docteur Ceccioni, âgé de cinquante ans, habitait seul ce pavillon lamentable. Il faisait lui-même son ménage et il prenait un repas par jour, celui du soir, dans un restaurant italien du quartier. Le 8, vers 19 heures, il a quitté son domicile, comme d'habitude, pour se rendre au restaurant. Et le brigadier Manchard, un des meilleurs policiers de France, élève, par surcroît, du docteur Locard, a visité le pavillon de la cave au grenier. Il a acquis la certitude que personne ne s'y cachait et qu'il était impossible d'y entrer autrement que par les portes et les fenêtres visibles de l'extérieur. Donc, pas de souterrain ni de fantaisie de ce genre. Pas de roman... Vous entendez?

Et Leborgne semblait m'accuser de faire de la fantaisie, alors que je me gardais bien d'émettre la moindre opinion.

— Personne dans le pavillon! Et rien que deux portes et trois fenêtres à garder! Un autre que le brigadier Manchard se fût contenté de monter la garde en compagnie d'un seul agent. Il en a mobilisé cinq, un par issue, et il est resté lui-même sur les lieux. A 21 heures, la silhouette du docteur s'est profilée dans la rue. Il est rentré chez lui, *absolument seul*. Une lampe du premier étage, où il avait sa chambre, n'a pas tardé à s'éclairer. Et dès lors la veille des policiers a commencé. Pas un n'a dormi. Pas un n'a quitté son poste! Pas un n'a perdu de vue le point précis qu'il était chargé de surveiller! Manchard faisait des rondes de quart d'heure en quart d'heure. Vers 3 heures du matin, la lampe à pétrole du premier étage a fini par s'éteindre lentement, comme si elle eût manqué de combustible. Le brigadier a hésité. Il a fini par se décider à entrer, en se servant d'un rossignol. Au premier étage, dans sa chambre, assis sur le bord de son lit, ou plutôt à demi couché, les deux mains crispées sur la poitrine, le docteur Luigi Ceccioni était mort! Il était tout habillé. Il avait encore son manteau sur le dos. Son chapeau avait roulé par terre. Sa chemise et ses vêtements étaient imbibés de sang et ses mains en étaient inondées. Il avait reçu une balle de *browning 6 millimètres* à moins de 1 centimètre au-dessus du cœur.

Je regardai Joseph Leborgne avec stupeur. Je vis sa lèvre frémir.

— Personne n'est entré! Personne n'est sorti! gronda-t-il. J'en réponds comme si j'avais monté la garde moi-même, car je connais le brigadier Manchard. Et n'allez pas penser qu'on ait trouvé un revolver dans la maison. *Il n'y en avait pas!* Ni visible, ni caché! Ni dans la cheminée, ni même dans l'égout, qui fut vidé! Ni dans le jardin, ni nulle part!... Autrement dit, une balle a été tirée dans un local où il n'y avait personne d'autre que la victime et où ne se trouvait aucune arme! Quant aux fenêtres, elles étaient closes. La balle n'a pas été tirée du dehors, car elle eût brisé les vitres. Au surplus, la portée d'un revolver n'est pas suffisante pour que l'assassin ait pu tirer par-dessus le cordon d'agents sans que ceux-ci fussent alertés. Regardez le plan! Dévorez-le des yeux! Et vous rendrez la vie à ce pauvre brigadier Manchard, qui ne dort plus et qui se considère presque comme un assassin.

Je risquai timidement:

— Que savez-vous de Ceccioni?

— Qu'il a été riche jadis. Qu'il a très peu exercé la médecine, mais que, par contre, il s'est beaucoup occupé de politique, ce qui l'a forcé à s'exiler.

— Marié? Célibataire?

— Veuf. Un seul enfant, un fils, qui fait actuellement ses études en Argentine.

— De quoi vivait-il à Lyon?

— De tout et de rien. De vagues subsides qu'il recevait de ses amis politiques. De consultations qu'il donnait parfois aux plus pauvres gens de la colonie italienne.

— On a volé quelque chose dans le pavillon?

— Il n'y a aucune trace de vol.

Je ne sais pourquoi, j'eus à ce moment envie de rire. Il me sembla soudain que quelque mystificateur d'envergure s'était amusé à préparer à Joseph Leborgne une affaire invraisemblable, afin de lui donner une leçon de modestie.

Il remarqua que mes lèvres s'allongeaient. Et, saisissant le plan, il alla s'enfoncer avec rage dans son fauteuil.

— Quand vous aurez trouvé quelque chose, vous me le direz! grogna-t-il encore.

— Je ne trouverai certainement rien avant vous!

— Merci! laissa-t-il tomber sèchement.

Je commençai à bourrer ma pipe. Je l'allumai, sans craindre la colère de mon compagnon, puisque aussi bien elle était déjà au paroxysme.

— Je vous demanderai seulement de rester tranquille et de respirer moins fort, articula-t-il encore.

Dix minutes exactement s'écoulèrent, aussi désagréables que possible. Malgré moi, j'évoquais les croix noires qui, sur le plan, figuraient des agents.

Et l'invraisemblance de cette histoire, qui m'avait d'abord fait rire, commençait à m'angoisser.

En somme, il ne s'agissait pas, en l'occurrence, de psychologie ni de flair, mais de géométrie.

— Ce Ceccioni n'a jamais servi de médium à un hypnotiseur? questionnai-je soudain.

Joseph Leborgne ne se donna pas la peine de répondre.

— Ses ennemis politiques sont nombreux à Lyon?

Il haussa les épaules.

— Et il est prouvé que son fils est bien en Argentine?

Cette fois, il se contenta de me retirer la pipe de la bouche et de la jeter sur la cheminée.

— Vous avez le nom de chacun des agents?

Il me tendit une feuille de papier sur laquelle je lus: Jérôme Pallois, vingt-huit ans, marié; Jean-Joseph Stockman, trente et un ans, célibataire; Armand Dubois, vingt-six ans, marié; Hubert Trajanu, quarante-trois ans, divorcé; Germain Garros, trente-deux ans, marié.

Je relus trois fois ces lignes. Les noms étaient dans l'ordre dans lequel les agents étaient disposés autour de l'immeuble, en commençant par la sentinelle de gauche.

Je finis par m'écrier, sentant que j'étais prêt aux suppositions les plus loufoques:

— C'est impossible!

Et je regardai Joseph Leborgne. Je fus stupéfait de m'apercevoir que celui-ci, blême, les paupières cernées, les lèvres amères un instant plus tôt, se dirigeait en souriant vers un pot de confiture.

En passant devant le miroir, il vit son image, parut scandalisé par le pli incongru que ses cheveux avaient pris. Il les peigna avec soin. Il rectifia le nœud de sa cravate.

C'était de nouveau le Joseph Leborgne habituel, et, tout en cherchant une cuiller pour déguster son horrible confiture de feuilles de je ne sais quoi, il m'adressa un sourire sarcastique:

— Comme la vérité serait toujours facile à découvrir si des idées préconçues ne nous faussaient pas le jugement! soupira-t-il. Vous venez de dire: C'est impossible!... Eh bien...

J'attendais la contradiction. J'y étais résigné.

— Eh bien, c'est impossible, en effet! Et voilà ce qu'il suffisait d'admettre dès le début. On n'a pas tiré dans le pavillon! Il n'y avait pas de revolver, ni d'assassin dans la chambre!

— Mais alors?...

— Alors, Luigi Ceccioni est arrivé avec sa balle dans la poitrine, tout simplement. Cette balle, j'ai tout lieu de croire qu'il l'a tirée lui-même... Il était médecin... Il savait où il devait viser pour ne pas provoquer une mort brutale, mais pour se permettre de marcher encore pendant un certain temps.

Joseph Leborgne ferma les yeux.

— Tenez! Imaginez le pauvre homme sans espoir... Il n'a qu'un fils...

Celui-ci étudie, mais son père ne peut plus lui envoyer de l'argent . . .   Ceccioni contracte une assurance sur la vie au profit de l'enfant . . .   Il faut maintenant qu'il meure . . .   Et cela sans qu'on puisse le soupçonner de suicide, sinon la compagnie ne payerait pas . . .

— Il convoque en quelque sorte la police . . .

— Celle-ci le voit rentrer chez lui où il n'y a pas d'arme *et l'y trouve mort quelques heures plus tard* . . .

— Il lui a suffi, une fois assis au bord de son lit, de masser sa poitrine, afin de faire pénétrer la balle plus profondément, de lui faire toucher le cœur . . .

J'eus un involontaire cri d'angoisse.   Mais Leborgne ne bougeait plus.   Il ne s'inquiétait plus de moi.

Ce n'est que huit jours plus tard qu'il me montra un télégramme du brigadier Manchard.

Autopsie révèle ecchymoses autour blessures et traces pression des doigts. Stop.   Vous prie instamment me donner votre avis.

— Vous avez répondu?

Il me fixa d'un air réprobateur.   Et il conclut:

— Pas la peine que ce pauvre homme soit mort pour rien!   La compagnie d'assurances est au capital de quatre cents millions!

Comment Paris fut fondé

Peut-être que ceci n'est pas un fait historique, mais c'est une légende qui nous plaît.

Il y a plus de deux mille ans la France s'appelait la Gaule et ses habitants les Gaulois.   Vous croyez peut-être qu'en ce temps-là, les femmes étaient des esclaves. Pas du tout.   Les jeunes filles nobles choisissaient elles-mêmes leur mari.   C'est ainsi que Paris fut fondé.   Comment?   Vous allez voir.

Ceci se passait à l'endroit où se trouve aujourd'hui la ville d'Argenteuil.   Ce soir-là, le chef donnait un grand festin.   Avant ce festin, sa fille (nous ne savons pas son nom) devait choisir son futur mari.

Trois gens jeunes voulaient se marier avec elle.   Elle avait déjà fait son choix. Et elle savait (les jeunes filles savent toujours ces choses-là) que le jeune homme qu'elle avait choisi l'aimait.

LECTURES SUPPLÉMENTAIRES

Le grand moment arriva. La jeune fille entra. Elle tenait à la main une coupe d'hydromel qu'elle devait présenter à son futur mari. Elle la tendit à celui qu'elle aimait.

Le jeune homme prit la coupe, but l'hydromel. Les deux amoureux étaient maintenant mari et femme.

Les deux autres soupirants étaient furieux. Ils ne pouvaient rien faire pour le moment mais le jeune homme et la jeune fille savaient très bien qu'ils allaient se venger.

C'est pourquoi aussitôt que la nuit fut venue, ils profitèrent de l'obscurité pour s'enfuir. Ils montèrent tous les deux sur le cheval du jeune homme et en route, au grand galop!

Ils comptaient aller à l'endroit où se trouve aujourd'hui la ville de Melun. Là, résidait le chef des druides. Ils se mettraient sous sa protection et personne n'oserait les attaquer.

Tout à coup, ils crurent entendre un bruit de galop. Le jeune homme mit pied à terre, colla son oreille contre le sol. C'était bien un bruit de galop. Il remonta sur son cheval. Il dit:

— Ce sont eux. Notre cheval est fatigué. Nous sommes perdus.

Ils se trouvaient sur le bord du fleuve qui aujourd'hui s'appelle la Seine. La jeune fille montra du doigt une île couverte d'arbres au milieu du fleuve. Elle dit:

— Cachons-nous sur cette île.

Sans hésiter, le jeune homme poussa son cheval dans l'eau. La brave bête nagea vigoureusement. Bientôt, ils abordèrent dans l'île; se cachèrent parmi les arbres. De là, ils virent leurs poursuivants qui passaient sans s'arrêter. Ils étaient sauvés.

Ils bâtirent une hutte. Ils se nourrissaient de fruits, de poissons. Ils appelèrent leur île Lutèce ce qui signifiait «demeure au milieu des eaux».

Bientôt, une tribu venant du Nord, les Parisis, leur demanda d'habiter avec eux dans l'île. Ils étaient très contents.

Beaucoup plus tard, lorsqu'une ville fut bâtie tout autour de l'île, elle prit le nom de Paris.

Et c'est ainsi que Paris fut fondé.

FRENCH-ENGLISH VOCABULARY

A

à, au, aux to, to the; at; on; in; with; by; for; per; according
abandonner to abandon; to quit, forsake
abbaye *nf* abbey
abréviation *nf* abbreviation
abeille *nf* bee
abîmer to engulf, sink, swallow up; to damage, ruin
abominable abominable; wretched, beastly
abondant, abondante thick
abord: d'abord at once, right away; at first, in the first place
aborder to land
aboutir to end, to lead to
abrupt, abrupte steep, abrupt
absence *nf* absence
absolument absolutely
abstrait, abstraite abstract
absurde absurd, nonsensical
accent *nm* accent
accentué, accentuée stressed
accepter to accept, consent, agree; to take on (someone)
accident *nm* accident
accompagner to accompany, escort
accord: d'accord agreed • **être d'accord avec** to agree with
accorder to grant, concede, admit • **s'accorder** to agree
accrocher to hook, hang on • **s'accrocher à** to hang on to
accuser to blame
achat *nm* purchase, thing bought
acheter to buy, purchase
acheteur *nm* buyer, purchaser
acquérir to acquire, obtain, get; to buy
actuel, actuelle of the present time
actuellement now, at the present time
acteur *nm* actor

actif, active active • **à son actif** to his credit
action *nf* action; happening, event
activité *nf* activity
adaptation *nf* adaptation
adieu goodbye, farewell
adjectif *nm* adjective
admettre to admit, avow
admirable wonderful; admirable
admirer to admire; to wonder at
adopter to adopt, embrace
adorable adorable
adorer to adore, be passionately fond of
adresse *nf* address; skill, adroitness, cunning
adresser to address, direct • **s'adresser à** to apply to; to speak to
adroit, adroite clever, skillful
adverbe *nm* adverb
aérien, aérienne aerial
aérodrome *nm* landing field, airfield
aérogare *nf* airport, terminal
aéroport *nm* airport
affaire *nf* affair, thing, matter, transaction, enterprise • **les affaires** business • **homme d'affaires** businessman • **c'est ton affaire** that's up to you • **faire de bonnes affaires** to make some good deals
affamer to starve, to deprive of food
affirmatif, affirmative affirmative
affirmation *nf* affirmation, assertion
affirmativement *adv* affirmatively
afin (que) in order (that)
affection *nf* affection, love
affectueux, affectueuse affectionate, fond
affirmer to affirm, assert

affreux, affreuse frightful, hideous, awful
Afrique *nf* Africa
agacer to irritate
âge *nm* age
âgé, âgée aged, old • **âgé de (dix) ans** (ten) years old
agence *nf* agency, office • **agence de voyage** tourist agency
agenouiller: s'agenouiller to kneel down, fall on one's knees
agent *nm* agent • **agent de police** policeman • **agent secret** spy
agir to act, do; to operate • **s'agir de** to be a question of; to be a matter of
agiter to shake, stir; to agitate
agréable agreeable, enjoyable, pleasant, comfortable
agricole agricultural
ah! *int* oh!
aide *nf* aid, help, relief • **aide** *nm* helper
aider to help, relieve, aid • **s'aider** to help oneself
aie, aies, etc. *see* **avoir**
aigle *nm* eagle
aigre sour, harsh, bitter
aille *see* **aller**
ailleurs elsewhere • **d'ailleurs** besides, moreover
aimable lovable, amiable
aimer to love, like • **aimer mieux** to prefer
aîné, aînée elder, eldest, senior
ainsi thus, so, therefore • **ainsi que** as well as
air *nm* air, wind; look, appearance • **avoir l'air de** to look like, appear to • **au grand air, en plein air** in the open air • **dans les airs** in the air
ajouter to add, join
ajuster to adjust, straighten, set right; to put together
alcool *nm* alcohol
alerte *adj* alert

i

Algérie *nf* Algeria
aliment *nm* aliment, food
aller to go; to feel; to fit, be becoming to • **aller chercher** to (go) get • **allons!** come!; now then! • **allons donc!** come now!; nonsense! • **s'en aller** to go away • **ça ne va pas** that doesn't suit me; I don't feel well • **on y va!** here we go
Allemagne *nf* Germany
allô! hello!
allonger to lengthen, elongate • **s'allonger** to stretch out, extend
allumer to light
allure *nf* pace; conduct, behavior; aspect, look • **avoir grande allure** to be most impressive
alors then, at that time; **alors que** (at a time) when
Alpes *nfpl* great mountain chain stretching across northern Italy and parts of France, Switzerland and Austria
alpinisme *nm* mountaineering, mountain climbing
altesse *nf* Highness
amant *nm* lover
amateur *nm* fan, who has a fondness for
ambassadeur *nm* ambassador
âme *nf* soul, spirit, mind
améliorer to improve, better
amener to lead, to induce; to bring
américain, américaine *adj* American • **Américain, Américaine** *nmf* American
Amérique *nf* America • **l'Amérique du Nord** North America • **l'Amérique du Sud** South America
ami, amie *nmf* friend
amour *nm* love
amoureux, amoureuse in love
amusant, amusante amusing, droll, gay
amuser to amuse, entertain • **s'amuser** to be amused, have a good time, enjoy oneself

an *nm* year; **avoir (50) ans** to be (50) years old
ananas *nm* pineapple
ancêtre *nm* ancestor, forbear
ancien, ancienne ancient, old; former, late, retired
ange *nm* angel
anglais, anglaise *adj* English • **anglais** *nm* English (language) • **Anglais** *nm* Englishman • **Anglaise** *nf* Englishwoman
angle *nm* angle
Angleterre *nf* England
angoisse *nf* anguish, anxiety
angoisser to distress, to afflict
animal (*pl* **animaux**) *nm* animal, beast, brute
animation *nf* animation; **animé** animated, full of life
Annecy town near the Swiss border in southeastern France
année *nf* year (whole year)
anniversaire *nm* anniversary, birthday
annoncer to announce; to advertise
annuaire *nm* telephone book
antécédent *nm* antecedent
antérieur before, behind; **futur antérieur** future perfect (tense)
anticonformiste *nm* nonconformist
antiquaire *nm* antique dealer
antiquités *nfpl* antiques
antonyme *nm* antonym, opposite
apercevoir to perceive, see, notice, observe • **s'apercevoir de** to perceive, notice
aplatir to flatten
apparaître to appear, become visible
appareil *nm* apparatus, equipment, camera; machine (plane) • **appareil de chauffage électrique** electric heater • **appareil de climatisation** air-conditioner
apparence *nf* appearance
appartement *nm* apartment

appartenir à to belong to, form part of; to concern
appel *nm* call, summons, appeal
appeler to call, name • **s'appeler** to be called, named
appétissant, appétissante appetizing, tempting
applaudissement *nm* applause, clapping
apporter to bring, supply
appréciation *nf* appreciation
apprécier to appreciate; to estimate the value of
apprendre to learn; to inform, teach
approcher to approach, draw near
approuver to consent to
appuyer to support, to lean
après after, behind; then, next • **d'après** according to • **après que** after; when
après-demain day after tomorrow
après-midi *nm* afternoon
aquarelle *nf* water color
arbre *nm* tree
arc *nm* arc, curve; bow (archery)
arc-bouter: s'arc-bouter to take a firm stand with legs planted wide apart
ardent, ardente burning, hot, fiery
ardoise *nf* slate
argent *nm* silver; money
argenté, argentée silver
Argenteuil Argenteuil
arithmétique *nf* arithmetic
arme *nf* arm, weapon • **fait d'armes** skirmish, engagement
armé, armée *adj* armed • **armée** *nf* army
armer to arm, equip • **s'armer** to arm oneself
arrangement *nm* disposition; plan
arranger to arrange, set in order; to fix
arrêt *nm* stop; arrest
arrêter to stop; to arrest • **s'arrêter** to stop, pause

ALGÉRIE

ii

arrière *adv* behind • **en arrière** backwards; behind • **arrière** *nm* back, back part, rear
articulation *nf* joint
articuler to pronounce distinctly
arrière-grand-père *nm* great-grandfather
arrière-grands-parents *nmpl* great grandparents
arrière-garde *nf* rearguard
arrière-plan *nm* background
arrivée *nf* arrival
arriver to arrive, come, enter; to happen • **arriver à** to manage to; to reach • **y arriver** to get there, succeed, attain one's objective
arrogant, arrogante proud, arrogant
art *nm* art; skill
artichaut *nm* artichoke
article *nm* article, object
artificiel, artificielle artificial
artiste *nmf* artist, player, performer
artistique artistic
ascenseur *nm* elevator
Asie *nf* Asia
aspirateur *nm* vacuum cleaner
aspirine *nf* aspirin
assassin *nm* murderer
assassiner to murder
asseoir to seat • **s'asseoir** to sit down
assiette *nf* plate
assis, assise (asseoir) seated
assistant *nm* assistant; one who is present, bystander
assister to attend (classes, lectures, etc.), be present at; to assist, help
association *nf* partnership
associer to take into partnership
assourdissant, assourdissante deafening
assurance *nf* insurance; assurance
assurer to assure, declare, affirm; be responsible for • **s'assurer** to make sure
astronaute *nm* astronaut

atlantique *adj* Atlantic; **l'Atlantique** *nm* the Atlantic (ocean)
atmosphère *nf* atmosphere
atmosphérique atmospheric
atomique atomic
atroce atrocious, horrible
attaque *nf* attack
attaquer to attack
atteindre to reach
attendre to await; to expect • **s'attendre à** to expect, count on, rely on; to trust, hope for
attentif, attentive attentive, considerate
attention *nf* attention, notice, care • **attention!** *interj* notice!; watch out! • **faire attention** to look out, pay attention
attentivement attentively; with consideration
atterrir to land
attirail *nm* apparatus, gear, outfit, equipment
attirer to attract (one's attention)
attitude *nf* attitude, posture
attraper to trap, catch, seize, take
auberge *nf* country inn
aucun, aucune *adj* any; not any; *pron* anyone • **ne ... aucun** no, none
audace *nf* audacity, daring, "nerve"
au-dessous below
au-dessus above
auge *nf* trough
augmenter to augment, increase, add to
aujourd'hui today
auparavant previously
auquel *see* **lequel**
aurore *nf* dawn
aussi also, too, likewise; so
aussitôt immediately • **aussitôt que** as soon as
Australie *nf* Australia
autant as much, as many, as far, etc. • **autant que** as much as, in the same way as • **d'autant plus (que)** all the more (that), so much the more (that)
auteur *nm* author
authentique authentic
auto *nf* automobile
autobus *nm* bus
autocar *nm* long-distance bus
automne *nm* autumn, fall
automobile *nf* automobile
automobiliste *nm* motorist
autopsie *nf* autopsy (post mortem examination)
autorité *nf* authority
autour de around; about
autre other; another • **autre chose** something else, another story • **nous autres (Américains)** we (Americans)
autrefois formerly, of old, a long time ago
autrement otherwise, or else; in a different fashion; if not
autrui other people
auxiliaire *nm* auxiliary
auxquelles *see* **lequel**
avaler to swallow
avancer to advance
avant *prep* before • **avant de** before • **en avant!** let's go! • **avant tout** above all, especially • **l'avant** *nm* the front, front part
avant-hier *nm* day before yesterday
avantageux, avantageuse advantageous, favorable
avant-veille *nf* two days before
avare *adj* miserly • **avare** *nmf* miser
avec with, at the same time as
avenir *nm* future
aventure *nf* adventure
aventurier *nm* adventurer
avenue *nf* avenue
avertir to warn; to inform
Avignon walled city in southern France, setting of the well-known song
avion *nm* plane, airliner
avis *nm* opinion; advice • **à notre avis** in our opinion • **du même avis** of the same opinion
avoine *nf* oats

avoir to have; to ail; to be
avouer to avow, confess, admit
ayant, ayez, etc. *see* **avoir**
azur *nm* sky; *adj.* light blue

B

bacon *nm* bacon • **œufs au bacon** eggs and bacon
badaud *nm* "rubber-neck", "sidewalk superintendent"
bagages: aux bagages in the baggage compartment
bagarre *nf* scuffle, brawl
baigner to bathe; to swim
bâiller to yawn
bain *nm* bath • **salle de bains** bathroom
baiser *nm* kiss
baisser to lower, let down; to decrease, drop • **se baisser** to bend over, lower oneself
bal *nm* ball, dance • **salle de bal** dance hall
balade *nf* stroll, ramble, excursion
balbutier to stammer
baleine *nf* whale
balivernes *nfpl* nonsense, silly stories
balle *nf* ball
ballet *nm* ballet
balustrade *nf* railing, balustrade
banc *nm* bench
bande *nf* band; group, gang • **bande élastique** rubber band
bandit *nm* bandit
bannière *nf* banner, pennant
banquette *nf* seat
barbare *adj* barbarous • **barbare** *nm* barbarian
barbe *nf* beard
barque *nf* boat
barrage *nm* dam, barrage; damming (of a valley)
bas, basse *adj* low, base, vile • **bas** *nm* bottom, lower part; stocking • **au bas** at the bottom of • **en bas** below • **là-bas** over there
base *nf* base, bottom; basis
baseball *nm* baseball

basilique *nf* basilica
basket, basketball *m* basketball
basque *adj & n* Basque, from the basque country
bassin *nm* small pond usually in a park
bastille *nf* small fortress
bataille *nf* battle
bateau (*pl* **bateaux**) *nm* boat • **bateau à rames** rowboat • **bateau à vapeur** steamboat • **bateau à voiles** sailing boat
bâtiment *nm* building
bâtir to build, erect, construct
bâton *nm* stick, rod • **bâton de cire** stick of wax • **bâton de verre** pipette (a narrow glass tube used in the laboratory)
batterie *nf* set, collection • **batterie de cuisine** set of kitchen utensils
battre to beat, strike, hit, give blows to; to defeat • **se battre** to fight
bavard, bavarde talkative
bavarder to chatter; to gossip
Bayonne port on the west coast of France near the Spanish border
beau, bel, belle beautiful, handsome
beaucoup (de) much, many; a lot; very much
beauté *nf* beauty, loveliness
Beaux-Arts: Ministère des Beaux-Arts Ministry of Fine Arts
bébé *nm* baby
beige *adj* beige, natural color
Belgique Belgium
belle-sœur *nf* sister-in-law
bénéfice *nm* profit, gain • **bénéfice brut** gross profit • **bénéfice net** net profit
béret *nm* beret, peakless cap
besogne *nf* task, chore, job, work
besoin *nm* need • **avoir besoin de** to need, have need of
bestiaux *nmpl* beasts
bête *adj* silly, stupid, foolish • **bête** *nf* beast, animal, dumb creature

bêtise *nf* stupidity, folly, silliness, nonsense, foolish action
beurre *nm* butter
bibliothèque *nf* library
bicyclette *nf* bicycle • **faire de la bicyclette** to go bicycle riding
bidon *nm* milk can
bien *adv* well; right; very; quite a great deal • **bien que** although • **bien** *nm* good, benefit, welfare; property
bientôt soon • **à bientôt** see you soon
bifteck *nm* steak, beefsteak
bijou *nm* jewel
billet *nm* note; ticket
bistro *nm* (slang) pub, small café
bizarre odd, fantastic, extravagant
blague *nf* tall story • **sans blague?** no joking?; no kidding?
blaguer to joke
blâmer to blame
blanc, blanche white • **laisser en blanc** to leave blank
blé *nm* wheat
blême pale, ghastly
blessure *nf* wound, hurt, injury
bleu, bleue blue • «**le petit garçon en bleu**» "Little Boy Blue"
blond, blonde blond
blouse *nf* blouse, smock, frock
blouson *nm* jacket • **blouson de cuir** leather jacket
bobine *nf* roll (of film)
bœuf *nm* beef; ox
boire to drink
bois *nm* wood; woods • **bois blanc** unpainted wood • **être en bois** to be (made) of wood
boisson *nf* drink
boîte *nf* box; case; can • **boîte de fer-blanc** (tin) can
bon, bonne good; kind • **à quoi bon?** what's the use?; what's the good of?
bonbon *nm* candy
bonheur *nm* good fortune; happiness

bonjour *nm* good-day, good morning, good afternoon
bonne *nf* maid (servant)
bonnet *nm* cap
bonsoir *nm* good evening, good night
bord *nm* edge, shore, bank • **au bord de** at the edge of
Bordeaux university town and port of southwestern France, on the river Garonne in the wine-growing district of Médoc
border to edge; to border
botanique *adj* botanical • **botanique** *nf* botany
botte *nf* boot • **bottes de caoutchouc** rubber boots
bouche *nf* mouth
boucher *nm* butcher
boucherie *nf* butcher's shop
boucle (d'oreille) *nf* ear-ring
boudin *nm* blood sausage
bouger to budge, move, stir
bouillant, bouillante boiling
bouillir to boil
boulangerie *nf* baker's shop
boule *nf* bowl; ball • **jouer aux boules** to bowl
boulevard *nm* boulevard
bouleverser to turn upside down, upset, overthrow
bouquet *nm* bouquet
bouquin *nm* (slang) book
bouquiniste *nm* second-hand bookseller
Bourgogne ancient province of eastern France
bourrer to stuff, to cram
bourse *nf* purse; a scholarship • **bourse d'échange** exchange scholarship
boursier, boursière *nmf* one who holds a scholarship
bout *nm* end, extremity
bouteille *nf* bottle
boutique *nf* shop
boutonner to button up
bracelet *nm* bracelet
branche *nf* branch
branler to shake, move, rock
bras *nm* arm • **bras de mer** channel

brave (*when preceding noun*) honest, smart, good • (*when following noun*) brave
bravo *interj* bravo!; hurrah!
Bretagne *nf* ancient province of northwest France
breton, bretonne *n&adj* from Brittany
bridge *nm* bridge
brièvement briefly
brigadier *nm* corporal; sergeant (police)
brillant, brillante brilliant, bright
brillantine *nf* brilliantine
briller to shine
brin *nm* bit, fragment • **faire un brin de toilette** to clean up a bit
briser to break, shatter, smash
brosse *nf* brush • **brosse à dents** toothbrush
bruit *nm* noise; rumor
brûlant, brûlante hot
brûler to burn
brun, brune brown
brusque blunt, abrupt, brusk
brusquement brusquely; suddenly
brutal, brutaux rough, surly
bûche *nf* log (for fireplace or stove)
buffet *nm* sideboard; cupboard
bulle *nf* bubble
bureau (*pl* **bureaux**) *nm* office • **bureau des objets perdus** lost and found office
but *nm* target, objective, aim; purpose

C

ça that; here
cabane *nf* cabin
cabine *nf* cabin; **cabine téléphonique** call-box
câble *nm* cable
cacher to hide
cacolac *nm* a soft drink, popular in France
cadavre *nm* corpse, dead body
cadeau (*pl* **cadeaux**) *nm* gift, present

cadet, cadette younger, junior; youngest • **cadet** *nm* young fellow
café *nm* cafe; coffee • **café au lait** coffee with (hot) milk
cafetière *nf* percolator, coffee pot
cage *nf* cage • **cage aux oiseaux** bird cage
calme *adj* calm, still • **calme** *nm* calm; stillness
camarade *nmf* comrade, friend, chum
camembert *nm* Camembert cheese
caméra *nf* motion-picture camera
camion *nm* truck
camionnage *nm* carting; trucking
camp *nm* camp
campagne *nf* country, field; campaign • **à la campagne** in (to) the country
campeur *nm* camper
camping *nm* camping
Canada *nm* Canada
canal (*pl* **canaux**) *nm* canal; channel (of a river)
cancre *nm* dunce, dud
cantique *nm* carol, song • **cantiques de Noël** Christmas carols
caoutchouc *nm* rubber • **bottes de caoutchouc** rubber boots
capable capable, able
capacité *nf* capacity
capital, capitale capital, outstanding
capitale *nf* capital
capitole: le Capitole the Capitol
capote *nf* hood (collapsible) of car
car for, because, as • **car** *nm* long distance bus
caractère *nm* character; disposition, nature; personality
caravelle *nf* caravel; the name of a modern jet passenger plane manufactured in France
carburateur *nm* carburetor
caresser to stroke, fondle, pet

carotte *nf* carrot
carreau, carreaux *nm* small square; tile
carrière *nf* career
carte *nf* map • **carte en relief** relief map
cas *nm* case, instance • **en tout cas** in any case, anyway, however • **ce n'est pas mon cas** it's not that way with me
casino *nm* casino, club
casser to break, shatter • **se casser la jambe** to break one's leg • **se casser la tête contre la muraille** to beat one's head against the wall
casserole *nf* boiler, stewpan
casse-cou breakneck
catastrophe *nf* catastrophe, disaster
catastrophique disastrous
cathédrale *nf* cathedral
cause *nf* cause • **à cause de** because of
causer to cause; to chat, converse
cave *nf* cellar
ce, cet, cette *adj* this, that • **ce** *pron* it; this, that; they • **ce qui** (**que**) *pron* that which; what
ceci this
cela that; it; that thing
célèbre celebrated, famous
célébrer to celebrate
célibataire *nm* bachelor
celle (*pl* **celles**) (**-ci, -là**) this one, that one; the one; she; these, those; they
cellule *nf* cell
celui (*pl* **ceux**) (**-ci, -là**) this one, that one; the one; he, him; these, those, they
cendre *nf* ash, cinder
cendrier *nm* ash tray
cent hundred
centaine (about) one hundred
centésimal, centésimale centigrade; centesimal
centième hundredth
centigrade centigrade
centime *nm* one one-hundredth part of a franc

centimètre *nm* centimeter (.394 inches)
central (*pl* **centraux**), **central** central; middle • **central** (**téléphonique**) *nm* telephone exchange, "central" • **centrale** (**électrique**) *nf* powerhouse, station
centre *nm* center; middle • **au centre** downtown
cependant in the meantime, meanwhile, during that time; however
cercle *nm* circle • **le Cercle français** the French Club
céréale *nf* cereal
cérémonie *nf* ceremony
cerner to surround; **paupières cernées** eyelids with black circles around them
certain, certaine certain; sure, positive • **un certain** (**une certaine**) + *noun* considerable (height, width, etc.)
certainement surely; positively
certitude *nf* certainty
ces these, those
cesser (**de**) to stop, cease
cet, cette *see* **ce**
ceux *see* **celui**
chacun, chacune each, each one; everybody
chagrin *nm* grief, trouble
chaîne *nf* chain; channel (TV); series
chaise *nf* chair
chaleur *nf* heat
chambre *nf* room; bedroom • **chambre à coucher** bedroom
Chamonix well-known winter sports resort in the French Alps
champ *nm* field
champignon *nm* mushroom
champion *nm* champion
championnat *nm* championship
chance *nf* chance; luck • **avoir de la chance** to be lucky • **bonne chance** good luck • **ce n'est pas de chance** you have no luck
changement *nm* change

changer to change, alter
chanson *nf* song • **chanson de geste** medieval verse chronicle of heroic exploits • **Chanson de Roland** famous epic poem about one of Charlemagne's officers who was killed at the battle of Roncevaux
chant *nm* song; singing • **tour de chant** singing engagement
chanter to sing
chanteur, chanteuse *nmf* singer
chapeau *nm* hat
chaperon *nm* hood; chaperon
chapitre *nm* chapter
chaque each; every
char *nm* chariot; float (in a parade)
charcuterie *nf* pork butcher's shop
charcutier, charcutière *nmf* pork butcher
charge *nf* charge (electrical); load
charger to load, charge, order, command • **charger de** to give (someone) the responsibility for doing (something); to load with • **se charger de** to take the responsibility for doing (something)
charmant, charmante charming, fascinating, delightful
Chartreuse *nf* Carthusian monastery
chasser de to run (someone) out of
chat, chatte *nmf* cat
château *nm* castle; fine house
châtelet *nm* small castle
chaud, chaude *adj* warm, hot • **chaud** *nm* heat • **faire chaud** to be hot (weather) • **avoir chaud** to be hot (feeling of person or animal)
chauffage *nm* heating • **chauffage central** central heating • **appareil de chauffage électrique** electric heater
chauffer to heat
chauffeur *nm* driver; chauffeur
chaussée *nf* causeway

chaussette *nf* sock
chaussure *nf* footwear; shoe
chauve bald
chef *nm* chief, leader; chef
chef-d'œuvre *nm* masterpiece
chemin *nm* road, way • **chemin de fer** railroad • **chemin de fer souterrain** subway • **chemin de retour** road back • **chemin de ronde** sentry walk (along the walls of a fortification)
cheminée *nf* fireplace; chimney; mantle
cheminer to tramp along the road
chemise *nf* shirt
chenet *nm* andiron
cher, chère *adj* dear; costly, expensive • **cher** *adv* dearly, much
Cherbourg port of Normandy, on the English Channel
chercher to seek, search, look for; to get • **chercher à** to try to • **aller chercher** to (go) get • **envoyer chercher** to send for • **venir chercher** to come for
chère *see* **cher**
chéri, chérie *adj* cherished, dear • **mon chéri, ma chérie** *nmf* dearest
cheval *nm* horse • **cheval-vapeur** horsepower; **deux chevaux** two horsepower car
chevelu, chevelue long-haired, hairy
chevelure *nf* (head of) hair
cheveux *nmpl* (the) hair
chez at (in, into, to) the house of • **chez (moi) (Jean)** at (my) (John's) house • **chez l'homme** in man
chic smart, stylish • **chic, alors!** that's fine!
chien, chienne *nmf* dog
chiffre *nm* figure, number
chimie *nf* chemistry
chimique chemical
Chinon old town in the Loire valley
chocolat *nm* chocolate

choisir to choose, select
choix *nm* choice
chômage *nm* unemployment
choquer to shock • **être choqué (de)** to be shocked (by), be distressed (by, at)
chose *nf* thing, object; fact • **bien des choses chez vous** give my best to everyone at home
chou *nm* cabbage • **chou à la crème** cream puff
chrétien, chrétienne *n & adj* Christian
chute *nf* fall • **chute d'eau** waterfall
ci here • **-ci** this
ciboulette *nf* chive(s)
cidre *nm* cider
ciel *nm* sky; heaven; heavens
cigarette *nf* cigarette
cinéaste *nm* scenario writer
cinéma *nm* movie (theater); cinema
cinématographe, cinéma moving picture, movies
cinq five
cinquantaine *nf* (about) fifty
cinquante fifty
cinquième fifth
cintre *nm* hanger
circonstance *nf* circumstance • **être de circonstance** to be apropos, be appropriate, be ideal, "be just the thing"
circulation *nf* circulation; traffic
circuler to circulate
cirage *nm* waxing (action); polishing wax
cire *nf* wax
cirer to wax
cirque *nm* circus
ciseaux *nmpl* scissors
citadin, citadine *nmf* citizen
cité *nf* city • **la Cité** (Carcassonne) the city within the walls
citer to cite, quote
citron *nm* lemon
civilement civilly, politely
clair, claire clear, plain, light, bright

classe *nf* class; schoolroom
classer to classify • **faire classer** to have (something) classified as
classique classical, classic
clef *nf* key • **clef anglaise** monkey wrench • **clef plate** flat S wrench • **fermer à clef** to lock
client, cliente *nmf* client, customer
climat *nm* climate • **Climats** "Climes", the title of a novel by André Maurois
clos, close closed • **la session est close** court is closed
clôture *nf* fence, enclosure
clou *nm* nail
cochon *nm* pig, hog
cochonnet *nm* small ball
cœur *nm* heart • **au cœur de la ville** in the center of the city
coiffe *nf* coif, head-dress
coiffé, coiffée way the hair is dressed
coiffeur, coiffeuse *n* hairdresser
coiffure *nf* hair-do; style of hair-dressing
coin *nm* corner, angle
col *nm* collar, neck
colère *nf* anger, wrath • **se mettre en colère** to become angry
Colette (*see also* **Renard, Colette**): Sidonie Gabrielle (1873-1954) French writer
collection *nf* collection
collectionner to collect
collège *nm* (secondary) school
collègue *nmf* colleague, fellow-worker
coller: se coller à to cling to, stick to
colonel *nm* colonel
colonie *nf* colony
combien how much, how many; how far, how long • **le combien (sommes-nous)?** OR **c'est le combien aujourd'hui?** what day of the month is it?

combustible *adj* combustible • **combustible** *nm* fuel
combustion *nf* combustion
comestible eatable, edible
comice *nm*: **comice agricole** agricultural show, cattle show
comique *adj* comic, comical • **comique** *nm* (comic) actor, author
comité *nm* committee
comme like, as, how; so; while
commencement *nm* beginning; origin
commencer to begin, start, commence
comment how, in what manner, why • *interj* what! • **comment (cela)?** what do you mean by (that)?
commerce *nm* commerce, trade
commerçant, commerçante merchant
commercial, commerciale commercial
commettre to commit
commis (commettre) committed
commissaire *nm* commissioner
commissariat *nm* commissioner's office; central police office
commission *nf* commission
commode comfortable, convenient • **l'air pas commode** not very pleasant manner
commun, commune common • **en commun** in common
communication *nf* communication • **obtenir la communication** to get one's number (telephone)
communiquer to communicate
commutateur *nm* switch; commutator
compact, compacte compact
compagne *nf* female companion
compagnie *nf* company
compagnon *nm* companion, comrade, friend
comparaison *nf* comparison
comparatif, comparative comparative
comparer to compare

complément *nm* object (grammatical)
complet, complète *adj* complete, entire; full • **complet** *nm* suit (coat and trousers)
complètement completely
compléter to complete
complice *nm* accessory, accomplice
compliment *nm* compliment
compliquer to complicate • **se compliquer** to become complicated
composer to compose; to visit • **se composer de** to be composed of
composition *nf* composition
compote *nf* stewed fruit
comprendre to understand, comprehend; to comprise, include
compression *nf* compression, squeezing
compris (*see* **comprendre**): **y compris toi** and you, too; including you
compte *nm* count, account; number • **sur (votre) compte** about (you), concerning (you) • **rendre compte** to realize • **tenir les comptes** to keep accounts, do the bookkeeping
compter to count (on); to figure, reckon; to intend
compte rendu *nm* report (composition); criticism
comptoir *nm* counter; trading post
comte *nm* count (title of nobility)
concert *nm* concert
conclu, conclue concluded
conclusion *nf* conclusion
condensation *nf* condensation
condition *nf* condition, state • **à condition que** provided that
conditionnel: (temps) conditionnel conditional (tense)
conduire to conduct, lead; to drive (an auto)
confesser to confess, avow
confetti *nm* confetti

confiance *nf* confidence, trust, reliance • **avoir confiance (en)** to trust, have faith (in)
confiture *nf* fruit preserve, jam
confluent *nm* confluence, meeting (of rivers, etc.)
confort *nm* comfort
confortable comfortable
confortablement comfortably
conjonction *nf* conjunction
conjugaison *nf* conjugation
conjuguer to conjugate
connaissance *nf* acquaintance, knowledge
connaître to know, be acquainted with; to feel
connu, connue (*see* **connaître**) known, familiar
conquérir to conquer, vanquish; to win (by arms)
conquête *nf* conquest
conseil *nm* counsel, advice
conseiller to counsel, advise
consentir to agree, consent
conséquence *nf* consequence
conséquent: par conséquent consequently, therefore
conserve *nf* preserved food • **conserves** preserves; canned foods • **boîtes de conserves** cans of food
conserver to preserve, conserve, maintain, keep, save from destruction • **se conserver bien** to keep well (not to spoil)
considérer to consider, think over; to esteem
consister à to consist of, be composed of
consoler to console, comfort
consonne *nf* consonant
construction *nf* construction; building
construire to construct, build • **faire construire** to have built
consultation *nf* consultation, conference
consulter to consult, confer
consumer to consume
conte *nm* tale, story
contempler to contemplate, behold; to ponder

contenir to contain, hold
content, contente contented, satisfied, glad • **être content de** to be happy to, glad to; to be delighted with
contentement *nm* contentment, satisfaction
contenter to satisfy; to gratify • **se contenter de** to be satisfied with (something); to make do with something
conter to tell, relate
continuation *nf* continuation
continuellement continually, all the time
continuer to continue
contracter to contract
contradiction *nf* contradiction
contraire *nm* contrary, opposite • **au contraire** on the contrary
contrariété *nf* irritation
contrat *nm* contract
contravention *nf* legal summons for minor infraction
contre against; versus; in exchange for
convaincre to convince, persuade
convenable suitable, fit, proper, decent, apropos, pleasing
convenablement suitably, fittingly, satisfactorily
convenir to suit, please, fit, become; to agree
conversation *nf* conversation
convoquer to convene, to call together
coopératif, cooperative cooperative
copain, copine (slang) *nmf* pal, friend
corbeau *nm* crow
cordon *nm* strand, string • **cordon bleu** blue ribbon; first-rate cook • **les cordons de la bourse** the pursestrings
corne *nf* horn (of an animal)
corps *nm* body • **un corps à corps** hand to hand fight
correct, correcte proper; correct
correctement properly

correction *nf* correction; reproof, punishment
correspondre (**à**) to agree (with), tally (with); to communicate (with), correspond (with) (to)
corriger to correct; to punish
Corse Corsica, French island in the Mediterranean
costume *nm* costume, dress
côte *nf* rib; shore; slope • **côte de bœuf** ribs of beef
côté *nm* side, direction, part • **à côté** nearby • **à côté de** beside, next to • **de côté** aside, sideways • **de l'autre côté** on the other side • **de notre côté** in our direction • **de** (**son**) **côté** for (his) part
cotiser: se cotiser to club together, act coöperatively
cou *nm* neck
couchage *nm*: **sac de couchage** sleeping bag
couché, couchée lying down, abed
coucher *v* to put to bed, lay down • **se coucher** to go to bed, lie down • **coucher** *nm* setting, going-down • **coucher de soleil** sunset • **chambre à coucher** bedroom
coudre to sew
couler to flow, run, move
couleur *nf* color
coup *nm* blow, stroke; kick; shot (of a gun) • **coup de chiffon** touch-up with a rag • **jeter un coup d'œil** give a glance, a look; to glance, look • **coup de pied** kick • **coup de poing** fisticuff, blow with the fist • **coup d'œil** glance • **tout à coup** suddenly
coupe *nf* cut (of a dress)
couper to cut
cour *nf* yard, court; courtyard • **faire la cour** to court, pay court
courage *nm* courage
couramment fluently
courant, courante *adj* current, flowing; present • **courant** *nm* current, stream • **au courant** well-informed, up-to-date
courber to bend, to curve
courir to run; to hurry
cours *nm* course, class; stream, flow • **cours d'eau** stream
course *nf* course, race • **faire des courses** to do errands, go shopping
court, courte *adj* short, brief • **court** *nm* (tennis) court
couru *see* **courir**
cousin, cousine *nmf* cousin
cousu, cousue (**coudre**) sewn
couteau *nm* knife • **couteau à découper** carving knife • **couteau de table** table knife
coûter to cost • **coûter cher** to be high priced, cost a lot
coutume *nf* custom, habit
couvercle *nm* cover, lid
couvert, couverte (**couvrir**) *adj* covered • **couvert** *nm* table setting • **mettre le couvert** to set the table
couverture *nf* cover, covering
couvrir to cover
craie *nf* chalk
craindre to fear
cravate *nf* tie
crémaillère *nf* pot hanger
crème *nf* cream; **crème fouettée** whipped cream
cresson *nm* cress
cri *nm* cry, shout, scream
crier to cry, shout
crime *nm* crime
crinière *nf* mane; thick long hair
crisper to irritate
critique *adj* critical; crucial • **critique** *nf* critical article, paper; censure • **critique** *nm* critic
crochet *nm* baggage hook (used by porter to hold his load)
croire to believe • **je crois bien** I should say so; yes, indeed
croisement *nm* crossing, meeting
croix *nf* cross
croyant, -ais, etc. *see* **croire**
cru *see* **croire**

cueillir to pick, gather
cuillère *nf* spoon
cuillerée *nf* spoonful
cuir *nm* leather • **blouson de cuir** leather jacket
cuire to cook • **faire cuire** to cook • **cuire à l'eau** to boil • **cuire au four** to bake; to roast • **être bien cuit** to be done, well cooked
cuisine *nf* kitchen; cooking, cuisine, the art of cooking • **faire la cuisine** to do the cooking
cuisinier, cuisinière *nmf* cook; chef
cuisinière *nf* stove
cuisse *nf* thigh
cuisson *nf* cooking (the time that something is being cooked)
cuit, cuite (**cuire**) cooked, cooks • **cuite au four** baked in the oven
cuivre *nm* copper
cultivateur, cultivatrice *nmf* farmer, farmwoman
culture *nf* cultivation, growing
cupidité *nf* cupidity, covetousness, greed
curieux, curieuse careful, meticulous; curious, interested; odd, uncommon, peculiar
curiosité *nf* curiosity
CV (**cheval-vapeur**) horsepower
cycliste *nmf* cyclist
cylindre *nm* cylinder

D

dame *nf* lady
Danemark *nm* Denmark
danger *nm* danger
dangereux, dangereuse dangerous, unsafe
dans in, into
danse *nf* dance, dancing
danser to dance
danseur, danseuse *n* dancer
date *nf* date
dater (**de**) to date (from)
dauphin *nm* dauphin (eldest son of French king) • **Jardin des Dauphins** botanical garden in Grenoble
davantage more, longer, further
de, du, des of, of the; from; by; with; for; at; some, any • (**quelque chose**) **de** (**bon**) something good
débarrasser to disencumber, to clear (table, etc.) • **se débarrasser de** to get rid of; throw out; to extricate (oneself) from
debout upright, on end; standing; on one's feet; out of bed • **vent debout** headwind
débrouiller to unravel, disentangle • **se débrouiller** to extricate oneself from difficulties
début *nm* first appearance (of actor, musician, etc.); beginning
décapotable *nf* convertible (car)
décidément decidedly; firmly
décider to decide
décor *nm* decoration; setting
décoration *nf* decoration, ornamentation; scenery
découper to cut, carve • **couteau à découper** carving knife
décourager to discourage, dishearten • **se décourager** to become disheartened, discouraged, lose heart
découvert, découverte (**découvrir**) *adj* discovered • **découverte** *nf* discovery
découvrir to discover; to uncover
décrire to describe; to trace, draw
déçu, déçue (**décevoir**) deceived; disappointed
dédaigner to disdain, scorn, consider valueless
dedans *prep* inside, within • **le dedans** *nm* the inside
déduction *nf* deduction; conclusion
défaire to unpack (suitcase)
défaut *nm* defect, fault; shortcoming; deficiency

défendre to defend; to prohibit, forbid
défendu, défendue (**défendre**) prohibited; "against the law"
défilé *nm* defile, chasm, narrow mountain pass; parade, march
défini, définie definite
dégager to redeem; to disengage
dégoûter (**de**) to give (someone) a distaste (for)
degré *nm* degree (of comparison); step
déguiser to disguise • **se déguiser** (**en**) to disguise oneself (as)
dehors *adv* outside; out, without • **le dehors** *nm* the outside
déjà already; before this
déjeuner *v* to breakfast, to lunch • **déjeuner** *nm* lunch • **petit déjeuner** breakfast
delà beyond
délectable delectable, delicious
délicat, délicate delicate, dainty
délicieux, délicieuse delicious, delightful, charming
délivrer to rescue, deliver, release
demain tomorrow
demande *nf* request, application; demand, claim; query, question
demander to ask, request, inquire • **se demander** to wonder, ask oneself
demeure *nf* delay; residence, stay, sojourn
demeurer to live, dwell; to remain
demi, demie half • **à demi** half, halfway
demi-centimètre *nm* one-half centimeter
demi-heure *nf* half an hour
demoiselle *nf* young lady, girl, miss
démon *nm* demon, devil
démonstratif, démonstrative demonstrative

démontrer to demonstrate, to prove
dent *nf* tooth • **brosse à dents** toothbrush
dentelle *nf* lace
dentifrice *nm* toothpaste
dentiste *nm* dentist
départ *nm* departure
département *nm* department; subdivision of France administered by a prefect
dépasser to pass, go by
dépêcher to dispatch, do speedily • **se dépêcher** to hurry, hasten; to be quick
dépendre (de) to depend (on)
dépense *nf* expenditure, expense
dépenser to spend (money)
dépensier, dépensière *nmf* extravagant, spendthrift, thriftless
déplacer: se déplacer to move about, change one's place
déplaire to displease
déposer to deposit; to set down; to depose
depuis after, since; from, for • **il l'attend depuis deux heures** he has been waiting for him for two hours
déranger to disturb
dériver to proceed, to derive
dernier, dernière last, final; latter
derrière *prep* behind; in the back of • **derrière** *nm* back, rear
dès que as soon as
désagréable disagreeable
descendre to descend, go down; to take something down
description *nf* description
désert *nm* desert
désespéré, désespérée in despair, despairing, desperate
déshonorer to disgrace
désigner to point out; to name
désir *nm* desire
désirer to desire • **laisser à désirer** to leave something to be desired

désolé, désolée devastated; distressed; sorry • **être désolé de** to regret
désordre *nm* disorder, confusion, chaos
desquels *see* **lequel**
dessert *nm* dessert
dessin *nm* sketch, drawing
dessiner to draw, design
dessous *adv* underneath, below, beneath • **dessous** *nm* underpart; underside
dessus *adv* over, on, above • **dessus** *nm* upper part, top side
destinée *nf* destiny
destiner à to intend, mean (something) for (someone) • **être destiné à** to be destined, fated to
désuni, désunie separated
détacher to detach, pull off
détail *nm* detail, particular
détective *nm* detective
détester to detest, hate
détruire to destroy
deux two
deux-chevaux two horsepower, small, inexpensive French car — Citroën
deuxième second
devaient, devais, etc. *see* **devoir**
devant front; **devant** *nm* front part
devanture *nf* store front, show window; front
dévastant, dévastante (dévaster) devastating
dévaster to devastate, lay waste, ravage
développement *nm* development
développer to develop
devenir to become, get, turn out
devenu, devenue *see* **devenir**
devez *see* **devoir**
deviendra, devienne, devient *see* **devenir**
deviner to guess; to foretell
devinrent, devint *see* **devenir**
devions *see* **devoir**
devoir *v* to owe; must; have to;

ought • **devoir** *nm* duty, task; school assignment, homework assignment
dévorer to devour, gobble up
dévouer to devote (one's time, etc.) • **se dévouer** to sacrifice oneself
devraient, devrais, etc. *see* **devoir**
diable *nm* devil, demon, Satan • *interj* the deuce! • **que le diable l'emporte!** confound him! • **de quoi diable parlez-vous?** what the deuce are you talking about?
diabolique diabolical, devilish
dialogue *nm* dialogue
diction *nf* diction; manner of speech
dictionnaire *nm* dictionary
dieu *nm* god; God • **mon dieu!** goodness!; oh, dear me!
différence *nf* difference
différent, différente different
différer to differ; to defer
difficile difficult
difficulté *nf* difficulty
digne honorable, deserving, worthy; dignified, grave
dignement deservedly; with dignity, worthily
dignité *nf* dignity
dimanche *nm* Sunday
dimension *nf* dimension, size
diminuer to diminish, reduce
dîner *v* to dine, have dinner • **dîner** *nm* dinner
dire to say, tell; to speak • **à vrai dire** to tell the truth • **pour ainsi dire** so to speak • **c'est-à-dire** that is, that is to say • **vouloir dire** to mean • **se dire** to be said (**se dit** it is said)
direct, directe direct
directeur *nm* director
direction *nf* direction
dirent, direz *see* **dire**
diriger to direct, manage • **se diriger à** to make one's way toward, head for
disais, disait, etc. *see* **dire**

discours *nm* speech, talk, discourse
discussion *nf* discussion
discuter to discuss, to argue
dis, disent, etc. *see* **dire**
disjoindre to separate, disjoin
disparaître to disappear, vanish
disposé, disposée disposed, ready (to)
disposer to place around, to arrange
disposition *nf* disposition
dispute *nf* debate, dispute, controversy
disputer to dispute, argue about, debate • **ils vont se les disputer** they're going to argue with each other over them
disquaire *nmf* record dealer, record clerk
disque *nm* phonograph record, disk
disséquer to dissect (body, plant, etc.)
dissimuler to hide
distance *nf* distance
distinctement distinctly, clearly
distinction *nf* distinction
distinguer to characterize, distinguish • **distinguer de** to distinguish from
distraction *nf* absence of mind, absent-mindedness; amusement • **avoir ses distractions** to be absent-minded
distraire to divert, distract, amuse, entertain • **se distraire** to become distracted, forget; to entertain oneself
distrait, distraite absent-minded; inattentive; forgetful
dis, dit, etc. *see* **dire**
divertissement *nm* diversion, entertainment
divinement divinely, wonderfully
diviser to divide
division *nf* division
divorcé, divorcée divorced
dix ten
docteur *nm* doctor; scholar

document *nm* document
documentaire documentary • **un film documentaire** a documentary
doigt *nm* finger • **doigt de pied** toe
dois, doit, etc. *see* **devoir**
dollar *nm* dollar
domaine *nm* domain; estate
dôme *nm* dome
domestique *adj* domestic • **domestique** *nmf* servant
domicile *nm* residence • **livraison à domicile** delivery to one's home
domino *nm* domino
dommage *nm* damage, injury • **c'est dommage** it's a pity • **quel dommage!** what a pity!; what a shame!
donc then, therefore, hence, so, now, indeed • **(regardez) donc!** just (look)!
donner to give; to open upon, face
dont whose, of which, of whom, from which, from whom; whereof, wherefrom
doré, dorée gilded, golden
dormir to sleep
dors *see* **dormir**
dos *nm* back; rear • **mettre (un vêtement) sur le dos** to put (a garment) on one's back
dossier *nm* back (of a chair, etc.)
douane *nf* customs house; customs
double double
doubler to double; to pass (another vehicle) • **se doubler** to be double
doucement gently, quietly, cautiously
douleur *nf* pain, ache; sorrow
douloureux, douloureuse painful, pained; sad, distressing
doute *nm* doubt • **sans doute** doubtless

have doubts about • **se douter** to suspect • **s'en douter** to guess, suspect as much • **ne pas se douter que** to have no idea of, not to suspect
doux, douce sweet, gentle, smooth, soft
douzaine *nf* (about a) dozen, a dozen
douze twelve
drame *nm* drama
drap *nm* cloth • **me voilà dans de beaux draps!** I'm in a real fix!; what a predicament!
dresser to lift, erect, set up, raise (a tent, etc.)
droit, droite straight • **tout droit** straight up (ahead)
droit *nm* right, privilege, duty
droite *nf* right • **à droite** *adv* on the right (hand); to the right
drôle droll, gay, amusing, funny; peculiar • **(une) drôle de (figure)** (a) funny (peculiar) (face)
drôlement oddly, extraordinarily, amusingly
drugstore *nm* drugstore
druide *nm* Druid
dû *see* **devoir**
duquel *see* **lequel**
dur, dure hard; dull; severe(ly); difficult
durée *nf* duration; period
durer to last; to endure
dut *see* **devoir**

E

eau *nf* water • **cours d'eau** stream • **jet d'eau** stream of water, squirt • **eaux basses** low water (tides) • **hautes eaux** high water • **peinture à l'eau** watercolor • **faire venir l'eau à la bouche** to make one's mouth water
échanger to exchange; to barter (trade by exchanging one thing for another)
échapper to escape, avoid • **échapper à** to escape from • **s'échapper** to flee, escape
écharpe *nf* scarf
échelle *nf* ladder; scale

échouer to fail; to run aground (as a boat)
éclair *nm* flash of lightning, electrical discharge; eclair (pastry)
éclairer to light
éclat *nm* burst, glare
école *nf* school
écolier, écolière *nmf* pupil
économie *nf* saving; economy
économiser to economize; to save
écossais, écossaise plaid material
écouler to flow, pass away; to elapse, pass (of time)
écouter to listen to
écran *nm* screen
écraser to crush, overwhelm; to squash • **s'écraser** to be run over, crushed • **se faire écraser** to get run over
écrier: s'écrier to cry out, shout, exclaim
écrire to write, compose
écriteau *nm* sign, placard
écrivain *nm* writer
écusson *nm* coat of arms
édifice *nm* building, edifice
édition *nf* edition; printing; publishing
éducation *nf* education
EFEA the name of an organization «En France — En Amérique»
effacer to wipe out, delete
effet *nm* effect, result • **en effet** in fact; indeed
effort *nm* effort, endeavor
effrayer to frighten, terrify
effroyable fearful, dreadful, appalling
égal, égale equal, like • **être égal à** to be all the same to, to make no difference to • **ça m'est égal** it's all the same to me
également equally; also, likewise
égalité *nf* equality
égard *nm* regard
égarer to mislay; to lose
église *nf* church

égout *nm* sewer
égoutter to drain (lettuce, boiled vegetables)
eh *int*. ah! well!
élancer: s'élancer to spring, dash, shoot forward
électoral, électorale, électoraux, électorales electoral
électricité *nf* electricity
électrifier to electrify (railroads, etc.)
électrique electric, electrical
électronique electronic
élégance *nf* elegance
élève *nmf* student, pupil
élevé, élevée elevated, high
élever to elevate, raise; to bring up, rear, raise (stock)
élire to elect
elle she • **elles** they
elle-même she herself
élu (**élire**) elected
emballage *nm* packing
embêtant, embêtante extremely annoying, irritating, vexing
embêté, embêtée bored, wearied, annoyed
embêter to cause extreme annoyance, vexation
embouchure *nf* mouth (of a river)
embouteillage *nm* bottling (of vinegar, wine); bottling up; traffic jam
embrasser to embrace; to kiss • **je t'embrasse** as a conclusion in a letter, "love and kisses"
emmener to take from one place to another, take away, take along; to lead away
émettre to issue; to utter
émotion *nf* emotion; disturbance of the spirit
émouvoir to move
empêcher to hinder, oppose, prevent, put obstacles in the way of • **ne pas pouvoir s'empêcher de** not to be able to keep from (doing something)
empiler to pile up, stack up

emplette *nf* purchase
emploi *nm* use, occupation, work
employé, employée *adj* employed, used • **employé, employée** *nmf* employee
employer to employ, use
empoisonner to poison, give poison to, put poison in
emporter to carry away, remove
emprunter to borrow
en *prep* in, into; within; of, at, on; made of; as in the capacity of; in the course of; by; while; to; dressed as • **en** *pron* (*partitive*) of it, of them; its, their; from it (etc.); by, for it, etc.; some, any
encaustiquer to polish, wax
enchanté, enchantée enchanted, delighted, pleased, charmed
encore again; still; yet; more
encouragement *nm* incentive; support
encourager to encourage
encyclopédie *nf* encyclopedia
en-dessous underneath
endormi, endormie asleep, sleeping, drowsy
endors (s'endormir): tu t'endors you are going to sleep
endroit *nm* place, spot
énergie *nf* energy
énerver to weaken; to get on someone's nerves • **s'énerver** to become irritable, fidgety; to get excited
enfance *nf* infancy, childhood
enfant *nmf* child (boy or girl); infant
enfin finally, at last
enfoncer to drive in (a nail, etc.), sink
enfuir: s'enfuir to run away
engin *nm* contrivance, machine, engine
enlever to remove, take away, take off; to kidnap
ennemi, ennemie *adj* enemy,

hostile • **ennemi, ennemie** *nmf* enemy

ennui *nm* boredom, weariness; annoyance

ennuyer to tire, bore; to tease; to worry • **s'ennuyer** to be bored

ennuyeux, ennuyeuse (habitually; by nature) tiresome, dull, annoying, boring

énorme enormous, huge

énormément enormously, hugely, extremely; a great deal, a great many

enrouler to roll

enseigner to teach, instruct

ensemble *adv* together • **ensemble** *nm* total combination, a whole, general effect

ensemencer to sow

ensoleillé, ensoleillée sunny

ensuite then, after, next, afterwards

entasser to pile up, accumulate; to pack, cram

entendre to hear, listen to; to understand • **entendre dire** to hear said, hear people say • **entendre parler** to hear people speak of • **s'entendre** to come to an understanding • **nous nous entendons** we understand each other

entendu, entendue agreed, understood • **c'est entendu!** agreed! all right! • **bien entendu** of course, naturally

enthousiasme *nm* enthusiasm

enthousiaste *mmf* enthusiast, fan

entier entière entire, whole, complete

entorse *nf* sprain, twist, wrench • **se donner une entorse** to sprain, twist, one's ankle

entourer to surround, enclose

entre between, among

entrée *nf* entrance, entry; admission fee; entrée (main course of a meal)

entreprise *nf* enterprise, undertaking, venture

entrer to enter

entretenir to maintain; to talk to, entertain • **s'entretenir** to talk with, converse

entretien *nm* maintenance, discourse, speech, interview

envahir to invade, overrun

enveloppe *nf* envelope

envelopper to wrap (up)

envergure *nf* spread; wing span

enverra see **envoyer**

envie *nf* desire, want • **avoir envie de** to want

environ *adv* about, nearly • **environs** *nmpl* vicinity, surrounding country

environnant, environnante surrounding (country, etc.)

envoyer to send • **envoyer chercher** to send for • **faire envoyer** to have (something) sent

épais, épaisse thick

épaisseur *nf* thickness

épargner to save up, economize; to spare, have mercy on

épaule *nf* shoulder

épicier, épicière *nmf* grocer

épinards *nmpl* spinach

époque *nf* epoch, era, age

épreuve *nf* first experience, test, trial, contest • **mettre à l'épreuve** to put to the test

éprouver to establish by experiment or trial; to test; to prove

équilibre *nm* equilibrium, balance • **être en équilibre** to keep one's balance

équipe *nf* team; side

équitable equitable, fair, reasonable

équivalent, équivalente equivalent, equal

erreur *nf* error, mistake, blunder • **par erreur** by mistake

escalier *nm* staircase

esclave *nmf* slave

espace *nm* space

Espagne *nf* Spain

espagnol, espagnole *adj* Spanish • **espagnol** *nm* Spanish (language) • **Espagnol** *nm*

Spaniard • **Espagnole** *nf* Spanish woman

espèce *nf* species, kind, sort

espérer to hope; to expect

espion, espionne *nmf* spy, secret agent

espionner to spy

espoir *nm* hope

esprit *nm* mind, intelligence, spirit, wit

essayer to try, try on; to test

essor *nm* flight; development • **en plein essor** blooming, in full development

essuyer to dry, wipe off

est see **être**

est *nm* East

estimer to esteem; to estimate

estomac *nm* stomach

estuaire *nm* estuary

et and • **et . . . et** both . . . and

étable *nf* stable; cattle-shed

établir to establish

établissement *nm* establishment

étage *nm* story, floor (of a house)

étagère *nf* shelf

étaient, étais etc. see **être**

étaler: s'étaler par terre to sprawl on the floor; to fall down (fam.)

étant see **être**

état *nm* state; condition, situation • **États-Unis** *nmpl* United States • **elle est dans tous ses états** she's in one of her moods

été see **être**

été *nm* summer

éteindre to put out, to extinguish

éternel, éternelle eternal, everlasting

êtes see **être**

étions see **être**

étiquette *nf* label; etiquette, formality, ceremony

étoffe *nf* material (cloth), stuff, fabric

étoile *nf* star

étonnant, étonnante astonishing, surprising

étonnement *nm* astonishment, surprise

étonner to astonish, surprise • **s'étonner** to be astonished, amazed; to wonder

étranger, étrangère *adj* strange, foreign • **étranger, étrangère** *nmf* foreigner; stranger, outsider • **à l'étranger** abroad

être *v* to be; to have (as auxiliary of certain verbs) • **être à** to belong to • **être** *nm* being; existence

étroit, étroite narrow, confined, tight

étude *nf* study; essay; office, study room • **faire des études** to study, undertake one's studies

étudiant, étudiante *nmf* student

étudier to study

eu, eue *see* **avoir**

euh *interj* expressing surprise, disbelief

Europe *nf* Europe

eut *see* **avoir**

eux they, them

eux-mêmes themselves

évaluation *nf* evaluation

évaporer to evaporate

événement *nm* event, happening, occurrence

évidemment evidently

évident, évidente evident

éviter to avoid, shun

évoquer to evoke, call up

exact, exacte exact, accurate, correct, precise

exactement exactly

exagérer to exaggerate

examen *nm* examination

examiner to examine; to investigate

excellent, excellente excellent

excepté *prep* except, but, save, besides

exceptionnel, exceptionnelle exceptional

exclamation *nf* exclamation

excursion *nf* excursion, tour, trip

excuse *nf* excuse • **faire des excuses** to apologize

excuser to excuse, pardon • **s'excuser** to express one's regrets, make excuses, apologize, send excuses for not coming

exemple *nm* example, instance • **par exemple** for example • **par exemple!** upon my word!; well, I never!; indeed!

exercer to exercise, practice • **s'exercer** to train; to do exercises, practice

exercice *nm* exercise, practice, training; performance; lesson assignment

exiger to demand, exact; to require, need

exilé, exilée exiled

exiler to exile

existence *nf* existence, life, living

exister to exist, live; to be

expédier to dispatch, send; to forward (a letter, etc.); to send off, to expedite, hasten on

expédition *nf* sending, forwarding; expedition

expérience *nf* experience; experiment, test, trial, proof • **faire une expérience** to perform an experiment

expert, experte *adj* expert, skilled • **expert, experte** *nmf* expert

explication *nf* explanation; report, composition

expliquer to explain, account for; to declare

explorateur *nm* explorer

explorer to explore

exposé *see* **exposer** • **exposé** *nm* statement, composition, report, summary

exposer to expose; to exhibit, show

exposition *nf* exhibition

expression *nf* expression; utterance

exprimer to express, declare

exquis, exquise exquisite

extérieur, extérieure *adj* exterior, outside • **extérieur** *nm* exterior, outside • **à l'extérieur** on the outside

extraordinaire extraordinary

extrémité *nf* extremity, end

F

fable *nf* fable

fabricant *nm* manufacturer

fabrique *nf* factory; works

face *nf* face • **en face (de)** opposite • **face à** facing

fâché, fâchée angry, annoyed; sorry

fâcher to anger, annoy • **se fâcher** to become irritated, angry, annoyed; to lose one's temper

facile easy

facilement easily

facilité *nf* facility, ease

façon *nf* manner, way; shape, form • **à (leur) façon** in (their) way • **de toute façon** in any event

facteur *nm* postman, mailman; maker, agent; railway porter

faction *nf* sentry-duty; faction

Fahrenheit based on the Fahrenheit scale

faiblesse *nf* weakness, feebleness

faille *nf* Flemish silk; (geol.) fault

faillir to fail, miss, fall short of, to nearly • **avoir failli +** *infinitive* to have nearly (missed, etc., but not to have missed, etc.)

faim *nf* hunger • **avoir faim** to be hungry • **donner faim** to make one hungry

faire to make, construct; to do; to happen; to be (*of weather*); to have • **il fait bâtir une maison**) he has (a house built) • **il fait (sa valise)** he packs (his bag) • **il se fait (tard)** it is getting (late) • **deux fois deux font quatre** two times two are four • **trop fait** too ripe (of cheese)

fait *see* **faire** • **fait** *nm* act, fact; action, happening, deed • **fait d'armes** skirmish • **«Faits Divers»** "News Items"

falloir to be necessary, required; to be obliged, to need, must • **comme il faut** suitable, as it should be
fallu *see* **falloir**
fameux, fameuse famous; delicious
familier, familière familiar, intimate
famille *nf* family
fané, fanée faded
faner to make fade • **se faner** to fade, wither, wilt, lose its beauty
fanfare *nf* fanfare; brassband
fantaisie *nf* fancy, imagination
fantaisiste whimsical
fantastique fantastic, fanciful, imaginary
farine *nf* flour
fasse, fasses *see* **faire**
fatigant, fatigante tiring, fatiguing; tiresome
fatigue *nf* tiredness, weariness, fatigue
fatigué, fatiguée tired, weary
fatiguer to tire, make someone weary • **se fatiguer** to tire, become tired
faudra, faudrait *see* **falloir**
fausse *see* **faux**
fausser to force, bend, strain
faut *see* **falloir**
faute *nf* fault; mistake; lack, need, want • **faute (de)** for lack of • **fautes d'orthographe** spelling mistakes, typographical errors
fauteuil *nm* armchair
faux, fausse false, untrue, not genuine, wrong, mistaken
feindre to feign, pretend
félicitations *nfpl* congratulations
femelle *nf* female
féminin, féminine feminine
femme *nf* woman; wife • **femme de chambre** chambermaid (in a hotel, etc.)
fendre to cut, split (wood) • **pieds fendus** cloven hoofs
fenêtre *nf* window
fera, ferai, etc. *see* **faire**

ferme *adj* firm, steady, fast • **ferme** *adv* firmly
ferme *nf* farm
fermé *see* **fermer**
fermentation *nf* fermentation
fermer to close; **fermer à clef** to lock
fermeté *nf* firmness
fermier *nm* farmer • **fermière** *nf* farm woman, farmer's wife
féroce ferocious, wild, savage, fierce
fertile fertile, rich
festin *nm* banquet, feast
fête *nf* holiday, festivity; birthday, name-day, anniversary • **jour de fête** holiday
feu *nm* fire • **feu de joie** bonfire, campfire • **feu rouge** red light (traffic)
feuille *nf* leaf; sheet (of paper) • **feuille d'impôt** tax form, blank • **feuille de débarquement** landing papers, forms
février *nm* February
fiancé, fiancée *adj* affianced, engaged • **fiancé, fiancée** *nmf* fiancé, betrothed
fiche *nf* phone plug
fichtre *interj* doggone!
fidèle faithful, loyal
fier, fière *adj* proud, boastful, conceited; bold • **fier** *v* to entrust • **se fier à** to trust to
fièrement proudly
figuratif, figurative figurative
figure *nf* face, countenance; figure, form, shape
figurer to appear, figure • **se figurer** to imagine, fancy (something)
filature *nf* spinning-mill
file *nf* file, rank (of soldiers, etc.)
filer to go fast, speed; to run out (of a cable, or rope); to spin; to run away; to pull out (*of a car*) • **filer à toute vitesse** to go (off) at top speed
filet *nm* small thread; fillet of fish; tennis net
fille *nf* girl, daughter • **jeune fille** girl • **petite-fille** granddaughter
film *nm* film, picture
filmer to take a film
fils *nm* son • **petit-fils** grandson
fin, fine *adj* fine, thin; nice, subtle • **fines herbes** savory herbs • **fin** *nf* end, finish • **à la fin** finally
finalement finally
finance *nf* finance • **finances** *nfpl* finances, resources
finement finely
finir to finish, end, terminate • **en finir avec quelque chose** to have done with, settle something once and for all • **en avoir à n'en plus finir** to have so much (of something) that you'll never get through; an endless supply
firent, fit *see* **faire**
fixé, fixée exact, precise, fixed
fixer to fix, fasten; to stare at • **fixer quelqu'un d'un œil sévère** stare severely at someone
flair *nm* scent; perspicacity
flamber to flame, blaze
flatter to flatter; to delight, please
flèche *nf* arrow, shaft
fléchir to bend; to persuade
fleur *nf* flower
fleurir to bloom
fleuve *nm* river (large)
foi *nf* faith; trust; religion • **ma foi!** 'pon my word! • **ma foi, oui!** of course!, indeed!
foin *nm* hay
foire *nf* fair
fois *nf* time • **une fois** once • **deux fois** twice • **deux fois deux** two times two
folle *see* **fou**
foncé, foncée dark
fonctionner to function, to work
fond *nm* fund; bottom, bed, foundation; end, back, depths; background • **au fond** in the background, at heart; at (to) the bottom

fondateur *nm* founder, establisher
fonder to found, establish
fondre to melt
font *see* **faire**
fontaine *nf* fountain
football *nm* football
footballeur *nm* football player
force *nf* force, strength • **dans la force de l'âge** during middle age (at the peak of one's powers)
forcément under compulsion; necessarily
forcer to force
forêt *nf* forest
formation *nf* formation
forme *nf* form, shape • **en forme** in good form
former to form, shape, fashion; to create • **se former** to take form, acquire form, acquire ability; to develop, grow
formidable formidable, terrific
formule *nf* formula • **formule de politesse** courtesy formula
fort, forte *adj* strong, robust, vigorous; hard, severe • **fort** *adv* very, very much; hard • **fort** *nm* fort, stronghold
fortement very; hard; strongly, forcefully
fortune *nf* fortune, luck
fou, fol, folle *adj* foolish, extravagant, silly; mad, demented, insane, crazy • **un succès fou** a howling success • **fou** *nm* madman, lunatic; fool (court); bishop (chess) • **folle** *nf* madwoman, lunatic
fouetté, fouettée whipped, beaten • **crème fouettée** whipped cream
fouiller to meddle; to search
foulard *nm* scarf
foule *nf* crowd (people), bunch (things); crush
four *nm* oven • **petits fours** small cakes, shortbread cookies • **cuire au four** to bake in the oven
fourche *nf* pitchfork
fourchette *nf* (table) fork

fourneau *nm* furnace • **fourneau (de cuisine)** (kitchen) range, stove
fourni (fournir) furnished
fourrure *nf* fur, skin
fragment *nm* fragment, piece
frais, fraîche *adj* fresh; cool • **frais** *nmpl* expenses, cost
framboise *nf* raspberry
franc *nm* franc (French monetary unit)
français, française *adj* French • **français** *nm* French (language) • **Français** *nm* Frenchman • **Française** *nf* Frenchwoman
France *nf* France
franchement frankly
frapper to strike; to knock
fraternité *nf* fraternity
freiner to brake
frémir to shudder
fréquent, fréquente frequent
fréquenter to frequent; to associate with, consort with
frère *nm* brother
fricasser to fry, to fricassee
frigidaire *nm* refrigerator
frire to fry
frit, frite *see* **frire** • **pommes de terre frites** French fried potatoes
frivole frivolous, shallow, unimportant
froid, froide *adj* cold • **froid** *nm* cold • **avoir froid** to be cold, feel cold • **faire froid** to be cold (weather)
froncer to contract • **froncer les sourcils** to frown
front *nm* forehead; front
frotter to rub; to polish
fruit *nm* fruit
fuir to flee
fuite *nf* flight
fumée *nf* smoke
fumer to smoke
furent *see* **être**
furieux, furieuse furious, raging
fusée *nf* rocket
fut *see* **être**

futur *nm* future
fuyons *see* **fuir**

G

gâcher to spoil, bungle, ruin
gagner to win, earn, gain, attain
gai, gaie gay, merry
gaieté (*or* **gaîté**) *nf* gaiety, mirth, cheerfulness
galop *nm* gallop
gant *nm* glove
garage *nm* garage
garagiste *nm* garage owner, operator
garçon boy; waiter
garde *nf* care, watching
garder to guard, keep, retain; to take care of • **se garder de** to guard against, beware of
gare *nf* station
gars *nm* young fellow, lad
gastronomique gastronomic
gâteau *nm* cake, cookie
gâter to spoil, damage; to pamper, spoil
gauche awkward, clumsy; left (direction) • **à gauche** to the left
Gaule *nf* Gaul (ancient name of France)
gaulois, gauloise Gallic, spicy
gaz *nm* gas
geler to freeze; to congeal
gêner to disturb
général, générale *adj* general • **général** *nm* general • **générale** *nf* general's wife
généralement generally
générateur *nm* generator
génial, géniale inspired, full of genius, brilliant
genou (*pl* **genoux**) *nm* knee • **plier les genoux** to kneel, bend one's knees • **à genoux** on one's knees
genre *nm* kind, genus, class, species, gender
gens *mpl* people, persons
gentil, gentille nice, amiable, pleasing, gentle, noble
gentiment nicely
géographique geographical

géométrie *nf* geometry
gérant *nm*, **gérante** *f* manager; director
glace *nf* ice; ice cream; mirror; window pane
glacé, glacée icy; cold
glisser to slip, slide
gorge *nf* throat, neck; gorge, (mountain) pass
gosse *nmf* youngster, kid
gothique Gothic (style of architecture using pointed arches and high steep roofs developed in the Middle Ages)
gourmand, gourmande *adj* greedy; fond of eating • **gourmand, gourmande** *nmf* gourmand, glutton
gourmet *nm* gourmet; lover of good food
goût *nm* taste; preference for; right judgment; style, manner • **chacun (à) son goût** everyone to his taste, there's no accounting for tastes
goûter *v* to taste (food); to enjoy, appreciate; to take a snack between meals • **goûter de** to taste (of); to enjoy • **goûter** *nm* snack
goutte *nf* drop (of liquid)
grâce *nf* grace, charm; mercy • **grâce à** thanks to
graduation *nf* graduation (scale)
grain *nm* grain; speck (of dust)
grammaire *nf* grammar
gramme *nm* gram
grand, grande great, big, large, tall, grand
grand-chose *nm* (always negative): **(pas) grand-chose** not much, almost nothing
grand-mère *nf* grandmother
grand-peine: à grand-peine with great difficulty
grand-père *nm* grandfather
grands-parents *nmpl* grandparents
grandir to grow up
grange *nf* barn
granit *nm* granite
gratin *nm* (seasoned) bread crumbs • **au gratin** (cooked) with bread crumbs and grated cheese
gratte-ciel (*pl* **gratte-ciel**) *nm* skyscraper
grave grave, solemn • **accent grave** (è) grave accent
gravure *nf* engraving
grenier *nm* attic, garret
gril *nm* grill, broiler
grimace *nf* grimace, wry face, grin
grimper to climb, clamber up, scale, mount
grincement *nm* grinding, screeching, grating
grippe *nf* grippe, influenza
gris, grise gray
grogner to grunt, grumble, growl
gronder to growl, snarl, to mutter between one's teeth; to scold, berate
gros, grosse big, bulky, voluminous, heavyweight • **le gros** the main part • **grosse mer** high sea • **en gros** wholesale • **je donnerais gros pour** I'd give anything to
grossier, grossière coarse, rough, vulgar
grossir to grow big; to get fat
groupe *nm* group
gruyère *nm* Gruyere (cheese)
guère: ne . . . guère scarcely, hardly, but little, not much, not very
guérir to cure, heal, restore to health
guerre *nf* armed struggle, war, strife
guider to guide; to drive (car, horse, etc.)
guitare *nf* guitar

H

(Words beginning with an aspirate **h** *are shown with an asterisk)*

habile clever, skillful, able; competent
habileté *nf* skill, cleverness
habiller to clothe (someone); to dress (someone) • **s'habiller** to dress (oneself), put on things
habit *nm* dress, costume; coat • **habits** *mpl* clothes
habitant, habitante *nmf* inhabitant, resident
habitation *nf* residence, abode
habiter to live in (a place), inhabit
habitude *nf* habit, custom • **d'habitude** customarily • **avoir l'habitude de** to be accustomed to
habitué, habituée *nmf* frequenter, habitual visitor, regular customer, regular attendant
habituel, habituelle habitual, usual, customary
habituer: s'habituer to get used, grow accustomed, become used
*****hacher** to chop (up); to hash
*****hachis** *nm* mince (minced meat, ingredients, etc.)
hanche *nf* hip
hargneux, hargneuse peevish, surly
haricot *nm* bean
*****hasard** *nm* chance, luck, accident • **par hasard** by accident, by chance
*****hâter: se hâter** to make haste, hasten
hasten
*****hausser les épaules** to shrug one's shoulders
*****haut, haute** *adj* high, tall; loud • **à haute voix** aloud • **haut** *adv* loudly, aloud • **haut** *nm* top, summit • **au haut de** at (to) the top of • **en haut** upstairs; above; at the top
*****hé** *interj* (to call attention) hey!
*****hein** *interj* (expressing surprise) eh? what?
*****hélas** *interj* alas!
herbe *nf* grass; herb • **sur l'herbe** on the grass, on the ground • **fines herbes** herbs for seasoning
hésiter to hesitate; to falter

*hêtre nm beech (tree or timber)
*heu interj (doubt) h'm; (indifference, contempt) pooh!; bah!
heure nf hour, o'clock; time • à l'heure on time; per hour • à quelle heure? (at) what time? • il est (deux) heures it is (two) o'clock • tout à l'heure later on
heureusement happily, fortunately
heureux, heureuse happy; blessed
hier yesterday • hier soir last night
histoire nf history; story • en voilà une histoire! well this is a pretty kettle of fish!; this is a fine to-do!; that's some story!; who do you think will believe that! • c'est une autre histoire that's a different story, that's something else again
historique historic, historical
hiver nm winter
homme nm man; husband
honneur nm honor
honorer to honor; to do credit to
hôpital nm hospital
horaire nm time table
horloge nf clock • horloge astronomique astronomical clock
horreur nf horror
horrible horrible, hideous
*hors out of, outside, beyond; beside
hors-d'œuvre nm hors d'œuvre
hôtel nm hotel • hôtel de ville town hall
hôtesse nf hostess • hôtesse de l'air air hostess, stewardess
*houille nf coal • houille blanche electricity (generated by water power)
hué hissed
huile nf oil
*huit eight • huit jours a week
*huitième eighth

*hum interj hm!
humble humble, meek
*humer to suck in, take in
humeur nf humor, mood, spirits • être de bonne (mauvaise) humeur to be in a good (bad) humor
humoristique humorous
*hurler to howl, to roar
*hutte nf hut
hydraulique hydraulic (having to do with water — or liquids — in motion)
hydromel nm hydromel
hypnotiseur nm hypnotist

I

ici here; now, this time
idéal, idéale adj ideal • idéal nm ideal
idée nf idea, notion • changer d'idée to change one's mind
idiot, idiote adj idiotic • idiot, idiote nmf idiot
Ier = premier first
il he, it
île nf island
illuminer to illuminate, light
illustration nf illustration
illustre illustrious, famous
ils they
image nf image; figure, picture; impression
imagination nf imagination
imaginer to imagine, fancy
imbécile adj idiotic, half-witted • imbécile nmf imbecile, fool, nitwit
imbiber to imbibe
imitation nf imitation
imiter to imitate
immédiat, immédiate immediate
immédiatement immediately
immense immense, huge
immeuble nm apartment house
immobile motionless, still, unmoved
imparfait, imparfaite adj imperfect • l'imparfait nm the imperfect (tense)
impatience nf impatience

impatient, impatiente impatient
impératif, impérative imperative
imperméable nm raincoat
impératif nm imperative (grammar)
impersonnel, impersonnelle impersonal
impoli, impolie impolite, rude, discourteous
impolitesse nf impoliteness, discourtesy
importance nf importance
important, importante important
importer to be of importance; to matter; to make a difference • n'importe quelle makes no difference which
imposer à to impose on; to deceive; to inspire respect • s'imposer to assert oneself; to take the lead
impossible adj impossible • l'impossible nm the impossible
impôt nm tax; taxation • feuille d'impôt tax return, tax form, blank
impression nf impression; imprint, printing, issue
impressionnant, impressionnante impressive
impressionner to impress, affect, move
imprimé, imprimée printed
inadmissible inadmissible
inattendu, inattendue unexpected
incapable incapable, unfit
incertitude nf uncertainty, doubt
inclinaison nf incline; slope
incongru, incongrue incongruous, unseemly
inconnu, inconnue adj unknown • inconnu, inconnue nmf unknown person
incroyable unbelievable, incredible
indéfini, indéfinie indefinite
indéfiniment indefinitely

indépendance *nf* independence
indépendant, indépendante independent
Indes *nfpl* India
indéterminé, indéterminée undetermined
indicatif *nm* indicative
indication *nf* indication
indien, indienne *adj* Indian (American or Asian) • **Indien** *nm* Indian (man) • **Indienne** *nf* Indian woman
indigné, indignée indignant, roused to indignation
indiquer to indicate, point out
indirect, indirecte indirect
industrie *nf* industry
industriel, industrielle industrial
inertie *nf* inertia; sluggishness, dullness
inestimable inestimable, invaluable, priceless
inférieur, inférieure inferior
infériorité *nf* inferiority
infinitif *nm* infinitive (basic form of the verb)
inflexible inflexible, rigid, unbending
information *nf* information
informer to inform
infraction *nf* infraction, violation
ingénieur *nm* engineer
ingrat, ingrate ungrateful, inappreciative
initiative *nf* initiative
innocent, innocente innocent
inoffensif, inoffensive inoffensive, harmless
inondé, inondée flooded, inundated
inquiet, inquiète restless; troubled; uneasy, worried, concerned
inquiéter to make someone anxious or uneasy; to trouble, disturb • **s'inquiéter** to become anxious, disturbed, worried, uneasy
inscription *nf* inscription, matriculation
insecte *nm* insect

insister to insist • **insister sur** to insist on • **insister pour** to press for
insomnie *nf* sleeplessness
inspecteur *nm* inspector
inspiration *nf* inspiration
inspirer to inspire
installation *nf* installation
installer to install • **s'installer** to install oneself, settle oneself, settle down
instamment urgently
instant *nm* instant, moment • **à l'instant** immediately, at once
instinct *nm* instinct
instructeur *nm* instructor
instruire to teach, to instruct
instrument *nm* instrument, implement, apparatus; deed, document
insulte *nf* insult
insupportable insupportable, unendurable, unbearable
insurmontable insurmountable, unconquerable
intellectuel, intellectuelle *adj* intellectual, scholarly • **intellectuel, intellectuelle** *nmf* intellectual; scholar
intelligent, intelligente intelligent
intense severe, intense; heavy (of traffic)
intention *nf* intention • **à l'intention de** in honor of • **avoir l'intention de** to intend to
interdire to forbid, prohibit
interdit, interdite prohibited, taken aback, confounded, put out
intéressant, intéressante interesting
intéresser to interest; to concern • **s'intéresser à** to become interested in, interest oneself in, take an interest in
intérêt *nm* interest; concern; profit
intérieur, intérieure *adj* interior • **intérieur** *nm* interior, inside
interjection *nf* interjection

international, internationale international
interprète *nmf* interpreter
interrogatif, interrogative interrogative
interrogation *nf* interrogation, question
interrompre to interrupt
intervenir to intervene, step in, interfere
interview *nf* interview
interviewer to interview
intituler to entitle, give a title to
intransitif, intransitive intransitive
intuitif, intuitive intuitive
inutile useless, unnecessary, worthless, to no avail
inventer to invent
inventif, inventive inventive
invention *nf* invention; finding, discovery
inverti, invertie inverted, reversed
invitation *nf* invitation
invité, invitée *adj* invited • **invité, invitée** *nmf* guest
inviter to invite
involontaire involuntary
invraisemblable unlikely, improbable
invraisemblance *nf* unlikelihood
ira, irais, etc. see **aller**
ironie *nf* irony • **faire de l'ironie** to make ironical remarks, be ironical
ironique ironical
irons see **aller**
irrégulier, irrégulière irregular
irrésistible irresistible
irriter to irritate • **s'irriter** to become irritated, annoyed
isolé, isolée isolated
issue *nf* issue, event, exit
Italie *nf* Italy
italien, italienne *adj* Italian • **italien** *nm* Italian (language) • **Italien** *nm* Italian (man) • **Italienne** Italian (woman)

J

jadis — formerly, once upon a time
jaloux, jalouse jealous, envious
jamais ever • **ne . . . jamais** never • **jamais de la vie!** not on your life! never! • **au grand jamais!** but, never!; never in this world
jambe *nf* leg
jambon *nm* ham • **sandwich au jambon** ham sandwich
janvier *nm* January
Japon *nm* Japan
jardin *nm* garden
jardinage *nm* gardening
jardinier *nm* gardener
jaune yellow
jaunir to yellow; to fade
jazz *nm* jazz
je I
jeter to throw (out), hurl, cast • **jeter un coup d'œil** to give a glance, a quick look
jeu *nm* game
jeudi *nm* Thursday
jeune young
jeunesse *nf* youth; young people
joie *nf* joy, gladness
joindre to join; to attach, bring together; to add; to unite
joint, jointe joined, attached
joli, jolie pretty, nice
joue *nf* cheek
jouer *v* to play; to act (in a play) • **il joue au (tennis)** he plays (tennis) • **il joue du (piano)** he plays the (piano)
joueur, joueuse *nmf* player
jouir to enjoy • **jouir de** to enjoy, profit from
jour *nm* day; daylight
journal, journaux *nm* newspaper; journal
journalier, journalière daily, everyday
journaliste journalist, reporter
journée *nf* day; day's work; day's events
joyeux, joyeuse happy, joyous, glad, merry, jolly
juge *v see* **juger** • **juge** *nm* judge
jugement *nm* judgment, sentence
juger to judge, decide; to criticize
juin *nm* June
jumeaux *nmpl* twins • **jumelles** *nfpl* twins; binoculars
jupe *nf* skirt
jurer to swear, affirm
jus *nm* juice
jusque till, to, as far as • **jusqu'à** until, to, as far as, to the point, time of • **jusqu'à ce que** until
juste *adj* just, right, fair; exact, accurate, correct • **juste** *adv* exactly, precisely • **au juste** exactly
justement precisely, exactly; just now; as a matter of fact, in fact
justice *nf* justice

K

képi *nm* military cap
kilo = kilogramme kilogram (2.2 pounds)
kilomètre *nm* kilometer (.624 miles)
kinescope *nm* kinescope
klaxon *nm* horn (of a car)

L

l' = la, le
la *see* **le**
là there • **là-bas** down there, over there, yonder • **là-dessous** underneath • **là-dessus** on that, thereupon
laboratoire *nm* laboratory
labour *nm* ploughing, tilling
lac *nm* lake • **au bord du lac** to the lake
lâcher to release, let free, let go
là-dessous underneath
là-dessus on that, thereupon
là-haut up there
laid, laide ugly, plain
laine *nf* wool
laisser to leave (behind); to quit; to let • **laisser faire à quelqu'un** to let someone alone • **se laisser (prier)** to let oneself be (begged), want to be (begged)
lait *nm* milk • **café au lait** coffee with hot milk
laiterie *nf* dairy
laitière *nf* dairy maid
lamentable mournful, dismal
lampe *nf* lamp
lancer to throw, fling, cast, hurl; to dart; to launch (of model airplanes, etc.)
langue *nf* tongue; language
laquelle *see* **lequel**
large *adj* broad, wide, grand • **le large** *nm* the open sea
largeur *nf* breadth, width
las, lasse tired, weary • **être las de** to be tired of
lasser to tire; weary • **se lasser** to get tired
latin *nm* Latin (language)
laver to wash, cleanse • **se laver (les mains)** to wash one's (hands)
laveur *nm* washer (man) • **laveuse** *nf* washer, scrubber, washerwoman • **laveuse électrique** electric washing machine
le, la, les *article defini* the • **le** *pron* him, it • **la** *pron* her, it • **les** *pron* them
leçon *nf* lesson
lecture *nf* reading (act of)
légende *nf* legend
légume *nm* vegetable
lendemain *nm* next day, day after, following day
lent, lente slow; tardy
lentement slowly
lequel, laquelle, lesquels, lesquelles who, whom; which (one, ones)
les *see* **le**
lesquelles, lesquels *see* **lequel**
lettre *nf* letter
leur their, them, to them; theirs
lever *v* to raise, lift, erect • **se lever** to rise, to get up • **lever** *nm* rising, getting up • **lever du soleil** sunrise
lèvre *nf* lip

libre free; at liberty • **un après-midi de libre** an open afternoon (nothing planned)
lichen *nm* lichen (fungus that grows on trees)
lieu *nm* place; rank • **au lieu de** in place of, instead of • **avoir lieu** to take place • **en tout lieu** everywhere
ligne *nf* line, telephone line; row, rank
lilas *nm* lilac
liquide *adj* liquid • **liquide** *nm* liquid
lire to read
lis, lisais, etc. *see* **lire**
lisse smooth, polished, slick
liste *nf* list
lit *v see* **lire** • **lit** *nm* bed • **au lit** in bed
litre *nm* liter (1.057 quarts)
littéraire literary
littérature *nf* literature
livraison *nf* delivery • **livraison à domicile** delivery to one's residence, free delivery
livre *v see* **livrer** • **livre** *nm* book • **livre** *nf* pound
livrer to deliver; to give something up • **livrer bataille** to join battle with (**à**); to give battle to (**à**) • **se livrer à** to devote oneself to, indulge in
local, locale local
loger to lodge, place, put
loi *nf* law, rule
loin far, afar, far away • **au loin** in the distance • **de loin** from afar
lointain, lointaine far, distant
long, longue *adj* long • **long** *nm* length • **le long de** along; the length of
longtemps long, for a long time • **il y a longtemps** a long time ago
longuement for a long time; deliberately; at great length
longueur *nf* length
lors then; **dès lors** from that time on
lorsque when, at the time that

lourd, lourde heavy; difficult; awkward, dull, dull-witted • **peser lourd** to weigh a lot
lu *see* **lire**
lui he, him, to him; to her; it, to it
lui-même himself
luire to shine
lumière *nf* light
lundi *nm* Monday
lune *nf* moon • **la nouvelle lune** the new moon • **la pleine lune** the full moon
lunettes *nfpl* spectacles, glasses • **lunettes de soleil** sun glasses
lutte *nf* wrestling; fight, struggle
lutter to wrestle; to fight, struggle, battle
lycée *nm* lycée, state-supported secondary school
lyonnais, lyonnaise *adj* Lyonese, of Lyons • **Lyonnais** *nm* man of Lyons • **Lyonnaise** *nf* woman of Lyons

M

ma *see* **mon**
machine *nf* machine • **machine à coudre** sewing machine
madame *nf* Mrs.
mademoiselle *nf* Miss
magasin *nm* store • **grand magasin** department store
magazine *nm* magazine
magistrat *nm* magistrate; judge
magnifique magnificent, grand
mai *nm* May
maigre thin, lean, meager
maigrir to grow thin, lean • **elle a maigri de vingt livres** she has lost twenty pounds
main *nf* hand • **à la main** at hand
maintenant now
mais but
maïs *nm* corn
maison *nf* house; home; firm • **à la maison** at home
maître *nm* master; owner; teacher
maîtresse *nf* mistress; teacher
majesté *nf* majesty

majestueux, majestueuse majestic, stately
mal *adv* bad(ly), wrong; ill • **mal** *nm* evil, ill, harm, hurt, pain • **avoir mal à (la tête)** to have a (head-)ache • **se donner tant de mal** to worry oneself so • **faire du mal** to do harm • **se faire mal** to hurt oneself
malade *adj* ill • **malade** *nmf* sick person, patient
maladie *nf* malady, illness, sickness
maladroit, maladroite clumsy, awkward
malchance *nf* bad luck, ill luck, mishap
malgré in spite of, despite
malheur *nm* bad luck, misfortune, calamity
malheureux, malheureuse unhappy, unfortunate
malheureusement unfortunately
maligne *see* **malin**
malin, maligne shrewd, cunning, sly, clever
malle *nf* trunk
malotru, malotrue *nmf* boor, low person
maman *nf* mommy • **bonnemaman** grandma
mammifère mammiferous
manche *nf* sleeve • **en manches de chemise** in shirt sleeves • **manche** *nm* handle (of knife, boiler, etc.)
manger to eat
maniaque *nmf* maniac; crank
manière *nf* manner, way, fashion
manifester to manifest, to show
manquer to fail, miss, be lacking, be absent • **il manque (dix hommes)** (ten men) are lacking, missing • **il (lui) manque (un soulier)** (he) lacks (a shoe) • **il a manqué (le train)** he missed (the train)
manteau *nm* coat, cloak
manuel *nm* handbook, manual

manufacture *nf* manufacture; factory, mill
marchait *see* **marcher**
marchand, marchande *nmf* merchant; dealer; shopkeeper
marchander to bargain with someone over; to haggle (over price)
marchandise *nf* merchandise
marche *v see* **marcher** • **marche** *nf* step (of stairs); march, advance
marché *nm* market; bargain • **à bon marché** cheap
marcher to march, walk, step; to progress; to operate, run • **ça a marché?** did everything go well?
mardi *nm* Tuesday
marée *nf* tide
mari *nm* husband
mariage *nm* marriage
marier to marry • **se marier** to marry
marin, marine *adj* marine, sea-going • **marin** *nm* sailor, seaman • **marine** *nf* sea-going service, navy
marmite *nf* (cooking) pot, pan
marotte *nf* cap and bells (court fool's costume)
marque *nf* make, mark
marquer to mark
marronnier *nm* chestnut tree
mars *nm* March
marseillais, marseillaise of (from) Marseille
martyr *nm* martyr
masculin, maculine masculine
match *nm* match; game
matériel, matérielle material
matériellement materially, physically
mathématiques *nfpl* mathematics
matin *nm* morning • **le matin** in the morning, of a morning
matinal, matinale matinal, morning
matinée *nf* morning, forenoon
maudire to curse
maudit, maudite cursed, accursed; execrable, wretched

mauvais, mauvaise bad, ill
maux *see* **mal**
me me, to me, myself, to myself
mécanique *adj* mechanical • **mécanique** *nf* (science of) mechanics; mechanism
mécanisme *nm* mechanism, works, technique
méchant, méchante miserable, wretched, poor; wicked, evil
mécontent, mécontente displeased; unhappy
mécontentement *nm* dissatisfaction
médecin *nm* doctor, physician
médecine *nf* (art of) medicine; (dose of) medicine
médicament *nm* medicine
méditatif, méditative meditating, meditative
Méditerranée *nf* Mediterranean
méditerranéen, méditerranéenne Mediterranean, belonging to the Mediterranean sea
médium *nm* medium
meilleur, meilleure better • **le(s) meilleur(s)** the best • **la (les) meilleure(s)** the best
mélange *nm* mixture
mélanger to mix, blend
mêler to mix, mingle • **se mêler dans** to mingle with, lose oneself in • **se mêler de** to stick one's nose into, to dabble in
membre *nm* member
même *adj* same; self; very own • **de même** the same, like • **même** *adv* even, also • **tout de même** in any event, nevertheless
menaçant, menaçante threatening, terrifying
menace *nf* threat
menacer to threaten
ménage *nm* housekeeping; household • **faire le ménage** to do the housekeeping, clean up the house
mener to lead, bring, conduct

• **ne mener à rien** not to get anywhere
mentionner to mention, make mention of
mer *nf* sea, ocean
merci thanks, thank you
mercredi *nm* Wednesday
mère *nf* mother
mériter to merit, deserve
merveille *nf* marvel, wonder
merveilleux, merveilleuse marvelous, wonderful, excellent
mes *see* **mon**
mésaventure *nf* misadventure, misfortune
message *nm* message
messieurs *see* **monsieur**
mesure *nf* measure
mesurer to measure
met *see* **mettre**
métal *nm* metal
métallique metallic
métier *nm* profession
mètre *nm* meter (3.281 feet)
métro *nm* subway
mettable wearable
mettre to put (on), set, place • **il met (5 ans) à (gagner cela)** it takes him (five years) to (earn that) • **mettre en plus** to add • **se mettre à** to begin, start • **se mettre à l'aise** relax • **bien mis** well dressed
meuble *nm* piece of furniture • **marché aux meubles** furniture store
meurent, meurs, etc. *see* **mourir**
meuve *see* **mouvoir**
Mexique *nm* Mexico
midi *nm* noon; South
miel *nm* honey
mien, mienne mine
mieux better • **le mieux** the best • **faire de son mieux** to do one's best • **à qui mieux mieux** each trying to outdo the other
mignon, mignonne dainty, tiny, delicate

milieu *nm* surroundings, environment; middle, center, midst; mean • **au milieu de** in the midst of
mille *adj* thousand • **mille** *nm* mile
millier *nm* (about) a thousand
millimètre *nm* millimetre
million *nm* million
mîmes, mirent *see* **mettre**
mince thin, slender
minéral, minérale mineral
miniature *nf* miniature
minimum *nm* minimum
ministère *nm* Ministry • **Ministère des Beaux-Arts** Ministry of Fine Arts
ministre *nm* minister, agent
minuit *nm* midnight
minute *nf* minute
miroir *nm* mirror
mis, mise *see* **mettre**
mise *nf* placing, putting; attire, get-up • **mise en scène** stage setting
mit *see* **mettre**
mobile moveable, changeable
mobilisé, mobilisée mobilized, called up
mode *nf* mode, manner, fashion • **à la mode** in fashion, fashionable; in the fashion • **mode** *nm* mood (grammar) • **à la vieille mode** in the old fashion
modèle *nm* model
moderne *adj* modern, of the present • **moderne** *nm* what is modern, the modern
modeste modest
modestie *nf* modesty, decency, propriety
modifier to modify, to qualify, to alter
modique small, slender, moderate
moi me; to me
moi-même myself
moindre *adj* less; (**le**) **moindre** (the) least
moine *nm* monk
moins less • (**le**) **moins** (the) least • **à moins que** unless • **au moins** at least • **du moins** at least; at any rate • **pas le moins du monde** not in the least • **tout au moins** at least
mois *nm* month
moitié *nf* half • **à moitié** halfway, by halves
mol, molle *see* **mou**
moment *nm* moment • **au moment où** at the time when • **en ce moment** right now • **par moments** now and again
mon, ma, mes my
monde *nm* world, earth; people, society • **au monde** in the world • **que de monde!** what a mob!
mondial, mondiale earthly; world, world-wide
monnaie *nf* change; coin; money
monotone monotonous, humdrum
monsieur (*pl* **messieurs**) *nm* sir, Mr.
monstre *nm* monster
mont *nm* mount, mountain
montagne *nf* mountain
montagnette *nf* a small mountain, dinimutive of montagne
monter to mount, go up (with **être**); to carry up, raise • **monter à cheval** to ride (horseback)
montre *nf* watch
montrer to show; exhibit; to point out • **se montrer** to appear, seem
monument *nm* monument
moquer to mock, make fun of, ridicule • **se moquer de** to make fun of, to poke fun at
moqueur, moqueuse mocking, jeering, sarcastic
moral, morale moral
morale *nf* ethics
moralement morally
morceau *nm* morsel, piece
mordu, mordue bitten, mad
mort, morte *adj* dead • **mort** *nf* death
mortel, mortelle mortal
mot *nm* word
moteur *nm* motor
moto *nf* motorcycle
motocyclette *nf* motorcycle
motocycliste *nmf* motorcyclist
mou, mol, molle soft, flabby
moulin *nm* mill • **moulin à poivre** pepper mill
mourir to die • **faire mourir** to kill
mousseux, mousseuse mossy; frothy, foaming
moutarde *nf* mustard
mouton *nm* sheep; mutton
mouvement *nm* movement
mouvoir to move • **se mouvoir** to move about
moyen, moyenne *adj* middle, average • **moyenne** *nf* average (grade required) • **faire la moyenne** to pass, make a passing grade • **moyen** *nm* means, way, manner
muet, muette *adj* mute, silent
mugissement *nm* bellowing, lowing (of cattle)
muguet *nm* lily of the valley
multitude *nf* multitude, crowd, group
municipal, municipale municipal
munition *nf* equipping (ammunition)
mur *nm* wall
murmurer to murmur, to whisper
museau *nm* muzzle, snout (of animal)
musée *nm* museum
musique *nf* music
mystère *nm* mystery
mystérieux, mystérieuse mysterious
mystificateur, mystificatrice mystifying

N

nage *nf* swimming
nager to swim
nageur, nageuse *adj* swimming • **nageur, nageuse** *nmf* swimmer
naître to be born
nappe *nf* tablecloth, cloth
naquis *see* **naître**

narration *nf* narration, narrative, account
narratif, narrative narrative
natal, natale native
nation *nf* nation, country
nature *nf* nature
naturel, naturelle *adj* natural • **naturel** *nm* native (of a country); nature, character, disposition • **d'un naturel féroce** savage by nature
naturellement naturally
nautique nautical, aquatic
navet *nm* turnip
ne: ne ... pas not
né, née born (*see* **naître**)
nécessaire necessary
nécessiter to need, require, necessitate
négatif, négative negative
négation *nf* negation
neige *nf* snow
neiger to snow
nerveux, nerveuse nervous, jittery
net, nette clean; net (free of tax)
nettement clearly, cleanly, distinctly
nettoyer to clean, wash out, scour
neuf, neuve new (newly made)
neuf nine
neveu *nm* nephew
newyorkais, newyorkaise *adj* of New York • **Newyorkais, Newyorkaise** *nmf* New Yorker
nez *nm* nose
ni: ne ... ni ... ni ... neither ... nor
nièce *nf* niece
nier to deny
noble *adj* noble; high-minded • **noble** *nm* noble (man) • **noble** *nf* noble (woman)
nocturne nightly, nocturnal
Noël *nm* Christmas • **cantique de Noël** Christmas carol
nœud *nm* knot
noir, noire black
noix *nf* walnut • **noix de beurre** piece of butter the size of a walnut

nom *nm* name
nombre *nm* number
nombreux, nombreuse numerous
nommer to name
non no; not
nord *nm* North
nord-est *nm* Northeast
nord-ouest *nm* Northwest
normal, normale normal
normand, normande *adj* Norman, of Normandy • **Normand** *nm* Norman • **Normande** *nf* woman of Normandy
nos *see* **notre**
note *nf* note, memorandum; grade, school mark
noter to note, notice, observe
notre, nos our
nourrir to nourish; to feed
nourriture *nf* nourishment, food, board, keep
nous we, us, to us
nous-mêmes we, ourselves
nouveau, nouvel (*pl* **nouveaux**), **nouvelle** (*pl* **nouvelles**) *adj* new (newly acquired) • **à nouveau** again; anew, a second time • **de nouveau** new; again, anew • **nouvelle** *nf* (piece of) news • **nouvelles** *nfpl* news • **il aura de mes nouvelles** he'll hear from me
nouveauté *nf* novelty, newness, freshness
novembre *nm* November
nucléaire nuclear
nuit *nf* night
nul, nulle: ne ... nul no, not any
numéro *nm* number (of house, ticket, telephone, etc.)
nylon *nm* nylon

O

ô *interj* oh! (address or invocation)
obéir to obey
obèse stout, portly, corpulent
objection *nf* objection

objet *nm* object, thing • **bureau des objets perdus** lost and found office
obligatoire obligatory
obligé, obligée *see* **obliger**
obligeance *nf* obligingness • **avoir l'obligeance de** to have the kindness to
obliger to oblige, bind, compel • **s'obliger à** to undertake (to do something), engage oneself to
obscurité *nf* darkness
observation *nf* observation, remark
observer to observe, watch
obstacle *nm* obstacle, impediment, hindrance • **créer des obstacles à** to put difficulties in the way of
obtenir to obtain, procure
occasion *nf* occasion, opportunity, bargain; time • **d'occasion** second-hand
occupation *nf* occupation, business, work
occupé, occupée busy; occupied
occuper to occupy, employ • **s'occuper de** to occupy oneself with; devote one's time to
occurrence *nf* occurrence, event
océan *nm* ocean
octobre *nm* October
ode *nf* ode (kind of poetry)
odeur *nf* odor, smell
odorat *nm* sense of smell
œil *nm* (*pl* **yeux**) eye • **jeter un coup d'œil** to cast a glance
œuf *nm* egg • **œuf sur le plat** fried egg
œuvre *nf* work (of an author), performance, deed • **chef-d'œuvre** masterpiece
officiel, officielle official
offre *nf* offer, proposal
offrir to offer, propose
ogre, ogresse *nmf* ogre
oh *interj* oh!
oiseau *nm* bird • **cage aux oiseaux** bird cage
olive *nf* olive

olympique Olympic • **les jeux olympiques** the Olympic games
ombre *nf* shade, shadow; obscurity
omelette *nf* omelet (omelette)
omis *see* **omettre**
omettre to omit
omnibus *nm* bus
on one, they, we; the people, etc.
oncle *nm* uncle
ont *see* **avoir**
onze eleven
opéra *nm* opera; opera house
opinion *nf* opinion
opposer to oppose, to place opposite
optimiste *adj* optimistic • **optimiste** *nmf* optimist
or *conj* well; now • **or** *nm* gold • **(un garçon) en or** a priceless (wonderful) (boy)
oral, orale, oraux, orales oral
orange *nf* orange
orateur *nm* orator, speaker
orchestre *nm* orchestra
ordinaire *adj* ordinary, usual, common • **médecin ordinaire du roi** physician in ordinary (official) to the King • **d'ordinaire** generally, usually
ordinairement ordinarily, usually, as a rule
ordonner to arrange, set in order; to command
ordre *nm* order, command; methodical arrangement
ordure *nf* dirt, filth • **ordures** *pl* garbage, refuse
oreille *nf* ear
oreiller *nm* pillow
oreillons *nmpl* mumps
organe *nm* organ
organiser to organize, arrange
original, originale *adj* original • **original, originale** *nmf* a character, an eccentric • **original** *nm* (the) original
Orléans town about 70 miles south of Paris
Orly one of two airports serving Paris

orné, ornée ornamented; ornate
ornement *nm* ornament, adornement
orthographe *nf* orthography, spelling • **faute d'orthographe** mistake in spelling, typographical error
orthographique orthographical
oser to dare, venture
ou or; either
où where; at which, to which, in which; when
oublier (de) to forget
ouest *nm* West
ouf *interj* (*sigh of relief*) ah! what a relief!
oui yes
ouissant meaningless; sound made by parrot
ours *nm* bear • **ourse** *nf* she-bear
ouvert, ouverte open
ouvrage *nm* piece of work
ouvrier *nm* workman, operator
ouvrir to open • **s'ouvrir** to open

P

page *nf* page (of a book) • **page** *nm* page (boy); bell boy
paie *see* **payer**
paierai, paierais, etc. *see* **payer**
paille *nf* straw
pain *nm* bread • **petit pain** roll
paix *nf* peace, quiet, rest
palais *nm* palace
pâle pale, colorless
pan *interj* bang! biff! • **pan** *nm* section, surface • **pan de mur** bare wall, piece of wall
panier *nm* basket
panne *nf* breakdown • **en panne** stuck, at a standstill
panorama *nm* panorama
pantalon *nm* pair of trousers, pants
papa *nm* papa; father
papier *nm* paper
Pâques *nm* Easter
paquet *nm* package, parcel
par by, through; for; per • **par ici (là)** (come) this (that) way
paragraphe *nm* paragraph
paraître to appear, seem, look; to become visible, to be published
parc *nm* park
parce que because, for
parcourir to run through, look over; to travel over, scour
pardessus *nm* overcoat
pardon *nm* pardon • **pardon?** I beg your pardon; I didn't understand
pareil, pareille equal, like, similar; such
parent, parente *nmf* relative, kin • **parents** *nmpl* parents, father and mother
parenté *nf* kinship, relation
parenthèses *nf* parentheses
paresseux, paresseuse lazy; idle
parfait, parfaite perfect, complete, fine
parfaitement perfectly
parfois sometimes, occasionally
parfum *nm* perfume, fragrance
parfumer to perfume, scent
parier to bet, wager
Paris *nm* Paris
parisien, parisienne *adj* Parisian, of Paris • **Parisien** *nm* Parisian • **Parisienne** *nf* Parisienne, woman of Paris
parlement *nm* parliament, legislative assembly
parler to speak, talk
parmi among, amid
parole *nf* word, utterance, remark
paroxysme *nm* paroxysm, climax
pars, part *see* **partir**
part *nf* share, part; log; side • **à part** aside, in confidence • **d'autre part** on the other hand; moreover • **de la part de** on behalf of; from • **de (ma) part** for (my) part • **nulle part** not anywhere, nowhere • **quelque part** somewhere, some place

partaient, parte, etc. *see* **partir**
partenaire *nmf* partner (games, dancing, etc.)
partes, partez, parti *see* **partir**
participe *nm* participle
particulièrement particulary, in detail
partie *nf* game; part • **faire partie (de)** be a part of
partir to leave, depart • **à partir de** beginning with • **faire partir** to have (something) sent
partitif, partitive partitive
partons *see* **partir**
partout everywhere
paru, parurent, etc. *see* **paraître**
parvenu, parvenue newly-rich, upstart
pas sign of the negative, *see* **ne** • **pas du tout** not at all
pas *nm* step, pace • **à (deux) pas** (two) steps away
passa *see* **passer**
passage *nm* passage
passager, passagère *adj* transitory, fleeting, momentary • **passager, passagère** *nmf* passenger; passerby
passant *nm* passer-by
passé *nm* (the) past • **passé simple** "passé simple", historical past
passer to pass (by, over, etc.); to run (something) over; to spend (time), to move on, disappear • **se passer** to happen, take place • **laisser passer la pluie** to leak • **s'en passer** to do without
passion *nf* passion; love; enthusiasm • **avec passion** with avid interest
passionnant, passionnante entrancing, thrilling, fascinating, delightful
passionner to fascinate, interest tremendously • **(le tennis) le passionne** he is passionately fond of (tennis) • **se passionner pour** to be (become) pas-

sionately fond of, be wild about
pasteuriser to pasteurize (heat enough and long enough to kill certain germs)
patati, patata etc., and so on and so forth
patauger to splash and flounder (in the mud)
pâte *nf* paste; dough • **pâte dentifrice** toothpaste
pâté *nm* pie • **pâté de foie gras** gooseliver paste
patience *nf* patience
patin *nm* skate
patiner to skate
pâtisserie *nf* pastry; cakes; pastry shop
patron *nm* boss; chief, head, owner (of a business); patron (saint)
patte *nf* paw (lion, cat, dog, monkey); foot (bird); leg (insect)
paume *nf* palm (of hand)
paupière *nf* eyelid
pauvre poor, needy, unfortunate
pauvreté *nf* poverty
pavé, pavée *adj* paved • **pavé** *nm* pavement; paving stone
pavillon *nm* villa, lodge, pavilion
payer to pay (for)
pays *nm* region, country, land, nation
paysage *nm* landscape, countryside
paysan *nm* peasant, country man • **paysanne** peasant woman, country woman
peau *nf* skin, hide; peel • **peaux-rouges** redskins
pêche *nf* fishing
pêcher to fish; to catch (fish)
pêcheur *nm* fisherman
pédaler to pedal, to cycle, to bike (fam.)
peigné, peignée combed • **bien peigné** well groomed
peigner to comb
peindre to paint
peine *nf* pain, sorrow, trouble;

punishment • **à peine** scarcely • **à grande peine** with great difficulty • **se donner une peine inutile** to go to no end of trouble, to no avail
peint *see* peindre
peinture *nf* paint; painting • **peinture à l'eau** watercolor
pèlerine *nf* cape
pelle *nf* shovel, scoop
pellicule *nf* film • **pellicule en bobine** roll of film
pelouse *nf* lawn
pencher to lean, to bend
pendant *prep* during • **pendant que** while • **pendant, pendante** *adj* hanging, pendant
pénétrer to penetrate, enter, pierce, get in
pénible painful, difficult
pénombre *nf* half-light, semi-darkness
penser to think, reflect, turn the mind to, have an opinion on • **penser + *infinitive*** to intend to • **penser à** to think about
pente *nf* slope, incline • **bien en pente** sharply inclined, steep slope • **pente douce** gentle slope
percevoir to perceive, discern, make out
perdre to lose; to ruin • **se perdre** to get lost, ruin oneself; to be going to ruin
père *nm* father
permettre to permit, allow
permis *v see* **permettre** • **permis de conduire** driver's license
permission *nf* permission, leave
perplexe perplexed, puzzled
perron *nm* flight of steps (before a house)
perroquet *nm* parrot
persil *nm* parsley
personnage *nm* personnage, character
personnalité *nf* personality
personne *nf* person, individual • **ne . . . personne** nobody

personnel, personnelle personal
personnellement personally, in person
perspective *nf* view; perspective
persuader to persuade, induce; to convince
peser to weigh
peste *nf* plague, pest (cholera, etc.)
pétanque *nf* a game played in southern France
petit, petite little, small
petite-fille *nf* granddaughter
petit-fils *nm* grandson
petits-enfants *nmpl* grandchildren
pétrole *nm* kerosene
peu little; few; bit • **à peu près** nearly, almost
peur *nf* fear • **avoir peur** to be afraid
peut, peuvent, etc. *see* **pouvoir**
peut-être perhaps
pharmaceutique pharmaceutical
pharmacie *nf* pharmacy; drug store
philosophique philosophical
photo *nf* photograph, picture
photographie *nf* photography
photographique photographic
phrase *nf* sentence; phrase
physique *adj* physical • **physique** *nf* physics (the subject) • **physique** *nm* physique (of a person), external appearance
pianiste *nf&m* pianist
piano *nm* piano
pie *nf* magpie
pièce *nf* piece, portion, fragment; coin; play; room in a house or apartment • **pièce de monnaie** coin • **pièce de théâtre** play • **mettre en pièces** to break (into bits)
pied *nm* foot • **à pied** on foot • **coup de pied** kick • **doigt de pied** toe
piège *nm* trap
pierre *nf* stone • **maison en pierre** stone house

piéton *nm* pedestrian
pile *nf* battery (for flashlight or radio)
piller to plunder
pincée *nf* pinch (of something)
ping-pong *nm* ping-pong, table tennis
pinte *nf* pint
pipe *nf* pipe
pique-nique *nm* picnic • **en pique-nique** when there's a picnic
piquer to sting, to prick
piquet *nm* picket, peg, stake, post • **raide comme un piquet** as stiff as a poker
piqûre *nf* sting (of a bee, hornet, etc.)
pire worse • **le pire** the worst
pirogue *nf* pirogue, dugout canoe
pis worse • **le pis** the worst • **tant pis** so much the worse, too bad; it can't be helped
piscine *nf* swimming pool
piste *nf* (ski) trail • **piste bien en pente** sharply inclined (ski) trail
pittoresque picturesque
place *nf* place; seat, locality (theater); public square • **à (votre) place** if I were (you)
placer to place, put • **se placer** to take a position
plage *nf* beach, shore
plaie *nf* wound
plaindre to pity • **se plaindre (de)** to complain (of), make complaint; to be discontented about
plains *see* **plaindre**
plaire to please, be pleasing to • **s'il vous plaît** if you please
plaisait, plaisent *see* **plaire**
plaisance *nf* pleasure
plaisant, plaisante cheering, heartening, pleasant
plaisanter to joke, to jest
plaisir *nm* pleasure
plaît *see* **plaire**
plan *nm* drawing, plan, map (of city); plane • **premier plan** foreground

planche *nf* board, plank • **planches de choux** beds (strips) of cabbage
plancher *nm* floor
plante *nf* plant
planter to plant
plat, plate *adj* flat, level • **plat** *nm* dish (container or contents)
plein, pleine *adj* full • **en plein (été)** (right) in the middle of (summer) • **plein** *nm* fully occupied space • **faire le plein** to fill up
pleurer to cry, weep, mourn
pleuvoir to rain
pli *nm* fold
pliant, pliante folding
plier to bend, fold
plongeoir *nm* diving-board
plonger to dive • **se plonger (dans)** to dive (into), throw oneself (into)
pluie *nf* rain
plume *nf* feather; pen
plupart: la plupart the greater part, majority, most
pluriel, plurielle *adj* plural • **pluriel** *nm* plural • **au pluriel** in the plural
plus (de) more • **plus (jeune)** (young-)er • **le plus (jeune)** the (young-)est • **ne ... plus** no more, no longer • **de plus** besides, moreover • **de plus en plus** more and more • **plus ... plus ...** the more ... the more
plusieurs *adjpl* several
plus-que-parfait *nm* pluperfect (tense)
plutôt rather; sooner • **plutôt que** rather than
poche *nf* pocket; sack
pochette *nf* envelope, pocket-case
poêle *nf* frying pan
poème *nm* poem
poésie *nf* poetry; poem, piece of poetry
poète *nm* poet
poids *nm* weight, load
poing *nm* fist

point *nm* point, period, stop; mark • **point d'exclamation, d'interrogation** exclamation point, question mark • **ne ... point** not, not at all
pointu, pointue sharp-pointed • **genoux pointus** knock-knees
poison *nm* poison
poisson *nm* fish
poitrine *nf* chest; breast
poivre *nm* pepper
poli, polie polite; polished
police *nf* police; policy • **agent de police** policeman • **faire la police** to do police duty • **police d'assurance** insurance policy
police-secours: poste de police-secours *nm* police call box
policier, policière relating to the police, police
poliment politely, civilly
polir to polish
politesse *nf* politeness
politique *adj* political • **politique** *nf* policy; politics
pommade *nf* pomade
pomme *nf* apple • **pomme de terre** white potato • **tarte aux pommes** apple pie
pont *nm* bridge; deck of ship
pont-levis *nm* drawbridge
populaire popular
porc *nm* pig, pork
port *nm* port, harbor
portant, portante: être bien (mal) portant(e) to be in good (bad) health
portatif, portative portable
porte *nf* door
porte-bonheur *nm* bearer of good luck
portée *nf* load; range • **à portée** within reach
portefaix *nm* porter; dock hand, stevedore
portefeuille *nm* pocketbook, wallet
porter to carry from one place to another; to bear; to wear, have on (clothing) • **se porter** to be (health)

portière *nf* door of a carriage or car
Portugal *nm* country in southwest Europe
pose *v see* **poser**
pose *nf* exposure (camera)
poser to pose, put, place, lay down; to state, admit • **poser une question** to ask a question
positif, positive positive, real, actual
position *nf* position, situation
posséder to possess, have
possesseur *nm* owner, possessor
possessif, possessive possessive
possession *nf* possession, property
possibilité *nf* possibility, opportunity
possible possible • **faire son possible** to do everything possible
poste *nf* post, post office • **bureau de poste** post office • **poste** *nm* post, station; job, position • **poste de police-secours** police call box • **poste d'essence** filling station • **déposer (mettre) à la poste** to mail
pot *nm* can; pot • **pots à lait** milk cans
potager *nm* vegetable garden
poudre *nf* powder
poudrier *nm* compact
pouf *nm* ottoman
pouf! *int.* plump, bang
poule *nf* hen; chicken
poulet *nm* chicken
pour for, to, in; in order to • **pour que** in order that
pourquoi why, what for, for what reason
pourra, pourrai, etc. *see* **pouvoir**
poursuivre to pursue, run after; to prosecute
pourtant nevertheless, however, yet, still
pourvu que provided that, so long as, on the condition that
pousser to push, shove, thrust; to make (something) advance;

to grow • **pousser un cri** to utter a cry
poussière *nf* dust
pouvoir *v* to be able, can, may • **ça se peut** maybe so • **n'en pouvoir plus** to be exhausted • **pouvoir** *nm* power
prairie *nf* meadow
pratique practical, useful
pratiquer to practice
pré *nm* meadow
précédent, précédente preceding
précéder to precede
précieux, précieuse precious, of great value
précipiter to throw down, hurl down; to precipitate, speed up • **se précipiter (sur)** to throw oneself on; to dash, rush headlong (upon)
précis, précise *adj* precise, exact, fixed • **précis** *nm* abstract, summary
préconçu, préconçue preconceived
préfecture *nf* administrative area under a prefect (a *department*); prefect's residence and office; police headquarters
préférable preferable
préférence *nf* preference, choice
préférer to prefer
premier, première first
prenait *see* **prendre**
prendre to take, catch, seize • **se prendre à** to begin to • **comment on s'y prend** how one goes about it • **Qu'est-ce qui vous prend?** What's gotten into you?
prénom *nm* first name, given name
préoccupé, préoccupée preoccupied, taken up with
préparatif *nm* preparation
préparer to prepare • **se préparer à** to get ready to
préposition *nf* preposition
près nearby, close • **près de** close, nearby • **à peu près** approximately

présence *nf* presence, bearing
présent, présente *adj* present • **présent** *nm* present (tense)
présenter to present, offer; to introduce (someone)
président *nm* president
presque almost, nearly
pressé, pressée hurried, in a hurry
presser to press; to hurry; to urge • **se presser** to hurry, make haste
pression *nf* pressure
prêt, prête ready, prepared, disposed (to)
prêt-à-porter *nm* ready-to-wear (dress, suit, etc.)
prétendre to claim, to pretend
prêter to lend, grant
prétexte *nm* pretext, pretense
prévenir to inform, forewarn
prévoir to foresee
prévu pour designed for
prier to pray, beg, ask • **je vous en prie** *interj* oh, please! • **il ne se fait pas trop prier** you didn't have to beg him too much
prière *nf* prayer
principal, principale principal, chief
principe *nm* principle
printemps *nm* spring (season)
prirent, pris, etc. *see* **prendre**
prise de vue shot (by a camera)
prit *see* **prendre**
privé, privée *v see* **priver** • **privé, privée** *adj* private
priver to deprive • **se priver de** to deprive oneself of
prix *nm* prize; cost, price • **le grand prix** the first prize
probable probable
probablement probably
problème *nm* problem
prochain, prochaine next, approaching, near, nearest
proche near, approaching, neighboring, close at hand
procurer to procure, obtain
prodige *nm* prodigy
produire to produce
produit *nm* produce, yield

prof = **professeur**
professeur *nm* teacher, master or mistress in a lycée or college
profession *nf* profession, occupation
profilé, profilée profiled
profit *nm* profit, gain
profiter to profit; to take advantage
profondément profoundly, deeply
programme *nm* program
progrès *nm* progress, improvement • **faire des progrès** to progress, improve
projet *nm* project, scheme, plan
projeter to project, throw, cast; to plan, contemplate
promenade *nf* stroll; outing • **faire une promenade à cheval, à bicyclette** etc., to go for a ride on a horse, a bicycle, etc.
promener to take for a walk, a ride, etc. • **se promener** to walk; to go for a ride, a drive, etc.
promettre to promise
promis *see* **promettre**
pronom *nm* pronoun
pronominal, pronominale *adj* pronominal, reflexives • **verbe pronominal** reflexive verb
prononcer to pronounce
prononciation *nf* pronunciation
propice favorable
propos: à propos opportunely, in good time; at the right time; by the way • **à propos de** with regard to • **être à propos** to be appropriate
proposer to propose; to nominate • **se proposer de** to propose to, plan to
proposition *nf* proposition
propre (*when preceding*) own, very; (*when following*) clean, neat; proper • **propre à** suited to, appropriate for, worthy of
propriétaire *nm* proprietor, owner • **propriétaire** *nf* proprietress, owner
propriété *nf* estate

prose *nf* prose
protection *nf* protection; patronage
protéger to protect, defend
protester to protest
prouver to prove
provençal, provençale from Provence
Provence *nf* ancient province of southern France
proverbe *nm* proverb
province *nf* province • **la Province** the provinces (as opposed to Paris, the capital)
provision *nf* provision, stock
provoquer to provoke, bring about, cause
prudence *nf* carefulness; prudence
prudent, prudente careful, prudent, discreet
psychologie *nf* psychology
psychologique psychological
pu *see* **pouvoir**
public, publique *adj* public, open • **public** *nm* the public, the people
publicité *nf* publicity
publier to publish
puce *nf* flea • **Marché aux puces** Flea Market (famous market for second-hand objects in Paris)
puis *see* **pouvoir** • **puis** then
puisque since; because; given the fact that, for the reason that
puisse, puissent *see* **pouvoir**
pull *nm* pullover
pull-over *nm* pullover, sweater
purée *nf* puree, mash, thick soup • **purée de pommes de terre** mashed potatoes
purement purely; simply, merely
put *see* **pouvoir**
pyjama *nm sing* pajamas • **un pyjama** a pair of pajamas

Q

quai *nm* quay, wharf; platform (railway station)
qualité *nf* quality

quand when; as soon as; even if, though; while • **quand même** despite all; even if
quant à with regard to
quantité *nf* quantity
quarantaine *nf* about forty; quarantine
quarante forty
quart *nm* fourth part; quarter; quarter of an hour
quartier *nm* quarter; neighborhood
quatorze fourteen
quatre four
quatre-vingts eighty
quatre-vingt-dix ninety
quatre-vingtième eightieth
quatre-vingt-un eighty-one
que *pron* whom, which, what, that; what?; whom?; which? • **que** *conjunction* that, in order that; than • **ne ... que** only; not ... but • **que de (fleurs)!** what a lot of (flowers)! • **que (tu es bête)!** how (stupid you are)!
quel, quelle *adj* what?; which? • **quel** *interj* what a ...!
quelque some; any; a few • **quelque chose** something • **quelqu'un, quelqu'une** someone; somebody
quelquefois sometimes, on certain occasions
querelle *nf* quarrel
question *nf* question
questionnaire *nm* questionnaire
questionner to question
qui who, whom, which, that; who?, whom?, which?
quinze fifteen • **quinze jours** two weeks, a fortnight
quinzième fifteenth
quitter to leave (someone or something); to quit
quoi what, which; what! • **de quoi** wherewith, what it takes • **il n'y a pas de quoi** not at all (you're welcome)
quotidien, quotidienne daily

R

rabais *nm* discount
raccourcir to shorten
racine *nf* root; *gram.* stem
raconter to relate, tell, recite, narrate
radical *nm & adj* radical
radio *nf* radio
raffoler de to be excessively fond of, to dote on
rafraîchissements *nmpl* refreshments
rage *nf* rabies, anger
raide stiff, rigid, inflexible • **raide comme un piquet** stiff as a poker (*literally*) a post, a picket
raisin *nm* grapes
raison *nf* reason, sense, judgment; cause, motive • **avoir raison** to be right • **avoir (toute) sa raison** to be (entirely) sane • **raison de plus** all the more reason
ralentir to slow down
ramasser to pick up, collect, assemble
ramener to bring back again
rame *nf* oar
ramer to row
rang *nm* row, rank, order; tier (of seats)
rangée *nf* row, line
ranger to arrange, put in place, tidy up
râpé, râpée grated
rapide rapid, swift, fast
rapidement rapidly, quickly
rapidité *nf* rapidity, swiftness
rappeler to recall, remember • **se rappeler** to recall, remember
rapport *nm* (official) report; yield; relation, connection • **sous ce rapport** in this respect
rapporter to bring back, return; to report • **se rapporter** to concern, relate to, refer to • **s'en rapporter à (vous)** to leave the matter to (you)
raquette *nf* racket (tennis)

rare rare
rarement rarely
rat *nm* rat
ravi, ravie delighted; enraptured
ravir to carry off; to enrapture, delight
ravissant, ravissante ravishing, entrancing, bewitching
rayé, rayée striped
réaliste realistic
réalité *nf* reality
rebonjour good day again
recette *nf* recipe
recevoir to receive, accept, catch; to entertain
recherche *nf* quest, search, pursuit, research • **à la recherche de** in search of • **faire des recherches** to do research
récipient *nm* container, vessel, receptacle
réciter to recite
reçois, reçoit, etc. *see* **recevoir**
récolte *nf* harvest, crop
recommander to recommend
récompense *nf* recompense, reward, compensation
récompenser to recompense, reward, compensate
recompter to recount, to count again
reconnais *see* **reconnaître**
reconnaissance *nf* recognition; gratitude, appreciation
reconnaître to recognize, remember; to be grateful for; to reconnoiter; to admit
reconnu *see* **reconnaître**
record *nm* record
récrire rewrite
rectangle *nm* rectangle
rectifier to rectify
reçu *see* **recevoir**
recueil *nm* collection, compilation
recul *nm* backing (of a car); going backwards
reçut *see* **recevoir**
rédaction *nf* composition
redire to say again • **je te l'ai dit et redit** I've told you so time and again

réduction *nf* reduction; cut in price
réduire to reduce; to bring down
réellement actually, really, truly
refermer to close again, shut up once more
réfléchir to think, reflect, think over; mirror back • **réfléchir à** to think about
refuser to refuse
regard *nm* look, glance, gaze; attention
regarder to look at, regard; to concern • **cela ne vous regarde pas** that's none of your business
région *nf* region
régional, régionale local, of the district
règle *nf* rule; order • **en règle** in order
régler to regulate, settle, put in order
régner to rule, reign
regret *nm* regret
regretter to regret, be sorry; to miss (an absent one)
régulier, régulière regular, steady
rejoindre to rejoin, join again; to overtake
réjouissant, réjouissante cheering, heartening; mirth-provoking, amusing, pleasant, agreeable
relatif, relative relative
relever to raise again; to relieve (a sentry); to note, point out • **se relever** to pick one's self up, get on one's feet again; to recover
religion *nf* religion
relire to read over again
remarquable remarkable, noticeable
remarque *nf* remark
remarquer to notice, pay attention to; to establish (a fact) • **faire remarquer à quelqu'un** to point out to someone
remercier (de) to thank (for)

remettre to put again; to put back, put off, postpone; to reinstate; to remit, hand over, deliver • **se remettre** to recover (oneself); to resume • **se remettre sur pied** to stand up again
remis *see* **remettre**
remise *v see* **remettre**
remise *nf* discount
remonter to mount again; to revive; to wind (a clock); to go back (to a source) (to a date)
rempart *nm* rampart, walls, battlements
remplacer to replace, put in the place of
remplir to fill up, fill out, complete; to replenish • **se remplir de** to fill
remuer to move, stir, affect
renaissance *nf* renaissance (rebirth of learning)
renard *nm* fox • **renard argenté** silver fox
rencontrer to meet, fall in with, encounter • **se rencontrer** to meet
rendez-vous *nm* appointment; place of meeting
rendit *see* **rendre**
rendre to render, make; restore, give back, return (something to somebody) • **se rendre** to go, betake oneself; to yield, surrender, capitulate • **se rendre compte de** to have a clear idea of, to realize, to understand • **rendre un son** to make a sound
Rennes university town in Brittany, northern France
renoncer to renounce, give up, forego
renseignement *nm* (piece of necessary) information • **donner des renseignements sur** to give information about
rentrer to go (back) home; to re-enter, come in again
renversé, renversée upside down

renverser to knock (throw) someone (something) over (down); to upset, turn upside down, spill
renvoyer to send back, return; to dismiss, turn out, fire
réparer to repair, mend; to make amends, make atonement
repas *nm* meal, repast
repassé, repassée ironed
repeindre to repaint
repeint *see* **repeindre**
repérer to spot (someone or something), notice
répéter to repeat; to practice, rehearse
répétition *nf* rehearsal
replier to fold • **en repliant** while folding
répliquer to reply, answer
répondre to reply, answer, respond
réponse *nf* reply
reportage *nm* reporting; newspaper report; contributed article
repos *nm* repose, rest; tranquility, peace
reposer to put back; to lie, rest • **se reposer** to take a rest, repose oneself
reprendre to take again, take back, recover; to resume, begin again
représentation *nf* performance; representation
représenter to present again; to show, display; to be the delegate of, to represent
repris, reprit *see* **reprendre**
réprobateur, réprobatrice reproachful, reproving
reprocher to reproach, upbraid
réputation *nf* reputation, renown
réseau *nm* network; system
réserver to reserve, save up
réservoir *nm* tank (of plane, etc.)
résider to reside
résigner: se résigner to submit
résister to resist

RÉDUCTION

xxxii

résoudre to resolve
respectif, respective respective
respirer to breathe; to live
responsabilité *nf* responsibility
responsable responsible
ressembler to resemble, be like
restaurant *nm* restaurant
rester to remain; to keep, continue; to be left • **rester debout** to stay on one's feet
résultat *nm* result, outcome
résumé *nm* resumé, summary
retard *nm* delay, lateness • **en retard** late, behind time
retardataire *nmf* latecomer
retarder to retard, delay; to be late, slow, behind time
retenir to keep, retain, hold back • **se retenir à** to cling to • **se retenir par** to hold on by
retentir to resound, ring, re-echo
retirer: se retirer to withdraw, leave
retouche *nf* minor alteration
retour *nm* return, coming back, coming home • **être de retour** to be back
retourner to turn again, turn back; to return, go back • **se retourner** to turn around, face about
retraite *nf* retreat • **prendre sa retraite** to retire
retrouver to find again, meet with again, rediscover • **se retrouver** to find oneself
réunir to reunite, assemble, get together, to meet • **se réunir** to meet, assemble
réunion *nf* meeting
réussi, réussie successful, well performed
réussir to turn out well, succeed
rêve *nm* dream
réveiller to waken, arouse • **se réveiller** to awaken, wake up
révéler to reveal
revenant *see* **revenir**
revenir to return, come back
rêver *v* to dream
réverbère *nm* street light
revers *nm* lapel

révision *nf* revision
revivre to live again
revoir to see again • **au revoir** goodbye
révolte *nf* revolt, rebellion
révolté *nm* rebel
révolter: se révolter to rebel
revolver *nm* revolver
revue *nf* review, magazine
rez-de-chaussée *nm* ground level, street level • **au rez-de-chaussée** on the first floor
Rhône river in France emptying into the Mediterranean
rhume *nm* cold • **prendre, attraper un rhume** to catch a cold
ri *see* **rire**
ricaner to sneer
riche rich
richement richly
richesse *nf* wealth
ridé, ridée wrinkled
rideau *nm* screen; curtain • **rideau de fond** backdrop
ridicule ridiculous
ridiculiser to ridicule, to make fun of
rien nothing, trifle, not anything • **ne . . . rien** nothing • **rien à faire** nothing to be done • **rien d'autre** nothing else • **de rien** it's nothing, not at all
rient *see* **rire**
rigoler (slang) to laugh
rigolo, rigolote funny (slang)
rire *v* to laugh • **vous voulez rire** you're kidding • **rire** *nm* laugh
risquer to risk
rit *see* **rire**
rive *nf* shore, bank
rivière *nf* river, stream (a tributary)
robe *nf* dress, gown
rocher *nm* rock
roi *nm* king
rôle *nm* rôle, part (theater), roll, list, roster
romain, romaine *adj* Roman • **Romain** *nm* Roman • **Romaine** *nf* Roman woman

roman *nm* novel
romancier *nm* novelist
Rome Rome
rompre to break; to interrupt • **se rompre** to break; to burst
rompu, rompue (**rompre**) burst
rond, ronde *adj* round • **ronde** *nf* round (song); patrol
roquefort *nm* Roquefort cheese
rose *adj* pink • **rose** *nf* rose (flower) • **rose** *nm* rose color
rossignol *nm* nightingale; skeleton key
rôti *nm* roast
rôtir to roast
rôtisserie *nf* cook shop, grill room
rôtisseur *nm* eating house proprietor, caterer in roast viands
roue *nf* wheel • **roue de rechange** spare tire
Rouen Rouen
rouge red
rouleau *nm* roll
rouler to roll, roll along • **se rouler** to turn over and over; to be coiled, twisted
route *nf* route, road, way • **se mettre en route** to set out • **en route** on the way • **en route!** let's go!
roux, rousse reddish-brown, russet
royalement royally
ruche *nf* (bee)hive
rude uncouth, unpolished, rough, rugged; harsh, hard, severe
rue *nf* street
ruiner to ruin, destroy
ruisseau *nm* stream, brook
ruse *nf* trick, wile, dodge
rusé, rusée artful, crafty, sly, sharp, wily

S

sa *see* **son**
sable *nm* sand
sac *nm* sack, bag
sache, sachent, sachiez *see* **savoir**

sacré, sacrée sacred, holy; darned, confounded
sage sage, wise, sensible; good, well-behaved
Sahara *nm* Sahara
saint, sainte *adj* holy, saintly; **saint** *nm* saint
sais *see* **savoir**
saisir to catch, get hold of, seize, clutch
saison *nf* season
sait *see* **savoir**
salade *nf* salad • **les salades** *nfpl* salad greens
saladier *nm* salad bowl
sale dirty, foul, soiled, mean
salir to dirty, soil
salle *nf* hall, large room • **salle de bains** bathroom • **salle de bal** dance hall • **salle de séjour** living room
salon *nm* living room; parlor
salut *nm* bow; greeting • **salut** *interj* greetings!
samedi *nm* Saturday
sandwich *nm* sandwich
sang *nm* blood
sans without • **sans que** without
santé *nf* health • **en bonne santé** in good health
Saône river flowing into the Rhône at Lyon
sapin *nm* fir, fir tree
sarcastique sarcastic
sardine *nf* sardine
satisfaction *nf* satisfaction; amends
satisfaire to satisfy
satisfait, satisfaite satisfied
sauce *nf* sauce; gravy
saucisse *nf* sausage
saucisson *nm* salami
sauf, sauve *adj* safe, unhurt • **sauf** *prep* except
saura, saurai, etc. *see* **savoir**
sauter to leap, jump; to skip, omit; to blow up • **sauter aux yeux** to be as clear as day, to strike one at once
sauvage *adj* savage, wild, untamed • **sauvage** *nmf* savage
sauver to save, rescue • **se**

sauver to run away, escape, clear out; to have to run (late for an appointment)
savaient, savais, etc. *see* **savoir**
savant, savante *adj* learned, scholarly • **savant, savante** *nmf* scholar, scientist
savent, savez *see* **savoir**
saveur *nf* savor, taste, flavor
savoir *v* to know; to know how to, can • **savoir** *nm* knowledge, learning • **savoir-faire** *nm* ability, tact
savon *nm* soap
savoureux, savoureuse savory, tasty
scandaliser to scandalize
sceau, sceaux *nm* seal
scénario *nm* scenario
scène *nf* scene; stage (theater)
sceptre *nm* sceptre
scie *nf* saw
science *nf* science; knowledge, learning
scier to saw
se himself, herself, itself, oneself; themselves; each other
seau *nm* pail, bucket
sèchement dryly, sharply
sécher to dry • **se sécher** to dry oneself
second, seconde *adj* second • **seconde** *nf* second (time)
secondaire secondary
secours *nm* help, relief, aid • **au secours** *interj* help! • **poste de police-secours** police call box
secret, secrète *adj* secret • **secret** *nm* secret
secrétaire *nmf* secretary • **secrétaire** *nm* writing desk; secretary
section *nf* section
Seine *nf* Seine river
seize sixteen
séjour *nm* sojourn, stay; residence • **salle de séjour** living room • **faire un séjour** to spend time
sel *nm* salt
selon according to
semaine *nf* week

semblable *adj* alike, similar • **semblable** *nmf* fellow creature
semblant *nm* appearance • **faire semblant de** to pretend, feign
sembler to seem, appear
sens *v see* **sentir** • **sens** *nm* sense; meaning; direction • **aller dans le sens interdit** to go in the wrong direction on a one-way street • **aller dans tous les sens** to go in every direction
sensationnel, sensationnelle sensational, most interesting
sensible sensitive; sensible, appreciable
sentence *nf* maxim; sentence, judgment
sentier *nm* path, lane, footpath
sentimental, sentimentale sentimental, soulful
sentîmes *see* **sentir**
sentinelle *nf* sentinel; watch
sentir to feel, appreciate; to taste
séparer to separate • **se séparer de** to part from
sept seven
sera, serai, etc. *see* **être**
série *nf* series
sérieusement seriously
sérieux, sérieuse serious
serions, serons, etc. *see* **être**
serrer to press, squeeze, crowd; to shake (hands); to tighten (a bolt, etc.)
serrure *nf* lock
sers, sert *see* **servir**
servant *see* **servir**
servante *nf* servant
serveur *nm* carver; barman • **serveuse** *nf* waitress; barmaid
service *nm* service
servir to serve, be used for • **se servir de** to use, make use of • **ne servir à rien** to be good for nothing
ses *see* **son**
session *nf* session (of court, Parliament, etc.)
seuil *nm* threshhold (of a door)

seul, seule alone, sole, single, unique
seulement only, solely
sévère severe
si *conjunction* if; whether; suppose that; suppose • **si** *adv* so • **si** *interj* (*contradicting a negation*) yes
siècle *nm* century; age
siège *nm* seat, chair; siege (military) • **faire le siège de** to besiege
sien, sienne his; hers; its; (his) own
signe *nm* sign, mark
signé, signée signed
signifier to mean, signify
silencieux, silencieuse silent
silhouette *nf* silhouette
simple simple • **passé simple** "passé simple", historical past
simplement simply
sincère sincere, honest
singulier, singulière singular, strange, unusual
sinon otherwise
sirène *nf* siren (police)
situation *nf* situation
situé, située located
six six
ski *nm* ski; skiing • **faire du ski** to ski
skieur, skieuse *nmf* skier
snackbar *nm* snackbar
social, sociale social
société *nf* society; company
sœur *nf* sister
soi oneself, self; itself
soie *nf* silk
soient *see* **être**
soierie *nf* silk material
soif *nf* thirst • **avoir soif** to be thirsty
soigner to care for, look after • **se soigner** to look after one's self
soigneux, soigneuse careful
soigneusement carefully, attentively
soi-même himself, herself, etc.
soin *nm* care • **avoir soin** to be careful

soir *nm* evening • **soir de Noël** Christmas eve
soirée *nf* evening party; soiree; evening
sois, soit *see* **être**
soixante sixty
soixante-cinquième sixty-fifth
soixante-dix seventy
soixante-dix-huit seventy-eight
soixante-dixième seventieth
soixantième sixtieth
sol *nm* ground; soil
soldat *nm* soldier
solde *nf* surplus stock, remnant; sale • **en solde** on sale
sole *nf* sole (fish) • **filet de sole** fillet of sole
soleil *nm* sunshine; sun • **lunettes de soleil** sunglasses
solide *adj* solid, hard; stout, strong • **solide** *nm* solid
solidité *nf* solidity, strength
sombre dark, somber, dull
somme *nf* sum • **en somme** in short
sommeil *nm* sleep • **avoir sommeil** to be sleepy
sommes *see* **être**
somptueux, somptueuse sumptuous, lavish, magnificent
son, sa, ses *adj* his; her; its; one's • **son** *nm* sound
sonner to sound, ring; to blow (a horn)
sonnerie *nf* ringing
sonnette *nf* bell, house-bell, electric bell
sont *see* **être**
Sorbonne *nf* Sorbonne
sort *nm* fate
sorte *nf* sort, kind
sortie *nf* exit; going out
sortir to go out, leave; to take out; to come out with
sot, sotte *adj* foolish, stupid • **sot, sotte** *nmf* fool, dolt, blockhead
sottise *nf* stupidity, foolishness; stupid remark; foolish act
souci *nm* care, worry
soucoupe *nf* saucer
soudain *adv* suddenly; **soudain, soudaine** sudden

souffrir to suffer
souhait *nm* wish, desire
souhaiter to wish
soulier *nm* shoe
souligné, soulignée underlined
souligner to underline
soupçon *nm* dash (cul.), suspicion
soupçonner to suspect; to conjecture
soupe *nf* soup
souper *v* to have supper • **souper** *nm* supper
soupière *nf* tureen
soupirant *nm* wooer
souple supple, pliant, flexible
sourcil *nm* eyebrow
sourire *nm* smile • **sourire** *v* to smile
sous under, beneath
soutenir to sustain, support, hold up, help someone to stand; to maintain, affirm
souterrain, souterraine subterranean, underground
souvenir *v*: **se souvenir** to remember, call to mind • **souvenir** *nm* remembrance, recollection; memento • **rappelez-moi au bon souvenir de** remember me to
souvent often
souviendra *see* **souvenir**
soyez, soyons *see* **être**
spécial, spéciale special
spécialement especially, particularly
spécialité *nf* specialty
spécimen *nm* specimen
spectacle *nm* spectacle; show
spectaculaire spectacular
spirituel, spirituelle spiritual
sport *nm* sport • **faire du sport** to play games
sportif, sportive sporting; fond of outdoor games and pastimes, sport-minded
stade *nm* stadium
standard *nm* switchboard
station *nf* station; resort • **station de ski** ski resort
stationnement *nm* parking

stationner to station; to park (car)
statue *nf* statue
statuette *nf* small statue
stop *nm* stop
Strasbourg French town on the Rhine at the German border
stupéfait, stupéfaite stupefied, amazed
stupide stupid
stupeur *nf* stupor, lethargy
style *nm* style
stylo *nm* fountain pen
su *see* **savoir**
subir to undergo, suffer, submit to; to take (examination)
subjonctif *nm* subjunctive (mood)
subordonné, subordonnée dependent, subordinate
subside *nm* subsidy
substance *nf* substance
substantif *nm* substantive
subtil, subtile keen, subtle
succès *nm* success • **un succès fou** a howling success
sucre *nm* sugar
sucré, sucrée sugar, sugared, sugary, sweet
sud *nm* South
sud-est *nm* southeast
sud-ouest *nm* southwest
suffire to be enough, suffice, be sufficient • **ça suffit** that's plenty, that's enough
suggérer to suggest
suicide *nm* suicide
suis *see* **suivre, être**
suisse from Switzerland; Swiss
Suisse *nf* Switzerland
suit *see* **suivre**
suite *nf* rest, series; suite, following; succession; consequence • **à la suite de** following, after • **de suite** consecutively • **tout de suite** immediately
suivais, suivait, etc. *see* **suivre**
suivant *prep* according to • **suivant** *v see* **suivre**
suivre to follow, attend, go behind (someone or something)
sujet *nm* subject

superbe superb, excellent
supérieur, supérieure superior, upper • **école supérieure** high school, advanced school
supériorité *nf* superiority
superlatif *nm* superlative
supermarché *nm* supermarket
supplémentaire supplementary
supplice *nm* torture, punishment
supplier to beg, entreat
supporter to support, sustain
supposer to suppose, presume
supposition *nf* supposition
sur on, over, above; about, concerning • **(une balle) sur (deux)** (one ball) out of (two)
sûr, sûre sure, safe • **bien sûr!** of course!
surcroît *nm* addition; excess
surface *nf* surface
surgelé *nm* frozen food
surlendemain *nm* two days later
surplus *nm* surplus, excess
surprendre to surprise, catch unaware; to overtake, detect
surpris, surprise *adj* surprised • **surprise** *nf* surprise
surtout above all, especially
surveiller to superintend, inspect, watch over, keep under surveillance, supervise
suspect, suspecte *adj* doubtful, questionable, suspect • **suspect** *nm* suspect
suspendu, suspendue hung up
syllable *nf* syllable
sympathie *nf* sympathy, fellowship, harmony • **avoir de la sympathie pour** to feel drawn to someone, to like someone
sympathique pleasant, attractive, likeable
synonyme *nm* synonym; *adj* synonymous
système *nm* system

T

ta *see* **ton**
table *nf* table

tableau *nm* picture, painting, tableau
tablette *nf* shelf
tabouret *nm* stool; footstool
tailleur *nm* tailor
taire: se taire to be silent, not to talk, shut up
tandis que while
tanner to tan
tant (de) so much, as much; as well • **tant mieux** so much the better • **tant pis** so much the worse, too bad (but it can't be helped) • **tant que** as long as
tante *nf* aunt
tapis *nm* rug; carpet, furniture cover
tapissier *nm* tapestry-maker
taquiner to tease, torment
tard late • **à plus tard** see you later • **au plus tard** at the latest
tarder to delay, dally, be long • **il me tarde de (voyager)** I long to, I'm impatient to (travel)
tarte *nf* tart • **tarte aux pommes** apple pie (American), apple tart (French)
tartine *nf* slice of bread and butter, bread and jam
tas *nm* heap, pile
tasse *nf* cup
tâter to feel, touch, poke at
taureau *nm* bull
taxi *nm* taxi
te you, to you
technique *nf* method; technic
teinté, teintée tinted; **lunettes teintées** dark glasses
tel, telle such, like, similar • **un tel, une telle** such a one • **tel que** such as, the same as • **telle ou telle** ... such and such
télé: la télé = télévision
téléférique *nm* cable, overhead railway, teleferic (railway)
télégramme *nm* telegram
téléphone *nm* telephone
téléphoner to telephone
téléphonique telephonic, telephone

téléphoniste *nmf* telephone operator
télescope *nm* telescope
télésiège *nm* ski chair lift
télévision *nf* television, television set
telle *see* **tel**
tellement so, so much, to such an extent
tels *see* **tel**
témérité *nf* temerity, rashness, daring
température *nf* temperature
tempéré, tempérée temperate, moderate
temps *nm* time; tense (grammatical); weather • **à temps** in time, on time • **de temps en temps** from time to time • **en même temps** at the same time • **en même temps que** at the same time that • **il y a quelque temps** some time ago
tendresse *nf* tenderness, affection, love
tenir to have in hand, hold, keep, possess; to contain • **tenez!** *interj* there!; why!; say!, etc. • **tiens!** *interj* well!; so!, etc. • **tenir à** to prize, value highly; to have a great desire to; to insist on • **se tenir** to hold, consider oneself; to refrain; to stay, remain, be standing • **se tenir devant** to stand in front of
tennis *nm* tennis **jouer au tennis** to play tennis
tente *nf* tent
tenter to tempt
tenue *nf* dress; bearing, behavior • **tenue négligée** informal dress; extreme (and immodest) fashion in dress
terme *nm* term; ending
terminaison *nf* ending
terminal, terminale terminal, end
terminer to terminate, end
terrain *nm* terrain, ground, land; field; court • **terrain de camping** camp site, field for campers

terrasse *nf* terrace
terrasser to bank up, embank; to terrace
terre *nf* earth, land, dirt • **à terre** to the ground • **par terre** on the ground • **pommes de terre** white potatoes
terreur *nf* terror
terrible terrible
terrifier to terrify
territoire *nm* territory
tes *see* **ton**
tête *nf* head; top, front; face • **mal à la tête** headache
théâtral, théâtrale theatrical
théâtre *nm* theater
théière *nf* teapot
thème *nm* theme, topic; composition
thermomètre *nm* thermometer
tic *nm* tic, twitching
tien, tienne, tiens, tiennes yours, your own
tiens, tient *see* **tenir**
tiens! Hey!
tige *nf* stem (of a plant)
timbre *nm* stamp, postage stamp
timbre-poste *nm* postage stamp
timidement timidly
tint *see* **tenir**
tintamarre *nm* din, racket
tîntes *see* **tenir**
tirer to pull out, draw, extract • **se tirer (d'affaire)** to get out (of trouble)
tisser to weave
tissu *nm* fabric, cloth
titre *nm* title
titulaire *nmf* holder, recipient (of scholarship)
toast *nm* toast
toi you; to you; yourself
toilette *nf* toilet, dress, act of washing, dressing, etc. • **un brin de toilette** wash up quickly
toison *nf* fleece
toit *nm* roof; top (of a car)
tomate *nf* tomato
tomber to fall, drop; to die down • **tomber par terre** to fall on the ground

ton, ta, tes *adj* your; **ton** *nm* tone, pitch, style
tondu, tondue sheared
torrent *nm* torrent, swift-flowing mountain stream
tort *nm* error, fault • **avoir tort** to be wrong, in the wrong
tôt soon, quickly, promptly, early • **tôt ou tard** sooner or later
toucher to touch; to cash (a check) • **se toucher** to adjoin, touch each other • **touchant, touchante** touching, moving
touffe *nf* tuft
toujours always, still, yet; constantly
tour *nm* turn, trip, tour, trick • **faire demi-tour** to turn about • **tour à tour** in turn, one after the other • **c'est à ton tour de** it's your turn to • **un tour de chant** a singing engagement • **tour** *nf* tower; castle; (in chess) castle
touriste *nmf* tourist
tourment *nm* torment, agony of mind
tournant *nm* curve, bend in the road
tourner to turn • **se tourner** to turn around • **tourner un film** to make a movie
tous *see* **tout**
tout, toute, tous, toutes *adj* all; whole; each, every • **tout** *adv* wholly, quite, very • **tout** *pron* everything, all • **tous deux** both • **tout au moins** at the very least • **tout de même** all the same, just the same • **du tout** not at all; don't mention it • **pas du tout** not at all • **tout à coup** suddenly • **tout à fait** entirely, quite • **tout à l'heure** a little while ago, just now; presently, soon, in a little while • **tout de suite** at once, immediately • **tout en (jouant)** while in the very act of (playing) • **tout le monde** everybody

toutefois yet, nevertheless, however
trace *nf* trace
tracteur *nm* tractor
traditionnel, traditionnelle traditional
tradition *nf* tradition
traduire to translate
trafic *nm* traffic; trading
train *nm* train; rate, pace • **être en train de** to be in the act of • **mettre en train** to prepare
traîner to drag, pull, haul
traire to milk (cows)
trait *nm* feature; stroke • **trait d'union** hyphen
traité *nm* treaty
traiter to treat • **il le traite de (fou)** he calls him crazy, he treats him like, he acts toward him as if he were (a fool)
trajet *nm* distance covered in ride, drive, flight, etc.
tranchant, tranchante cutting
tranquille calm, still, quiet, in peace
tranquillement tranquilly
transaction *nf* transaction, affair
transistor *nm* transistor radio (portable)
transitif, transitive transitive
transport *nm* carriage, conveyance, transport
transporter to transport
trappeur *nm* trapper
travail *nm* work
travailler to work
travailleur, travailleuse hard-working, industrious
travers: à travers across, through • **en travers** across
traverser to cross, traverse
trayons *see* **traire**
treize thirteen
treizième thirteenth
trembler to tremble
tremplin *nm* spring-board; diving-board
trente thirty
très very, very much, quite
trésorier *nm* treasurer • **trésorière** treasurer

tribu *nf* tribe
tricot *nm* knitting
trimestre *nm* quarter (three months)
triomphe *nm* triumph
triompher to triumph
trique *nf* cudgel, heavy stick
triste sad
tristesse *nf* sadness
Trocadéro, palais du edifice built for exposition of 1878 now the site of the *palais de Chaillot*
trois three
troisième third
tromper to deceive, abuse, betray • **se tromper** to be deceived, be wrong, be mistaken
tronc *nm* trunk (of a tree or body)
trop (de) too much, too many; too far, high, often, etc.
trottoir *nm* sidewalk
troubler to trouble, disturb, confuse
trouver to find, discover; to deem, judge • **se trouver** to be found; to be; to happen; to happen to be
truite *nf* trout
tu you
tuer to kill, slay
tulipe *nf* tulip
tumultueux, tumultueuse tumultuous
turbine *nf* turbine
tutoyer to address as **tu** and **toi**; to be on familiar terms with
tuyau *nm* pipe, tube
tweed *nm* tweed
type *nm* type, form, standard; man, boy, fellow, queer character, guy

U

un, une *article* a, an • **un, une** *numeral* one • **un, une** *pron* one
unanimité *nf* unanimité; à l'unanimité unanimously
uni, unie united
unique sole, only, unique
unir to unite, join

universitaire academic; belonging to a university
université *nf* university
usage *nm* use
usine *nf* factory, mill, works
ustensile *nm* utensil
utiliser to utilize, use, make use of

V

va *see* **aller**
vacances *nfpl* vacation, holiday • **en vacances** on vacation
vaccin *nm* vaccine
vacciner to vaccinate
vache *nf* cow
vague *adj* vague, indefinite • **vague** *nf* wave, billow
vain, vaine vain • **en vain** in vain
vaincre to conquer
vaincu, vaincue conquered, vanquished
vainqueur *nm* conqueror; winner
vais *see* **aller**
vaisselle *nf* plates and dishes, table service • **faire (laver) la vaisselle** to wash the dishes
valeur *nf* value, worth
valise *nf* bag, suitcase
vallée *nf* valley
valoir to be worth, be equal to • **valoir mieux** to be better • **valoir la peine** to be worthwhile, be worth the trouble
valu *see* **valoir**
vanille *nf* vanilla
vanité *nf* vanity; egotism
vaniteux, vaniteuse vain, conceited, egotistical
variété *nf* variety
vas *see* **aller**
vase *nm* vase • **vase à fleurs** flower vase
vaudra, vaudrait, vaut *see* **valoir**
veau *nm* veal; calf
vécu *see* **vivre**
vedette *nf* leading man or lady; star; one who receives top billing
végétal, végétaux *nm* plant

végétation *nf* vegetation
véhicule *nm* vehicle
veille *nf* eve, day before; watching, being awake; vigil
venaison *nf* venison
venir to come • **venir chercher** to come for • **venir à** to happen • **venir de** to have just • **en venir à** to come to the point
vendeur *nm* seller, salesman • **vendeuse** *nf* seller, saleswoman
vendre to sell
vendredi *nm* Friday
venger to avenge • **se venger** to be revenged, to have one's revenge
vent *nm* wind • **faire du vent** to be windy • **vent debout** headwind
vente *nf* sale (of merchandise, etc.)
ventre *nm* stomach, belly • **avoir du ventre** to be pot-bellied
venu, venue, etc. *see* venir
verbe *nm* verb
vérifier to verify, prove, test out; to check (on)
vérité *nf* truth
verra, verrai, etc. *see* **voir**
verre *nm* glass
vers *nm* verse, line of poetry • **vers** *prep* toward; about (time)
Versailles, palais de place near Paris, royal residence in the seventeenth century
verse: pleuvoir à verse to pour (of rain)
verser to pour out, spill, shed
vert, verte green
vertébré, vertébrée vertebrate
veste *nf* short jacket (as worn by waiters, page boys, etc.)
vestige *nm* mark, trace, vestige
veston *nm* man's coat (part of a suit)
vêtement *nm* garment • **vêtements** clothes, clothing
veuf, veuve widower, widow
veuille *see* **vouloir**

veuillez, veulent, etc. *see* **vouloir**
veux *see* **vouloir**
vexer to vex, annoy
viande *nf* meat; viands
victime *nf* victim
vide empty
vider to empty
vie *nf* life
vieil *see* **vieux**
vieille *see* **vieux**
viendra, viendrai, etc. *see* **venir**
vieux, vieil, vieille old • **mon vieux** old man, my dear fellow, my friend • **ma pauvre petite vieille** my dear girl
vigne *nf* vine, vineyard
vignoble *nm* vineyard
vigoureusement vigorously
Viking Viking
village *nm* village
ville *nf* city, town
vin *nm* wine
vinaigre *nm* vinegar
vinaigrette *nf* vinegar sauce • **à la vinaigrette** made with oil and vinegar sauce
vingt twenty
vingtaine (about) twenty
vingtième twentieth
vint *see* **venir**
violent, violente violent
virer to turn, sweep around, veer
visage *nm* face, visage
viser to aim
visible visible
visiter to visit, call on; to inspect, examine
vit *see* **vivre**
vitamine *nf* vitamin
vite swift, quick; quickly
vitesse *nf* speed • **à toute vitesse** at top speed • **faire de la vitesse** to speed
vitre *nf* pane, window glass; window (of a car, etc.)
vitrine *nf* store window
vivant, vivante alive, living
vive, vif brisk
vivement briskly, sharply, quickly, eagerly

vivre to live • **vive (le roi)** long live, hail (the king)!
vœux *nm* wishes
voici here is, here are; see here; behold
voie *nf* way; railroad track
voient *see* **voir**
voilà there is, there are; see there
voile *nm* veil • **voile** *nf* sail
voir to see • **fais voir** let me see; show me
voisin, voisine *nmf* neighbor
voisinage *nm* neighborhood, vicinity
voiture *nf* car, automobile; carriage
voix *nf* voice; sound; word; voice (active or passive of a verb)
vol *nm* flight • **vol d'essai** test flight • **vol de nuit** night flight
volaille *nf* poultry; fowl
voler to steal; to fly
voleur *nm* thief, robber
volontiers willingly, with pleasure
volume *nm* book; volume
volumineux, volumineuse voluminous, bulky, large
vont *see* **aller**
vos *see* **votre**
Vosges chain of mountains in the northeastern section of France
votre, vos your; yours
voudrais, voudrait, etc. *see* **vouloir**
voulaient, voulais, etc. *see* **vouloir**
vouloir to wish, want, be willing • **vouloir bien** to be willing • **en vouloir** to have a grudge against
vous you, to you
vous-même yourself
voyage *nm* trip, journey, tour
voyager to travel
voyageur *nm* traveler
voyaient, voyait, etc. *see* **voir**
voyelle *nf* vowel
voyez, voyons *see* **voir**

voyou *nm* guttersnipe
vrai, vraie true
vraiment really, truly, in effect
vu *see* **voir**
vue *v see* **voir** • **vue** *nf* sight; view • **hors de vue** out of sight • **mettre en vue** to put on view

W

wagon *nm* train compartment
week-end *nm* weekend
wigwam *nm* wigwam

Y

y there, in it; by them, etc.
yeux *nmpl* eyes

Z

zéro zero; nought
zoo *nm* zoological garden
zoologique zoological
zut *interj* (*of disappointment*) hang it all!; confound it!; (*of contempt*) shut up!; go to blazes!

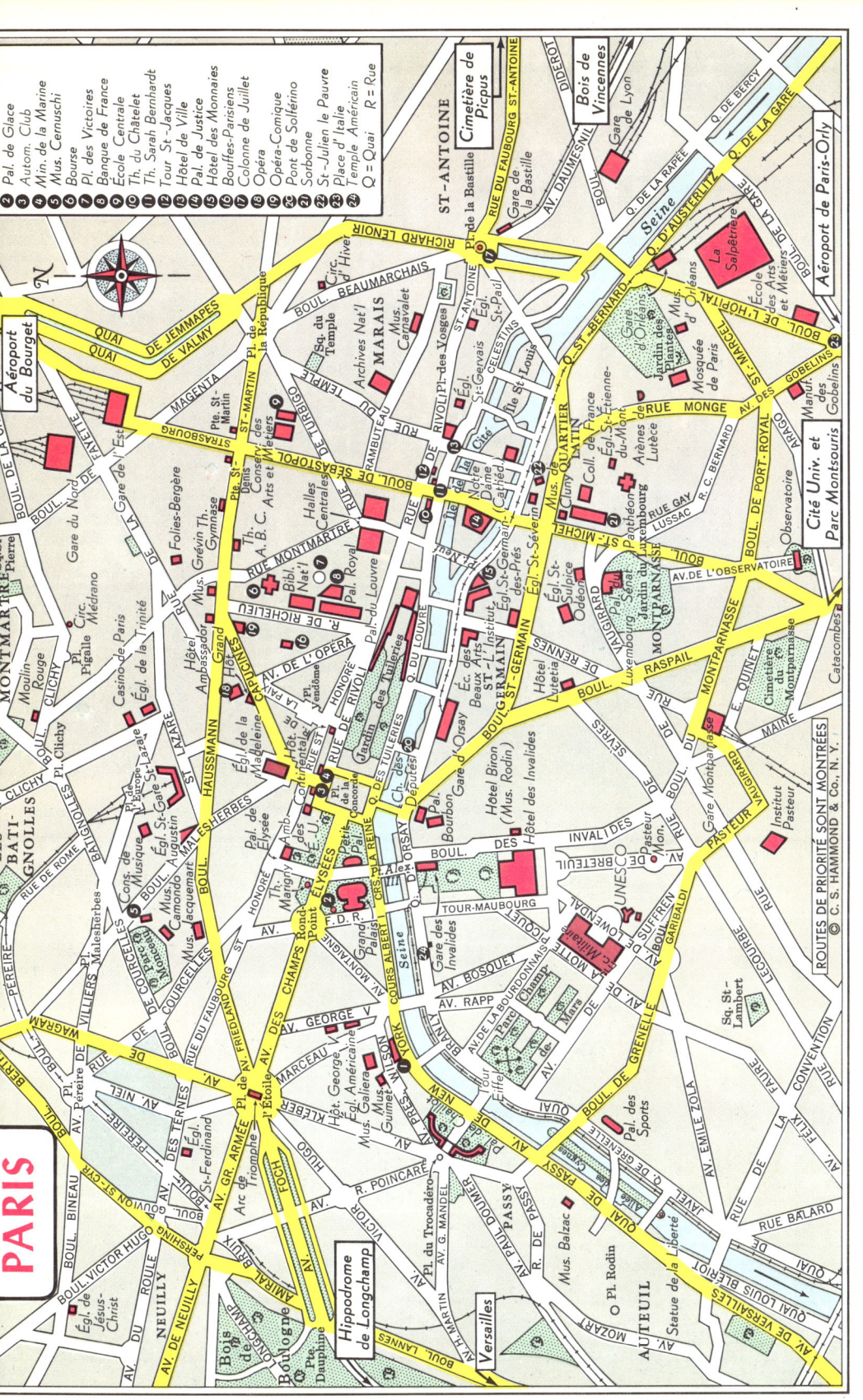

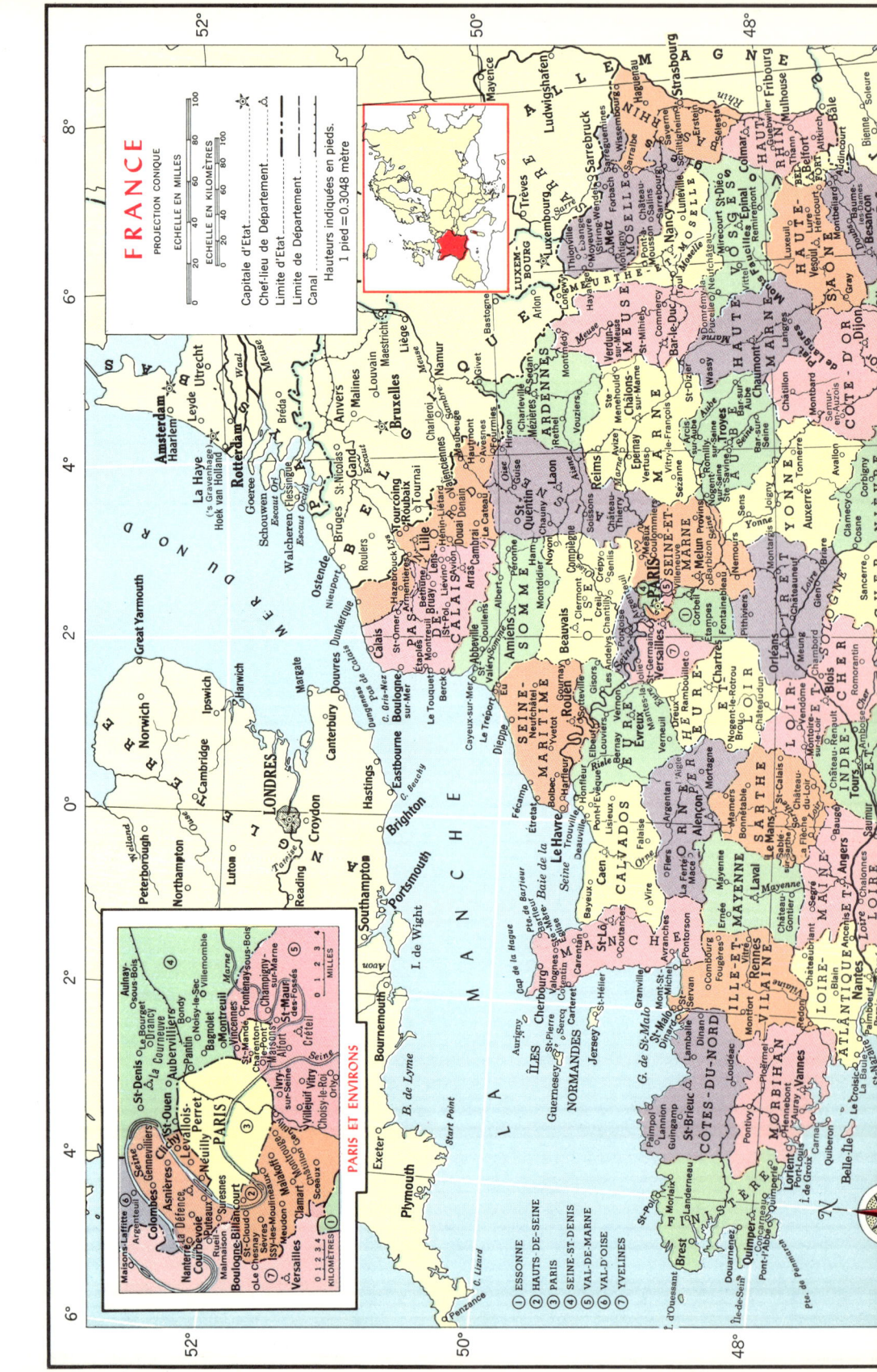

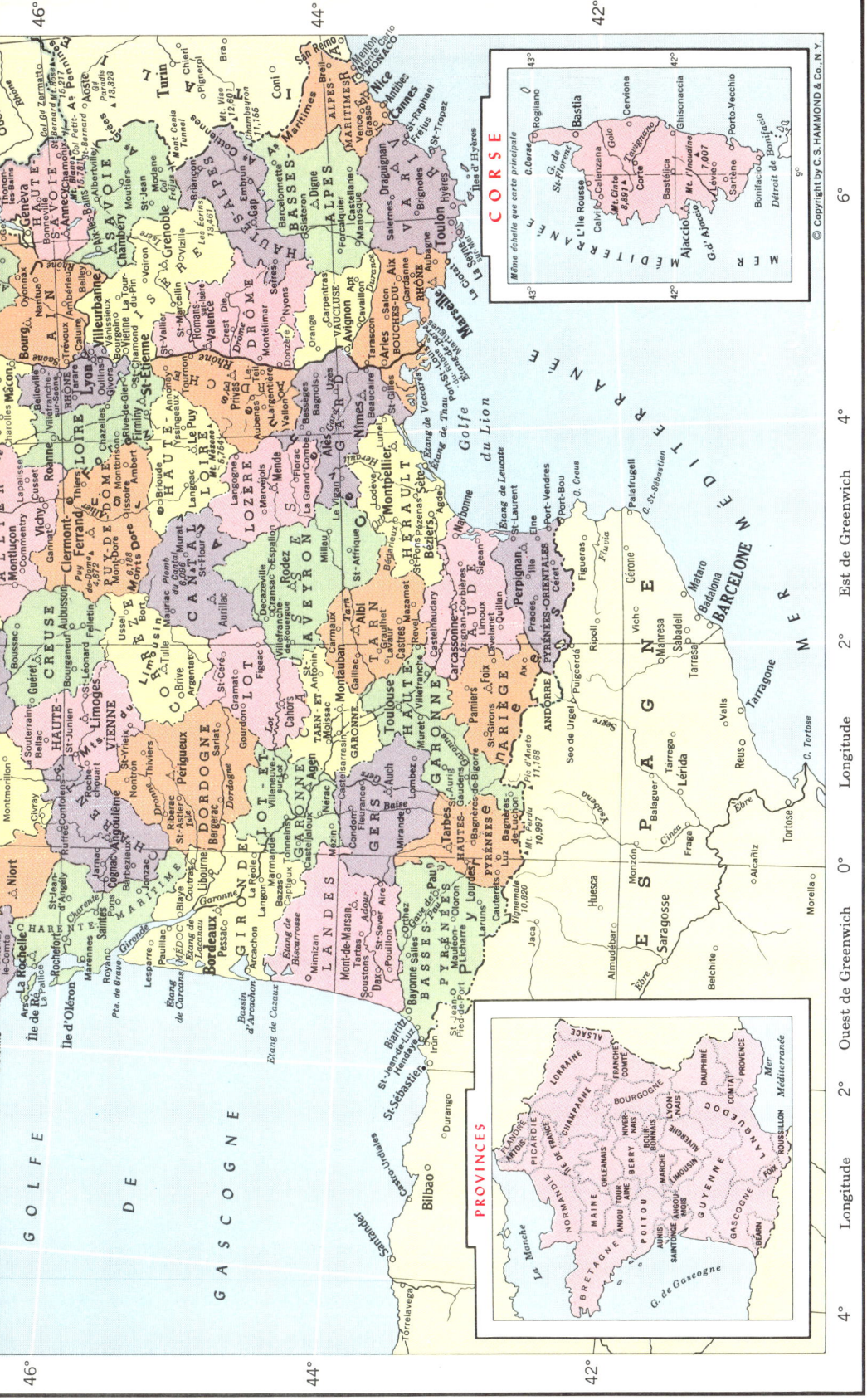

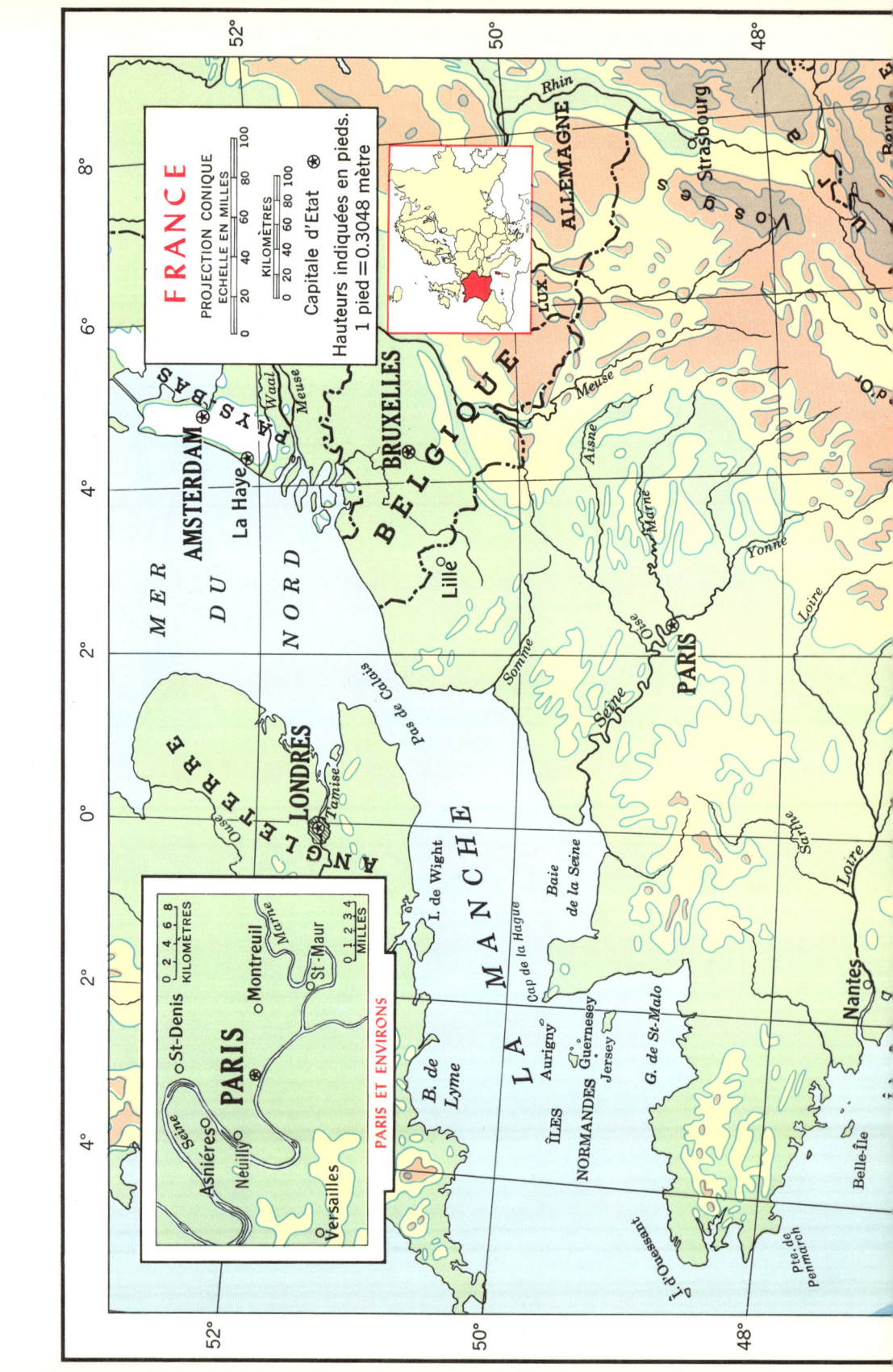

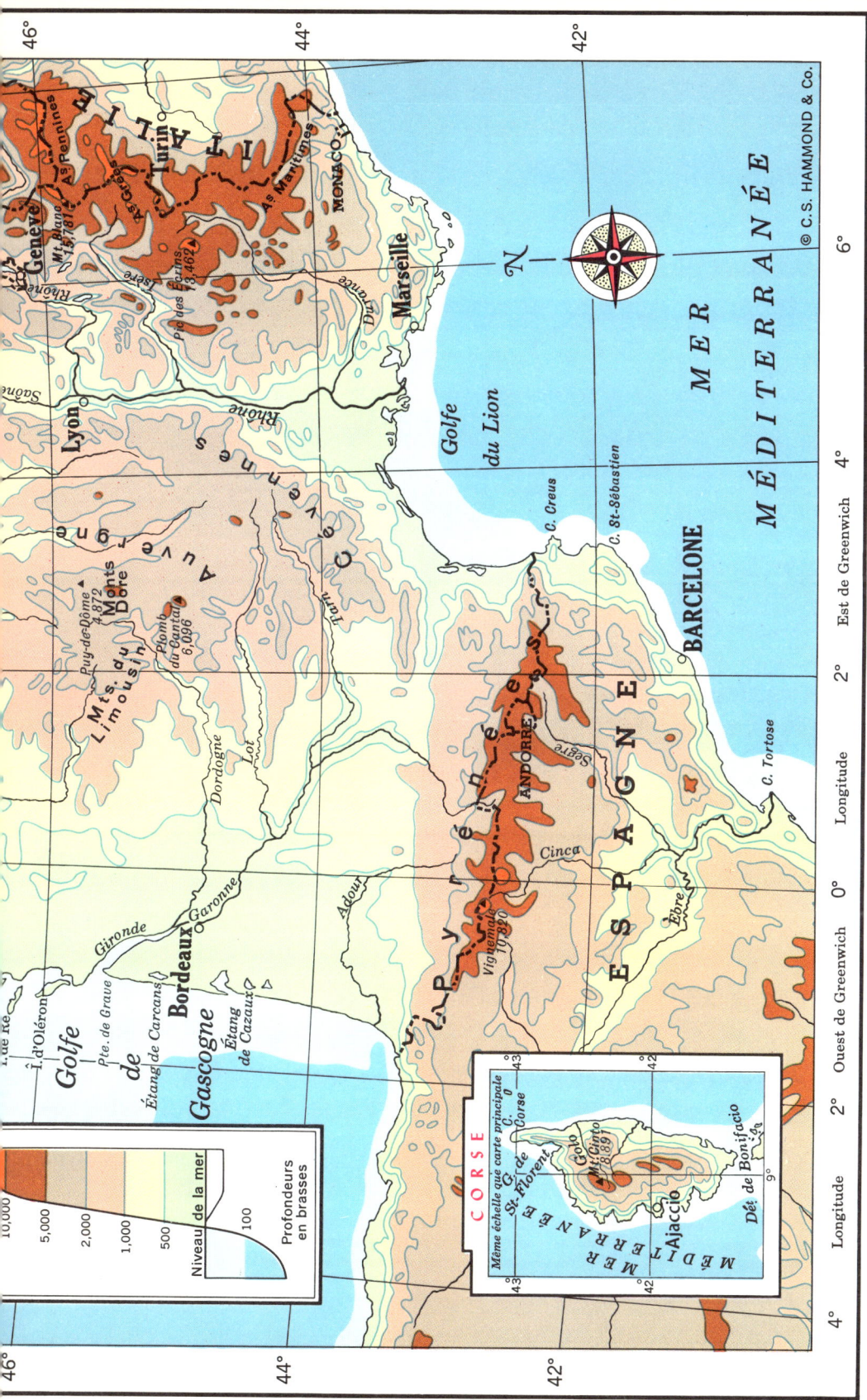